Die Alternative Streitbeilegung nach einem positiven

Musterfeststellungsurteil

Europäische Hochschulschriften Recht

European University Studies in Law

Publications Universitaires Européennes de Droit

Band/Volume 6757

Stefan Gigl

Die Alternative Streitbeilegung nach einem positiven Musterfeststellungsurteil

Eine Untersuchung unter besonderer Berücksichtigung von Massenschäden

PETER LANG

Lausanne - Berlin - Bruxelles - Chennai - New York - Oxford

Bibliografische Information der Deutschen Nationalbibliothek
Die Deutsche Nationalbibliothek verzeichnet diese Publikation in der Deutschen Nationalbibliografie; detaillierte bibliografische Daten sind im Internet über http://dnb.d-nb.de abrufbar.

Zugl.: Hannover, Univ., Diss., 2023

D 89
ISSN 0531-7312
ISBN 978-3-631-90530-2
E-ISBN 978-3-631-90659-0
E-ISBN 978-3-631-90660-6
DOI 10.3726/b21079

Verlegt durch:
Peter Lang GmbH, Berlin, Deutschland

info@peterlang.com http://www.peterlang.com/

Diese Publikation wurde begutachtet.

Widmung
Meinen Eltern und Kathrin

Vorwort

Die vorliegende Arbeit entstand nach meiner Zweiten Juristischen Staatsprüfung neben meiner beruflichen Tätigkeit als Rechtsanwalt bei Luther und Taylor Wessing in Düsseldorf sowie in meiner Heimatstadt Helmbrechts. Die Arbeit wurde durch die Juristische Fakultät der Gottfried Wilhelm Leibniz Universität Hannover als Dissertation angenommen. Literatur und Rechtsprechung konnten bis einschließlich August 2021 berücksichtigt werden.

Mein besonderer Dank gilt meinem Doktorvater Herrn Prof. Dr. Volker Wiese, LL.M. (McGill), der mir zum erfolgreichen Abschluss dieses Projekts verhalf und mich immer unterstützte. Danken möchte ich ferner Herrn Prof. Dr. Christian Wolf, der nicht nur das Zweitgutachten anfertigte, sondern auch während der Bearbeitung als Ansprechpartner zur Verfügung stand und so ebenfalls dazu beitrug, dass ich die Arbeit erfolgreich beenden konnte. Auch danken möchte ich meinen anwaltlichen Kollegen und Freunden Dr. Christoph Hartmann, Johannes Koch, Thomas Hölscher und Johannes Schaadt-Wambach, die auf Grundlage Ihrer praktischen und/oder wissenschaftlichen Erfahrung mit Massenschadensfällen für einen fachlichen Austausch zur Verfügung standen.

Ich widme diese Arbeit meinen Eltern und meiner Freundin Kathrin, die stets an mich glaubten und mich bei diesem Vorhaben unterstützten.

Düsseldorf, den 05. Juni 2023 Dr. Stefan Gigl

Inhaltsübersicht

Inhaltsverzeichnis

Abkürzungsverzeichnis

a. F.	Alte Fassung
AAA	American Arbitration Association
Abs.	Absatz
ADR	Alternative Dispute Resolution
ADR-Richtlinie	Richtlinie 2013/11/EU über alternative Streitbeilegung in Verbraucherangelegenheiten
AGB	Allgemeine Geschäftsbedingungen
Arb-Med	Arbitration-Mediation
AS	Alternative Streitbeilegung
AS-Verfahren	Verfahren der Alternativen Streitbeilegung
BehKiStiftG	Gesetz über die Errichtung einer Stiftung „Hilfswerk für behinderte Kinder“
BfJ	Bundesamt für Justiz
BGB	Bürgerliches Gesetzbuch
BORA	Berufsordnung für Rechtsanwälte
BW	Burgerlijk Wetboek; Bürgerliches Gesetzbuch der Niederlande
ContStifG	Gesetz über die Conterganstiftung für behinderte Menschen (Conterganstiftungsgesetz)
Eg.	Erwägungsgrund
EGKTestV	Verordnung über Testmaßnahmen für die Einführung der elektronischen Gesundheitskarte
EPA	United States Environmental Protection Agency
EU	Europäische Union
f.	folgende
ff.	fortfolgende
FRCP	Federal rules of civil procedure; Zivilprozessordnung der US.-amerikanischen Bundesgerichte
Fn.	Fußnote
ggf.	gegebenenfalls
i. S. d.	im Sinne des/der
i. V. m.	in Verbindung mit

IARC	Internationale Agentur für Krebsforschung
KapMuG	Gesetz über Musterverfahren in kapitalmarktrechtlichen Streitigkeiten
KHG	Krankenhausfinanzierungsgesetz
KMU	Kleine und mittlere Unternehmen
Legal Tech-Gesetz	Gesetz zur Förderung verbrauchergerechter Angebote im Rechtsdienstleistungsmarkt
m. w. N.	mit weiteren Nachweisen
Med-Arb	Mediation-Arbitration
MedRL	Richtlinie 2008/52/EG über bestimmte Aspekte der Mediation in Zivil- und Handelssachen (Mediationsrichtlinie)
Musterfeststellungsgericht	Das für ein Musterfeststellungsverfahren nach §§ 606 ff. ZPO zuständige Gericht.
n. F.	Neue Fassung
ODR-Verordnung	Verordnung (EU) Nr. 524/2013 des Europäischen Parlaments und des Rates vom 21. Mai 2013 über die Online-Beilegung verbraucherrechtlicher Streitigkeiten und zur Änderung der Verordnung (EG) Nr. 2006/2004 und der Richtlinie 2009/22/EG
Rn.	Randnummer
Rv	Wetboek van Burgerlijke Rechtsvordering; Niederländische Zivilprozessordnung
söp	Schlichtungsstelle für den öffentlichen Personenverkehr e.V.
TierSchG	Tierschutzgesetz
u. a.	unter anderem
Universalschlichtungsstelle	Universalschlichtungsstelle des Bundes
Verbandsklage-Richtlinie	Richtlinie über Verbandsklagen zum Schutz der Kollektivinteressen der Verbraucher und zur Aufhebung der Richtlinie 2009/22/EG (Richtlinie (EU) 2020/1828)
VomVO	Verfahrensordnung des Versicherungsombudsmanns
VSBG	Gesetz über die alternative Streitbeilegung in Verbrauchersachen

VSBG Änderung 2019	Gesetz zur Änderung von Vorschriften über die außergerichtliche Streitbeilegung in Verbrauchersachen und zur Änderung weiterer Gesetze vom 30. November 2019
VW AG	Volkswagen AG
VW-Fälle	Die zahlreichen Individualklagen und das gegen die VW AG durchgeführte Musterfeststellungsverfahren vor dem OLG Braunschweig (Az. 4 MK 1/18) im Zusammenhang mit der Manipulation von Autoabgasen im Prüfstandmodus
vzbv	Verbraucherzentrale Bundesverband e.V.
WCAM	Niederländische Gesetz über die kollektive Abwicklung von Massenschäden aus dem Jahr 2005 (Wet collectieve afwikkeling van massaschades)
WHO	Weltgesundheitsorganisation
ZPO	Zivilprozessordnung

Abbildungsverzeichnis

Einleitung

§ 1 Aktualität und Bedeutung des Themas

Angetrieben durch die sogenannten „Diesel-Verfahren“[1],[2] förderte der deutsche Gesetzgeber die Möglichkeiten des kollektiven Rechtsschutzes, indem er im Rahmen des Gesetzes zur Einführung einer zivilprozessualen Musterfeststellungsklage mit Wirkung zum 1. November 2018 eine zivilrechtliche Verbandsklage als neues Mittel der kollektiven Rechtsverfolgung einführte. Die Geltendmachung der Ansprüche erfolgt in Form eines zweistufigen Verfahrens.[3] Im Musterfeststellungsverfahren auf erster Stufe ist nur eine qualifizierte Einrichtung[4] i. S. d. § 606 Abs. 1 S. 2 ZPO klageberechtigt, während sich die Verbraucher[5] zu der Klage zwar mit verjährungshemmender Wirkung anmelden können,[6] aber sonst weder als Partei noch als Beigeladene am Verfahren beteiligt sind.[7] Das rechtskräftige Musterfeststellungsurteil entfaltet gem. § 613 Abs. 1 S. 1 ZPO grundsätzliche Bindungswirkung.[8] Auf der sich anschließenden zweiten Stufe müssen die Verbraucher ihre Ansprüche in einem selbstständigen zivilrechtlichen Erkenntnisverfahren grundsätzlich individuell durchsetzen.[9]

Ein Vorteil der Musterfeststellungsklage liegt darin, dass so eine abgrenzbare Gruppe geformt wird mit der eine vergleichsweise Einigung erzielt werden kann.

---

1 Damit sind die zahlreichen Individualklagen gegen die Volkswagen AG (VW AG) im Zusammenhang mit der Manipulation von Autoabgasen im Prüfstandmodus gemeint; diese werden unter Einbezug des gegen die VW AG durchgeführten Musterfeststellungsverfahrens (Az. 4 MK 1/18) im Folgenden auch „VW-Fälle“ genannt.

2 *Christlich demokratische Union Deutschlands* (CDU)/*Christlich-soziale Union in Bayern e. V.* (CSU)/*Sozialdemokratische Partei Deutschlands* (SPD), Koalitionsvertrag zwischen CDU, CSU und SPD - 19. Legislaturperiode, S. 124.

3 Nordholtz/Mekat/*Schröder*, § 11 Rn. 2; Musielak/Voit/*Stadler*, ZPO, § 606 Rn. 3.

4 Im Folgenden auch „Klägerin“ oder „(klagender) Verband“ genannt.

5 Im Folgenden werden für die zum Musterfeststellungsverfahren angemeldeten Verbraucher die Begriffe „Anmelder“ oder „angemeldete Verbraucher“ verwendet. Generell wird aus Gründen der Übersichtlichkeit und Flüssigkeit oftmals die rein männliche Form verwendet. Die weibliche Form ist selbstverständlich mitumfasst.

6 § 204 Abs. 1 Nr. 1a BGB; siehe zu den Anforderungen an die Beschreibung von Gegenstand und Grund des Anspruchs zur Hemmung der Verjährung 2. Kapitel:§ 3 A.I.

7 Siehe zur Beteiligung der Anmelder 1. Kapitel:1. Kapitel:§ 4 B.II.3.b).

8 Musielak/Voit/*Stadler*, ZPO, § 613 Rn. 1.

9 Nordholtz/Mekat/*Schröder*, § 11 Rn. 5.

Insbesondere Erfahrungen aus den USA zeigen, dass gerichtliche Massenverfahren selten zu einem (Leistungs-)Urteil führen, sondern sich beschleunigend im Hinblick auf Vergleichsverhandlungen auswirken.[10] Vor allem bei Massenschäden, die meist deliktischer Natur sind, ist es für Unternehmen grundsätzlich schwer potentielle Anspruchssteller auszumachen und so das Haftungsrisiko abzuschätzen. Um diese ausfindig zu machen, müsste ohne ein kollektives Klageinstrument im Vorfeld entweder eine aufwändige ökonomische Analyse stattfinden oder die Gesamtzahl der Individualklagen bis zum Ende der Verjährung abgewartet werden.

Konsequenterweise besteht daher auch im Musterfeststellungsverfahren die Hoffnung des Gesetzgebers, dass es gar nicht mehr zu individuellen Leistungsklagen kommt, sondern dass durch die Entscheidung zentraler Tatsachen- und Rechtsfragen die Grundlage für eine einvernehmliche Lösung der Parteien geschaffen wird.[11] Zur Erfüllung dieses Zwecks setzt die Bundesregierung auf die außergerichtlichen Streitschlichtung im Anschluss an ein Musterfeststellungsurteil.[12] Obwohl es noch weitere prozessuale Möglichkeiten zur Beilegung der anschließenden Individualstreitigkeiten gibt,[13] wird von einer Zunahme von Verfahren vor den zuständigen Verbraucherschlichtungsstellen ausgegangen, sobald in den ersten Musterfeststellungsverfahren die Klägerseite obsiegt hat.[14] Dies im Blick, schaffte der Gesetzgeber mit dem Gesetz zur Änderung von Vorschriften über die außergerichtliche Streitbeilegung in Verbrauchersachen und zur Änderung weiterer Gesetze vom 30. November 2019[15] schließlich auch die sogenannte Universalschlichtungsstelle des Bundes,[16] welche sich seit dem in Kraft treten der Änderungen am 1. Januar 2020 der Streitigkeiten nach Abschluss eines Vergleichs gem. § 611 ZPO oder nach Musterfeststellungsurteil annehmen soll.[17] Konkrete Ausführungen und Regelungen zur Ausgestaltung des Schlichtungsverfahrens unterließ der Gesetzgeber allerdings bislang. Dies verwundert vor allem vor dem Hintergrund, dass sich der Musterfeststellungsklage gegen

---

10 In den USA führen 90 % aller class actions zu einer vergleichsweisen Einigung (*van den Bergh/Keske*, Rechtsökonomische Aspekte der Sammelklage, in: Casper/Janssen/Pohlmann u.a., Auf dem Weg zu einer europäischen Sammelklage?, 17, 27).

11 BT-Drs. 19/2439, 16: BR-Drs. 176/18, 14.

12 BT-Drs. 19/4891, 3.

13 Siehe zu den weiteren Handlungsoptionen 3. Kapitel:§ 1.

14 BT-Drs. 19/10348, 20.

15 Im Folgenden nur „VSBG Änderung 2019".

16 Im Folgenden nur „Universalschlichtungsstelle".

17 BT-Drs. 19/10348, 22.

die VW AG etwa 470.000 Verbraucher anschlossen[18] und jährlich mit 450 neuen Musterfeststellungsverfahren gerechnet wird, in denen einer Schätzung des Bundes zufolge in etwa der Hälfte der Verfahren die Unternehmen unterliegen könnten.[19] Zwar einigten sich die Parteien in den VW-Fällen im zweiten Anlauf auf eine außergerichtliche Rahmenvereinbarung,[20] es erscheint allerdings weiterhin möglich, dass es wegen des Abschlusses anderer Musterfeststellungsverfahren zu dem vom Gesetzgeber erwarteten erhöhten Aufwand für die neu geschaffene Universalschlichtungsstelle kommt. Die vergleichsweise Beilegung als Teil der Durchsetzung von Ansprüchen aus Massenschäden ist nicht zuletzt wegen der Überlastung der Gerichte im Laufe der Diesel-Verfahren, sondern auch wegen der Annährung des deutschen und europäischen Gesetzgebers an die Instrumente des kollektiven Rechtschutzes in der juristischen und rechtspolitischen Diskussion ein Thema von zunehmender Bedeutung.

§ 2 Gegenstand und Ziel der Untersuchung

Die vorliegende Arbeit untersucht die Möglichkeit der sach- und interessengerechten Verzahnung der Musterfeststellungsklage mit Verfahren der Alternativen Streitbeilegung (AS-Verfahren) nach einem positiven Musterfeststellungsurteil. Nach den Empfehlungen der Europäischen Kommission aus dem Jahr 2013 sollen die Mitgliedstaaten Anreize schaffen, dass die Parteien eine Streitsache, die ein Massenschadensereignis zum Gegenstand hat, durch ein außergerichtlicher Verfahren beilegen können.[21] Die Abstimmung der Regelungen des kollektiven Rechtsschutzes mit denen der alternativen Streitbeilegungen könnte somit zur Entwicklung eines systematisch konsistenten Ansatzes im Sinne der Europäischen Kommission beitragen.

---

18 OLG Braunschweig, 4 MK 1/18; *Slavik*, Süddeutsche Zeitung 30.09.2019.

19 BT-Drs. 19/2439, 19; im ersten Jahr nach in Kraft treten des Musterfeststellungsverfahrens (1. November 2018 bis 31. Dezember 2019) wurden indessen lediglich sechs Verfahren öffentlich bekannt gemacht. Am 7. Juli 2021 hat die Verbraucherzentrale Bundesverband e.V. (vzbv) Musterfeststellungsklage gegen die Daimler AG vor dem OLG Stuttgart erhoben. Der vzbv wirft der Daimler AG die bewusste Manipulation von Grenzwerten für Abgase vor.

20 Siehe zur Ausgestaltung des Vergleichs 2. Kapitel:§ 2 C.

21 Rn. 25 bis 28 der Empfehlung der Kommission - Gemeinsame Grundsätze für kollektive Unterlassungs- und Schadensersatzverfahren in den Mitgliedstaaten bei Verletzung von durch Unionsrecht garantierten Rechten vom 11. Juni 2013.

Die Bundesregierung sieht die Durchführung eines Schlichtungsverfahrens im Anschluss an ein Musterfeststellungsurteil als am besten geeignet an.[22] Da noch keinerlei praktische Erfahrungen mit der Durchführung eines AS-Verfahrens im Anschluss an ein Musterfeststellungsurteil vorliegen, steht die Diskussion in Deutschland noch ganz am Anfang. In der Folge scheint die Methodik zur konsensualen Streitbeilegung im Musterfeststellungsverfahren noch nicht durchdacht.[23] Jeder einzelne Streitfall muss typischerweise analysiert werden, um herauszufinden, welches AS-Verfahren für den konkreten Einzelfall die geeignetste Methode darstellt.[24] Obwohl ein für alle Streitigkeiten geltender Königsweg im Sinne eines „*one size fits all*“[25] wegen der mannigfaltigen Fallgestaltungen kaum möglich erscheint, sollen im Rahmen der Arbeit verschiedene AS-Verfahren, die im Anschluss an ein Musterfeststellungsurteil in Frage kommen, im Hinblick auf ihre Geeignetheit und Rechtmäßigkeit untersucht werden. Ziel ist es, durch die Darstellung und Einordnung der vorhandenen Kenntnisse wesentliche Problempunkte herauszuarbeiten. Die Arbeit erhebt keinen Anspruch darauf, eine letztverbindliche Lösung für sämtliche Fallkonstellationen, die Massenschäden zum Gegenstand haben und bei denen eine Musterfeststellungsverfahren anhängig ist, zu bieten. Ziel ist es vielmehr, eine Struktur zur Verzahnung der Feststellungs- mit der Leistungsphase zu entwickeln, welche eine fruchtbare Auseinandersetzung mit der Thematik erlaubt. Dadurch soll nicht nur eine zielorientierte Verfahrensauswahl erleichtert werden, sondern es sollen auch konkrete Vorschläge zur Ausgestaltung des Verfahrens gemacht werden.

Das Verbraucherstreitbeilegungsgesetz (VSBG) ist grundsätzlich methoden- und verfahrensoffen. Es bietet daher einen weiten Spielraum, ein Streitbeilegungsverfahren den konkreten Bedürfnissen der Parteien anzupassen.[26] Die Methodik zur konsensualen Beilegung von Streitigkeiten sowohl während als auch im Anschluss an ein Urteil im Musterfeststellungsverfahren scheint noch nicht vollständig durchdacht.[27] Die vorliegende Arbeit setzt sich mit entsprechenden Alternativen zu der Durchführung einer hohen Anzahl von

---

22 BT-Drs. 19/4891, 3.
23 HK-MfkG/*Röthemeyer*, § 610 Rn. 62.
24 *Hörl/Weiser*, ZKM 2019, 231, 232.
25 *Berlin*, Alternative Streitbeilegung in Verbraucherkonflikten, 2014, S. 111.
26 *Wiese/Hörnig*, ZKM 2016, 56, 60.
27 HK-MfkG/*Röthemeyer*, § 610 Rn. 62.

Einzelprozessen[28] auseinander und versucht neue Wege zum Umgang mit dieser Problematik aufzuzeigen.

Der Ansatzpunkt der Untersuchung im Anschluss an ein Musterfeststellungsurteil ist bewusst gewählt. Zum einen können einem Vergleichsschluss während des Musterfeststellungsverfahrens mehrere Einigungshindernisse entgegenstehen[29] und zum anderen soll durch den gewählten Ansatzpunkt ein Ausgleich zwischen allgemeinwohlorientierter Rechtsfortbildung und interessenorientierter Konfliktbeilegung geschaffen werden. Die Durchführung eines staatlichen Gerichtsverfahrens ist im Allgemeininteresse zunächst vorzugswürdig. Es fördert die Rechtsfortbildung, sorgt für eine Rechtsvereinheitlichung und legt fest, was Recht ist.[30] Zudem kann die Verteidigung des angegriffenen Rechts in gewisser Weise als Pflicht gegenüber dem Gemeinwesen angesehen werden.[31] Allerdings können sich Gerichtsverfahren durch einen hohen Grad an Formalisierung und Generalisierung nicht immer an den Bedürfnissen und Interessen der jeweiligen Konfliktparteien orientieren. Ein effizientes AS-Verfahren wäre in der Lage diese Defizite aufzufangen.[32] Ein Kollektivvergleich während des Musterfeststellungsverfahrens würde jede Auseinandersetzung der Gerichte mit der zugrundeliegenden Thematik verhindern und kann im Hinblick auf die objektive Bedeutung des Rechts nicht das vorrangige Anliegen sein. Die Kombination aus Musterfeststellungsklage und der anschließenden Durchführung eines AS-Verfahrens ist ein gangbarer Mittelweg, der auch dem berechtigten Allgemeininteresse an Rechtsfortbildung gerecht wird.

Bei dieser Diskussion soll sich in Abgrenzung zu Streu- und Bagatellschäden auf Massenschäden[33] fokussiert werden. Zwischen den unterschiedlichen Schadensarten wird im Rahmen der Diskussion zu Instrumenten des kollektiven Rechtsschutzes oftmals nicht hinreichend differenziert.[34] Aus diesem Grund sollen zunächst die entsprechenden Ziele der Musterfeststellungsklage unter besonderer Würdigung der Besonderheiten von Massenschäden herausgearbeitet werden. Diese Zielvorstellungen fließen schließlich in die Beurteilung von

---

28 Siehe zur Möglichkeit der Durchführung zahlreicher Individualverfahren 3. Kapitel:§ 1 A.

29 Siehe hierzu 1. Kapitel.

30 *Wolf*, NJW 2015, 1656, 1658.

31 *Jhering*, Der Kampf ums Recht, 1872, S. 56.

32 *Haaß*, § 7, in: Haft/Schlieffen, Handbuch Mediation, Rn. 3.

33 Siehe zur Typisierung von Massenschäden Einleitung § 4 B.

34 *Stadler*, Class actions in den USA als Vorbild für Europa?, in: Brömmelmeyer, Die EU-Sammelklage, 91, 107.

Mechanismen der Alternativen Streitbeilegung im Anschluss an ein Musterfeststellungsurteil mit ein.

Das Phänomen der Massenschäden und seiner vergleichsweisen Beilegung ist nicht länderspezifisch, weshalb sich der Blick nicht per se auf Sachverhalte aus dem Geltungsbereich der eigenen Rechtsordnung beschränken muss. Trotz gravierender struktureller Unterschiede und ohne den Anspruch einer rechtsvergleichenden Arbeit zu erheben, wird im Laufe der folgenden Ausarbeitung teilweise auf die Vergleichspraxis der US-amerikanische class action Bezug genommen. Gerade weil sich in der deutschen Rechtspraxis die Erfahrungen mit Vergleichen in Kollektivverfahren in Grenzen halten, werden vereinzelt Probleme aus den USA thematisiert, die auch aus deutschem Blickwinkel von Interesse sein können. Eine ebenso lebhafte akademische Diskussion wird auf europäischer Ebene und in anderen EU-Mitgliedstaaten zum Abschluss von Massenvergleichen geführt. Ausgangspunkt ist meist das 2005 in Kraft getretene niederländische Gesetz über die kollektive Abwicklung von Massenschäden (WCAM)[35], auf das ebenfalls gelegentlich Bezug genommen wird.[36]

Die Arbeit soll einen Beitrag zur aktuellen Diskussion rund um die Umsetzung der Richtlinie über Verbandsklagen zum Schutz der Kollektivinteressen der Verbraucher und zur Aufhebung der Richtlinie 2009/22/EG (RL (EU) 2020/1828)[37] liefern. Diese hat mit der Veröffentlichung im Amtsblatt der Europäischen Union (EU) am 4. Dezember 2020 das europäische Gesetzgebungsverfahren vollständig durchlaufen. Durch sie soll sichergestellt werden, dass den Verbrauchern in allen Mitgliedstaaten und auf Unionsebene mindestens ein wirksames und effizientes Verbandsklageverfahren, das sowohl auf Unterlassen als auch auf Abhilfe[38] gerichtet sein kann, zur Verfügung steht.[39] Nach Artikel 24 der Richtlinie haben die Mitgliedstaaten bis 25. Dezember 2022 die erforderlichen Rechts- und Verwaltungsvorschriften zur Umsetzung der Richtlinie zu schaffen. Die bestehenden verfahrensrechtlichen Mittel zum Schutz der Kollektivinteressen der Verbraucher können nach Erwägungsgrund 11 beibehalten werden, sofern mindestens ein nationales Verbandsklageverfahren dieser Richtlinie entspricht. Fraglich ist nunmehr, wie sich die Umsetzung der Richtlinie auf

---

35 Siehe hierzu ausführlich 2. Kapitel:§ 1 C.I.

36 Musielak/Voit/*Stadler*, ZPO, § 611 Rn. 1.

37 Im Folgenden „Verbandsklage-Richtlinie".

38 Art. 9 Abs. 1 nennt als Beispiele für Abhilfen „Schadensersatz, Reparatur, Ersatzleistung, Preisminderung, Vertragsauflösung oder Erstattung des gezahlten Preises."

39 Eg. 7 der Verbandsklage-Richtlinie.

die Musterfeststellungsklage auswirken könnte und wie der deutsche Gesetzgeber reagiert. Die Frühjahrskonferenz der Justizministerinnen und Justizminister sprach sich am 16. Juni 2021 mit Blick auf die Umsetzung der Verbandsklage-Richtlinie dafür aus, ein Vorlageverfahren zum BGH im Zivilprozess zu prüfen.[40] Ausweislich des Koalitionsvertrag soll die Umsetzung „in Fortentwicklung der Musterfeststellungsklage" erfolgen.[41] Unabhängig davon für welches Instrument sich letztendlich entschieden wird, so besteht jedenfalls die Möglichkeit, dass dieses unter Umständen die Musterfeststellungsklage ersetzen oder zumindest in Konkurrenz zu dieser treten könnte. Da die Verbandsklage-Richtlinie den Mitgliedstaaten als Verfahren Klagen auf „Abhilfeentscheidungen" vorgibt (Art. 1 Abs. 2), genügt die (bloße) Feststellung von Anspruchsvoraussetzungen nicht den Anforderungen.[42]

Insgesamt verlangt das Zeitalter der Massenproduktion, der Digitalisierung und Standardisierung vieler Unternehmensabläufe nach neuen prozessualen Wegen und Durchsetzungsmechanismen.[43] Schließlich ist es das Ziel der Arbeit einen mit groben Strichen skizzierten Weg zur Verzahnung von AS-Verfahren mit der Musterfeststellungsklage darzustellen, der mit hoher Wahrscheinlichkeit einen interessengerechten Vergleichsschluss im Anschluss an ein Musterfeststellungsurteil herbeiführt. Gleichzeitig soll der europäischen Vorgabe entsprochen werden, wonach „ein effektives System des kollektiven Rechtsschutzes und der leichte Zugang zu der Alternativen Streitbeilegung [...] einander ergänzende und nicht sich gegenseitig ausschließende Verfahren sein (sollten)".[44]

§ 3 Gang der Untersuchung

Im ersten Kapitel sollen Vergleichs- und Einigungshindernisse vor und nach dem Musterfeststellungsverfahren deskriptiv dargestellt werden. Dies erfolgt unter besonderer Berücksichtigung des Ziels der Musterstellungsklage, eine einvernehmliche Streitbeilegung herbeizuführen. Selbst wenn die Beteiligten im Laufe oder im Anschluss an das Musterfeststellungsverfahren vergleichsbereit

---

40 *92. Konferenz der Justizministerinnen und Justizminister*, Beschluss - Top I.10, 16. Juni 2021.

41 Koalitionsvertrag 2021 – 2025 zwischen der Sozialdemokratischen Partei Deutschlands (SPD), Bündnis 90 / Die Grünen und den Freien Demokraten (FPD), S. 106.

42 *Röthemeyer*, VuR 2021, 43, 49.

43 *Magnus*, NJW 2019, 3177, 3182.

44 Eg. 27 der Richtlinie 2013/11/EU vom 21. Mai 2013 über die alternative Beilegung verbraucherrechtlicher Streitigkeiten (ADR-Richtlinie).

wären, begegnen sie typischerweise zahlreichen Vergleichshindernissen struktureller, kognitiver und strategischer Natur. Diese stellen die Ausgangslage dar, welche die Geeignetheit eines AS-Verfahren zur Beilegung der Streitigkeiten im Anschluss an ein positives Musterfeststellungsurteil beeinflusst. Aus den dargestellten Strukturproblemen und Interessenlagen der Beteiligten sollen Kriterien zur Auswahl eines geeigneten und effizienten AS-Verfahrens im Anschluss an ein Musterfeststellungsurteil abgeleitet und entwickelt werden. Im Rahmen der Darstellung soll auch deutlich werden, warum eine vergleichsweise Einigung vor allem in der Phase nach einem positiven Musterfeststellungsurteil sinnvoll wäre.

Das zweite Kapitel setzt sich mit dem Inhalt des Vergleichs auseinander. Hierbei werden die verschiedenen Methoden zur Typisierung des Vergleichsinhalts sowie Entschädigungs- und Verteilungsmechanismen bei Massenschäden in der Praxis beschrieben. Die verschiedenen Berechnungsmethoden und Anwendungsbeispiele zum Umgang mit Massenschäden sollen Hinweise für einen geeigneten Verfahrensablauf im Anschluss an ein Musterfeststellungsurteil liefern. Entscheidend zur Bestimmung des Inhalts eines Vergleichs im Musterfeststellungsverfahren sind zudem die Informationen, die den Verhandlungspartnern über die Verbraucher zur Verfügung stehen sowie die gesetzlichen Vorgaben zur Ausgestaltung des Vergleichsinhalts. Hieraus sollen nicht nur die für Massenschadensfälle besonders zweckmäßige und typische Regelungsinhalte dargestellt, sondern wiederum konkrete Anforderungen für die Ausgestaltung eines AS-Verfahren herausgearbeitet werden.

Das dritte Kapitel knüpft an die in Kapitel 1 und 2 gewonnenen Kriterien an. Zunächst werden die AS-Verfahren in die Systematik weiterer Handlungsoptionen, die im Anschluss an ein Musterfeststellungsurteil typischerweise zur Verfügung stehen, eingeordnet und voneinander abgegrenzt. Die AS-Verfahren werden nach einem positiven Musterfeststellungsurteil oftmals mit eben diesen weiteren Handlungsoptionen konkurrieren. Eine Analyse hinsichtlich der Geeignetheit muss somit auch unter besonderer Berücksichtigung der Vor- und Nachteile dieser Mechanismen stattfinden. Im Anschluss erfolgt eine begriffliche Abgrenzung der relevanten AS-Verfahren sowie die Darstellung der typischen Verfahrensabläufe, was gerade wegen der sporadischen gesetzlichen Regelungen sinnvoll erscheint. Dabei sollen die verschiedenen AS-Verfahren in Anbetracht der in den ersten beiden Kapiteln ausgearbeiteten Kriterien und Anforderungen sowie unter Berücksichtigung der Vor- und Nachteile weiterer Handlungsoptionen hinsichtlich ihrer Geeignetheit analysiert und beurteilt werden. Ziel von Kapitel 3 ist, konkrete AS-Verfahren zu identifizieren, welche zur Herbeiführung eines Vergleichs in einem Massenschadensfall im Anschluss an ein positives Musterfeststellungsurteil am geeignetsten sind.

Das vierte Kapitel beschäftigt sich schließlich mit der konkreten Ausgestaltung des AS-Verfahren. Die Verfahren, die in Kapitel 3 als am geeignetsten identifiziert wurden, sollen näher beleuchtet werden. Dabei werden zunächst die gesetzlichen Anforderungen an die Ausgestaltung des Verfahrens de lege lata dargestellt. Bei der Prüfung der Anwendbarkeit der Rechtsquellen sollen vor allem die Besonderheiten von Massenschäden Berücksichtigung finden, während anschließend aus diesen die relevanten Verfahrensgrundsätze extrahiert werden. Auch soll sich mit Steuerungsmöglichkeiten des Musterfeststellungsgerichts[45] de lege ferenda auseinandergesetzt werden, welche die Beilegung eines Massenschadensfalls positiv beeinflussen könnten. Schlussendlich wird ein konkretes AS-Verfahren zur vergleichsweisen Beilegung eines Massenschadensfalls im Anschluss an ein Musterfeststellungsurteil unter Einbezug relevanter Verfahrensgrundsätze und möglichen Steuerungsoptionen des Musterfeststellungsgerichts vorgeschlagen und dargestellt.

Die Erkenntnisse dieser Arbeit werden am Ende thesenartig zusammengefasst. Weiterhin werden konkrete gesetzliche Änderungsvorschläge zu einer besseren Implementierung des Verfahrens gemacht.

§ 4 Begriffsbestimmungen

A. Alternative Streitbeilegung

Die Begrifflichkeit „Alternative Streitbeilegung" ist im Wesentlichen auf das aus den USA stammende Akronym „ADR" zurückzuführen. Die „Alternative Dispute Resolution" wurde Ende der 1960ern in den USA im Rahmen der „access to justice"-Bewegung geprägt, als man in den USA nach neuen Formen der Konfliktbeilegung abseits der staatlichen Gerichtsbarkeit suchte.[46] Der Sprachgebrauch innerhalb des Gebiets der Alternativen Streitbeilegung ist uneinheitlich. So wird beispielsweise oftmals die Schlichtung als Oberbegriff für AS-Verfahren („Schlichten statt richten") oder als Synonym für Mediation verwendet.[47] Allen AS-Verfahren ist gemeinsam, dass sie zu einer Beilegung des Konflikts außerhalb der staatlichen Gerichtsbarkeit führen sollen.[48] Daher wird in der älteren deutschen Literatur[49] und teilweise in

45 Das für die Musterfeststellungsklage nach §§ 606 ff. ZPO zuständige Gericht.

46 *Meller-Hannich/Höland/Krausbeck*, ZEuP 2014, 8, 12; *Hess*, ZRP 2005, 427.

47 *May/May/Goltermann*, Schlichtung in der wirtschaftsrechtlichen Praxis, 2018, Rn. 1.

48 *Basedow*, JZ 2018, 1, 8.

49 So etwa *Hehn/Rüssel*, ZKM 2001, 62, 63; *Hess*, ZRP 2005, 427, 556; *Prütting*, AnwBl 2000, 273, 274.

Gesetzestexten[50] auch der Begriff „Außergerichtliche Streitbeilegung" verwendet. Diese Begrifflichkeit soll im Folgenden nicht als Oberbegriff für AS-Verfahren verwendet werden. Sowohl die AS-Richtlinie als auch das VSBG verwenden den Begriff „Alternative Streitbeilegung" in ihren amtlichen Titeln. Auch wird in Erwägungsgrund (Eg.) 5 der deutschen Übersetzung der Richtlinie „Alternative Streitbeilegung" als feststehender Begriff mit „AS" abgekürzt.

B. Typisierung von Massenschäden

I. Der Begriff der Massenschäden

Der Begriff des Massenschadens ist bislang unscharf.[51] Er bedarf daher der Abgrenzung und Definition. *Wagner* definiert einen Massenschaden als ein Phänomen, bei dem eine große Zahl von Geschädigten einen erheblichen individuellen Schaden erlitten hat. Der Individualschaden ist bei jeweils gleicher Schadensursache hoch und oftmals tragen die Geschädigten auch Verletzungen des Körpers und der Gesundheit davon.[52]

Der Begriff des Massenschadens wird teilweise auch deutlich weiter verstanden. *Müller* bezeichnet auch massenhaft auftretende Schadensereignisse wie beispielsweise Kfz-Unfälle als Massenschäden und stellt dabei auf die Gleichförmigkeit der einzelnen Geschehensabläufe ab.[53] Folgt man dem Begriffsverständnis von *Müller* könnte man auch Ansprüche wegen Flugverspätung aus der EU-Fluggastrechte-Verordnung oder solche bei Verstoß gegen die sog. „Mietpreisbremse" dazu zählen. Diese Art von Schäden wird vorliegend allerdings nicht als Massenschaden verstanden. Massenschäden sind nur solche, die aufgrund einer Ursache zu mehreren Individualschäden führen, wobei die Anspruchsvoraussetzungen weitgehend einheitlich beurteilt werden können. Bei Verkehrsunfällen stellen sich zwar oftmals gleichartige Rechtsprobleme, diese können wegen der Individualität des Schadensereignisses allerdings nicht kollektiv geltend gemacht werden. Auch sind bei Verkehrsunfällen die Geschädigten häufig gleichzeitig Schädiger, was eine prozessuale Bündelung zusätzlich erschwert.[54]

---

50 So spricht beispielsweise Art. 2 Abs. 1 der ADR Richtlinie von „Verfahren zur außergerichtlichen Beilegung von […] Streitigkeiten" oder § 253 Abs. 3 ZPO von „Verfahren zur außergerichtlichen Konfliktbeilegung".

51 So auch *Alexander*, JuS 2009, 590, 591.

52 *Wagner*, Neue Perspektiven im Schadensersatzrecht, A 119.

53 *Müller*, VersR 1998, 1181 ff.

54 *Haß*, Die Gruppenklage, 1996, S. 17.

Charakteristisch für Massenschäden ist nach *Haß* auch die Tatsache, dass sich die Einzelkläger einer immensen Verteidigung durch die Beklagte gegenübersehen. Für die Beklagte gilt es eine Präzedenzwirkung zu verhindern, was zu einem hohen Aufwand bei der Rechtsdurchsetzung für die Kläger führt.[55]

Zu Massenschäden werden teilweise auch Schäden an Kollektivgütern gezählt. *Von Bar* zählt auch ökologische Schäden zu Massenschäden. Dies sind „Schadensereignisse mit gravierenden Auswirkungen auf Natur und Landschaft". Sie werden „unabhängig davon als Massenschaden verstanden, ob individuelle Rechtspositionen des Privatrechts berührt sind oder nicht. Es geht hier auch um Schäden an den freien Naturgütern und ökologischen Wirkungszusammenhängen."[56] In ähnlicher Weise fügt *Alexander* zur „Massenbetroffenheit" und den Streu- und Bagatellschäden die Kategorie der „Beeinträchtigung von kollektiven und öffentlichen Interessen" hinzu. Dabei handele es sich um Kollektivinteressen einer Gruppe von Personen und nicht um gebündelte Einzelinteressen mehrerer Individuen. Umfasst seien davon etwa die Schutzinteressen der Verbraucher im Wettbewerb oder die Interessen der Allgemeinheit an einem unverfälschten Wettbewerb.[57] Sinnvoll erscheint in diesem Zusammenhang jedenfalls die von *Wagner* vorgenommene Abgrenzung zu Gemeinschaftsgüterschäden. Dies seien Schäden, „die dem Kollektiv und nicht einem Individuum oder einer Gruppe von Individuen entstehen". Es handele sich um echte Kollektivschäden, die unter dem Begriff der Gemeinschaftsgüterschäden zu führen seien. Diese echten Kollektivschäden seien jedenfalls dann nicht ersatzfähig, wenn sie keinem Individualrechtsgut zugeordnet werden können.[58] Der Abgrenzung von *Wagner* zwischen Kollektiv- und Individualschäden ist zu folgen. Im Rahmen des kollektiven Individualrechtsschutzes müssen Schäden einem bestimmten Rechtssubjekt individuell zugeordnet werden können. Dies ist bei abstrakten Umweltschäden ohne Bindung an Eigentum oder Besitz oder bei einem abstrakten Vorgehen gegen AGBs nicht gegeben.

Bei der Eingrenzung des Begriffs des Massenschadens ist nicht auf die Anzahl der schädigenden Handlungen, sondern auf die Anzahl der potentiell Geschädigten abzustellen. Von Massenschäden im vorgenannten Sinne, sind nicht

---

55 *Ders.*, Die Gruppenklage, 1996, S. 3.

56 *Bar*, Empfehlen sich gesetzgeberische Maßnahmen zur rechtlichen Bewältigung der Haftung für Massenschäden?, in: Deutscher Juristentag e.V., Verhandlungen des 62. Deutschen Juristentages Bremen - Band I - Gutachten, A 9.

57 *Alexander*, JuS 2009, 590, 591.

58 *Wagner*, Neue Perspektiven im Schadensersatzrecht, 2006, A 126 f.

nur Ereignisse erfasst, bei denen eine Vielzahl von Personen mehr oder weniger zufällig in Form eines Unglücks geschädigt wird,[59] sondern es ist auch ein rechtswidriges Verhalten über einen gestreckten Zeitraum erfasst, bei denen die Geschädigten in Serie ähnliche Schäden erleiden, die nicht unbedingt plötzlich, sondern schleichend festgestellt werden.[60] In eine ähnliche Richtung geht auch die Unterscheidung zwischen Fällen bei denen die Betroffenen durch eine Handlung oder viele Handlungen verletzt werden.[61] Vor allem in Fällen der Produkt- oder Arzneimittelhaftung, genüge oftmals nicht die schadensauslösende Handlung des Schädigers, sondern es müsse noch eine Handlung des Geschädigten (z. B. der Kauf der Ware) hinzutreten.[62] Sowohl bei plötzlichen als auch bei schleichenden Schadensereignissen kann stets ein großer Personenkreis Beseitigungs-, Abwehr- oder Schadensersatzansprüche geltend machen.

Dies führt zu der Frage ab wieviel geschädigten Personen ein Schaden zum Massenschaden wird. Dabei kann auf vielfältige Ansatzpunkte zurückgegriffen werden. Es könnte eine Parallele zur Definition der „Vielzahl von Verträgen" bei den Regelungen der Allgemeinen Geschäftsbedingungen gezogen werden.[63] Hierfür muss mindestens eine dreimalige Verwendung der AGBs beabsichtigt sein.[64] Auch könnte auf die „Vielzahl der Abnehmer" im Rahmen der wettbewerbsrechtlichen Gewinnabschöpfungsklage abgestellt werden, wo erst ab 15 bis 30 Personen von einer wettbewerbsrechtlichen Relevanz ausgegangen wird.[65] Vorliegend erscheint allerdings ein Rückgriff auf die Mindestzahl der angemeldeten Verbraucher gem. § 606 Abs. 3 Nr. 3 ZPO am besten geeignet. Demnach ist die Musterfeststellungsklage nur zulässig, wenn sich gem. § 606 Abs. 3 Nr. 3 ZPO mindestens 50 Verbraucher ihre Ansprüche oder Rechtsverhältnisse zur Eintragung in das Klageregister wirksam angemeldet haben. Durch die Anmeldung dieser Mindestanzahl soll ausgeschlossen werden, „dass Verfahren mit lediglich individueller Bedeutung geführt werden."[66] Der Gesetzgeber legt somit selbst fest, wann eine kritische Masse erreicht, ab der ein Fall nicht bloß individuelle

---

59 HK-MfkG/*Röthemeyer*, Einleitung Rn. 8.

60 *Stadler*, Referat, in: Deutscher Juristentag e.V., Verhandlungen des 62. Deutschen Juristentages Bremen - Band II/1 - Sitzungsberichte, I 35.

61 *Haß*, Die Gruppenklage, 1996, S. 5.

62 *Kowollik*, Europäische Kollektivklage, 2018, S. 53.

63 *Micklitz/Stadler*, Unrechtsgewinnabschöpfung, 2003, S. 35.

64 MüKoBGB/*Basedow*, BGB § 305 Rn. 18.

65 *Micklitz/Stadler*, Unrechtsgewinnabschöpfung, 2003, S. 36; MüKoUWG/*Micklitz*, UWG § 10 Rn. 118.

66 BT-Drs. 19/2439, 24.

Bedeutung aufweist. Unterhalb dieser Schwelle hat der kollektive Rechtsschutz keinen Mehrwert gegenüber zahlreichen Individualklagen.

Zumindest in Deutschland dürfte eine weitere Gemeinsamkeit von Massenschäden auch der verstärkte Einfluss von kollektiven Schadensausgleichsystem sowohl auf Seiten der Schädiger als auch auf Seiten der Geschädigten sein. Schäden werden oftmals von einer einspringenden Kollektivgemeinschaft, wie beispielsweise von Haftpflichtversicherungen oder Berufsgenossenschaften (z.B. in den Asbest-Fällen)[67] übernommen. Auch die Geschädigten spüren meist die wirtschaftlichen Folgen eines Schadensfalls aufgrund ihrer Krankenversicherung nicht.[68] Aufgrund des Fehlens eines umfassenden Sozialversicherungssystems spielen Fälle mit Gesundheitsschädigungen in den USA ein bedeutendere Rolle als in Deutschland.[69]

II. *Abgrenzung zu Streu- und Bagatellschäden*

Abzugrenzen sind Massenschäden von sog. Streu- und Bagatellschäden. Bei Streuschäden im engeren Sinn hat „jeder einzelne Geschädigte nur einen relativ geringfügigen, wenn nicht gar minimalen Schaden“ erlitten und erst „die Summe aller Einzelschäden (nimmt) signifikante Ausmaße an.“[70] Teilweise wird der Begriff des Streuschadens auch als Oberbegriff für Massen- und Bagatellschäden verwendet. Demnach seien Streuschäden im weiteren Sinne „Schäden, die sich nicht an einem Ort konzentrieren, sondern sich in weitem Umfang ausbreiten.“[71] Nach *Schaub* sei eine Grenzziehung zwischen zahlreichen geringfügige Einzelschäden (Bagatellschäden) und Großschadensereignisse (Massenschäden) schwierig, weshalb man all diese Schäden unter dem Begriff des Streuschadens zusammenfassen könne.[72] Dem ist entgegenzuhalten, dass man den Begriff des Streuschadens hinsichtlich seiner Semantik eher mit Streuung und damit mit Geringfügigkeit, wie etwa bei dem Begriff „Streusalz“ oder dem „Streubesitz“ im Börsenhandel in Verbindung bringt. Als Oberbegriff für großvolumige Schäden passt der Begriff daher nicht. Auch erscheint eine Differenzierung zwischen

---

67 O.A., Frankfurter Allgemeine Zeitung (FAZ) 25.9.2002.

68 MüKoBGB/*Oetker*, BGB § 249 Rn. 10.

69 *Stadler*, Class actions in den USA als Vorbild für Europa?, in: Brömmelmeyer, Die EU-Sammelklage, 91, 101.

70 *Wagner*, Neue Perspektiven im Schadensersatzrecht, 2006, A 107.

71 *Schaub*, JZ 2011, 13.

72 *Schaub*, JZ 2011, 13; *Buchner*, Kollektiver Rechtsschutz für Verbraucher in Europa, 2015, S. 33 f.

Schäden im Bagatellbereich und solchen mit größeren Volumen wichtig, da diese eine unterschiedliche prozessuale Herangehensweise erfordern. Aufgrund der degressiven Staffelung der Prozesskosten fallen diese bei niedrigen Streitwerten vergleichsweise stark ins Gewicht.[73] Im Folgenden werden Streu- und Bagatellschäden als Synonym verwendet. Vor allem stellt der Begriff des Streuschadens keinen Oberbegriff dar, sondern wird zu dem Begriff der Massenschäden abgegrenzt.

Fraglich ist, ab welcher Schadenshöhe von einem Streu- oder Bagatellschaden gesprochen werden kann und wo die Grenze zur Geringfügigkeit zu ziehen ist. Eine allgemeingültige Grenze auf die man sich beziehen könnte, gibt es nicht. Bei Bagatellschäden besteht für Verbraucher wegen des verhältnismäßig hohen Aufwands kein Anreiz ein Gerichtsverfahren zu betreiben (sog. „rationale Desinteresse“).[74] Dieses Durchsetzungshindernis steht bei der Behandlung von derartigen Schäden im Vordergrund. Man könnte daher auf den durchschnittlichen Streitwert abstellen, ab welchem ein Gerichtsverfahren aus ökonomischer Sicht nicht effizient wäre. Laut dem Roland Rechtsreport aus dem Jahr 2020 liegt die Grenze ab der Kläger in Deutschland nach eigener Angabe prozessieren würden, bei genau EUR 1.840.[75] Die Schwelle dürfte bei ungewisser Rechtslage und einem als überlegen empfundenen Prozessgegner mithin sogar noch höher liegen.[76] Auch könnte man sich an der Schwelle zur Anwendbarkeit des europäischen Verfahrens für geringfügige Forderungen orientieren. Ursprünglich kam das Verfahren bei einem Streitwert bis EUR 2.000 zur Anwendung.[77] Mit Änderung aus dem Jahr 2015 wurde die Schwelle auf EUR 5.000 angehoben.[78] Diese Schwelle entspräche somit der Zuständigkeit von Amtsgerichten aus § 23 Nr. 1 GVG. Nach Verabschiedung des Gesetzes zur Förderung verbrauchergerechter Angebote im Rechtsdienstleistungsmarkt (Legal Tech-Gesetz) könnte sich auch auf die Schwelle zur Vereinbarung eines Erfolgshonorars für Anwälte gem. § 4a Abs. 1 Nr. 1 RVG n. F. in Verbindung mit § 49b Abs. 2 S. 1 BRAO n.

73 *Haß*, Die Gruppenklage, 1996, S. 12.

74 *Kranz*, NZG 2017, 1099, 1100; *Waclawik*, NJW 2018, 2921.

75 *Roland Rechtsschutz-Versicherungs-AG*, Roland Rechtsreport 2020, S. 7.

76 *Winkelmeier-Becker*, Die Ausgestaltung einer Musterfeststellungsklage als Instrument zur Stärkung des kollektiven Rechtsschutzes für Verbraucher, in: Schäfer, Der Gesetzesentwurf zur “Musterfeststellungsklage”, 92, 99.

77 Art. 2 Abs. 1 der Verordnung zur Einführung eines europäischen Verfahrens für geringfügige Forderungen (Verordnung (EG) Nr. 861/2007).

78 Art. 1 Nr. 1 der Verordnung (EU) 2015/2421 zur Änderung der Verordnung (EG) Nr. 861/2007.

F. bezogen werden, welche bei EUR 2.000,00 liegt.[79] Aber selbst bei einem derartigen Schaden könne man nicht von einem Bagatellschaden sprechen, welchen die meisten Verbraucher per se auf sich beruhen lassen würden. *Geiger* schlägt demnach einen Richtwert von EUR 200 bis 1.000 vor.[80]

Eine genaue betragsmäßige Grenze ist mangels Objektivierbarkeit schwer zu ziehen. Die Schwelle zur Zuständigkeit von Amtsgerichten oder dem europäischen Verfahren für geringfügige Forderung wäre jedenfalls zu hoch gegriffen. Nachvollziehbarer erscheint vielmehr eine subjektive Betrachtung unter stärkerer Berücksichtigung des rationalen Desinteresses. Die Grenze zwischen einem Massenschaden und einem Streuschaden liegt jedenfalls bei EUR 2.000,00. Dies entspräche der Schwelle zur Vereinbarung eines Erfolgshonorars und der Umfrage im Roland Rechtsreport zum rationalen Desinteresse. Als Streuschäden gelten demnach beispielsweise kartellbedingte Preiserhöhungen zu Lasten der Verbraucher,[81] überhöhte Gebühren von Telefon-, Kreditkarten- oder Stromanbietern, Entschädigungen wegen Flugverspätungen,[82] rechtswidrige Betriebskostenabrechnungen im Mietrecht[83] oder Mogelpackungen bei Lebensmitteln[84].

III. Auswertung und Begriffsbestimmung

Es kann festgehalten werden, dass Massenschäden vorliegen, wenn eine große Zahl von Geschädigten (mehr als 50) durch ein plötzliches oder serienmäßig auftretendes Schadensereignis einen erheblichen individuellen Schaden (jedenfalls mehr als EUR 2.000,00) erlitten hat. Zu Massenschäden werden daher im Wesentlichen Schäden aus Großunfallereignissen (z. B. das ICE Unglück in Eschede (1998), das Seilbahnunglück in Kaprun (2000)), Flugzeugabstürze, Massenkatastrophen (z. B. die Giftgaskatastrophe im indischen Bhopal (1984), das Love Parade-Unglück in Duisburg (2010)), Umweltunfälle (z. B. das

79 BT-Drs. 19/27673, 8

80 *Geiger* bezieht sich dabei auf eine Meinungsumfrage der EU-Kommission aus dem Jahr 2013, wonach die Hälfte der befragten EU-Bürger erklärten, bei einem Betrag unter EUR 200,00 keinen Rechtsbehelf einlegen zu wollen (*Geiger*, Kollektiver Rechtsschutz im Zivilprozess, 2015, S. 23).

81 *Weinland*, Die neue Musterfeststellungsklage: Einführung, 2019, Rn. 5.

82 *Winkelmeier-Becker*, Die Ausgestaltung einer Musterfeststellungsklage als Instrument zur Stärkung des kollektiven Rechtsschutzes für Verbraucher, in: Schäfer, Der Gesetzesentwurf zur "Musterfeststellungsklage", 92, 100.

83 *Gsell*, WuM 2018, 537, 538.

84 *Alexander*, JuS 2009, 590; ein Beispiel sind Teebeutel, die mit 19,5 Gramm statt mit 20 Gramm befüllt sind (*Frank/Henke/Singbartl*, VuR 2016, 333, 334).

Tankerunglück der Exxon Valdez (1989), der Blowout der BP-Ölplattform Deep Water Horizon (2010), die Nuklearkatastrophe von Fukushima (2011)), Vermögensschäden aufgrund fehlerhafter Kapitalmarktinformationen (z. B. Telekom-Prozesse) oder Produkt- und Arzneimittelhaftungsfälle (z. B. Contergan, die Milupa-Kindertee-Fälle (1980er), der Fipronil-Skandal (2017)). Auch die 2015 bekannt gewordenen Diesel-Abgasfälle sind als Massenschäden zu klassifizieren[85] und verdeutlichen den praktischen Anwendungsbereich der Musterfeststellungsklage für Massenschäden.

§ 5 Verfahrensziele der Musterfeststellungsklage bei Massenschäden

Maßstab für die Effektivität eines Rechtsschutzinstruments sind regelmäßig die gesetzgeberischen und überindividuellen kollektiven Zielbestimmungen.[86] Zur Identifizierung eines geeigneten AS-Verfahren für die Leistungsphase wird zunächst herausgearbeitet, welche Ziele das Musterfeststellungsverfahren bei Massenschäden verfolgt. Diese dienen als Richtschnur zur Evaluierung des Gesamtverfahrens. Die Musterfeststellungsklage unterscheidet grundsätzlich nicht zwischen Streu- und Massenschäden. Sie soll ein geeignetes Instrument für beide Schadenstypen darstellen.[87] In der Begründung des Gesetzesentwurfs werden bestimmte Zwecke und Ziele der Musterfeststellungsklage teilweise mehrfach hervorgehoben, die im Folgenden zusammen mit weiteren daraus ableitbaren Zielsetzungen systematisiert und im Hinblick auf die Besonderheiten von Massenschäden eingeordnet werden.

A. Überwindung des rationalen Desinteresses

Schon in der Gesetzesbegründung wird deutlich, dass die Musterfeststellungsklage das Ziel verfolgt, das „rationale Desinteresse“[88] der potentiell Geschädigten zu überwinden. Schadensersatz- oder Erstattungsansprüche „werden

---

85 *Weinland*, Die neue Musterfeststellungsklage: Einführung, 2019, Rn. 8; *Koch*, MDR 2018, 1409, 1410; *Schlingmann/Thiery*, Der Betrieb 2018, 2550, 2551; *Gsell*, WuM 2018, 537, 538.

86 *Meller-Hannich*, Effektivität kollektiver Rechtsschutzinstrumente, in: Brömmelmeyer, Die EU-Sammelklage, 33.

87 *Waclawik*, NJW 2018, 2921.

88 Gelegentlich wird auch der Begriff der „rationalen Apathie“ verwendet; zu dem Begriff: *Oechsler/Ricard*, NZKart 2019, 308.

[…] oft nicht individuell verfolgt, da der erforderliche Aufwand aus Sicht des Geschädigten unverhältnismäßig erscheint“.[89] Da das rationale Desinteresse an zahlreichen Stellen der Gesetzesbegründung[90] Erwähnung findet, ist davon auszugehend, dass es sich bei der Überwindung eben diesen um den Hauptbeweggrund zur Schaffung der Musterfeststellungsklage handelt.[91] Aus ökonomischer Sicht ist eine Rechtsdurchsetzung nur sinnvoll, wenn ein wirtschaftlicher Nutzenzuwachs aus dem Vorgehen resultiert. Sofern ein Akteur Geld zur Entscheidung eines Anspruchs aufwenden muss, wird er in der Regel nur aktiv werden, wenn der Erwartungswert des Streiterfolgs die Transaktionskosten der Konfliktbewältigung übersteigt.[92]

Gesamtgesellschaftlich kann aufgrund der hohen Summe an Einzelansprüchen ein Interesse an der Rechtsdurchsetzung bestehen. Die einzelnen Geschädigten stützen sich auf ihre private Kosten-Nutzen-Analyse und sehen von einer Rechtsverfolgung ab, während sich der rechtswidrige Zustand verfestigt.[93] So führen beispielsweise im Wettbewerbsrecht Allokationseffekte (die Verhinderung weiterer nutzenbringender Geschäfte) zu einem gesamtwirtschaftlichen Schaden. Aufgrund der marktbeherrschenden Stellung kann ein Unternehmen Preise über Wettbewerbsniveau verlangen, wodurch sich die Zahl der potentiellen Abnehmer reduziert.[94] In der Folge spielt das rationale Desinteresse aufgrund der in Relation zum Schaden höheren Prozesskosten bei Streuschäden eine größere Rolle als bei Massenschäden.[95]

Die Tatsache, dass das Musterfeststellungsverfahren nicht zwischen beiden Schadensarten differenziert, könnte auf die Erfahrungen mit dem Kapitalanleger-Musterverfahrensgesetz (KapMuG) zurückzuführen sein. Das KapMuG verfolgt ausdrücklich den Zweck, die Geltendmachung von Streuschäden zu erleichtern.[96] Allerdings wurde früh deutlich, dass das KapMuG meist

89 BT-Drs. 19/2439, 1.

90 Vgl. BT-Drs. 19/2439, 1, 14, 15, 16, 25

91 Nordholtz/Mekat/*Nordholtz*, § 1 Rn. 8.

92 *Sundermeier*, in: Fritz/Pielsticker, Handbuch zum Mediationsgesetz, 2020, Teil 6 - B. Rn. 36.

93 *Van den Bergh/Keske*, Rechtsökonomische Aspekte der Sammelklage, in: Casper/Janssen/Pohlmann u.a., Auf dem Weg zu einer europäischen Sammelklage?, 17, 20.

94 *Dies.*, Rechtsökonomische Aspekte der Sammelklage, in: Casper/Janssen/Pohlmann u.a., Auf dem Weg zu einer europäischen Sammelklage?, 17, 20.

95 *Dies.*, Rechtsökonomische Aspekte der Sammelklage, in: Casper/Janssen/Pohlmann u.a., Auf dem Weg zu einer europäischen Sammelklage?, 17, 20.

96 BT-Drs. 15/5091, 1, 13; die Begründung zum Gesetzesentwurf zur Einführung des KapMuG geht von dem gleichen Begriffsverständnis wie in dieser Arbeit aus und

bei Massenschäden in Anspruch genommen wird.[97] Das KapMuG ist bislang bei Streuschäden sogar noch nicht ein einziges Mal eingesetzt worden.[98] Das Musterfeststellungsverfahren selbst ist zu jung, um eine Bewertung zur Inanspruchnahme in der Vergangenheit vorzunehmen. In den Diesel-Verfahren, dem ersten größeren Musterverfahren, konnten viele Kläger ihre rationale Apathie auch vor Schaffung der Musterfeststellungsklage überwinden.[99] Der Fallkomplex zeigte, dass sich mit Hilfe des niedrigschwelligen kollektiven Rechtsschutzes nochmals deutlich mehr Anspruchssteller (etwa 430.000[100]) beteiligten als im Rahmen der Individualverfahren (in Summe etwa 125.000). Die Erfahrungen mit den Diesel-Verfahren haben gezeigt, dass das rationale Desinteresse bei Massenschäden zwar eine gewisse Rolle spielt, aber nicht in demselben Umfang wie bei Streu- und Bagatellschäden. In Deutschland wird das rationale Desinteresse zusätzlich durch die umfassende Versicherungsabdeckung verstärkt. Der wesentliche Teil der entstandenen Schäden wird oftmals von Versicherungen getragen, weshalb viele Individuen keinen Grund mehr sehen, ihre Rechte weiter zu verfolgen.[101]

B. Rechtssicherheit

Die Musterfeststellungsklage soll zu einer „verbindliche[n] Entscheidung wesentlicher Tatsachen- und Rechtsfragen" führen.[102] Bei Massenschäden sind die haftungsrechtlichen Sach- und Rechtsfragen teilweise komplex, weshalb Gerichte oder gegebenenfalls sogar Kammern und Senate innerhalb des jeweiligen Gerichts zu unterschiedlichen Rechtsauffassungen gelangen können. Es besteht die Gefahr, dass es bei gleichgelagerten Einzelklagen zu divergierenden

---

definiert Streuschäden als Schäden „mit vielen Geschädigten und vergleichsweise geringen Schadensersatzsummen".

97 Bereits vor in Kraft treten des Gesetzes erhoben 14.447 Anleger im Rahmen der sog. Telekom-Prozesse Individualklage. Diese hohe Anzahl an potentiell Geschädigten ließ sich auch ohne ein Kollektivverfahren nicht von einer Klage abhalten (*Wagner*, Neue Perspektiven im Schadensersatzrecht, 2006, A 121).

98 *Meller-Hannich*, Sammelklagen, Gruppenklagen, Verbandsklagen - Bedarf es neuer Instrumente des kollektiven Rechtsschutzes im Zivilprozess?, in: Verhandlungen des 72. Deutschen Juristentages, A 48.

99 So ergingen bis Mitte Februar 2020 allein in Deutschland 55.000 Urteile zu dieser Thematik und es waren weitere 70.000 Individualklagen anhängig (*Votsmeier/Keuchel*, Handelsblatt 27.02.2020).

100 *Votsmeier/Ritters*, Handelsblatt 21.08.2019.

101 Siehe zur Rolle der Versicherungen Einleitung:§ 4 B.I.

102 BT-Drs. 19/2439, 16.

Entscheidungen kommen kann.[103] Verstärkt werde dies durch die von beklagten Unternehmen oftmals vorgenommene „Vereinzelungsstrategie". Zeichnet sich eine höchstrichterliche Entscheidung oder ein negativer Ausgang ab, werde ein großzügiger oder teilweise überkompensierender Vergleich geschlossen, um eine grundsätzliche und öffentlichkeitswirksame Klärung zu verhindern. Die Vergleichspartei werde im Zuge dessen durch entsprechende Verschwiegenheitsvereinbarungen zur Diskretion verpflichtet.[104] Die Bündelungsmöglichkeit und Vorlage an ein einziges Gerichts wirke der Vereinzelungsstrategie entgegen und erscheine daher vor allem zur Verhinderung von Rechtsunsicherheiten sinnvoll.[105] Zur Vermeidung von Rechtsunsicherheiten wurde zudem die örtliche Zuständigkeit von Musterfeststellungsverfahren gem. § 32c ZPO ausschließlich ausgestaltet.[106] Schließlich soll durch die zu erwartenden Einigungen im Anschluss an ein Musterfeststellungsurteil der Rechtsfrieden und die Rechtsakzeptanz als solche gestärkt werden.[107]

C. Entlastung der Justiz

Die Musterfeststellungsklage soll „zu einer Entlastung der Justiz beitragen".[108] Der Gesetzgeber geht von jährlich 450 Musterfeststellungsklagen und in der Folge von einem Wegfall von geschätzten 11.250 Individualverfahren aus.[109] Durch Instrumente des kollektiven Rechtsschutzes sollen Beweise und Schriftsätze nicht massenhaft erhoben, bzw. zugestellt, und im Idealfall nicht jeder einzelne Geschädigte angehört werden müssen.[110] Durch die einheitliche Abhandlung gleichgelagerter Sachverhalte im Rahmen von Kollektivklagen können sowohl die gesamtgesellschaftlichen Kosten der Justiz als auch die Kosten für die Parteien des Verfahrens verringert werden (sog. „Skalenerträge").[111]

---

103 *Balke/Liebscher/Steinbrück*, ZIP 2018, 1321, 1323.

104 HK-MfkG/*Röthemeyer*, Einleitung Rn. 11 f.

105 *Merkt/Zimmermann*, VuR 2018, 363, 364; *Weinland*, Die neue Musterfeststellungsklage: Einführung, 2019, Rn. 9.

106 BT-Drs. 19/2701, 3.

107 BT-Drs. 19/2439, 19.

108 BT-Drs. 19/2439, 16.

109 BR-Drs. 176/18, 3; im ersten Jahr der Musterfeststellungsklage (bis Ende 2019) wurden allerdings nur sechs Klagen erhoben, weshalb die Entlastung der Justiz wahrscheinlich tatsächlich deutlich niedriger ausfallen könnte als prognostiziert.

110 *Gsell*, WuM 2018, 537, 538.

111 *Van den Bergh/Keske*, Rechtsökonomische Aspekte der Sammelklage, in: Casper/Janssen/Pohlmann u.a., Auf dem Weg zu einer europäischen Sammelklage?, 17.

Die Kalkulation des Gesetzgebers lässt außer Acht, dass das Urteil nur zu einer Feststellung und nicht zu einem titulierten Anspruch führt. Auch ist davon auszugehen, dass sich von vornherein mehr Geschädigte anmelden werden als solche die individuell den Anspruch durchgesetzt hätten.[112] Sollte im Laufe des Musterfeststellungsverfahrens keine vergleichsweise Einigung erzielt werden können, müssten die angemeldeten Verbraucher ihren Anspruch noch gerichtlich geltend machen. Auf zweiter Stufe werden dann mit hoher Wahrscheinlichkeit auch Kläger einen Leistungsanspruch geltend machen, die ihren Anspruch ohne das Feststellungsurteil überhaupt nicht geltend gemacht hätten. Man würde die Gerichte auch von Verfahren „entlasten", die es ohne den niedrigschwelligen kollektiven Rechtsschutz nicht gegeben hätte.[113] Das Ziel der Entlastung der Gerichte durch die Einführung der Musterfeststellungsklage erscheint nur auf den ersten Blick realisierbar, könnte sich aber – vor allem bei Streuschäden – auch zum Gegenteil wenden. Bei diesen Schäden kann man durch die Ermutigung vieler Geschädigter, sich überhaupt erst zu dem Musterfeststellungsverfahren anzumelden, nicht wirklich von der Entlastung der Justiz ausgehen. Der Aufwand der zweistufigen Rechtsdurchsetzung steht bei Streu- und Bagatellschäden jedenfalls nicht im Verhältnis zur Höhe der Schäden. Eine auf Leistung gerichtete Kollektivklage erscheint hier das vorzugswürdigere Mittel. Bei Massenschäden, die rechtlich oftmals komplexer und aufwendiger im Hinblick auf Schriftsätze und die durchzuführende Beweisaufnahme sind, ist eine Bündelung der Verfahren angesichts der Feststellung einzelner Tatbestandsmerkmale sinnvoller als bei Streu- und Bagatellschäden. Im Optimalfall können im Musterverfahren bereits wesentliche Feststellungen zu musterverfahrensfähigen Tatsachen- und Rechtsfragen getroffen werden, die man ansonsten in zahlreichen Einzelverfahren jeweils gesondert, und teils aufwendig, hätte vornehmen müssen. Auch werden Kläger- und Beklagtenvertreter durch diese Bündelungsmöglichkeit nicht dazu angehalten, in jedem Individualverfahren einen ausführlichen und nahezu identischen Vortrag bei den Gerichten einzureichen.

D. Stärkung der außergerichtlichen Streitschlichtung

Durch Einführung der Musterfeststellungsklage erhofft sich der Gesetzgeber auch eine Stärkung der außergerichtlichen Streitschlichtung. Es wird erwartet,

112 Siehe Ausführungen zu den Diesel-Verfahren im Rahmen des rationalen Desinteresses.
113 *Fölsch*, DRiZ 2018, 214, 216.

dass durch einen Musterentscheid und die Entscheidung zentraler Rechts- und Tatsachenfragen die Grundlage für eine Einigung gelegt wird.[114]

Angesichts dieser Zielvorgabe, schaffte der Gesetzgeber mit der VSBG Änderung 2019 die sogenannte Universalschlichtungsstelle, welche sich der Streitigkeiten nach Abschluss eines Vergleichs gem. § 611 ZPO oder nach Musterfeststellungsurteil annehmen soll.[115] Die vorliegende Arbeit untersucht die Möglichkeiten der Umsetzung dieses Ziels in Bezug auf Massenschäden, weshalb dieses Verfahrensziel nochmals ausführlicher unter 1. Kapitel:§ 1 beleuchtet werden soll.

E. Schutz überindividueller Interessen

Das Musterfeststellungsverfahren hat nicht nur die Entschädigung und den Schutz der Geschädigten zum Ziel, sondern dient auch der Verfolgung überindividueller Interessen. Es stehe zu befürchten, dass „der unrechtmäßig erlangte Gewinn bei dem Anbieter [verbleibt], der hierdurch einen Wettbewerbsvorteil gegenüber rechtstreuen Wettbewerbern erzielt."[116] Die Durchsetzung des objektiven Rechts verfolgt auch den Zweck, eine Verhaltenssteuerung auf Beklagtenseite zu erreichen und die die Durchsetzung soll sich präventiv im Hinblick auf zukünftige Rechtsverletzungen auswirken.[117] Kollektive Rechtsschutzinstrumente, und auch solche, die auf die effektivere Durchsetzung individueller Ansprüche ausgerichtet sind, haben meist zum Ziel, dass die Betroffenen von zukünftigen Rechtsverletzungen verschont bleiben.[118] Der Gesetzgeber sieht in dem Musterfeststellungsverfahren ein Instrument zur Sicherstellung des fairen Wettbewerbs.[119] Dabei wird den Unternehmen indirekt ein kalkulierter Rechtsbruch und ein strategisches Ausnutzen des rationalen Desinteresses unterstellt. Der unrechtmäßig handelnde Unternehmer stelle dabei den angenommenen Ertrag der von Seiten der Verbraucher hingenommenen Rechtsverletzung den Kosten des zu erwartenden Widerstands gegenüber und entscheide sich dann

114 BT-Drs. 19/4891, 2; BT-Drs. 19/2439, 2, 16.

115 BT-Drs. 19/10348, 22.

116 BT-Drs. 19/2439, 1.

117 *Meller-Hannich,* Sammelklagen, Gruppenklagen, Verbandsklagen - Bedarf es neuer Instrumente des kollektiven Rechtsschutzes im Zivilprozess?, in: Verhandlungen des 72. Deutschen Juristentages, A 25; *Balke/Liebscher/Steinbrück*, ZIP 2018, 1321, 1323.

118 *Meller-Hannich,* Effektivität kollektiver Rechtsschutzinstrumente, in: Brömmelmeyer, Die EU-Sammelklage, 33, 39.

119 Nordholtz/Mekat/*Nordholtz*, § 1 Rn. 18.

für einen kalkulierten Rechtsbruch, sobald es sich ökonomisch lohnen würde. Bei Kleinstbeträgen (z. B. bei geringen Mengenabweichungen) und einer hohen Anzahl an Kunden wäre eine derartige Kalkulation ein nicht unerheblicher Wettbewerbsvorteil.[120]

Auch wird das Ziel verfolgt, die Rechtsdurchsetzung von Ansprüchen für Verbraucher insgesamt zu verbessern, weshalb durch das Verfahren auch der Verbraucherschutz im Allgemeinen gestärkt werden soll.[121] Zudem wurde im Koalitionsvertrag der Bundesregierung ausdrücklich vorgesehen, dass die Musterfeststellungsklage am 1. November 2018 in Kraft treten soll, damit Verbraucher, die ein von der Diesel-Thematik betroffenes Fahrzeug erworben haben, rechtzeitig vor Ablauf der Verjährungsfrist ihren Anspruch geltend machen können.[122] Deshalb wird das Musterfeststellungsverfahren in der Presse teilweise auch als „Lex Volkswagen" bezeichnet.[123]

In den Gesetzesmaterialien nicht ausdrücklich erwähnt, aber als Annex zum rationalen Desinteresse und zur allgemeinen Stärkung des Verbraucherschutzes kann auch die Herstellung von wirtschaftlichem und prozessualem Gleichgewicht als überindividueller Zweck angesehen werden. Bei einem Zweiparteienprozess zwischen einem Verbraucher und einem internationalen Großkonzern kann es in der Regel zu einer asymmetrischen Prozesslage kommen, da sich die Parteien nicht auf gleicher Augenhöhe befinden. Es besteht ein strukturelles Informationsgefälle und die Regeln der Darlegungs- und Beweislast machen es dem Verbraucher oftmals schwer, seinen Anspruch zu beweisen, da sich entscheidungserhebliche Tatsachen teilweise nur durch einen Einblick in unternehmensinterne Vorgänge nachweisen lassen.[124] Gerade bei einem Konzern mit zahlreichen Tochtergesellschaften und unterschiedlichen Verantwortungsbereichen ist die Beweisführung in einem Zweiparteienprozess mit einem unverhältnismäßigem Aufwand für den geschädigten Verbraucher verbunden. Der Verbraucher als strukturell unterlegene Partei kann rechtswidrige Handlungen zwar beobachten, aber bei komplexen Handlungen weder beurteilen und schon gar nicht verifizieren. Je komplexer sich Sachverhalte gestalten, umso geringer ist

---

120 Nordholtz/Mekat/*Nordholtz*, § 1 Rn. 9; HK-MfkG/*Röthemeyer*, Einleitung Rn. 5.

121 BT-Drs. 19/2439, 1, 14.

122 *Christlich demokratische Union Deutschlands* (CDU)/*Christlich-soziale Union in Bayern e. V.* (CSU)/*Sozialdemokratische Partei Deutschlands* (SPD), Koalitionsvertrag zwischen CDU, CSU und SPD - 19. Legislaturperiode, S. 124.

123 *Preker*, Der Spiegel 30.09.2019; *Slavik*, Süddeutsche Zeitung 30.09.2019.

124 *Weimann*, Kollektiver Rechtsschutz, 2018, S. 42 f.

die Schnittmenge der gemeinsamen Wahrnehmung.[125] Auch sind Unternehmen in der Regel öfter mit Rechtsstreitigkeiten konfrontiert („repeat player“) und diese werden in existenzbedrohenden Rechtsstreitigkeiten große finanzielle Mitteln zur Verteidigung einsetzen, während Verbraucher grundsätzlich über weniger Prozesserfahrung und Mittel verfügen („one shotter“).[126] Diese Erfahrung verschafft dem Unternehmen als repeat player in der Regel einen strategischen Vorteil und lässt es zunächst stärker erscheinen.[127] Damit dieses Machtgefälle weniger geschädigte Verbraucher von einer Klage abhält, wurde beispielsweise im Bereich der Produzenten- oder Produkthaftung mit einer Beweislastumkehr auf diese Ungleichgewichtslagen reagiert.[128] Auch prozessrechtlich existieren Mittel wie die sekundäre Darlegungslast, die dem Prozessgegner der beweisbelasteten Partei unter bestimmen Voraussetzungen aufgeben, wesentliche Tatsachen aus seinem Wahrnehmungsbereich darzulegen.[129] Kollektive Klageverfahren dienen in der Regel dazu strukturelle Machtasymmetrien in Prozessen auszugleichen.[130] Dementsprechend führt auch im Musterfeststellungsverfahren eine Bündelung von Individualansprüchen in gewisser Weise zu einem agieren auf Augenhöhe. Ein Zusammenschluss der Verbraucher nutzt Synergieeffekte aus. Schon *Friedrich Schiller* wusste die Vorzüge des Zusammenschlusses zu definieren: „Verbunden werden auch die Schwachen mächtig“.[131]

---

125 *Sundermeier*, in: Fritz/Pielsticker, Handbuch zum Mediationsgesetz, 2020, Teil 6 - B. Rn. 17.

126 *Meller-Hannich,* Sammelklagen, Gruppenklagen, Verbandsklagen - Bedarf es neuer Instrumente des kollektiven Rechtsschutzes im Zivilprozess?, in: Verhandlungen des 72. Deutschen Juristentages, A 27.

127 *Breidenbach*, Mediation, 1995, S. 110 f.; bei der US-amerikanischen class action führt der kumulierte Streitwert zu einer Abschwächung des „David gegen Goliath“-Problems, dem sich einzelne Verbraucher bei Klagen oft ausgesetzt sehen (*Eichholtz*, Die US-amerikanische class action und ihre deutschen Funktionsäquivalente, 2002, S. 173).

128 Vgl. BGH, Urteil v. 26.11.1968 – VI ZR 212/66 = NJW 1969, 269 (Hühnerpest-Fall); BGH, Urteil v. 18.9.1984 – VI ZR 223/82 = NJW 1985, 47 (Kupolofen-Fall); BGH, Urteil v. 2.2.1999 – VI ZR 392/97 = NJW 1999, 1028 (Torfsubstrat).

129 Musielak/Voit/*Stadler*, ZPO, § 138 Rn. 10a.

130 *Mengden*, NZKart 2018, 398, 400.

131 Friedrich Schiller, Wilhelm Tell, 1. Akt, 3. Szene.

F. Die Bedeutung der einzelnen Verfahrensziele bei Massenschäden

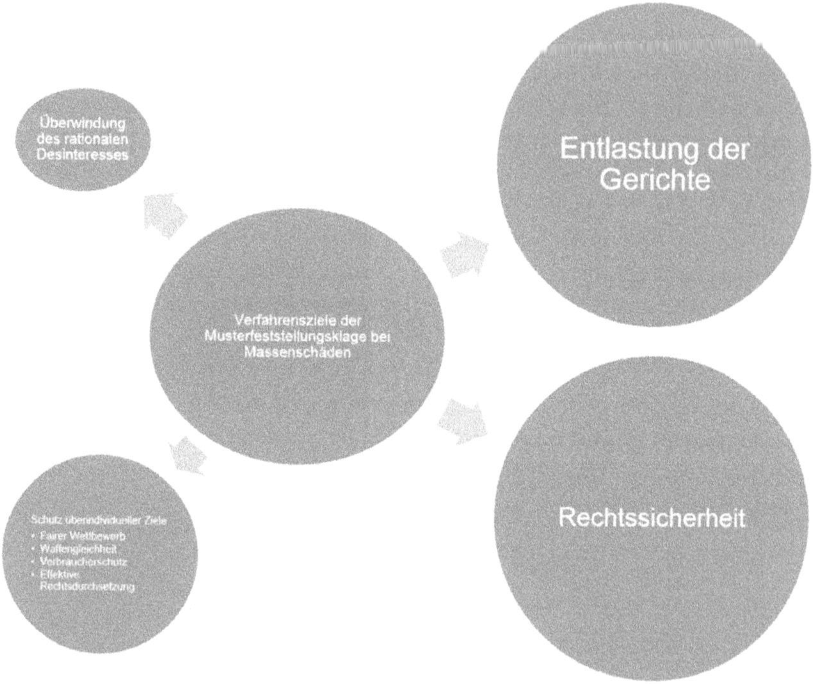

Abbildung 1: Verfahrensziele der Musterfeststellungsklage bei Massenschäden im Überblick

Je größer der Kreis, desto höher die Bedeutung für Massenschäden. Die Stärkung der außergerichtlichen Streitschlichtung wird in der Darstellung als Untersuchungsgegenstand zunächst ausgeklammert.

Individual- und Kollektivinteressen können im Rahmen des kollektiven Rechtsschutzes nicht strikt voneinander getrennt werden. Die Interessengegensätze vermischen sich und die Individualinteressen sind Teil des Gesamtinteresses.[132] Dies wird auch im Rahmen der Musterfeststellungsklage deutlich. Dabei treten die überindividuellen Ziele gegenüber dem Ausgleichsinteressen der Geschädigten umso mehr in den Vordergrund je niedriger der individuelle Schaden ist.

---

132 *Kowollik*, Europäische Kollektivklage, 2018, S. 46 f.

Bei Streu- und Bagatellschäden tritt die Überwindung des rationalen Desinteresses stärker in den Vordergrund. Das wesentliche Problem dieser Schadensart ist bei der Durchsetzung der Ansprüche zu lokalisieren. Es droht ein Vollzugsdefizit.[133] Die entstandenen Schäden umfassen teilweise nur wenige Euro oder gar Cents, womit die Prozesskosten den Schaden deutlich übersteigen.[134] Zugespitzt formuliert, soll der Verbraucher durch das Musterfeststellungsverfahren etwas geltend machen, an dem er eigentlich kein Interesse hat. Dem Grundsatz *de minimis non curat praetor*[135] folgend, könne es an sich auch vernünftig und volkswirtschaftlich sinnvoll erscheinen, wenn die Geschädigten Bagatellansprüche erst gar nicht geltend machen.[136] Dem wird entgegengehalten, dass es den Geschädigten keinesfalls an Interesse mangele, vielmehr erweise sich das geltende Zivilprozessrecht als hinderlich und eine Absenkung der bestehenden Hürden würde in der Folge auch zu höheren Durchsetzungsquoten führen.[137] Auch bei minimalsten Hürden werde man nicht alle Geschädigten zu einer Klageerhebung motivieren können. Die Kombination aus Anmeldung und späterer Klageerhebung könnte bei Bagatellschäden bereits ein zu großer Aufwand in Anbetracht der Geringfügigkeit der Belastung sein.[138] Bei Bagatell- und Streuschäden spielt die Erfüllung der überindividuellen Ziele wie Wettbewerb oder Prävention eine größere Rolle. Es drängt sich in der Gesamtbetrachtung der Eindruck auf, dass das rationale Desinteresse bei Streu- und Bagatellschäden nur überwunden werden soll, um dahinterstehende überindividuelle Ziele zu erreichen. Im Umkehrschluss spielen die überindividuellen Ziele bei Massenschäden nur eine untergeordnete Rolle. Bei diesen steht dafür weniger die Steuerungs-, sondern eher die Ausgleichsfunktion des Schadensersatzes im Vordergrund.[139] Der Individualrechtsschutz wird durch ein vorgeschaltetes Musterverfahren

133 *Winkelmeier-Becker*, Die Ausgestaltung einer Musterfeststellungsklage als Instrument zur Stärkung des kollektiven Rechtsschutzes für Verbraucher, in: Schäfer, Der Gesetzesentwurf zur "Musterfeststellungsklage", 92, 101.

134 Vgl. mit entsprechender Prozesskostenkalkulation *Buchner*, Kollektiver Rechtsschutz für Verbraucher in Europa, 2015, S. 35.

135 Lat. „Um Kleinigkeiten kümmert sich der Richter nicht".

136 *Wagner*, Neue Perspektiven im Schadensersatzrecht, 2006, A 107; *Balke/Liebscher/Steinbrück*, ZIP 2018, 1321, 1323.

137 *Merkt/Zimmermann*, VuR 2018, 363, 365.

138 Prütting/Gehrlein/*Halfmeier*, ZPO, § 606 Rn. 1.

139 *Wagner*, Neue Perspektiven im Schadensersatzrecht, 2006, A 119; *Schaub*, JZ 2011, 13, 20.

effektiver.[140] Materiell-rechtlich beziehen sich die im Musterverfahren geltend gemachten Ansprüche immer auf die dahinterstehenden Individuen. Bei Massenschäden stehen Rechtssicherheit, sowie die Entlastung der Justiz stärker im Vordergrund. Die Ausgestaltung des Verfahrens als Kombination aus Feststellungs- und Leistungsklage trägt bei Streu- und Bagatellschäden weder zu einer Überwindung des rationalen Desinteresses noch zu einer Entlastung der Justiz bei. Die Musterfeststellungsklage ist im Ergebnis besser für komplexe Massenschäden geeignet, während sich eine direkt auf Leistung gerichtete Klage eher für Streu- und Bagatellschäden eignet. Auch die Ausgestaltung als Opt-In-Verfahren macht die Musterfeststellungsklage vor allem für die Behandlung von Massenschäden attraktiv. Nur bei Massenschäden besteht ein hinreichendes Verfolgungsinteresse der potentiellen Anmelder, das sie schließlich zur aktiven Anmeldung motiviert.

Die Stärkung der außergerichtlichen Streitschlichtung als Verfahrensziel lässt sich noch nicht in diese Systematik der Ziele einordnen und soll unter 1. Kapitel:§ 1 nochmal ausführlicher dargestellt werden. Da es generell noch wenig Erfahrung in der Kombination von Mitteln der Alternativen Streitbeilegung mit kollektiven Rechtsschutzinstrumenten gibt, bleibt abzuwarten wie die Praxis sowohl bei Streu- als auch bei Massenschäden im Rahmen der Schlichtung reagiert. Das wesentliche Ziel der Arbeit ist eine Untersuchung wie man das Musterfeststellungsverfahren wirksam mit Mechanismen der außergerichtlichen Streitbeilegung bei Massenschäden miteinander verbinden könnte. Dabei soll sich allerdings nicht auf das Schlichtungsverfahren im engeren Sinne[141] konzentriert werden, vielmehr soll es zu einer kritischen und ganzheitlichen Untersuchung der Alternative Streitbeilegung kommen, ohne sich – wie es der Gesetzgeber bei seiner Zielbestimmung macht – auf einen speziellen Mechanismus festzulegen.

---

140 *Meller-Hannich,* Effektivität kollektiver Rechtsschutzinstrumente, in: Brömmelmeyer, Die EU-Sammelklage, 33, 38.

141 Siehe zum Begriff der Schlichtung 3. Kapitel:§ 2 B.I.

1. Kapitel: Einigungshindernisse im Musterfeststellungsverfahren

Bei Kollektivklagen spielt die Prozessbeendigung durch Vergleich eine große Rolle.[142] Wie bereits oben dargestellt, ist es das erklärte Ziel des Gesetzgebers, dass durch die Musterfeststellungsklage die außergerichtliche Streitschlichtung gestärkt werden soll.[143] Auf dem Weg zu einem Vergleichsschluss sehen sich die Parteien und Anmelder allerdings einer Reihe von Einigungshindernisse gegenüber. Diese haben zur Folge, dass es trotz vorhandenen Einigungsbereichs entweder gar nicht zu einer Einigung kommt oder diese zumindest deutlich erschwert wird. Selbst wenn alle Beteiligten offen für eine einvernehmliche Beilegung des Konflikts wären, muss überlegt werden, welche Hürden für den Abschluss eines Vergleichs bestehen. Erst bei Kenntnis dieser Hürden kann in einem zweiten Schritt darüber nachgedacht werden, wie man mit den Mitteln der Alternativen Streitbeilegung diese Hindernisse am besten überwinden kann.[144] Die Darstellung der Einigungshindernisse soll die Barrieren, die einer interessenorientierten Beilegung des Konflikts entgegenstehen, beschreiben und erklären. Da diese Faktoren erstmals im Rahmen der Verhandlungsforschung untersucht wurden, hat sich in der deutschen Literatur der Oberbegriff „Einigungshindernisse" durchgesetzt.[145] Diese werden im Folgenden in strukturelle, kognitive und strategische Einigungshindernisse unterteilt.[146] Die Kenntnis dieser Hindernisse erlaubt in der Folge eine systematische und zielgerichtete Anwendung von Alternativen Streitbeilegungsverfahren. Aus den gewonnenen Erkenntnissen können

---

142 *Merkt/Zimmermann*, VuR 2018, 363, 369.

143 Siehe hierzu Einleitung:§ 5 D.

144 *Sander/Goldberg*, 10 Negot. J. 49, 50 (1994).

145 *Breidenbach*, Mediation, 1995, S. 83 ff., der als Oberbegriff "Einigungsbarrieren" verwendet; *Duve*, Mediation und Vergleich im Prozess, 1999, S. 141 ff.; *Leiss*, Zur Effizienz außergerichtlicher Verfahren im Wirtschaftsrecht, 2005, S. 34 ff.

146 Diese Unterteilung wurde erstmals in der Zusammenfassung der Forschung von *Mnookin* und *Ross* vorgenommen (*Mnookin/Ross*, Introduction, in: Arrow/Mnookin/Ross u.a., Barriers to conflict resolution, 2 ff.); in der Folge wurde der Aufbau auch in der deutschen Literatur übernommen (*Duve*, Mediation und Vergleich im Prozess, 1999 ff.; *Schoen*, Konfliktmanagementsysteme für Wirtschaftsunternehmen: aus deutscher und US-amerikanischer Sicht, 2003, S. 32 ff.).

die Einigungshindernisse durch AS-Verfahren effizient und interessenorientiert reduziert werden.[147]

Im Lichte der gesetzgeberischen Zielvorgabe der Stärkung der einvernehmlichen Streitbeilegung (hierzu § 1) soll in diesem Kapitel aufgezeigt werden, warum der Einsatz von AS-Verfahren im Anschluss an ein Musterfeststellungsurteil besonders sinnvoll ist. Im Musterfeststellungsverfahren können eine Vielzahl von Einigungshindernissen auftreten (hierzu § 2 bis § 4), die es schließlich zu überwinden gilt. Das Ziel ist keine Einzelfallanalyse, vielmehr sollen nur solche Einigungshindernisse dargestellt werden, die in einer Vielzahl von Musterfeststellungsverfahren typischerweise auftreten. Obgleich die vorliegende Arbeit die Mittel der Alternativen Streitbeilegung im Anschluss an ein Musterfeststellungsurteil untersucht, so können auch Vergleichshindernisse, die bereits während des Verfahrens bestehen, als argumentative Basis für die Durchführung eines AS-Verfahrens nach einem feststellenden Urteil herangezogen werden. Insbesondere beim Abschluss eines außergerichtlichen Vergleichs können diese auf vielfältige Weise über das Musterfeststellungsurteil hinauswirken.

§ 1 Die einvernehmliche Streitbeilegung als Verfahrensziel der Musterfeststellungsklage

Mit der Musterfeststellungsklage wurde zunächst ein neuer Klagetypus und eben kein Verfahren zur Alternativen Streitbeilegung in die ZPO etabliert. Vor diesem Hintergrund mag es doch erstaunlich erscheinen, dass der Gesetzgeber ausgerechnet mit einem Klageverfahren beabsichtigt, die einvernehmliche Streitbeilegung zu stärken. Dennoch ist es das erklärte Ziel des Gesetzgebers, dass durch die Musterfeststellungsklage eine einvernehmliche Streitbeilegung erreicht werden soll.[148] Dies gilt aufgrund der Möglichkeit eines gerichtlichen Vergleichs gem. § 611 ZPO für die gesamte Zeit, in der das Musterfeststellungsverfahren anhängig ist und umfasst sowohl die Zeit bis zu einem erstinstanzlichen Musterfeststellungsurteil, als auch die während des Revisionsverfahrens vor dem BGH. Das Gericht soll gem. § 610 Abs. 5 S. 1 i. V. m. § 278 Abs. 1 ZPO in jeder Lage des Verfahrens auf eine gütliche Beilegung des Rechtsstreits hinwirken.[149] Weiterhin

147 *Schoen*, Konfliktmanagementsysteme für Wirtschaftsunternehmen: aus deutscher und US-amerikanischer Sicht, 2003, S. 33.

148 Siehe hierzu Einleitung:§ 5 D.

149 Da nach § 611 Abs. 5 ZPO S. 2 die Vorschrift des § 278 Abs. 1 ZPO ausdrücklich nicht ausgeschlossen ist, besteht die Pflicht des Gerichts in sämtlichen Instanzen (*Weinland*, Die neue Musterfeststellungsklage: Einführung, 2019, Rn. 167).

geht der Gesetzgeber davon aus, dass sich die angemeldeten Verbraucher und die Beklagte durch die verbindliche Klärung der Feststellungsziele insbesondere nach einem Musterfeststellungsurteil außergerichtlich einigen werden.[150] Da es sich in einem Massenverfahren kompliziert gestalte über jeden einzelnen Anspruch sachgerecht zu entscheiden, sei der kollektive Rechtsschutz nach *Kähler* für sich genommen stärker auf einen Vergleichsschluss ausgerichtet. Erst durch einen Vergleich werde die erforderliche Pauschalisierung zur Reduktion von Komplexität erreicht. Eine derart pragmatische Lösung entspreche meist auch dem Willen und den Interessen der Beklagten und der Anmelder.[151] Dementsprechend regte der zuständige Richter am OLG Braunschweig in der mündlichen Verhandlung vom 18. November 2019 den Beteiligten in den Diesel-Verfahren gegen die VW AG die Aufnahme ernsthafter Vergleichsverhandlungen an.[152]

§ 2 Strukturelle Einigungshindernisse

Strukturelle Einigungshindernisse beziehen sich auf die Rahmenbedingungen und die äußeren Umstände, unter denen eine Streitbeilegung stattfinden soll. Sie spiegeln den Kontext wider, welche die Lösung eines Konflikts erschweren.[153] Bei der Untersuchung der strukturellen Vergleichshindernisse muss zwischen dem gerichtlichen (hierzu A.) und dem außergerichtlichen Vergleich (hierzu B.) unterschieden werden.

A. Gerichtlicher Vergleich gem. § 611 ZPO

Der gerichtliche Vergleich nach § 611 ZPO soll den angemeldeten Verbrauchern eine Möglichkeit bieten, an einer vergleichsweisen Beilegung des Rechtsstreits teilzunehmen. Obwohl die Verbraucher in dem Musterfeststellungsverfahren nicht Partei des Rechtsstreits sind, gilt hierbei der Prozessvergleich aus § 278 Abs. 6 ZPO als Vorbild.[154] Hinsichtlich der möglichen Hindernisse für einen Abschluss eines gerichtlichen Vergleichs ist zwischen

---

150 BT-Drs. 19/2439, 17.

151 *Kähler*, ZIP 2020, 293.

152 *Prütting*, ZIP 2020, 197, 200.

153 *Duve*, Mediation und Vergleich im Prozess, 1999, S. 158; *Schoen*, Konfliktmanagementsysteme für Wirtschaftsunternehmen: aus deutscher und US-amerikanischer Sicht, 2003, S. 38.

154 Nordholtz/Mekat/*Mekat*, § 7 Rn. 1.

der Phase des Zustandekommens (hierzu I.) und der Wirkung des Vergleichs (hierzu II.) zu differenzieren.

I. Zustandekommen des Vergleichs

Die von dem Vergleich profitierenden Anmelder sind weder am Verfahren noch an den Vergleichsverhandlungen beteiligt.[155] Der Gesetzgeber schuf daher für den Abschluss eines gerichtlichen Vergleichs im Musterfeststellungsverfahren zusätzliche verfahrensrechtliche Sicherungsmaßnahmen, um die Rechte der Anmelder entsprechend zu wahren. Diese gestalten sich grob gesagt wie folgt:[156] Der zwischen den Parteien ausgehandelte Vergleich muss zunächst durch das Gericht genehmigt werden. Anschließend wird der genehmigte Vergleich den Anmeldern zugestellt und diese haben binnen eines Monats die Möglichkeit aus dem Vergleich auszutreten (Opt-Out). Erklären 30 % der Anmelder oder mehr ihren Austritt, wird das Verfahren ohne Vergleich fortgeführt. Treten nicht genug Anmelder aus, stellt das Gericht durch Beschluss den Inhalt und die Wirksamkeit des genehmigten Vergleichs fest und dieser wird im Klageregister öffentlich bekannt gemacht.

Spezielle Vergleichshindernisse können sich dementsprechend im Rahmen der Genehmigung des Vergleichs (1.), der Zustellung (2.) und bei dem Erreichen des Quorums (3.) ergeben, während der Feststellungsbeschluss und die öffentliche Bekanntmachung als formale Voraussetzungen keiner genaueren Untersuchung bedürfen.

1. Gerichtliche Genehmigung

Der Unterschied zu einem klassischen Zweiparteienprozess liegt beim Musterfeststellungsverfahren darin, dass der Vergleichsschluss gem. § 611 Abs. 2 Nr. 1 ZPO Leistungen für die angemeldeten Verbraucher regeln soll, die nicht unmittelbar am Verfahren beteiligt sind. Die Genehmigungspflichtigkeit des Vergleichs wurde der Regelung in § 17 Abs. 1 S. 3 KapMuG nachgebildet,[157] welche sich selbst wiederum am „erfolgreichen niederländischen Modell" orientiert.[158] Zum Schutz der an den Verhandlungen nicht beteiligten Verbraucher, bedarf der Vergleich deshalb gem. § 611 Abs. 3 S. 1 ZPO der Genehmigung durch das Gericht.

---

155 Siehe zur Beteiligung der Anmelder 1. Kapitel:1. Kapitel:§ 4 B.II.3.b).

156 BT-Drs. 19/2439, 27.

157 BeckOK ZPO/*Augenhofer*, ZPO § 611 Rn. 2.

158 BT-Drs. 17/8799, 15; vgl. zum Verfahren des niederländischen WCAM 2. Kapitel:§ 1 C.I.

Die überwiegend nicht anwaltlich vertretenen Verbraucher können den Inhalt und die rechtliche Tragweite eines zwischen den Parteien ausgehandelten Vergleichs oftmals nicht beurteilen, was zur Verunsicherung bei Nutzung des Opt-Out führen kann.[159]

Der Prüfungsmaßstab der gerichtlichen Genehmigung gem. § 611 Abs. 3 ZPO ist deutlich weiter als beim Prozessvergleich gem. § 278 Abs. 6 ZPO.[160] Anders als bei § 278 Abs. 6 ZPO geht es bei einem Vergleich im Musterfeststellungsverfahren darum, die Bindungswirkung des Vergleichs auf Personen auszuweiten, die nicht unmittelbar an dem Verfahren beteiligt sind.[161] Daher tritt im Musterfeststellungsverfahren eine Prüfung der Angemessenheit hinzu. Demnach genehmigt das Gericht den Vergleich gem. § 611 Abs. 3 S. 2 ZPO, wenn es ihn unter Berücksichtigung des bisherigen Sach- und Streitstandes als angemessene gütliche Beilegung des Streits oder der Ungewissheit über die anmeldeten Ansprüche oder Rechtsverhältnisse erachtet. Das Gesetz selbst hält sich mit Bedingungen, unter denen eine Genehmigung erteilt werden muss, zurück. Es werden lediglich in § 611 Abs. 2 ZPO einige Soll-Inhalte für den Vergleich genannt.[162] Die Funktion des Gerichts erschöpft sich in einer reinen Inhaltskontrolle; ihm wird keine Gestaltungsbefugnis zugesprochen.[163] Es wird noch eine gewisse Zeit dauern, bis zu dem unbestimmten Begriff der Angemessenheit Maßstäbe gefunden werden und entsprechend Konturen hervortreten.[164]

Die mangelnde Beteiligung der Anmelder als eigentlich Geschädigte und die eingeschränkten Prüfungsmöglichkeiten des Gerichts wirken sich hinderlich auf den Abschluss eines Vergleichs aus. Als Grundlage für die Beurteilung eines Vergleichs dienen im Wesentlichen die Interessen der angemeldeten Verbraucher.[165] Im Gegensatz zu der Beklagten sind sie an dem Verfahren nicht unmittelbar

---

159 Musielak/Voit/*Stadler*, ZPO, § 611 Rn. 2.

160 Entscheidendes Beurteilungskriterium beim klassischen Zweiparteienprozess ist die Rechtmäßigkeit. Bei der Feststellung eines Prozessvergleichs überprüft das Gericht, ob der Vergleich gegen die guten Sitten, ein gesetzliches Verbot oder die öffentliche Ordnung verstößt (Musielak/Voit/*Foerste*, ZPO, § 278 Rn. 18).

161 *Magnus*, NJW 2019, 3177, 3178.

162 Siehe zu den Vorgaben hinsichtlich des Vergleichsinhalts 2. Kapitel:§ 4.

163 *Eggers*, Gerichtliche Kontrolle von Vergleichen im kollektiven Rechtsschutz, 2019, S. 82.

164 *Kähler*, ZIP 2020, 293, 295.

165 Nordholtz/Mekat/*Mekat*, § 7 Rn. 37; Prütting/Gehrlein/*Halfmeier*, ZPO, § 611 Rn. 9.

beteiligt.[166] Wenngleich Konstellationen denkbar sind, bei denen das Gericht auch die Wahrung der Interessen der Beklagten prüfen müsste.[167]

Das Gericht darf bei der Prüfung der Angemessenheit keine weiteren Beweiserhebungen zur Tatsachenaufklärung über die Feststellungsziele durchführen.[168] Eine entsprechende Anhörung oder eine Möglichkeit der Stellungnahme durch die angemeldeten und betroffenen Verbraucher im Rahmen des gerichtlichen Genehmigungsverfahrens besteht nicht.[169] Im Ergebnis ist die gerichtliche Genehmigung schließlich im Ganzen zu versagen oder zu erteilen. Die Prüfung erlaubt bei Bedenken auch keine Teilgenehmigung, da dies dem Befriedigungseffekt des Vergleichs entgegenstehen würde.[170]

Bei der Frage, ob es sich um eine angemessene Kompensation für die Anmelder handelt, muss das Gericht die Erfolgsaussichten der typischerweise zu erwartenden individuellen Folgeverfahren berücksichtigen.[171] Das zuständige Oberlandesgericht müsste sich somit bei der Genehmigung inhaltlich mit typischen Problemen von Leistungsansprüchen wie Schadenshöhe und Kausalität beschäftigen, die nicht Streitgegenstand des Musterfeststellungsverfahrens, sondern der individuellen Folgeverfahren sind. Der zu genehmigende Vergleichsgegenstand entspricht mit Blick auf § 611 Abs. 2 Nr. 1 ZPO nur in Teilen dem Verfahrensgegenstand des Musterfeststellungsverfahrens, sondern vielmehr dem der individuellen Folgeverfahren. *Hirsch* sieht in diesem Zusammenhang eine „Inkongruenz von Anmeldung und Entschädigung".[172] Eine pauschale Betrachtung ist hier umso schwieriger, da der individuelle Schaden bei gleicher Ursache sehr unterschiedlich ausfallen kann. Auch eine Überprüfung der Schlüssigkeit oder Missbräuchlichkeit der Anspruchsanmeldung ist aufgrund der geringen Ausführungen zu Gegenstand und Grund bei der Anmeldung

166 Siehe zur Beteiligung der Anmelder 1. Kapitel:§ 4 B.II.3.b).

167 Nach *Kähler* müsste das Gericht einen Vergleich ablehnen, falls das Vergleichsangebot die Verbraucher überbegünstige, um beispielsweise strafrechtliche Ermittlungen gegen einzelne Vorstände abzuwenden (*Kähler*, ZIP 2020, 293, 296).

168 HK-MfkG/*Röthemeyer*, § 611 Rn. 26; die Formulierung "bisherigen Sach- und Streitstand" entspreche der in § 91 a ZPO, wo sich das Gericht auch mit dem gegebenen Aktenstand auseinandersetzen muss.

169 Zöller/*Vollkommer*, ZPO, § 611 Rn. 4; Musielak/Voit/*Stadler*, ZPO, § 611 Rn. 10.

170 *Kähler*, ZIP 2020, 293, 294; Nordholtz/Mekat/*Mekat*, § 7 Rn. 41.

171 HK-MfkG/*Röthemeyer*, § 611 Rn. 33 ff.; Musielak/Voit/*Stadler*, ZPO, § 611 Rn. 9.

172 *Hirsch*, VuR 2020, 454, 457.

kaum möglich, zumal eine inhaltliche Überprüfung im Laufe des Musterverfahrens gem. § 608 Abs. 2 S. 3 ZPO gar nicht vorgesehen ist.[173]

Die tatsächlichen Auswirkungen einer (erteilten oder versagten) gerichtlichen Genehmigung sind sehr unterschiedlich. Wird die Genehmigung durch das Gericht versagt, ist davon auszugehen, dass vor allem der klagende Verband bei den Anmeldern einen nicht unerheblichen Vertrauensverlust erleidet. Es könnte der Eindruck entstehen, dass der Verband den Vergleich nicht angemessen genug ausgehandelt habe und sich das Gericht gezwungen sah, das mangelhafte Verhandlungsergebnis als (für die Verbraucher) unangemessen abzuweisen. Sollte sich das Gericht nicht schon aktiv in die Vergleichsverhandlungen einbringen und im Vorfeld Zweifel an der Genehmigungsfähigkeit äußern, verbleibt den Parteien das Risiko, dass ein über einen längeren Zeitraum ausgehandelter Vergleich letztendlich nicht genehmigt wird. Der unbestimmte Rechtsbegriff der Angemessenheit ist bislang konturlos und räumt dem Gericht einen weiten Spielraum ein. Die dadurch entstehende Unsicherheit hindert den Vergleichsschluss.

Andererseits ist davon auszugehen, dass aufgrund der (erteilten) Genehmigung weniger Anmelder austreten. Die Mehrzahl der Anmelder dürfte vor allem bei kleineren Schäden der Expertise des Gerichts vertrauen und wegen der Signalwirkung der gerichtlichen Genehmigung nicht aus dem Vergleich austreten.[174] Auch weil die Anmelder als juristische Laien, die meist nicht anwaltlich vertreten sind, nicht nachvollziehen können, auf Grundlage welcher (hypothetischen) Sach- und Rechtslage der Vergleich in den Verhandlungen zustande kam und welche Chancen und Risiken bei Durchführung eines Individualverfahrens bestehen.[175]

2. *Zustellung*

Nach § 611 Abs. 4 S. 1 ZPO wird der genehmigte Vergleich mit einer Belehrung über dessen Wirkung, über das Recht der Anmelder zum Austritt aus dem Vergleich sowie über die einzuhaltende Form und Frist zugestellt. Bei der Zustellung zeigen sich viele praktische Probleme.

Die Zustellung kann bei einer hohen Anzahl von Anmeldern und vor allem bei Verfahren die mehrere Jahre dauern zu einer großen Herausforderung für die

---

173 Siehe zur inhaltlichen Prüfung 2. Kapitel:§ 3 A.III.2.

174 Musielak/Voit/*Stadler*, ZPO, § 611 Rn. 9.

175 *Magnus*, NJW 2019, 3177, 3178.

Geschäftsstellen der Oberlandesgerichte werden.[176] Im Klageregister sind zwar Namen und ladungsfähige Anschriften der Anmelder anzugeben, diese werden allerdings gem. § 608 Abs. 2 S. 3 ZPO nicht auf ihre Richtigkeit überprüft. Bei mehrjährigen Verfahren können sich die Anschriften etwa durch Umzug ändern, ohne dass diese Änderung aktiv durch die Anmelder mitgeteilt wird. Das Klageregister sieht zwar Formulare zur Änderung der Anschrift vor, eine gesetzliche Pflicht, diese Änderungen mitzuteilen, existiert hingegen nicht.[177] Dies bestätigen auch die Erfahrungen bei der Abwicklung des (außergerichtlichen) Vergleichs in dem Verfahren der Verbraucherzentrale Bundesverband e.V. (vzbv) gegen die VW AG. Dort habe sich gezeigt, dass unter den angegebenen Anschriften eine Vielzahl der Verbraucher nicht erreichbar waren.[178] Ein weiteres Problem zeigt sich bei der Einarbeitung von Rücknahmen in das Klageregister. So teilte der Präsident des Bundesamtes für Justiz (BfJ) noch im Februar 2020 mit, dass man in den VW-Fällen noch die Rücknahmen vor der mündlichen Verhandlung vom September 2019 in das Register einpflegen müsse.[179] Für *Stadler* und *Hirsch* zeigte sich am Beispiel der Diesel-Verfahren, dass das BfJ personell nicht ausreichend für solche Großverfahren ausgestattet sei.[180]

Rund um die Anforderungen an die Zustellung gibt es zudem eine Vielzahl ungeklärter und offener Fragen. Vor allem bei Rechtsnachfolge oder gesetzlicher Vertretung gestaltet sich die Zustellung schwierig. Im Falle des Todes eines Anmelders gehen die mit der Anmeldung ausgelösten Rechtsfolgen i. S. d. § 1922 BGB – damit auch das Recht auf Zustellung – auf den Erben des angemeldeten Verbrauchers über.[181] Die Rechtsnachfolge stellt eine schwierige rechtliche Prüfung dar, die wegen des formalen Charakters des Klageregisters allenfalls im Folgeverfahren hinreichend Berücksichtigung finden kann.[182] Fehlen bei der

---

176 *Gurkmann/Jahn*, VuR 2020, 243, 246; sowie *Liebscher* in der öffentlichen Anhörung zur Musterfeststellungsklage im Ausschuss für Recht und Verbraucherschutz (Nr. 19/15), S. 33.

177 Musielak/Voit/*Stadler*, ZPO, § 611 Rn. 13.

178 *Gurkmann/Jahn*, VuR 2020, 243, 246.

179 *Votsmeier/Keuchel*, Handelsblatt 24.2.2020.

180 *Stadler*, VuR 2020, 163, 165; für *Hirsch* als Ombudsmann in den VW-Fällen sei es inakzeptabel gewesen, dass 20 % aller Beschwerden bei der Ombudsstelle solche gewesen seien, die zwar einen Anspruch behaupteten, denen allerdings die Registrierung zur Musterfestststellungsklage nicht gelungen sei (*Hirsch*, VuR 2020, 454, 457 f.).

181 Zöller/*Vollkommer*, ZPO, § 608 Rn. 5.

182 Sonstige Rechtsübergänge nach Anmeldung und vor Vergleichsschluss könnte man grundsätzlich mit § 265 ZPO lösen, wonach eine Veräußerung oder Abtretung einer Sache keinen Einfluss auf den Prozess hat (HK-MfkG/*Röthemeyer*, § 611 Rn. 9).

Anmeldung der Ansprüche eines geschäftsunfähigen oder beschränkt geschäftsfähigen Verbrauchers die Personalien des oder der gesetzlichen Vertreter(s), so könnte die entsprechende Zustellung des genehmigten Vergleichs gem. § 170 Abs. 1 S. 2 ZPO unwirksam sein.[183]

Rechtliche Unsicherheiten können sich auch bei einer unterbliebenen oder fehlerhaften Belehrung ergeben, welche dazu führen kann, dass den Anmeldern, genauso wie bei der Parallelvorschrift des § 19 KapMuG, ein „ewiges Austrittsrecht" zur Verfügung stehen könnte.[184] Im Wesentlichen müssten die angemeldeten Verbraucher darüber belehrt werden, dass sie mit dem Vergleichsschluss ihren im Rahmen der Musterfeststellungsklage geltend gemachten Anspruch verlieren.[185]

Die Möglichkeit einer öffentlichen Zustellung durch Bekanntmachung im Klageregister würde die dargestellten Hindernisse weitgehend beseitigen. Diese kommt allerdings nicht in Betracht. Es wäre für die Parteien ein (zu) erhebliches Vergleichshindernis, wenn man bereits in dieser Phase den Vergleichsinhalt der allgemeinen Öffentlichkeit präsentieren müsste. Auch bestünde die Gefahr, dass die Anmelder keinerlei Information zu dem Vergleich erhalten könnten.[186] Die Zustellung dient letztendlich auch der Wahrung des rechtlichen Gehörs der Anmelder. Da die Beteiligung der Anmelder per se schwach ausgestaltet ist, sollte der Zustellung des Vergleichs auch wegen der weitreichenden Konsequenzen ein stärkeres Gewicht beigemessen werden. Dies im Blick, sah der Gesetzgeber wohl auch von einer Zustellungsfiktion über das für jedermann zugängliche Klageregister ab. Die Zustellung muss somit an jeden Verbraucher einzeln erfolgen.

3. *Quorum*

Der Vergleich wird gem. § 611 Abs. 5 S. 1 ZPO wirksam, wenn weniger als 30 Prozent der angemeldeten Verbraucher ihren Austritt aus dem Vergleich erklärt haben. Maßgeblich für die Akzeptanzquote ist die Gesamtzahl der aktuellen

183 *Weinland*, Die neue Musterfeststellungsklage: Einführung, 2019, Rn. 98.

184 Musielak/Voit/*Stadler*, ZPO, § 611 Rn. 14.

185 Nordholtz/Mekat/*Mekat*, § 7 Rn. 53; durch die Belehrung soll den Anmeldern die erforderliche Informationsgrundlage zur Entscheidung über die Wahrnehmung des Austrittsrechts gegeben werden (BT-Drs. 19/2439, 28).

186 HK-MfkG/*Röthemeyer*, § 611 Rn. 43; als ultima ratio Musielak/Voit/*Stadler*, ZPO, § 611 Rn. 13; nach anderer Ansicht kann eine öffentliche Zustellung nach §§ 185 Nr. 1, 186 ZPO erfolgen, sofern eine Zustellung an die im Register hinterlegte Adresse nicht möglich ist. Begründet wird dies damit, dass weder die Parteien noch das Gericht eine Nachforschungspflicht hätten (Zöller/*Vollkommer*, ZPO, § 611 Rn. 3).

Anmeldungen im Verhältnis zu den rechtzeitig ausgetretenen Verbrauchern.[187] Dabei ist nicht die Wirksamkeit der Anmeldungen entscheidend, sondern nur der formelle Umstand der Anmeldung.[188] Das Nichterreichen der Schwelle ist vom Gericht nach Ablauf der Monatsfrist nach § 611 Abs. 4 S. 2 ZPO zu prüfen. Die Monatsfristen beginnen je nach Zeitpunkt der Zustellung, bei jedem Anmelder individuell zu laufen.[189] Wird die Schwelle für die Annahme des Vergleichs nicht erreicht, entfällt sowohl die prozess- als auch materiell-rechtliche Wirkung des Vergleichs und die qualifizierte Einrichtung hat das Verfahren entsprechend fortzuführen.[190]

Eine endgültige Streitbeilegung ist aufgrund des Quorums mit hoher Wahrscheinlichkeit nicht möglich.[191] Das Erfordernis des Quorums führt zu der Gefahr, dass bis zu 30 Prozent der Verbraucher austreten könnten. Bei einer Vielzahl von Austritten könnte die Beklagte maximal einen Teilvergleich erwirken. In diesem Fall würde die Beklagte bei der möglichen Verhandlung von Einzelvergleichen mit den ausgetretenen Verbrauchern eine deutlich geschwächte Verhandlungsposition einnehmen.[192] Das Erreichen des Quorums wird in der Praxis nur schwer möglich sein. So können und werden auch diejenigen Verbraucher gegen den Vergleich votieren, welche nach dem ausgehandelten Vergleich nicht begünstigt wären. Der Gesetzestext trifft in Bezug auf diese Gruppe keine Regelung und es ist ein legitimes Interesse, die Fortsetzung des Verfahrens bei Nicht-Berücksichtigung einzufordern.[193] Denkbar ist auch, dass Anwaltskanzleien, die eine große Gruppe von (angemeldeten) Verbrauchern vertreten, ihren Mandanten raten könnten, aus dem Vergleich heraus zu optieren, um sich stattdessen mit der Beklagten im Namen der Gruppe individuell (und natürlich zu besseren Konditionen) zu einigen.

---

187 Musielak/Voit/*Stadler*, ZPO, § 611 Rn. 18.

188 Die Prüfung der Wirksamkeit bei der Feststellung der Akzeptanzquote würde die Funktionsfähigkeit des Musterfeststellungsverfahrens stark beeinträchtigen (*Röß*, NJW 2020, 2068, 2069).

189 Musielak/Voit/*Stadler*, ZPO, § 611 Rn. 18; abgestellt wird dabei auf den jeweiligen Zeitpunkt des Zugangs gem. § 130 BGB (Nordholtz/Mekat/*Mekat*, § 7 Rn. 64).

190 *Merkt/Zimmermann*, VuR 2018, 363, 370.

191 Die endgültige Streitbeilegung dürfte einer der Hauptmotive der Beklagten zum Abschluss eines Vergleichs sein (Siehe zum Interesse der Beklagten an einem ausgeprägten Erledigungsumfang 1. Kapitel:§ 4 A.III.).

192 Mit Bezug auf das KapMuG: *Bernuth/Kremer*, NZG 2012, 890, 893.

193 *Stadler*, VuR 2020, 163, 164.

Es gibt aber auch Gründe, die für eine niedrige Austrittsquote sprechen. Viele Anmelder könnten den Aufwand des aktiven Austritts scheuen. Das rationale Desinteresse könnte sich hier zugunsten des Zustandekommens des Vergleichs auswirken.[194] Auch spricht die Opt-Out Konstruktion dafür, dass der Vergleich durch die Anmelder grundsätzlich positiver bewertet wird. Verhaltensökonomisch ist die Zustimmung bei einer passiven Ausgestaltung der Zustimmung höher als bei einem Mechanismus, bei welchem jeder Verbraucher aktiv zustimmen müsste.[195] Hinzu kommt, dass für den Austritt höhere Formerfordernisses als bei der Anmeldung gelten. Der Austritt muss gem. § 611 Abs. 4 S. 3 ZPO schriftlich oder zu Protokoll der Geschäftsstelle erklärt werden. Die bloße Textform genügt nicht.[196]

Die Argumente für eine niedrige Austrittsquote gelten eher für Streuschäden. Bei Massenschäden werden insbesondere die Anmelder, welche nicht begünstigt werden, in stärkerem Maße davon Gebrauch machen, den Vergleichsschluss durch einen Austritt entsprechend anzugreifen. Bezugnehmend auf die Ausführungen zum rationalen Desinteresse[197] kann davon ausgegangen werden, dass die Verbraucher einem Vergleich bei einem Massenschaden eine höhere Bedeutung beimessen als bei einem Streuschaden und eher bereit sein, sich mit dem Inhalt auseinanderzusetzen. Sie sind mit höherer Wahrscheinlichkeit anwaltlich vertreten und bereit, sich über die Formerfordernisse zum Austritt zu informieren.

II. Wirkung des Vergleichs

Der Vergleich wird nach § 611 Abs. 2 ZPO „für und gegen die angemeldeten Verbraucher“ geschlossen. Abhängig von der Rechtsnatur des abzuschließenden Vergleiches ist die Frage, mit welchen Rechtsbehelfen gegen diesen vorgegangen werden kann und wie stark in der Folge die Parteien und Anmelder an diesen gebunden sind (hierzu 1.). Auch können die begünstigten Verbraucher aus dem Vergleich nicht vollstrecken (hierzu 2.) und die Folgen für die ausgetretenen Verbraucher sind offen (hierzu 3.)

194 *Kähler*, ZIP 2020, 293; BeckOK ZPO/*Augenhofer*, ZPO § 611 Rn. 3.

195 *Delatre*, 8 Comp. L. Rev. 29, 45 (2011).

196 Musielak/Voit/*Stadler*, ZPO, § 611 Rn. 15.

197 Siehe zum rationalen Desinteresse Einleitung § 5 A.

1. *Bindungswirkung des Vergleichs*

Die Rechtsnatur des Vergleichs nach § 611 ZPO ist umstritten. Die Entscheidung des Streites hätte erhebliche Auswirkungen auf die Bestandskraft eines gerichtlichen Vergleichs und damit auf die Frage, wie rechtssicher der Vergleich vereinbart werden könnte.

Eine Ansicht sieht in ihm einen klassischen Prozessvertrag.[198] Diesem kommt nach ständiger Rechtsprechung und herrschender Lehre eine Doppelnatur zu. Prozessrechtlich beendet der Prozessvergleich den Rechtsstreit, materiell-rechtlich regelt er die Rechtsbeziehungen zwischen den Parteien.[199] Dies hätte zur Folge, dass hinsichtlich der materiell-rechtlichen Seite des Vergleichsvertrags sämtliche Einwendungen des Allgemeinen Teils des BGBs zur Verfügung stünden, z.B. Wegfall der Geschäftsgrundlage (§ 313 BGB), Anfechtung (§§ 119 ff. BGB) oder verbotene und sittenwidrige Rechtsgeschäfte (§§ 134, 138 BGB).[200] Ist der Prozessvergleich aus materiell-rechtlichen Gründen unwirksam, wird dadurch regelmäßig auch die prozessuale Bindung beseitigt.[201] Anfechtungsberechtigt sind hierbei nur der klagende Verband und die Beklagte, da nur diese als eigentliche Vertragsparteien berechtigt sind, ein Gestaltungsrecht auszuüben.[202] Soweit der gerichtliche Vergleich einen Forderungsverzicht beinhaltet, ist nach überzeugender Ansicht davon auszugehen, dass der Verband als Nichtberechtigter verfügt. Die gerichtliche Genehmigung würde in der Folge die nach § 185 Abs. 1 BGB erforderliche Einwilligung des Berechtigten ersetzen.[203] Die Erteilung einer rechtsgeschäftlichen Vollmacht durch die Anmeldung liegt nicht vor. Nach *Röß* fehle es dem Verbraucher im Zeitpunkt der Anmeldung an einem Rechtsbindungswillen. Zum einen wäre eine solche Vollmacht ausweislich der Konstruktion des § 611 ZPO, wonach der Verband „mit

---

198 So Nordholtz/Mekat/*Mekat*, § 7 Rn. 83; *Magnus*, NJW 2019, 3177, 3179.

199 BGH, Urteil v. 03.12.1980 – VIII ZR 274/79 = NJW 1981, 823; BGH, Urteil v. 21.3.2000 – IX ZR 39/99 = NJW 2000, 1942, 1943; *Musielak/Voit*, Grundkurs ZPO, 2020, Rn. 532; *Wagner*, Prozessverträge, 1998, S. 43 ff.

200 *Magnus*, NJW 2019, 3177, 3179 ff.

201 BGH, Urteil v. 24.10.1984 – IVb ZR 35/83 = NJW 1985, 1962, 1963; Musielak/Voit/*Lackmann*, ZPO § 794 Rn. 20.

202 *Magnus*, NJW 2019, 3177, 3180, schlägt vor den Anmeldern wegen des fehlenden rechtlichen Gehörs de lege ferenda ein eigenständiges Anfechtungsrecht aus § 123 BGB zuzugestehen; HK-MfkG/*Röthemeyer*, § 611 Rn. 67.

203 Musielak/Voit/*Stadler*, ZPO, § 611 Rn. 4; nach Ansicht von *Schmidt* handele der Verband als gesetzlicher Vertreter mit dem Austritt als auflösende Bedingung (Anders/Gehle/*Schmidt*, ZPO, § 611 Rn. 2).

Wirkung für und gegen die angemeldeten Verbraucher" einen gerichtlichen Vergleich schließen kann, gar nicht notwendig und zum anderen ist nicht davon auszugehen, dass sich der Verbraucher bei der Anmeldung bereits Gedanken über den möglichen Vergleichsschluss macht.[204]

Nach anderer Ansicht komme dem Vergleich durch den Feststellungsbeschluss nach § 611 Abs. 5 S. 2 ZPO materielle Rechtskraftwirkung zu.[205] Der Inhalt des Vergleichs werde nach dem Wortlaut des § 611 Abs. 5 S. 2 ZPO Bestandteil des Beschlusses, welcher mit Mitteilung an die Parteien formelle Rechtskraft erlange.[206] Folgt man dieser Ansicht käme gegen den Vergleich lediglich eine Klage gestützt auf Prozessbetrug oder die Wiederaufnahme eines Verfahrens nach §§ 578 ff. ZPO in Betracht.[207] Für diese Ansicht sprechen vor allem Praktikabilitätserwägungen. Die Erweiterung der Vergleichswirkung würde für die Vergleichsparteien ein erhöhtes Maß an Rechtssicherheit bedeuten und sich positiv auf die Bereitschaft zum Vergleichsschluss auswirken.

Vorzugswürdig erscheint die Ansicht, die in dem Vergleich einen Prozessvertrag mit Doppelnatur sieht. *Magnus* weist zu Recht darauf hin, dass eine formelle Rechtskraftwirkung im Gesetzgebungsverfahren diskutiert worden wäre, zumal die im Hinblick auf das rechtliche Gehör ohnehin schon problematische Stellung des Anmelders so noch schwächer ausgestaltet wäre.[208] Sieht man in dem Vergleich einen Prozessvertrag mit Doppelnatur, ist nicht auszuschließen, dass ein mühsam ausgehandelter Vergleich nach gerichtlicher Genehmigung und Erreichen des Quorum durch Anfechtung oder Störung der Geschäftsgrundlage, in Gänze oder zumindest teilweise beseitigt werden kann.

2. *Vollstreckbarkeit*

Die angemeldeten Verbraucher können aus dem abgeschlossenen Vergleich, der ihnen Leistungen zuspricht, nicht vollstrecken. Sie müssten im Falle der Nichtleistung der Beklagten Leistungsklage erheben und sich auf den Vergleich als materiell-rechtlichen Vertrag stützen. Der Vergleich stellt nach ganz herrschender Meinung keinen Vollstreckungstitel i. S. d. § 794 Abs. 1 Nr. 1 ZPO dar, da die Anmelder weder Parteien noch sonst an dem Verfahren beteiligt seien.

---

204 *Röß*, NJW 2020, 2068, 2073.

205 Musielak/Voit/*Stadler*, ZPO, § 611 Rn. 4; offen in diesem Punkt *Prütting*, ZIP 2020, 197, 201.

206 Musielak/Voit/*Stadler*, ZPO, § 611 Rn. 4.

207 *Magnus*, NJW 2019, 3177, 3179.

208 *Ders.*, NJW 2019, 3177, 3179.

Titelgläubiger ist ausschließlich der klagende Verband.[209] Die Anmelder selbst können keine Vollstreckungsklausel erhalten und auch nicht als Drittbegünstigte im Sinne einer isolierten Vollstreckungsstandschaft anstelle des klagenden Verbands vollstrecken.[210]

Eine nicht überzeugende Mindermeinung differenziert bei der Vollstreckbarkeit nach dem Vergleichsinhalt:[211] Der Vergleich könne dann einen Vollstreckungstitel für die Anmelder darstellen, wenn konkrete Ansprüche der Anmelder unter namentlicher Nennung begründet werden. Regelt der Vergleich die Zahlung einer Gesamtsumme verbunden mit einem Verteilungsverfahren, sei ausschließlich die Klägerin Titelgläubigerin. Diese Ansicht ist abzulehnen. Das OLG stellt die Wirksamkeit des Vergleichs durch Beschluss fest. Dieser ist den Anmeldern nicht zuzustellen, sondern im Klageregister zu veröffentlichen. Es wäre somit schon fraglich wie der Anmelder an eine vollstreckungsfähige Ausfertigung des Vergleichs gelangen soll.[212] Es müssten sämtliche, unter Umständen unterschiedlich berechtigte und nicht ausgetretenen Anmelder, ins Rubrum aufgenommen werden.[213] Auch könnten die Vollstreckungsorgane die individuelle Anspruchsberechtigung des Anmelders nicht nachprüfen. Es läge zudem kein vollstreckungsfähiger Inhalt vor, wenn der Vergleich neben einer zu zahlenden Schadensersatzsumme, beispielsweise eine Regelung enthalten würde, wonach die Nutzung eines Fahrzeugs gegenzurechnen sei.[214] Allein die Leistungsberechtigung ändert nichts an der fehlenden Beteiligung der angemeldeten Verbraucher als Partei. Ausweislich des Wortlauts des § 794 Abs. 1 Nr. 1 ZPO und § 750 Abs. 1 ZPO kommt es allerdings genau darauf an.

3. *Folgen des Vergleichsschlusses für ausgetretene Verbraucher*

Es ist unklar, welche Folgen ein Vergleichsschluss für die ausgetretenen Anmelder hätte. Eine gesetzliche Regelung besteht nicht. Es erscheint zum einen möglich, dass das anhängige Musterfeststellungsverfahren mit den ausgetretenen Verbrauchern durch den Verband fortgesetzt werden müsste (hierzu a))

209 Zöller/*Vollkommer*, ZPO, § 611 Rn. 9; *Fölsch*, DRiZ 2018, 214, 217; *Weinland*, Die neue Musterfeststellungsklage: Einführung, 2019, Rn. 187 f.; Nordholtz/Mekat/*Mekat*, § 7 Rn. 87; *Beckmann/Waßmuth*, WM 2019, 89, 92; *Prütting*, ZIP 2020, 197, 201.

210 *Fölsch*, DRiZ 2018, 214, 217.

211 Musielak/Voit/*Stadler*, ZPO, § 611 Rn. 8.

212 Saenger-ZPO/*Rathmann*, § 611 ZPO Rn. 4.

213 *Waßmuth/Asmus*, ZIP 2018, 657, 665.

214 *Prütting*, ZIP 2020, 197, 201.

oder, dass die Sperrwirkung nach Abschluss eines wirksamen Vergleichs gem. § 610 Abs. 1 S. 1 ZPO entfällt und folglich eine zweite Musterfeststellungsklage mit den ausgetretenen Verbrauchern anhängig gemacht werden könnte (hierzu b)). Beides würde die Bereitschaft der Parteien zum Abschluss eines gerichtlichen Vergleichs beeinträchtigen.

a) Anspruch auf Verfahrensfortführung

Nach Ansicht von *Schmidt-Kessel* könnten die aus dem Vergleich ausgetretenen Anmelder einen Anspruch auf Fortführung des Verfahrens durch den klagenden Verband haben.[215] Nach § 611 Abs. 4 S. 4 ZPO werde die Wirksamkeit der Anmeldung durch den Austritt aus dem Vergleich nicht berührt. Mangels gesetzlicher Regelung bleibe die Klägerin auch nach Vergleichsschluss zu einer ordnungsgemäßen Prozessführung verpflichtet und müsse das Verfahren daher für die ausgetretenen Verbraucher weiterführen, um einem Haftungsfall[216] zu entgehen.[217] Wäre das Verfahren nach einem Vergleichsschluss beendet, gebe es keine Feststellungen von denen die (ausgetretenen) Verbraucher profitieren könnten. Um diese Drucksituation für die Klägerin zu entschärfen, hätte der Gesetzgeber den Austritt mit einer Abmeldung gleichsetzen müssen.[218]

Dieser Ansicht wird entgegengehalten, dass es keinen Anspruch auf Weiterführung des Verfahrens geben könne.[219] Der klagende Verband wäre im Extremfall gezwungen, für einen einzigen aus dem Vergleich ausgetretenen Verbraucher das Verfahren fortführen zu müssen. Auch gehe man in § 17 KapMuG, der Parallelnorm im Kapitalanlegermusterverfahren, davon aus, dass die Prozessergebnisse für die aus dem Vergleich ausgetretene Beigeladene verloren gehen.[220] Auch müsse der gerichtliche Vergleich zu einer Beendigung des Verfahrens zwischen den Parteien führen und auch die Betroffenheit von nicht am Verfahren

215 *Schmidt-Kessel*, Stellungnahme zum Entwurf eines Gesetzes zur Einführung einer zivilprozessualen Musterfeststellungsklage zur Anhörung im Rechtsausschuß am 8.6.2018, 2018, S. 19.

216 Siehe zur Haftung des Verbands 1. Kapitel:§ 4 B.III.1.

217 *Schmidt-Kessel*, Stellungnahme zum Entwurf eines Gesetzes zur Einführung einer zivilprozessualen Musterfeststellungsklage zur Anhörung im Rechtsausschuß am 8.6.2018, 2018, S. 19.

218 *Schmidt-Kessel* in der öffentlichen Anhörung zur Musterfeststellungsklage im Ausschuss für Recht und Verbraucherschutz (Nr. 19/15), S. 21 und S. 121.

219 Musielak/Voit/*Stadler*, ZPO, § 611 Rn. 17; im Ergebnis auch *Waßmuth/Asmus*, ZIP 2018, 657, 665.

220 Musielak/Voit/*Stadler*, ZPO, § 611 Rn. 17.

beteiligten Dritten (also der Anmelder) rechtfertige kein Abrücken von diesem Prinzip.[221] Dieser Ansicht ist zu folgen. Den ausgetretenen Verbrauchern verbleibt bei einem Zustandekommen des Vergleichs nur die Geltendmachung ihrer Ansprüche im Individualverfahren.[222] Eine Verfahrensfortführung trotz Vergleich würde den Sinn und Zweck eines gerichtlichen Vergleichs konterkarieren. Allerdings ist *Schmidt-Kessel* dahingehend zu folgen, dass eine Regelung der Folgen für ausgetretene Verbraucher dogmatisch sauberere gewesen wäre. Seine Erwägungen könnten daher auch rein rechtspolitisch verstanden werden.

Es bleibt abzuwarten, wie die Rechtsprechung (und ggf. der Gesetzgeber) mit dieser Konstellation umgehen wird. Diese unklare Situation führt jedenfalls dazu, dass für beide Verhandlungsparteien Rechtsunsicherheit bei Abschluss eines gerichtlichen Vergleichs herrscht. Ein kleiner Teil der Anmelder könnte gegen den klagenden Verband prozessieren, um diesen zur Verfahrensfortführung zu verpflichten. Der Ausgang einer derartigen Klage wäre offen und würde das Verfahren insgesamt in die Länge ziehen.

b) Zweite Musterfeststellungsklage

Ergeht ein Musterfeststellungsurteil und versucht später eine andere klagebefugte qualifizierte Einrichtung eine Musterfeststellungsklage mit denselben Feststellungszielen geltend zu machen, so gilt die Sperrwirkung gem. § 611 Abs. 1 S. 1 ZPO unstreitig fort. Die Sperrwirkung wandelt sich sozusagen in eine Rechtskraftsperre.[223]

Umstritten ist, ob nach Abschluss eines gerichtlichen Vergleichs die Sperrwirkung weiterhin gilt oder, ob eine klagebefugte Einrichtung eine Musterfeststellungsklage mit denselben Feststellungszielen und unter Anmeldung der zuvor ausgetretenen Verbraucher geltend machen könnte. Nach einer nicht überzeugenden Ansicht erscheint eine zweite Musterfeststellungsklage jedenfalls dann möglich, wenn ein Vergleich keine Regelung zu den Feststellungszielen treffe.[224] Begründet wird diese Ansicht mit dem Wortlaut des § 610 Abs. 1 S. 2 ZPO („Die Wirkung von Satz 1 entfällt, sobald die Musterfeststellungsklage ohne Entscheidung in der Sache beendet wird.“). Ein Vergleich sei grundsätzlich keine

---

221 HK-MfkG/*Röthemeyer*, § 611 Rn. 61.

222 Nordholtz/Mekat/*Mekat*, § 7 Rn. 61; Zöller/*Vollkommer*, ZPO, § 611 Rn. 9.

223 Musielak/Voit/*Stadler*, ZPO, § 610 Rn. 4.

224 Zöller/*Vollkommer*, ZPO, § 611 Rn. 9.

streitige Entscheidung in der Sache, sondern eine Einigung der Parteien.[225] Zu folgen ist der gegenläufigen Ansicht, wonach eine Entscheidung in der Sache vorliege und die Sperrwirkung fortbestehe:[226] Nachdem das Gericht den Vergleich inhaltlich geprüft und genehmigt habe und das Quorum zur Annahme des Vergleichs erreicht worden sei, ergehe zur Feststellung des Vergleichs ein Beschluss. Dieser stehe einer Entscheidung in der Sache gleich. Die teleologische Auslegung führe dazu, dass der gerichtliche Beschluss eine Entscheidung i. S. d. § 611 Abs. 1 S. 2 ZPO darstellen müsse. Sinn und Zweck des Vergleichsschlusses sei es, dass dieser das Verfahren für die Beklagte beende. Jede andere Auslegung würde den Vergleich für die Beklagte so unattraktiv machen, dass ein vergleichsweiser Abschluss nahezu unmöglich wäre. Diese Ansicht überzeugt. Gerichtliche Entscheidungen im Sinne der ZPO sprechen grundsätzlich Rechtsfolgen aus, wobei zwischen Urteilen, Beschlüsse und Verfügungen unterschieden wird.[227] Die Besonderheit des gerichtlichen Vergleichs im Musterfeststellungsverfahren ist somit, dass die Wirksamkeit des genehmigten Vergleichs explizit durch Beschluss festgestellt werden muss. Dies geht über die formale Feststellung, dass das Quorum zur Annahme des Vergleichs erreicht wurde, hinaus und ist ein deutliches Mehr als bei einem traditionellen Prozessvergleich. Der Beschluss hat damit verfahrensbeendende Wirkung. Eine weitere Musterfeststellungsklage mit denselben Feststellungszielen kann nach einem gerichtlichen Vergleich somit nicht mehr geltend gemacht werden. Hinderlich wirkt sich nur die bestehende Unsicherheit als solche aus.

III. Zwischenergebnis

Bei Abschluss eines gerichtlichen Vergleichs stoßen die Parteien auf mehrere Hürden, die den Abschluss erschweren. Der Maßstab der gerichtlichen Genehmigung zur Beurteilung der Angemessenheit des Vergleichs ist aktuell noch sehr vage und bedarf der Konturierung durch die Rechtsprechung. Hinzukommt, dass der Vergleich gem. § 611 Abs. 2 Nr. 1 ZPO Regelungen über die auf die angemeldeten Verbraucher entfallenden Leistungen enthalten soll. Bei der Beurteilung der Angemessenheit müsste sich das Gericht mit Ansprüchen auseinandersetzen, die nicht Gegenstand des Musterverfahrens sind.

---

225 Zöller/*ders.*, ZPO, § 611 Rn. 9; die Problematik erkennend, aber im Ergebnis offen: *Liebscher* in der öffentlichen Anhörung zur Musterfeststellungsklage im Ausschuss für Recht und Verbraucherschutz (Nr. 15/19), S. 33.

226 HK-MfkG/*Röthemeyer*, § 610 Rn. 20; Musielak/Voit/*Stadler*, ZPO, § 610 Rn. 4.

227 *Pohlmann*, Zivilprozessrecht, 2018, Rn. 400.

Ist der Vergleich erstmal genehmigt, stellt in einem zweiten Schritt die Zustellung die nächste große Hürde dar. Insbesondere bei mehrjährigen und großvolumigen Verfahren würde die Zustellung eine große Herausforderung für die Geschäftsstellen des zuständigen OLG darstellen. Selbst wenn das Klageregister vom BfJ vorbildlich geführt werden sollte, so müssten die Parteien dennoch darauf vertrauen, dass die angemeldeten Verbraucher im Falle eines Umzugs oder sonstigen Änderungen ihre Angabe entsprechend selbstständig ergänzen. Auch die Anforderungen an die Zustellung und die Folgen bei fehlerhafter und unterbliebener Zustellung sind umstritten. Es besteht jedenfalls die Gefahr eines „ewigen Austrittsrechts" durch die Anmelder.

Hinsichtlich des Quorums ist – trotz der im Vergleich zur Anmeldung höheren formalen Anforderungen – bei Massenschäden nicht davon auszugehen, dass die Anmelder wegen des rationalen Desinteresses von einem Austritt absehen. Im Besonderen ist mit einer hohen Austrittsquote der nicht-begünstigten Anmelder zu rechnen.

Auch hinsichtlich der Wirkung des Vergleichs stoßen die Parteien auf Barrieren. Der Vergleich gilt zutreffend nach herrschender Meinung als Prozessvertrag mit Doppelnatur. Es bestünde somit selbst nach Abschluss des Vergleichs die Gefahr, dass der Vergleich durch Einwendungen, wie beispielsweise die Anfechtung (§§ 119 ff. BGB), Störung der Geschäftsgrundlage (§ 313 BGB) oder Sittenwidrigkeit (§§ 134, 138 BGB), beseitigt werden könnte.

Hinzu kommt, dass ein Vergleich, der den Verbraucher konkrete Leistungen zuspricht, keinen Vollstreckungstitel darstellt. Die Anmelder wären bei Ausbleiben der Zahlung gezwungen, erneut Leistungsklage, gestützt auf den Vergleich als materiell-rechtlichen Vertrag, zu erheben.

Wenngleich die Argumente überzeugen, die gegen einen Anspruch auf Fortführung des Verfahrens sprechen, besteht bei Abschluss eines Vergleichs die Gefahr, dass die ausgetretenen Anmelder einen Anspruch gegen den Verband auf Fortführung des Verfahrens geltend machen. Dies gilt jedenfalls solange weder der Gesetzgeber dies entsprechend regelt noch die Rechtsprechung zu der unklaren Rechtslage Stellung nimmt. Eine zweite Musterfeststellungsklage, die durch einen anderen Verband nach Abschluss eines gerichtlichen Vergleichs mit den ausgetretenen Verbrauchern erhoben wird, müssen die Parteien nicht fürchten. Der gerichtliche Beschluss zur Genehmigung des Vergleichs stellt eine Entscheidung i. S. d. § 611 Abs. 1 S. 2 ZPO dar und die entsprechende Sperrwirkung gilt fort.

B. Der außergerichtliche Vergleich

Gesetzlich geregelt ist nur der gerichtliche Vergleich. Um den schwerfälligen Anforderungen des § 611 ZPO zu entgehen, könnten die Parteien alternativ einen außergerichtlichen Vergleich schließen. Dieser würde in Kombination mit Dispositionsakten nach §§ 91a, 269, 307 ZPO ebenfalls zur Beendigung des Verfahrens führen.[228] Diesen Weg ging man beispielsweise in dem Musterfeststellungsverfahren gegen die VW AG und umging damit die vom Gesetzgeber in § 611 ZPO eingebauten Sicherungsmechanismen des gesetzlichen Genehmigungsvorbehalt, der Zustellung und des Quorums.[229] Der Abschluss eines außergerichtlichen Vergleich ist zulässig (hierzu I.). Er kann sowohl während des Musterfeststellungsverfahrens (hierzu II.) als auch nach einem Musterfeststellungsurteil (hierzu III.) geschlossen werden.

I. Zulässigkeit des außergerichtlichen Vergleichs

Der Abschluss eines außergerichtlichen Vergleichs ist zulässig. Es gibt Ansichten im Schrifttum, die aus dem Wortlaut des § 611 Abs. 6 ZPO („Der Abschluss eines gerichtlichen Vergleichs vor dem ersten Termin ist unzulässig") ein Verbot des außergerichtlichen Vergleichs ableiten.[230] Eine Ansicht beschränkt sich dabei lediglich auf den Zeitraum vor dem ersten Termin.[231] Zweck der Vorschrift sei es, dass dem Vergleich eine möglichst weitreichende befriedende Wirkung zukomme und daher nicht schon während der laufenden Anmeldefrist ein Vergleich abgeschlossen werden solle. Diesem Zweck sei nur gedient, wenn der außergerichtliche Vergleich vor dem ersten Termin untersagt wäre.[232] Nimmt man bei § 611 Abs. 6 ZPO an, dass es das Ziel der Vorschrift sei, den Vergleichsschluss unter Ausschluss der Öffentlichkeit generell zu verbieten, so könne daraus ein generelles Verbot des außergerichtlichen Vergleichs hergeleitet werden.[233]

Diesen einschränkenden Ansichten wird zutreffend entgegengesetzt, dass eine derartige Intention in der Gesetzesbegründung nicht ersichtlich ist. Auch gilt § 611 Abs. 6 ZPO ausweislich des klaren Wortlauts nur für den gerichtlichen

228 Zöller/*Vollkommer*, ZPO, § 611 Rn. 11.
229 *Stadler*, VuR 2020, 163, 164.
230 *Schneider*, BB 2018, 1986, 1995.
231 Nordholtz/Mekat/*Mekat*, § 7 Rn. 4.
232 Nordholtz/Mekat/*ders.*, § 7 Rn. 4 f.; BT-Drs. 19/2439, 28.
233 *Schneider*, BB 2018, 1986, 1995.

Vergleich. Der außergerichtliche Vergleich ist demnach weder für den Zeitraum vor noch nach dem ersten Termin verboten.[234] Diese Argumentation überzeugt in Anbetracht der aktiv kommunizierten gesetzgeberischen Absicht,[235] wonach die Stärkung der außergerichtlichen Streitschlichtung eines der wesentlichen Ziele des Gesetzgebers ist. Damit bekräftigt er nämlich auch die Hoffnung, dass sich die Parteien grundsätzlich einigen und individuelle Leistungsklagen vermieden werden sollen. Hierzu gehört die Möglichkeit des Abschlusses eines außergerichtlichen Vergleichs.

II. Hindernisse während des Musterfeststellungsverfahrens

Der Abschluss eines außergerichtlichen Vergleichs während des laufenden Musterfeststellungsverfahrens führt zu rechtlichen Problemen, die einem Vergleichsschluss im Wege stehen könnten. Es könnte sich bei einem außergerichtlichen Vergleich um einen unzulässigen Vertrag zu Lasten Dritter handeln (hierzu 1.). Auch besteht die Möglichkeit, dass nach Abschluss des Vergleichs und Rücknahme der Klage durch einen anderen Verband erneut eine Musterfeststellungsklage anhängig gemacht wird (hierzu 2.).

1. Vertrag zu Lasten Dritter

Ein außergerichtlicher Vergleich, der Leistungen an die Verbraucher regelt und im Gegenzug von diesen etwas fordert, kann ein Vertrag zu Lasten Dritter sein. Die angemeldeten Verbraucher sind Dritte, da sie weder mittelbar noch unmittelbar an dem Verfahren beteiligt sind. Sie haben keine Stellung als Partei, Nebenintervenient oder Beigeladene.[236] Ein Vertrag, durch den Dritte ohne ihre Mitwirkung unmittelbar vertraglich verpflichtet werden, ist mit der Privatautonomie des BGB grundsätzlich nicht vereinbar.[237] Zulässig ist gem. § 328 BGB

---

234 *Weinland*, Die neue Musterfeststellungsklage: Einführung, 2019, Rn. 166; *Waclawik*, NJW 2018, 2921, 2924; im Ergebnis auch *Beckmann/Waßmuth*, WM 2019, 89, 90.

235 Siehe hierzu Einleitung:§ 5 D. und 1. Kapitel:§ 1.

236 Siehe zur Beteiligung der Anmelder 1. Kapitel:§ 4 B. 3. b).

237 BGH, Urteil v. 9.4.1970 – KZR 7/69 = NJW 1970, 2157; BGH, Urteil v. 9.3.1972 – VII ZR 178/70 = NJW 1972, 942; BGH, Urteil v. 8.11.1973 – VII ZR 246/72 = NJW 1974, 96; BGH, Urteil v. 14.7.1995 – V ZR 31/94 = NJW 1995, 3183; auch wenn man mit § 333 ZPO analog argumentieren würde, dass der Dritte die Verpflichtung jederzeit zurückweisen könne, so hätte der Dritte mit der Verpflichtung bereits den Zwang diese zurückzuweisen (MüKoBGB/*Gottwald*, BGB § 328 Rn. 261; BeckOK BGB/*Janoschek*, BGB § 328 Rn. 5).

grundsätzlich nur ein Vertrag zugunsten Dritter. Wie bei allen Belastungen im BGB entscheidet allein eine rechtliche Betrachtungsweise und keine wirtschaftliche Abwägung.[238]

Eine Ausnahme von der Regel des § 328 BGB liegt nicht deshalb vor, weil es Ansichten gibt, die dem Verband die Stellung eines Prozessstandschafters zuschreiben. Ein Vertrag zu Lasten Dritter wäre nach einer Ansicht an und für sich dann kein unzulässiger, wenn der Vertreter die Stellung eines gesetzlichen Vertreters oder Prozessstandschafters einnehmen würde.[239] Die Geltendmachung eines fremden Rechts im eigenen Namen wird als (gewillkürte oder gesetzliche) Prozessstandschaft bezeichnet.[240] Diese hängt eng mit der Prozessführungsbefugnis als Prozessvoraussetzung zusammen. Die Prozessführungsbefugnis gibt Auskunft darüber, ob der Kläger zur Geltendmachung eines Anspruchs berechtigt ist.[241] Tatsächlich ähnelt das Verhältnis zwischen den Anmeldern und dem Verband der Prozessstandschaft. Deshalb wird im Rahmen des Musterfeststellungsverfahrens teilweise angeführt, dass der klagende Verband die Kollektivinteressen der Verbraucher in Prozessstandschaft[242] oder zumindest in „Quasi-Prozessstandschaft“[243] wahrnehme. Die Musterfeststellungsklage sei eine Feststellungsklage, die „Ähnlichkeit mit der Prozessstandschaft“ aufweise.[244] Im Musterfeststellungsverfahren macht der klagende Verband allerdings nicht die Ansprüche der Anmelder im eigenen Namen geltend, sondern lediglich Vorfragen zu diesen. Das durch den Verband geltend gemachte Recht unterscheidet sich somit von dem der Anmelder. Das Verfahren hat ein feststellendes Urteil zum Ziel, während der Vergleich nach § 611 Abs. 2 Nr. 1 ZPO zweckmäßigerweise Leistungen umfassen sollte.

Bei der rechtlichen Beurteilung mit Blick auf die Anforderungen zum Vertrag zu Lasten Dritter kann zwischen einem Direktvergleich, der unmittelbar Rechte und Pflichten der Anmelder regelt (hierzu a)) und einem Eckpunktevergleich, der mit Blick auf die Anmelder nur mittelbare Regelungen trifft (hierzu b)), unterschieden werden.

---

238 BeckOGK BGB/*Mäsch*, BGB § 328 Rn. 126.

239 *Calavros*, Urteilswirkungen zu Lasten Dritter, 1978, S. 49; dementsprechend können Eltern gem. § 1629 Abs. 3 S. 2 BGB etwa gerichtliche Vergleiche mit Wirkung für und gegen das Kind schließen (MüKoBGB/*Gottwald*, BGB § 328 Rn. 264).

240 Musielak/Voit/*Weth*, ZPO, § 51 Rn. 16.

241 Musielak/Voit/*ders.*, ZPO, § 51 Rn. 15.

242 Musielak/Voit/*Stadler*, ZPO, § 606 Rn. 4.

243 *Röthemeyer*, MDR 2019, 6 f.; HK-MfkG/*Röthemeyer*, § 606 Rn. 89.

244 *Waclawik*, NJW 2018, 2921.

a) Zulässigkeit eines Direktvergleichs

Der Direktvergleich ist dann unzulässig, wenn dieser direkte Leistungen an die Anmelder regelt und gleichzeitig Verzichts- oder Ausschlussklauseln enthält, die vorsehen, dass den Anmeldern keine weitergehenden Rechtsansprüche gegen die Beklagte mehr zustehen.[245] Soweit der Vergleich einen Forderungsverzicht der Anmelder durch den klagenden Verband enthält, würde es sich dogmatisch um die Verfügung eines Nichtberechtigten gem. § 185 BGB handeln, welche der Genehmigung bedarf.[246]

Dennoch sind inhaltliche Ausgestaltungen denkbar, bei denen es sich nicht um einen unzulässigen Vertrag zu Lasten Dritter handelt. Unproblematisch möglich wäre etwa ein außergerichtlicher Vergleich, der zwar eine Verfahrensbeendigung vorsieht, bei dem hingegen ausschließlich positive Feststellungen zu den Feststellungszielen getroffen werden. In diesem Fall hätte der „Vergleich" die gleiche Wirkung wie ein positives Musterfeststellungsurteil.

b) Zulässigkeit eines Eckpunktevergleichs

Problematisch gestaltet sich die rechtliche Beurteilung von Vergleichen, die zwischen den unmittelbar am Prozess beteiligten Parteien geschlossen werden und die Verbraucher lediglich mittelbar binden. Bei Eckpunktevergleichen entscheiden die Anmelder erst in einem zweiten Schritt, ob sie das Vergleichsangebot annehmen oder gegebenenfalls unter Inkaufnahme eines gewissen Risikos ihre Rechte im Individualverfahren durchsetzen wollen. Bei Eckpunktevergleichen sind die Anmelder in der Regel berechtigt im Anschluss außergerichtliche Einzelvergleiche zu in dem Vergleich bestimmten Konditionen gegen Abgeltung ihrer Ansprüche abzuschließen. Die Klägerin verpflichtet sich, im Gegenzug die Klage zurückzunehmen oder das Verfahren auf sonstige Weise zu beenden.[247] Im Grunde vermittelt der klagende Verband bei dieser Form des Vergleichsschlusses eine Summe von Einzelvergleichen. Bei der rechtlichen Beurteilung

---

245 *Fölsing*, BB 2020, 1555, 1557; so auch Nordholtz/Mekat/*Mekat*, § 7 Rn. 29, der sich allerdings auf nicht-angemeldete Verbraucher im Rahmen eines gerichtlichen Vergleichs bezieht. Diese Situation ist mit der eines außergerichtlichen Vergleichs vergleichbar.

246 Musielak/Voit/*Stadler*, ZPO, § 611 Rn. 4.

247 Eine derartige Vereinbarung schloßen die Parteien in dem Verfahren vzbv. /. VW AG vor dem OLG Branschweig (Az. 4 MK 1/18), vgl. *Verbraucherzentrale Bundesverband*, Rahmenvereinbarung zwischen der Verbraucherzentrale Bundesverband und der Volkswagen AG, 2020.

dieses Vergleichs stehen vor allem die Zulässigkeit der Klagerücknahme durch den Verband (hierzu aa)) und die Zulässigkeit der Regelung von Abgeltungsklauseln (hierzu bb)) im Fokus.

aa) Zulässigkeit der Verpflichtung des Verbands zur Klagerücknahme

Die Klagerücknahme durch die Klägerin ist ausweislich der Struktur des Musterfeststellungsverfahrens grundsätzlich zulässig.[248] Nach einer anderen Ansicht ist die Klagerücknahme nach Ablauf der Frist zur Anmeldung nicht mehr möglich. Durch den Ausschluss des Verzichts (§ 306 ZPO) in § 610 Abs. 5 S. 2 ZPO komme zum Ausdruck, dass der Klägerin nach Ablauf der Anmeldefrist die Dispositionsbefugnis entzogen sei.[249] Dieser Auffassung wird überzeugend entgegengehalten, dass nach § 610 Abs. 5 S. 1 ZPO die im erstinstanzlichen Verfahren vor den Landgerichten geltenden Vorschriften auf das Musterfeststellungsverfahren anzuwenden seien und die Klagerücknahme nach § 269 ZPO gerade nicht ausgeschlossen sei. Auch sei der Verzicht nicht mit der Klagerücknahme vergleichbar, da der Kläger bei einer Klagerücknahme sein Rechtschutzgesuch lediglich vorläufig zurückziehe und die Rechtsbehauptung als solche nicht aufgebe.[250]

Hinsichtlich der Auswirkung der Klagerücknahme muss im Ergebnis zwischen den durch den Vergleich begünstigten und den nicht-begünstigten (angemeldeten) Verbrauchern differenziert werden. Die Verpflichtung des Verbands zur Rücknahme hätte bei den begünstigten Verbrauchern keine direkten nachteiligen Auswirkungen auf die Verjährungshemmung gem. § 204 Abs. 1 Nr. 1a BGB. Diese haben schließlich die Wahl, ob sie das individuellen Vergleichsangebot annehmen oder zeitnah Individualklage erheben. Auch wenn bei einem wirtschaftlichen Gewinn der Anmelder durch den anschließenden Einzelvergleich die negativen prozessrechtlichen Auswirkungen verbleiben würden, so hat die Klagerücknahme für diese zunächst nur mittelbar Auswirkungen.

Anders ist die Situation der Anmelder, die ausweislich eines Eckpunktevergleichs kein individuelles Angebot erhalten. Das Ende der Verjährungshemmung gem. § 204 Abs. 1 Nr. 1a BGB wirkt sich für diese unmittelbar rechtlich nachteilig aus, da sie am Ende nicht selbst entscheiden können, ob sie durch Ausschlagen des Angebots im anschließenden Einzelvergleich einen rechtlichen Nachteil davontragen. Gegen die rechtliche Belastung der nicht-begünstigten Anmelder wird allerdings argumentiert, dass auch diese von dem Musterverfahren profitiert

---

248 *Gurkmann/Jahn*, VuR 2020, 243, 244.
249 BeckOK ZPO/*Lutz*, ZPO § 610 Rn. 18
250 *Gurkmann/Jahn*, VuR 2020, 243, 244.

hätten, denn ohne das Musterverfahren wären ihre Ansprüche verjährt und sie hatten länger Zeit, um über eine mögliche Individualklage nachzudenken.[251] Dies überzeugt nicht. Die vormals gewährte Hemmung der Verjährung ändert nichts an der tatsächlichen rechtlichen Belastung durch das Ende der Hemmung der Verjährung. Ihnen verbleibt nach der Klagerücknahme nur noch die Möglichkeit individuell Klage zu erheben. Das Musterfeststellungsverfahren hatte für sie – sieht man von der vorübergehenden Hemmung der Verjährung ab – faktisch keinerlei Nutzen und bedeutete nur einen Zeitverlust. Auch profitieren sie für die Folgeverfahren nicht von einer Bindungswirkung durch den Musterentscheid. Wäre ein außergerichtlicher Vergleich mit der Klagerücknahme auch für diese Gruppe zulässig, so wären die „Sicherungsmechanismen“[252] des gerichtlichen Vergleichs gem. § 611 ZPO in Form der Genehmigung und des Quorums zur Kompensation der fehlenden Beteiligung der Anmelder zwecklos.

Keine negativen Auswirkungen durch die Klagerücknahme bestehen hinsichtlich der nicht angemeldeten Unternehmer, deren Verfahren nach § 148 Abs. 2 ZPO ausgesetzt wurde. Auch bei dieser Gruppe könnte man bei Abschluss eines Eckpunktevergleiches, der eine Klagerücknahme vorsieht, über rechtlich negative Auswirkungen nachdenken. Potentiell Geschädigte, die nicht Verbraucher sind und deren Verfahren nach § 148 Abs. 2 ZPO ausgesetzt wurde, müssen ihr Verfahren nun mit einem entsprechenden Zeitverlust fortsetzen. Allerdings geschieht die Aussetzung nur auf Antrag der jeweiligen Kläger. Eine Aussetzung von Amts wegen findet gerade nicht statt.[253] Hier entscheiden die Unternehmer selbst, ob sie prozessieren oder den Ausgang des Musterverfahrens abwarten.

bb) Zulässigkeit von mittelbaren Abgeltungsklauseln

Die Vereinbarung von Abgeltungsklauseln im Eckpunktevergleich ist grundsätzlich zulässig. Der rechtliche Nachteil für die Anmelder entsteht erst, wenn sie ihren Einzelvergleich unterzeichnen. Ihnen entsteht - genauso wie den begünstigten Anmeldern hinsichtlich der Klagerücknahme – lediglich ein mittelbarer rechtlicher Nachteil. Die Abgeltungsklauseln in einem Eckpunktevergleich haben keine unmittelbaren rechtlichen Auswirkungen auf die Anmelder. Dieser Auffassung könnte man entgegenhalten, dass der Verband die Klage unabhängig davon zurücknimmt, ob die Anmelder eine derartige Klausel unterschreiben.

---

251 *Dies.*, VuR 2020, 243, 247.
252 *Stadler*, VuR 2020, 163, 164.
253 BeckOK ZPO/*Wendtland*, ZPO § 148 Rn. 12.

Die Verbraucher, welche ein Angebot erhalten, werden vor die Wahl gestellt, eine weitreichende Abgeltung der Ansprüche zuzusichern oder ihren Anspruch individuell einzuklagen. Die Fortführung des Musterverfahrens wäre nach der Verfahrensbeendigung durch Klagerücknahme für die Anmelder keine Option mehr und genau das könnte der (unmittelbare) rechtliche Nachteil sein. Dieser Einwand überzeugt nicht. Ein außergerichtlicher Vergleich wäre faktisch unmöglich, wenn man der Beklagten nicht in irgendeiner Form gestatten würde, die Ansprüche gegen eine Ausgleichszahlung abgelten zu lassen. Es ist nicht zu erwarten, dass Leistungen gewährt werden, ohne dass das Klagerecht wegen desselben Streitgegenstands ausgeschlossen wird. Die Anmelder haben es selbst in der Hand, ob sie die Abgeltungsklausel unterzeichnen und die Klagerücknahme als Nachteil gegen sich wirken lassen. Die Situation ähnelt der der begünstigten Anmelder bei der Klagerücknahme. Der Nachteil ist lediglich mittelbar.

cc) Zwischenergebnis

Bei einem außergerichtlichen (Direkt-)Vergleich, der den Verbraucher einerseits direkte Leistungen zuspricht, sie aber andererseits verpflichtet eine Gegenleistung (wie beispielsweise die Abgeltung der Ansprüche) zu erbringen, handelt es sich um einen unzulässigen Vertrag zu Lasten Dritter.

Bei Abschluss eines Eckpunktevergleichs, der die Klagerücknahme vorsieht, ist zu differenzieren. Hinsichtlich der nicht-begünstigten Verbraucher liegt wegen der Beendigung der Verjährungshemmung ein Vertrag zu Lasten Dritter vor. Diese haben im Gegensatz zu den begünstigten Verbrauchern keinen Anspruch aus dem Eckpunktevergleich gegen das Unternehmen, ihnen einen außergerichtlichen Einzelvergleich anzubieten. Der rechtliche Nachteil wirkt sich bei den nicht-begünstigten Verbrauchern unmittelbar aus.

Die Vereinbarung von Abgeltungsklauseln, welche erst in einem zweiten Schritt durch die begünstigten Anmelder zu unterzeichnen sind, sind zulässig. Es gilt argumentativ das Gleiche wie hinsichtlich der begünstigten Verbraucher bei der Klagerücknahme: Die Wirkung wird nur mittelbar herbeigeführt.

2. Zweite Musterfeststellungsklage

Bei Abschluss eines außergerichtlichen Vergleichs entfällt die Sperrwirkung der Musterfeststellungsklage.[254] Es kann jederzeit eine zweite

254 *Weinland*, Die neue Musterfeststellungsklage: Einführung, 2019, Rn. 133; in der Gesetzesbegründung stellt der Gesetzgeber selbst fest, dass die Sperrwirkung jedenfalls dann entfällt, "wenn die Musterfeststellungsklage ohne Entscheidung in der Sache

Musterfeststellungsklage gegen das beklagte Unternehmen durch eine andere qualifizierte Einrichtung erhoben werden.

Die Sperrwirkung der Musterfeststellungsklage entfällt gem. § 610 Abs. 1 S. 2 ZPO, sobald das Verfahren ohne Entscheidung in der Sache beendet wird. Als Entscheidungen in der Sache werden nur streitige Gerichtsentscheidungen über die Begründetheit oder ein Beschluss nach § 611 Abs. 5 S. 2 ZPO angesehen.[255] Im Allgemeinen führt ein außergerichtlicher Vergleich nicht unmittelbar zur Verfahrensbeendigung eines anhängigen Rechtsstreit, sondern begründet – jedenfalls in einem klassischen Zweiparteienprozess - nur materiell-rechtliche Einwände.[256] Im Musterfeststellungsverfahren ist noch ein Dispositionsakt seitens der Klägerin in Form der Klagerücknahme gem. § 269 ZPO oder der übereinstimmenden Erledigungserklärung gem. § 91a ZPO notwendig. Die übereinstimmende Erledigungserklärung beendet den Prozess in der Hauptsache.[257] Bei der Klagerücknahme entscheidet das Gericht gem. § 269 Abs. 4 S. 1 ZPO auf Antrag durch Beschluss über die Kostenfolge. Soweit das Gericht in dem Beschluss auch über den Wegfall der Anhängigkeit entscheidet, wäre dieser nur deklaratorischer Natur.[258] Ein möglicher Beschluss würde sich jedenfalls in beiden Fällen auf die Kostenfolge beschränken und ihm käme keine verfahrensbeendende Wirkung zu. Es handelt sich bei beiden Formen der Verfahrensbeendigung nicht um eine „Entscheidung in der Sache" im Sinne des § 610 Abs. 1 S. 2 ZPO. Die Beendigung des Verfahrens erfolgt ausschließlich aufgrund der Disposition der Parteien. Anders beim gerichtlichen Vergleich,[259] wo das Gericht aktiv Einfluss nimmt und es ohne dessen Mitwirkung nicht zu einer Verfahrensbeendigung kommen kann. *Lutz* stellt damit richtigerweise fest, dass es sich bei § 611 Abs. 1 S. 2 ZPO um ein Vergleichshindernis handelt.[260]

---

beendet wird, zum Beispiel, wenn sie als unzulässig verworfen, zurückgenommen oder übereinstimmend für erledigt erklärt wird" (BT-Drs. 19/2439, 26 f.); so auch HK-MfkG/*Röthemeyer*, § 610 Rn. 18.

255 Musielak/Voit/*Stadler*, ZPO, § 610 Rn. 4.

256 *Greger*, in: Greger/Unberath/Steffek, Recht der alternativen Konfliktlösung, 2016, D. 263.

257 MüKoZPO/*Schulz*, ZPO, § 91a Rn. 36.

258 MüKoZPO/*Becker-Eberhard*, ZPO, § 269 Rn. 68; BeckOK ZPO/*Bacher*, ZPO § 269 Rn. 20.

259 Beim gerichtlichen Vergleich ist, wie unter 1. Kapitel:§ 2 A.II.3.b) dargestellt, davon auszugehen, dass der gerichtliche Beschluss eine Entscheidung in der Sache darstellt und für weitere Musterfeststellungsverfahren eine Rechtskraftsperre gilt.

260 BeckOK ZPO/*Lutz*, ZPO § 610 Rn. 34.

Der sich vergleichende Verband wird meist im Rahmen des Vergleichs mit der Beklagten zusichern, von einer erneuten Erhebung der Musterfeststellungsklage abzusehen.[261] Auch dürften die mit den Verbrauchern individual abgeschlossenen Vergleiche eine Abgeltungsklausel enthalten.[262] All dies schließt grundsätzlich nicht die Möglichkeit der Klageerhebung durch eine andere qualifizierte Einrichtung aus.

III. Hindernisse nach rechtskräftigem Musterfeststellungsurteil

Nachdem ein rechtskräftiges Musterfeststellungsurteil ergangen ist, stellt sich die prozessuale Ausgangssituation gänzlich anders dar als im Laufe des Musterfeststellungsverfahrens. Nach einem Musterfeststellungsurteil steht jeder ehemalige Anmelder der Beklagten als (potentieller) Einzelkläger gegenüber. Die Bündelung der Ansprüche wird nach dem feststellenden Urteil aufgelöst und die Verbraucher können jederzeit unter Berufung auf die Bindungswirkung des Musterfeststellungsurteils nach § 613 ZPO Individualklage erheben.[263] Die Gefahr einer zweiten Musterfeststellungsklage mit identischen Feststellungszielen besteht für das beklagte Unternehmen nicht mehr, da die Sperrwirkung durch das rechtskräftige Musterfeststellungsurteil erhalten bleibt.[264] Die Vorschrift zum gerichtlichen Vergleich gem. § 611 ZPO bezieht sich nur auf einen Vergleich während des Musterfeststellungsverfahrens. Die beabsichtigten Sicherungsmechanismen wie Quorum und gerichtliche Genehmigung gelten nicht mehr.[265]

Die Ausgangslage für Vergleichsverhandlungen erscheint mit Blick auf die zuvor festgestellten Vergleichshindernisse günstiger, wenngleich im Anschluss an das Musterfeststellungsverfahren andere Vergleichshindernisse hinzutreten können. So besteht die Möglichkeit, dass das Urteil nur sehr wenige Feststellungen trifft, bzw. treffen kann, und sich die rechtliche Beurteilung im Vergleich zu der Situation ohne Musterentscheid nicht wirklich verändert. Die

261 So auch unter § 3 der Rahmenvereinbarung zwischen dem vzbv und der VW AG: "Weiterhin verpflichtet sich der vzbv, keine neuen Musterfeststellungsklagen gegen Volkswagen im Zusammenhang mit den betroffenen Fahrzeugen zu erheben" (*Verbraucherzentrale Bundesverband*, Rahmenvereinbarung zwischen der Verbraucherzentrale Bundesverband und der Volkswagen AG, 2020).

262 BeckOK ZPO/*Lutz*, ZPO § 610 Rn. 34.

263 Siehe zu den möglichen Individualverfahren 3. Kapitel:§ 1 A.

264 BT-Drs. 19/2439, 26.

265 Musielak/Voit/*Stadler*, ZPO, § 611 Rn. 1.

Musterverfahrensfähigkeit der typischen Tatbestandsvoraussetzungen von (deliktischen) Massenschäden bedarf deshalb genauerer Untersuchung (hierzu 1.). Auch verfügt die qualifizierte Einrichtung nach Beendigung des Musterfeststellungsverfahrens über kein Verhandlungsmandat mehr (hierzu 2.) und das Gericht kann nicht mehr in Form eines Genehmigungsvorbehalts Einfluss nehmen (hierzu 3.).

1. Eingeschränkte Musterverfahrensfähigkeit

Laut Gesetzesbegründung kann ein erfolgreicher Musterentscheid als Grundlage für Einigungen der Parteien im Rahmen der außergerichtlichen Streitschlichtung dienen.[266] Der Umfang des im Anschluss an ein Musterfeststellungsurteil durchzuführenden Individual- oder Schlichtungsverfahrens, bestimmt sich danach wie viele Rechts- und Tatsachenfragen im Musterfeststellungsverfahren geklärt werden konnten. Eine Rechts- oder Tatsachenfrage ist dann nicht musterverfahrensfähig, wenn sie der Natur der Sache nach nicht auf eine Vielzahl von Fällen übertragbar ist.[267] Das zweistufige Gesamtverfahren bestehend aus Feststellungs- und Leistungsphase funktioniert nur dann gut, wenn möglichst viele Fragen auf erster Stufe positiv festgestellt werden konnten. Viel hängt dabei von der Form der Antragstellung in der Klageschrift durch den Verband ab. Werden die Anträge seitens des Verbands sehr weit formuliert, hilft den einzelnen Anmeldern auch ein positiv beschiedenes Feststellungsziel nicht weiter und es werden viele Fragen auf die Folgeverfahren verlagert. Umgekehrt würden zu eng gefasste Anträge nur einen Bruchteil der angemeldeten Verbraucher erfassen.[268]

Um einen Überblick zu erhalten, welche Tatsachen und Rechtsfragen bei deliktischen Massenschäden im Einzelnen in der Leistungsphase noch offen sein könnten, wird unter Zugrundelegung der Anforderung an die Musterverfahrensfähigkeit (dazu a)) der mögliche Umfang der Musterverfahrensfähigkeit schematisch unter Auswertung von Schrifttum und Rechtsprechung dargestellt (dazu b)).

a) Die Anforderungen an die Musterverfahrensfähigkeit

Der Begriff der Musterverfahrensfähigkeit ist von dem Begriff der Feststellungsfähigkeit abzugrenzen. Nach § 606 Abs. 1 S. 1 ZPO kann im

---

266 BT-Drs. 19/4891, 2; BT-Drs. 19/2439, 2.

267 *Mekat* spricht hier von "Merkmalen individueller Typizität" (Nordholtz/Mekat/*Mekat*, § 8 Rn. 33).

268 *Langheid*, VersR 2020, 789, 792.

Musterfeststellungsverfahren die Feststellung des Vorliegens oder Nichtvorliegens von tatsächlichen oder rechtlichen Voraussetzungen für das Bestehen oder Nichtbestehen von Ansprüchen oder Rechtsverhältnissen zwischen Verbrauchern und einem Unternehmer begehrt werden. Diese Feststellungen werden in § 606 Abs. 1 S. 1 ZPO unter dem Begriff „Feststellungsziele" legal definiert. Im Gegensatz zur Feststellungsklage gem. § 256 ZPO sind im Musterverfahren nur einzelne Elemente oder Vorfragen eines Rechtsverhältnisses feststellungsfähig.[269] Die Feststellungsklage nach § 256 ZPO ist auf das Bestehen oder Nichtbestehen eines (ganzen) Rechtsverhältnisses beschränkt, während die Musterfeststellungsklage – genauso wie das Kapitalanlegermusterverfahren[270] – noch vorgreiflicher ansetzt und die Feststellung der Voraussetzungen von Rechtsverhältnissen und Ansprüchen erlaubt.[271] Das Bestehen eines Anspruchs als solchem kann im Musterverfahren hingegen kein Feststellungsziel sein. Dies folgt aus dem Wortlaut („Voraussetzungen") und dem Sinn und Zweck des Musterfeststellungsverfahrens.[272] Auch der Begriff des Rechtsverhältnisses ist bei der Musterfeststellungsklage enger als bei der Feststellungsklage, da nur Rechtsbeziehungen zwischen Verbrauchern und einem Unternehmen erfasst sein können.[273] Bei der Prüfung des Anspruchs kann nicht über Anspruchsvoraussetzungen entschieden werden, die nur individuell geprüft werden können.[274] Das Musterverfahren kann sehr kleinteilig einzelne Tatsachen und Rechtsfragen mit Bindungswirkung für Folgeverfahren feststellen. Mit einer Feststellungsklage nach § 256 ZPO können auch individuelle Merkmale eines potentiellen Schadensersatzanspruchs festgestellt werden.[275]

---

269 BT-Drs. 19/2439, 22.

270 Zur begrifflichen Bestimmung kann daher die Literatur und Rechtsprechung zu § 2 Abs. 1 S. 1 KapMuG herangezogen werden. Der Begriff des Feststellungsziels ist grundsätzlich an dem des KapMuG angelehnt (*Waßmuth/Asmus*, ZIP 2018, 657, 658; *Beckmann/Waßmuth*, WM 2019, 45, 48; so auch BT-Drs. 19/2439, 22).

271 *Heese*, JZ 2019, 429, 435.

272 *Beckmann/Waßmuth*, WM 2019, 45, 48.

273 Musielak/Voit/*Stadler*, ZPO, § 606 Rn. 12.

274 *Beckmann/Waßmuth*, WM 2019, 45, 48; Vorwerk/Wolf, KapMuG/*Vorwerk/Stender*, § 2 Rn. 10; Nordholtz/Mekat/*Mekat*, § 8 Rn. 36; dies vertritt auch der BGH in seiner Rechtsprechung vor Neufassung des KapMuG (BGH, Beschl. v. 10.6.2008 - XI ZB 26/07 = NZG 2008, 592, 594). Im Grundsatz dürfte diese auch auf die zivilprozessuale Musterfeststellungsklage übertragbar sein.

275 *Habbe/Gieseler*, BB 2017, 2188, 2189.

Die tatsächlichen oder rechtlichen Feststellungen müssen Bedeutung für eine Vielzahl von Einzelfällen haben und damit Breitenwirkung aufweisen.[276] Mit Blick auf die Gesetzessystematik kann ab 50 betroffenen Verbrauchern von einer Vielzahl von Einzelfällen gesprochen werden.[277] Es muss sich um verallgemeinerungsfähige „präjudizielle" Vorfragen einzelner oder auch mehrerer parallel einschlägiger Haftungsnormen handeln.[278] Nicht feststellungsfähig sind dagegen Fragen, die nur individuell und nicht in einer Vielzahl von Fällen entschieden werden können.[279] Gleiches gilt für solche, die im Individualverfahren potentiell nicht entscheidungserheblich sind.[280]

Eine Feststellung des Anspruchs „dem Grunde nach" kann im Musterfeststellungsverfahren niemals begründet sein, da auch diese individuellen Voraussetzungen mitumfasst sein müssten.[281] Es müssen nicht sämtliche verallgemeinerungsfähige Tatsachen- und Rechtsfragen durch die Klägerin geltend gemacht werden. Theoretisch könnte auch nur die Feststellung einer zentralen Streitfrage durch den Verband geltend gemacht werden. Das Gesetz kann hier weit ausgelegt werden und es lässt verschiedene strategische Ansätze zu.[282]

---

276 Nordholtz/Mekat/*Mekat*, § 8 Rn. 32; so auch BT-Drs. 19/2439, 22.

277 Nordholtz/Mekat/*Rohls*, § 3 Rn. 47, der auf § 606 Abs. 2 S. 1 Nr. 2 ZPO verweist, aber vermutlich § 606 Abs. 3 Nr. 3 ZPO meint. Nach § 606 Abs. 3 Nr. 3 ZPO ist die Musterfeststellungsklage nur zulässig, wenn [...] mindestens 50 Verbraucher ihre Ansprüche und Rechtsverhältnisse zur Eintragung in das Klageregister wirksam angemeldet haben.

278 Zöller/*Vollkommer*, ZPO, § 606 Rn. 5; Nordholtz/Mekat/*Heigl/Normann*, § 2 Rn. 34.

279 Musielak/Voit/*Stadler*, ZPO, § 606 Rn. 12.

280 Nordholtz/Mekat/*Mekat*, § 8 Rn. 33.

281 BeckOK ZPO/*Lutz*, ZPO § 606 Rn. 17; in dem Musterverfahren des vzbv gegen die VW AG vor dem OLG Braunschweig versuchte man bei der Antragsstellung die einzelnen Feststellungsziele der Formulierung „Schadensersatz dem Grunde nach" unterzuordnen (OLG Braunschweig, Beschl. v. 23.11.2018 – 4 MK 1/18 (veröffentlicht im Klageregister des BfJ)), um so am Ende doch zu einer indirekten Anspruchsprüfung zu gelangen. Mit Hinweisbeschluss vom 4. Juli 2019 gab das OLG Braunschweig zu erkennen, dass es einen Antrag auf Bestehen des Schadensersatzes „dem Grunde nach" für unzulässig hält, da nicht alle anspruchsbegründenden Tatsachen geprüft werden können (OLG Braunschweig, Beschl. v. 04.07.2019 – 4 MK 1/18 (veröffentlicht im Klageregister des BfJ)). *Halfmeier* hält die Feststellung von Ansprüchen „dem Grunde nach" dennoch für möglich, da nach dem üblichen Sprachgebrauch alle Tatbestandsvoraussetzung außer der individuellen Schadensberechnung gemeint seien (Prütting/Gehrlein/*Halfmeier*, ZPO, § 606 Rn. 17.

282 HK-MfkG/*Röthemeyer*, § 606 Rn. 11.

b) Umfang der Musterverfahrensfähigkeit

Legt man die zuvor herausgearbeitete Anforderungen zugrunde, sind individuelle Umstände eines einzelnen Rechtsverhältnisses, wie die Aktivlegitimation der Anmelder,[283] das Mitverschulden[284] oder der konkrete Schadenseintritt und die Schadenshöhe im Einzelfall[285] unstreitig nicht musterverfahrensfähig. Sonstige individuelle Streitfragen, etwa konkrete Einwendungen gegen Individualansprüche, können ebenfalls nicht festgestellt werden.[286]

Musterverfahrensfähig sind dagegen allgemein bekannte Sachverhalte, wie zum Beispiel Presse-, Ad-Hoc-Mitteilungen oder öffentliche Bekanntmachungen.[287] Auch kann im Musterverfahren die Schuld, der Verschuldensgrad der Beklagten, die Rechtswidrigkeit des Handelns[288] oder die Bewertung eines Verhaltens als sittenwidrig i. S. d. § 826 BGB festgestellt werden. Liegt (auch) ein Vertragsverhältnis zugrunde, könnte beispielsweise das Vorliegen eines Sachmangels[289] und die sich daraus ergebenden Rechte des Käufers (§ 437 BGB)[290] oder die Unrichtigkeit einer Widerrufsbelehrung[291] festgestellt werden. Im Musterverfahren können zudem die Art und Weise der Schadensberechnung oder die Anforderungen an den Nachweis der Kausalität festgestellt werden.[292] Diverse Einzelfragen hinsichtlich der Musterverfahrensfähigkeit sind umstritten und werden im Folgenden genauer untersucht.

---

283 BeckOK ZPO/*Lutz*, ZPO § 606 Rn. 16.

284 BGH, Beschl. v. 10.6.2008 - XI ZB 26/07 = NZG 2008, 592, 594; Nordholtz/Mekat/*Rohls*, § 3 Rn. 57.

285 BGH, Beschl. v. 10.6.2008 - XI ZB 26/07 = NZG 2008, 592, 594; *Weinland*, Die neue Musterfeststellungsklage: Einführung, 2019, Rn. 65; Nordholtz/Mekat/*Heigl/Normann*, § 2 Rn. 45; *Habbe/Gieseler*, BB 2017, 2188, 2189; Nordholtz/Mekat/*Rohls*, § 3 Rn. 55.

286 BT-Drs. 19/2507, 16.

287 Nordholtz/Mekat/*Mekat*, § 8 Rn. 35.

288 Nordholtz/Mekat/*Heigl/Normann*, § 2 Rn. 34; Nordholtz/Mekat/*Rohls*, § 3 Rn. 54.

289 *Scholl*, ZfPW 2019, 317, 336; *Beckmann/Waßmuth*, WM 2019, 45, 48; *Rohls* differenziert hier noch zwischen dem objektiven Mangelbegriff nach § 434 Abs. 1 S. 2 Nr. 2 BGB und dem subjektiven Mangelbegriff des § 434 Abs. 1 S. 1 und S. 2 Nr. 1 BGB (Nordholtz/Mekat/*Rohls*, § 3 Rn. 52).

290 Zöller/*Vollkommer*, ZPO, § 606 Rn. 5.

291 Zöller/*ders.*, ZPO, § 606 Rn. 5.

292 Nordholtz/Mekat/*Heigl/Normann*, § 2 Rn. 46.

aa) Der individuelle Nachweis der Kausalität

Besonders schwierig ist in Massenschadensfällen die Kausalität zu handhaben. Bei Schadensersatzansprüchen aufgrund von Produktfehlern kommt es beispielsweise oftmals zu Schwierigkeiten bei der Bestimmung der Kausalität.[293] Bei der deliktischen Produzentenhaftung aus § 823 Abs. 1 BGB trägt der Verletzte die Beweislast für die Rechtsgutsverletzung sowie den Schaden.[294] Auch bei der Kausalität lässt die grundsätzlich verbraucherfreundliche Produzentenhaftung allerdings keine Beweislastumkehr zu.[295] Im Musterverfahren könnte zwar geklärt werden, ob das Produkt generell einen Schaden hervorrufen kann, der konkrete Schaden wird sich allerdings wegen möglicher Reserveursachen im individuellen Fall meist nicht mit hinreichender Wahrscheinlichkeit auf das Produkt zurückführen lassen. Diese wesentliche Kausalitätsfrage wäre Bestandteil der individuellen Folgeverfahren. Individuelle Fragen zur Kausalität zwischen der Pflichtwidrigkeit und dem Schaden sind damit im Allgemeinen nicht musterverfahrensfähig.[296]

Ein Blick über den Atlantik zeigt, dass sich auch bei der class action Probleme im Umgang mit der Kausalität zeigen. Bei US-amerikanischen Massenklage sind Kausalitätsschwierigkeiten bei Großunfallereignissen und Produkthaftungsfällen oftmals fallentscheidend.[297] Gerade bei class actions mit Verletzungen von Körper und Gesundheit in Produkt- und Arzneimittelhaftungsfällen wurde die Zertifizierung als Gruppe wegen signifikanter Unterschiede bei den einzelnen Ansprüchen wiederholt abgelehnt.[298] Später erkannte man auch bei diesen

---

293 So etwa BGH, Urteil v. 24.1.1989 – VI ZR 112/88 = NJW 1989, 1542, 1545; OLG Frankfurt, Urteil v. 10.4.2003 – 3 U 30/00 = NJW-RR 2003, 1177, 1178; BGH, Urteil v. 5.2.2013 – VI ZR 1/12 = NJW 2013, 1302, 1304.

294 BeckOK BGB/*Förster*, BGB § 823 Rn. 774.

295 BGH, Urteil v. 17.3.1981 – VI ZR 191/79 = NJW 1981, 1603; OLG Frankfurt a.M., Urteil v. 10.4.2003 – 3 U 30/00 = NJW-RR 2003, 1177, 1178.

296 Sonst läge eine "Erfolgseinstandshaftung" vor (BGH, Beschl. v. 10.6.2008 - XI ZB 26/07 = NZG 2008, 592, 594; *Weinland*, Die neue Musterfeststellungsklage: Einführung, 2019, Rn. 65; Nordholtz/Mekat/*Heigl/Normann*, § 2 Rn. 45.

297 *Eichholtz* führt dabei beispielhaft die Asbest- und Agent Orange-Fälle an (*Eichholtz*, Die US-amerikanische class action und ihre deutschen Funktionsäquivalente, 2002, S. 177 ff.).

298 *Stadler*, Class actions in den USA als Vorbild für Europa?, in: Brömmelmeyer, Die EU-Sammelklage, 91, 93 f. m. w. N.; aus diesem Grund wurde die class action anfänglich sogar als nicht geeignet für Schäden aus Großunfallereignissen angesehen, da der Nachweis für die Kausalität bei jedem Kläger (zu) individuell sei (*Feinberg*, 53 L & Contemp Probs 79, 86 (1990)).

Fällen die praktischen Vorteile in dem Zusammenschluss der Kläger. Die Bildung einer Gruppe ist schließlich ein effizienter Weg zum Abschluss eines Vergleichs, weshalb auch bei diesen Fällen die class action regelmäßig zugelassen wurden.[299] Diesem pragmatischen Umgang zum Trotz: Die Probleme hinsichtlich der Kausalität blieben.

bb) Verwirkung und Verjährung

Problematisch sind Feststellungen zu Fragen der Verjährung und Verwirkung, welche typischerweise nur in den Individualverfahren behandelt werden können. Der Beginn der regelmäßigen Verjährungsfrist kann nur bei jedem Gläubiger persönlich festgestellt werden, da Faktoren wie Kenntnis oder grob fahrlässige Unkenntnis nur unter Einbezug des potentiellen Anspruchsinhabers beurteilt werden können.[300] Bei der Verjährung kann differenziert werden, da sie sich aus objektiven und subjektiven Elementen zusammensetzt.[301] Feststellungsfähig können die kenntnisunabhängigen Elemente der Verjährung wie § 199 Abs. 2 bis 4 BGB oder, unter der Voraussetzung, dass der Zeitpunkt einheitlich bestimmbar ist, auch die Entstehung des Anspruchs nach § 199 Abs. 1 Nr. 1 BGB sein.[302] Die subjektiven Element sind nicht feststellungsfähig.

Auch die Verwirkung ist grundsätzlich nicht feststellungsfähig, da es hier auf ein schutzwürdiges Vertrauen des potentiellen Anspruchsinhabers ankommt. Einzelne Elemente der Verwirkung, wie zum Beispiel die Eignung bestimmter Umstände für eine Verwirkung oder ein mögliches Vertrauen des Beklagten auf das Verhalten des Klägers, können durchaus ein taugliches Feststellungsziel sein.[303]

Die vorgenommene Differenzierung bei Verjährung und Verwirkung stehen auch mit der Rechtsprechung des BGH zum KapMuG im Einklang: Der BGH stellte fest, dass der Verjährungs-, bzw. Verwirkungsbeginn gerade wegen der individuellen Voraussetzungen nicht festgestellt werden kann.[304] Damit wird die

---

299 *Feinberg*, 53 L & Contemp Probs 79, 86 (1990).

300 BGH, Beschl. v. 10.6.2008 - XI ZB 26/07 = NZG 2008, 592, 594; Nordholtz/Mekat/*Mekat*, § 8 Rn. 35.

301 MüKoBGB/*Grothe*, BGB § 199 Rn. 1.

302 Nordholtz/Mekat/*Rohls*, § 3 Rn. 58.

303 Nordholtz/Mekat/*ders.*, § 3 Rn. 59.

304 Der Beginn der regelmäßigen Verjährungsfrist sei mit Blick auf § 199 Abs. 1 Nr. 2 von der Frage der Kenntnis oder der grob fahrlässigen Unkenntnis des Gläubigers von den Anspruch begründenden Umständen und der Person des Schuldners abhängig (BGH, Beschl. v. 10.6.2008 - XI ZB 26/07 = NZG 2008, 592, 594).

Feststellung der kenntnisunabhängigen und objektiven Elemente als Teilvoraussetzungen zumindest nicht ausgeschlossen. Im Musterfeststellungsverfahren kann eine umfassende Feststellung zur Verjährung und Verwirkung allerdings nur in den individuellen Folgeverfahren getroffen werden.

cc) Negative Feststellungsziele

Sehr umstritten ist, in welcher Form negative Feststellungsziele geltend gemacht werden können. Ausweislich des Wortlauts des § 606 Abs. 1 S. 1 ZPO kann das Nichtvorliegen oder das Nichtbestehen von Ansprüchen oder Rechtsverhältnissen überprüft werden. Negative Feststellung können an sich einen Verfahrensgegenstand bilden.[305] Die Frage konzentriert sich somit nicht darauf, ob negative Feststellungsziele eingebracht werden können, sondern wie dies erfolgen kann.[306] Andernfalls würde die Klägerin des Musterverfahrens „verbraucherfeindliche“ Feststellungsziele beantragen.[307]

Im Schrifttum wird teilweise angenommen, dass es der Grundsatz der prozessualen Waffengleichheit gebiete, dass auch die Beklagte in irgendeiner Form Feststellungsziele in das Verfahren einbringen können muss.[308] Allerdings ist umstritten, in welcher Form dies geschehen soll. Es besteht keine Regelung dazu, ob der Beklagten eine entsprechende Klärung durch Widerklage oder Gegenantrag zusteht.[309] Die Zulässigkeit der Widerklage wird nach überzeugender Meinung abgelehnt, weil diese Parteiidentität voraussetzen würde.[310] *De Lind van Wijngaarden* geht bereits de lege lata von der Möglichkeit einer Widerklage aus, da die §§ 606 ff. ZPO zwar keine besonderen Regelungen enthalten, eine Widerklage aber auch nicht ausgeschlossen sei. Es ließe sich dem Wortlaut des

---

305 Der Verband wird nur negative Feststellungsziele einbringen, wenn er sicher ist, dass deren Voraussetzungen nicht vorliegen und gerade dies klargestellt werden soll. Es ist nicht davon auszugehen, dass „verbraucherfeindliche“ Feststellungsziele beantragt werden (Nordholtz/Mekat/*Heigl/Normann*, § 2 Rn. 36).

306 *Hettenbach*, WM 2019, 577, 578.

307 Nordholtz/Mekat/*Heigl/Normann*, § 2 Rn. 36.

308 *Waßmuth/Asmus*, ZIP 2018, 657, 663 f.; so auch *Lutz* in ihrer Stellungnahme zum Gesetzentwurf (*Lutz*, Stellungnahme zum aktuellen Entwurf des Bundesministeriums der Justiz und für Verbraucherschutz für ein Gesetz zur Einführung einer Musterfeststellungsklage, 8.6.2018, S. 9).

309 Nordholtz/Mekat/*Heigl/Normann*, § 2 Rn. 36; eine vertiefte, aber im Ergebnis offene Diskussion zu Gegenantrag und Widerklage bei *Balke/Liebscher/Steinbrück*, ZIP 2018, 1321, 1328.

310 *Balke/Liebscher/Steinbrück*, ZIP 2018, 1321, 1328.

§ 606 Abs. 1 S. 1 ZPO entnehmen, dass auch das Nichtvorliegen überprüft werden müsse. Dies könne man mit Blick auf den Grundsatz der Waffengleichheit und mangels Interesse der Kläger an der Geltendmachung negativer Feststellungsziele nur durch eine Widerklage realisieren.[311] *Waclawik* hält die Andeutungen in § 606 ZPO für zu vage, um daraus die die Existenz einer Musterfeststellungswiderklage herzuleiten. Es könne zudem nicht Aufgabe der Beklagtenseite sein, zu entscheiden, gegen welche qualifizierte Einrichtung das Verfahren zu führen sei.[312] Der Beklagten stehen gegenüber dem klagenden Verband keine konnexen Gegenansprüche zu, sondern allenfalls solche gegenüber den Verbrauchern, die wiederum nicht Prozesspartei sind.[313] Die Musterfeststellungsklage ist für die Beklagte keine statthafte Klageart. Es steht ihr daher nicht offen entsprechende Feststellungsziele einzubringen.[314] Argumentativ, aber nicht im Ergebnis, wird dem entgegengehalten, dass die Ansprüche ohnehin nicht Teil des Musterverfahrens seien, sondern nur Vorfragen. Die Klagebefugnis und die materielle Rechtsposition seien im Musterverfahren voneinander getrennt. Die Widerklage scheitere letztendlich an der Voraussetzung der gleichen Prozessart, da sich ein normales Zweiparteienprozess und das Musterfeststellungsverfahren hinsichtlich der Verfahrensregeln gravierend unterscheiden würde.[315] *Hettenbach* schlägt zur Lösung des Problems eine analoge Anwendung des § 15 KapMuG vor. Der Gesetzgeber sehe negative Feststellungsziele ausdrücklich vor, es gebe aber keinen praktischen Weg diese in das Verfahren einzubringen. Diese Regelungslücke sei planwidrig. Die Interessenlage sei im Kapitalanlegermusterverfahren dieselbe wie im Musterfeststellungsverfahren. Es können alle vom Gesetzgeber mit Einführung des Gesetzes verfolgten Zielen erreicht werden, wenn auch die Beklagte die Möglichkeit hätte, ihre Feststellungsziele einzubringen. Blieben zu viele Fragen für die Folgeverfahren offen, wäre die Feststellungsphase für die Verbraucher letztendlich „ein stumpfes Schwert".[316] Diesem Vorschlag ist entgegenzuhalten, dass es für die analoge Anwendung des § 15 KapMuG an der Planwidrigkeit der Regelungslücke fehlt. Bereits im Gesetzgebungsverfahren

---

311 Nordholtz/Mekat/*de Lind van Wijngaarden*, § 6 Rn. 65 ff.

312 *Waclawik*, NJW 2018, 2921, 2926.

313 *Balke/Liebscher/Steinbrück*, ZIP 2018, 1321, 1328.

314 *Weinland*, Die neue Musterfeststellungsklage: Einführung, 2019, S. 60; so auch *Prütting*, ZIP 2020, 197, 201.

315 *Hettenbach*, WM 2019, 577, 580 f.

316 *Ders.*, WM 2019, 577, 580 f.

wurde vergeblich auf die fehlenden Gegenrechte der Beklagte hingewiesen.[317] Würde man der Beklagten ein Antragsrecht zubilligen, so könnte sie beliebige Feststellungsziele einführen und sowohl den Verfahrensumfang als auch die Verfahrensdauer auf diese Weise erheblich ausweiten.[318] Auch ein Handeln mit Verschleppungsabsicht erscheint so möglich.[319] Diesen Bedenken ist im Ergebnis zu folgen. Eine analoge Anwendung des § 15 KapMuG ist abzulehnen.

Es ist davon auszugehen, dass die Beklagte keine negativen Feststellungsziele in das Verfahren einbringen kann und dies vom Gesetzgeber auch so gewollt war. Nur aus dem Wortlaut des § 606 Abs. 1 ZPO kann keine irgendwie geartete Feststellungsbefugnis der Beklagten gefolgert werden. Da es auch Argumente gibt, die gegen eine Befugnis sprechen und das Thema im Gesetzgebungsverfahren öfter angesprochen wurde, wäre eine klare Kodifizierung seitens des Gesetzgebers notwendig gewesen. Aus dem Wortlaut folgt lediglich, dass negative Feststellungsziele an sich feststellungsfähig sind. Nur weil die Feststellung der negativen Feststellungsziele für die Klägerin in der Regel nicht zweckmäßig sein dürfte, kann daraus nicht geschlossen werden, dass deswegen der Beklagten zwingend eine Feststellungsbefugnis zukommen muss.

dd) Reine Rechtsfragen

Die Musterfeststellungsklage führt – auffällig abweichend von § 2 Abs. 1 S. 1 KapMuG („oder die Klärung von Rechtsfragen") – reine Rechtsfragen nicht als taugliches Feststellungsziel auf. Unter Zugrundelegung der gesetzgeberischen Intention umfasst § 606 Abs. 1 ZPO auch die Behandlung reiner Rechtsfragen als Feststellungsziel. Laut Gesetzesbegründung sollen zur Fortentwicklung des Rechts durch das Musterverfahren allerdings auch reine Rechtsfragen mit Bedeutung für eine Vielzahl betroffenen Rechtsverhältnisses geklärt werden können.[320] Mit dem Wortlaut ist eine derartige Auslegung vereinbar, da Rechtfragen durchaus auch „Voraussetzungen" für das Bestehen oder Nichtbestehen von

317 Vgl. dazu etwa *Lutz*, Stellungnahme zum aktuellen Entwurf des Bundesministeriums der Justiz und für Verbraucherschutz für ein Gesetz zur Einführung einer Musterfeststellungsklage, 8.6.2018, S. 9; *Deutscher Anwaltverein* (DAV), Stellungnahme zum Gesetzentwurf der Bundesregierung für ein Gesetz zur Einführung einer Musterfeststellungsklage, 2018, S. 9.

318 *Weinland*, Die neue Musterfeststellungsklage: Einführung, 2019, Rn. 60.

319 HK-MfkG/*Röthemeyer*, § 606 Rn. 10.

320 *Weinland*, Die neue Musterfeststellungsklage: Einführung, 2019, Rn. 66; BT-Drs. 19/2439, 22.

Ansprüchen oder Rechtsverhältnissen darstellen können.[321] Nicht umfasst sind dagegen abstrakte Rechtsfragen ohne Bezug zum Sachverhalt der Musterfeststellungsklage.[322] Der Ausschluss abstrakter Rechtsfragen ist aus Gründen der Prozessökonomie sinnvoll. Solange die Rechtsfrage in irgendeiner Form Bezug zum Sachverhalt der Musterfeststellungsklage aufweist, ist sie feststellungsfähig.

ee) Verfahrensrechtliche Fragen

Nach einer weiten Ansicht ist die Prüfung verfahrensrechtlichen Fragen ausweislich des Wortlauts des § 606 Abs. 1 S. 1 ZPO nicht grundsätzlich ausgeschlossen, da diese wie reine Rechtsfragen zu behandeln seien.[323] Im Einzelfall müsse aber abgewogen werden, inwieweit die konkrete Rechtsfrage eine rechtliche Voraussetzung für das Bestehen oder Nichtbestehen von Rechtsverhältnissen oder Ansprüchen darstelle.[324] Nach einer engeren Ansicht sind nur Fragen des materiellen Rechts musterverfahrensfähig.[325] Nur diese beziehen sich auf die Voraussetzungen eines Anspruchs.[326] Demnach sei abzugrenzen zwischen prozessrechtlichen und materiell-rechtlichen Fragestellungen. Von Relevanz wäre diese Unterscheidung unter anderem im Beweisrecht.[327] Die Beweislast ist

---

321 *Waßmuth/Asmus*, ZIP 2018, 657, 658; Prütting/Gehrlein/*Halfmeier*, ZPO, § 606 Rn. 17.

322 Nordholtz/Mekat/*Mekat*, § 8 Rn. 36; Dies entspricht auch der Rechtsprechung zu § 256 ZPO (BGH, Urteil v. 13.12.1984 – I ZR 107/82 = NJW 1986, 1815; BGH, Urteil v. 12.12.1994 – II ZR 269/93 = NJW 1995, 1097; BGH, Urteil v. 29.11.2011 – II ZR 306/09 = NZG 2012, 222, 223 m. w. Nachw.); teilweise wird auch einschränkend eine Klärungsbedürftigkeit der Rechtsfrage verlangt. Diese sei gegeben, wenn nur eine uneinheitliche obergerichtliche Rechtsprechung existiere oder eine vorhandene einheitliche Rechtsprechung in der Literatur erheblich angegriffen werde (Nordholtz/Mekat/*Rohls*, § 3 Rn. 49).

323 Nordholtz/Mekat/*Rohls*, § 3 Rn. 49; Nordholtz/Mekat/*Mekat*, § 8 Rn. 37.

324 Nordholtz/Mekat/*Mekat*, § 8 Rn. 37.

325 BeckOK ZPO/*Lutz*, ZPO § 606 Rn. 19; Prütting/Gehrlein/*Halfmeier*, ZPO, § 606 Rn. 17.

326 Prütting/Gehrlein/*Halfmeier*, ZPO, § 606 Rn. 17.

327 Die von der Rechtsprechung oftmals bei Beweisschwierigkeiten bemühte Formel, dass dem Beweisbelasteten „Beweiserleichterungen bis hin zur Beweislastumkehr" zu gewähren sind (so etwa BGH, Urteil v. 21.9.1982 – VI ZR 302/80 = NJW 1983, 333; BGH, Urteil v. 23.10.2008 – VII ZR 64/07 = NJW 2009, 360; OLG Köln, Urteil v. 23.9.2009 – 5 U 220/08 MPR 2012, 99; OLG Koblenz, Urteil v. 22.07.2015 – 5 U 758/14 = NJW-RR 2015, 1434; BGH, Urteil v. 13.11.2014 – III ZR 544/13 = NJW 2015, 1026; BGH, Urteil v. 14.7.2016 – III ZR 265/15 = NVwZ 2017, 251), erscheint mit

dem materiellen Recht zuzuordnen.[328] Die Beweislast kann somit als materiell-rechtliche Frage Gegenstand eines Feststellungsziels sein, während Feststellungen zu Fragen des Beweismaßes[329] dem Verfahrensrecht zuzuordnen sind und damit nicht Gegenstand eines Feststellungsziels sein können.[330] Ob eine Senkung des Beweismaßes (zum Beispiel durch Schadensschätzung (§ 287 ZPO), Glaubhaftmachung (§ 294 ZPO) oder Anscheinsbeweis) stattfindet, wäre damit als prozessuale Frage nicht feststellungsfähig. Der differenzierenden Ansicht ist mit Blick auf den Wortlaut des § 606 Abs. 1 ZPO zu folgen. Verfahrensrechtliche Fragen sind keine Anspruchsvoraussetzungen.

ff) Anwendbares Recht

Bei Auslandsberührung können Fragen des Kollisionsrechts, also die Klärung, welches staatliche Recht Anwendung finden soll, zu den möglichen Feststellungszielen gehören. Auch Probleme aus einem gegebenenfalls anwendbaren ausländischen Recht können Gegenstand des Musterverfahrens sein.[331] Da die qualifizierte Einrichtung keinen Einfluss darauf hat, welche Verbraucher sich letztlich zu der Musterfeststellungsklage anmelden, kann diese Frage auch hinsichtlich der Haftung der Klägerin durchaus praktische Bedeutung erlangen, da ein für den Verbraucher bedeutsames ausländisches Recht außer Acht gelassen wurde.[332] Massenschäden haben oftmals Schadensansprüche aus Deliktsrecht zum Gegenstand.[333] Nach Art. 4 Abs. 1 Rom-II-VO ist bei einem außervertraglichen Schuldverhältnis aus unerlaubter Handlung grundsätzlich das Recht des Staates anzuwenden, in dem der Schaden eintritt. Gerade bei weitläufigen Schadensereignissen, wie etwa in dem VW oder neuerdings den Daimler-Fall,

---

Blick auf die im Musterverfahren notwendige Abgrenzung vom prozessrechtlichen und materiell-rechtlichen Fragestellungen im Beweisrecht besonders schwierig.

328 Zu wessen Lasten die Unaufklärbarkeit einer streitigen und entscheidungserheblichen Tatsache geht, ergibt sich aus der zugrundeliegenden Rechtsnorm (Zöller/*Greger*, ZPO, vor § 284 Rn. 15).

329 Das Beweismaß bezeichnet den abstrakten Grad der Überzeugung, den ein Richter gewinnen muss, um einer Entscheidung eine Tatsache zugrunde legen zu dürfen. Das Beweismaß bestimmt den Inhalt der richterlichen Überzeugung und zeigt an, wann der Richter von einer Tatsachenbehauptung überzeugt sein darf (MüKoZPO/*Prütting*, ZPO, § 286 Rn. 28).

330 BeckOK ZPO/*Lutz*, ZPO § 606 Rn. 19.

331 Prütting/Gehrlein/*Halfmeier*, ZPO, § 606 Rn. 18.

332 Nordholtz/Mekat/*Rohls*, § 3 Rn. 62.

333 Siehe zu Massenschäden Einleitung § 4 B.I.

ist davon auszugehen, dass dieses Erfordernis nicht generell bestimmt werden kann.[334]

gg) Gruppenbildung

Fraglich ist, ob einzelne (individuelle) Anspruchsvoraussetzungen dann festgestellt werden können, wenn sie innerhalb der Anmelder bei einer abgrenzbaren Gruppe auftreten.

Im KapMuG wird vertreten, dass Umstände auch dann feststellungsfähig seien, wenn diese sich auf eine näher bezeichnete Anlegergruppe auswirken. Dies gilt jedenfalls soweit diese Gruppe tatsächlich einheitlich beurteilt werden kann.[335] *Lutz* sieht eine Übertragung auf das Musterfeststellungsverfahren als möglich an, wenn jeweils eine Betroffenheit von zehn Verbrauchern gegeben sei.[336] Auch *Rohls* spricht sich dafür aus, dass man hinsichtlich der individuellen Anspruchsvoraussetzungen differenzierter vorgehen müsse. Weder aus dem Wortlaut noch aus der Systematik ergebe sich ein vollständiger Ausschluss der Gruppenbildung. Erforderlich sei nur, dass die jeweilige Anspruchsvoraussetzung über den Einzelfall hinausgehe.[337] Für die Möglichkeit der Gruppenbildung spricht die Formulierung der Feststellungsziele im Musterfeststellungsverfahren gegen die VW AG:[338] So soll in Feststellungsziel Nr. 11 festgestellt werden, dass die Schadensersatzansprüche auch für Käufer von Fahrzeugen gelten soll, die das Software-Update nicht durchführen haben lassen. Bei den Feststellungszielen 3 und 4 wird hinsichtlich der Form des Schadensersatzes zwischen Fahrzeugen mit oder ohne Kreditfinanzierung differenziert. Tatsächlich kam es somit auch bei dem ersten großen Musterfeststellungsverfahren zu einer Gruppenbildung.

Eine Übertragung der Gruppenbildung auf das Musterfeststellungsverfahren ist sinnvoll und nachvollziehbar. Es müssen auch die Anspruchsvoraussetzung geprüft werden können, die mehrere Anmelder betreffen. Aus Gründen der Rechtssicherheit könnte – wie schon zur Annahme einer Breitenwirkung – die Schwelle von mindestens 50 Verbrauchern aus § 606 Abs. 3 Nr. 3 ZPO herangezogen

---

334 Um einer Verfahrensverzögerung vorzubeugen, beschränkte der vzbv in dem VW-Fall nach einem Hinweis des OLG Braunschweig die Feststellung auf Fälle „unter Anwendung des deutschen Sachrechts“ (HK-MfkG/*Röthemeyer*, § 606 Rn. 15 f.).

335 Vorwerk/Wolf, KapMuG/*Vorwerk/Stender*, § 2 Rn. 12; Wieczorek/Schütze/*Großerichter*, § 2 KapMuG 16.

336 BeckOK ZPO/*Lutz*, ZPO § 606 Rn. 16.

337 Nordholtz/Mekat/*Rohls*, § 3 Rn. 50.

338 OLG Braunschweig, Beschluss vom 23.11.2018 – 4 MK 1/18 (veröffentlicht im Klageregister des BfJ).

werden. Bei kleineren Musterverfahren könnten aber auch – wie von *Lutz* gefordert – zehn Verbraucher ausreichen (vgl. § 606 Abs. 2 S. 1 Nr. 2 ZPO).

c) *Zwischenergebnis*

Individuelle Rechtsfolgen können allenfalls für eine abgrenzbare Gruppe festgestellt werden.[339] Auch nach einem Musterfeststellungsurteil bleiben in der Regel noch zahlreiche wichtige Anspruchsvoraussetzungen offen.[340] Theoretisch könnte das Gericht des Musterverfahrens in seinem Urteil nur auf eine Rechtsfrage oder Tatsache beziehen, weil es die anderen Feststellungsziele für nicht musterverfahrensfähig hält oder diesen schlichtweg die Feststellung versagt.[341]

Die Einordnung der typischen Anspruchsvoraussetzungen von deliktischen Massenschäden in *Abbildung 2* zeigt auf, über welche Merkmale nach einem Musterfeststellungsurteil noch gestritten werden dürfte und in welchem Stadium des Verfahrens die Mittel der Alternativen Streitbeilegung typischerweise bei Massenschädensfällen ansetzen müssten.

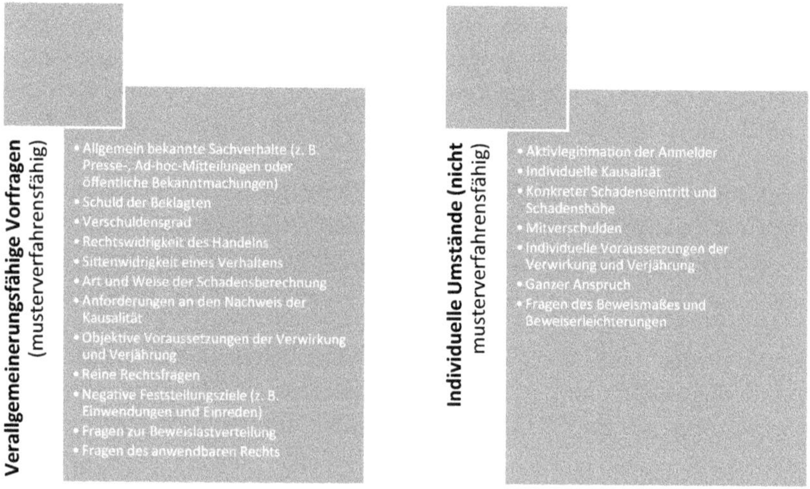

Abbildung 2: Umfang der Musterverfahrensfähigkeit bei deliktischen Massenschäden

339 Nordholtz/Mekat/*Heigl/Normann*, § 2 Rn. 47.
340 *Habbe/Gieseler*, BB 2017, 2188, 2189 f.
341 *Röthemeyer*, MDR 2019, 1421, 1422.

Die Mechanismen der Alternativen Streitbeilegung setzen in der Regel an einem Punkt an, an dem noch viele Rechtsfragen im Unklaren sind. Gerade bei Massenschäden aufgrund von Arzneimittel- und Produkthaftung spielt die Kausalität als Sachverhaltsfrage – wie dargestellt – eine übergeordnete Rolle. Das Musterfeststellungsverfahren selbst ändert in diesem Punkt nichts an der allgemeinen Beweislastverteilung. Gerade wegen der niedrigschwelligen Anmeldung[342] kommt auch der Aktivlegitimation der einzelnen Verbraucher im Folgeverfahren eine wichtige Rolle zu. Das Gleiche gilt für die unstreitig nicht musterverfahrensfähige individuelle Schadenshöhe. Diese besonders relevanten Fragen sind nicht im Musterfeststellungsverfahren, sondern in den anschließenden individuellen Leistungsklagen zu klären.

2. *Mehrzahl an Parteien und fehlendes Repräsentationsrecht des Verbands*

Die Beklagte sieht sich nach einem Musterfeststellungsurteil einer Vielzahl von potentiellen Einzelklägern und nicht mehr nur dem Verband als Kläger gegenüber. Die Beteiligung einer Mehrzahl an Parteien an Verhandlungen wird als generelles Einigungshindernis verstanden.[343] Ein Beispiel für besonders komplizierte Verhandlungen sind die Agent Orange-Fälle[344] in den USA. An dem Verfahren waren etwa 2,5 Mio. Veteranen des Vietnam-Kriegs, sowie sieben Unternehmen der chemischen Industrie auf Beklagtenseite und deren jeweilige Versicherer beteiligt. Hier erwies sich die Anzahl der beteiligten Partei – wie in den meisten Massenverfahren – als erhebliches strukturelles Einigungshindernis.[345]

Einen zentralen Verhandlungspartner gibt es nach einem Musterfeststellungsurteil nicht mehr. Der vormals klagebefugten qualifizierten Einrichtungen steht kein „Repräsentationsrecht“ oder Verhandlungsmandat für die ehemaligen Anmelder zu.[346] Eine rechtliche Grundlage, wonach der Verband für die Anmelder einen Vergleich aushandeln darf, besteht nicht.[347] Für den Verband bestünde jedenfalls Abschluss des Musterfeststellungsverfahrens, die

342 Siehe zur den Informationen bei der Anmeldung der Ansprüche 2. Kapitel:§ 3 A.

343 *Sander/Goldberg*, 10 Negot. J. 49, 58 (1994).

344 Sachverhalt siehe Fn. 643.

345 *Duve*, Mediation und Vergleich im Prozess, 1999, S. 158.

346 Musielak/Voit/*Stadler*, ZPO, § 611 Rn. 1.

347 Die Vorschrift des § 611 Abs. 1 ZPO, wonach ein gerichtlicher Vergleich auch mit Wirkung für und gegen angemeldete Verbraucher geschlossen werden, bezieht sich systematisch nur auf einen Vergleich während des Musterfeststellungsverfahrens (MüKoZPO/*Menges*, ZPO, § 611 Rn. 2).

Möglichkeit materiell-rechtlich als Geschäftsführer ohne Auftrag zu handeln.[348] In Anbetracht der Tatsache, dass die Beteiligung einer Mehrzahl an Parteien an Verhandlungen als generelles Einigungshindernis verstanden wird, gilt dies umso mehr.[349]

3. *Gesetzlicher Genehmigungsvorbehalt*

Nach Abschluss des Musterfeststellungsverfahrens besteht keine Möglichkeit, den Vergleich einem Gericht zur Prüfung und Genehmigung vorzulegen.[350] Dies führt auch dazu, dass ein Vergleich mit Wirkung für und gegen die angemeldeten Verbraucher gem. § 611 Abs. 1 ZPO nicht geschlossen werden kann.[351]

IV. Zwischenergebnis

Der Abschluss eines außergerichtlichen Vergleichs ist zulässig.

Sowohl während als auch nach Abschluss des Musterfeststellungsverfahrens dürfte der Abschluss eines außergerichtlichen Vergleiches mit Blick auf den unzulässigen Vertrag zu Lasten Dritter problematisch sein. Zulässig ist im Grunde nur ein Eckpunktevergleich, bei dem im Nachgang individuelle Einzelvergleiche mit den begünstigten Anmeldern geschlossen werden. Verpflichtet sich der Verband in dem Eckpunktevergleich zu einer Klagerücknahme, so stellt dies zumindest mit Blick auf das Ende der Verjährungshemmung gegenüber den in dem Vergleich nicht-begünstigten, aber angemeldeten Verbrauchern eine unzulässige Regelung zu deren Lasten dar. Da nicht davon auszugehen ist, dass ein Vergleich alle Anmelder begünstigen kann, wird der Abschluss eines außergerichtlichen Verfahrens während des Verfahrens aufgrund der problematischen Auswirkungen der Klagerücknahme erheblich erschwert.

Ein Einigungshindernis stellt auch die Tatsache dar, dass eine andere klagebefugte Einrichtung nach Abschluss eines außergerichtlichen Vergleichs jederzeit erneut eine Musterfeststellungsklage erheben könnte. Die Sperrwirkung nach § 610 Abs. 1 S. 1 ZPO entfällt nach der Vornahme des notwendigen Dispositionsaktes. Der Beschluss nach einer Klagerücknahme (§ 269 ZPO) oder übereinstimmenden Erledigungserklärung (§ 91a ZPO) stellt – anders als der Beschluss

---

348 Siehe hierzu die Ausführungen bei 1. Kapitel:§ 4 B.III.1.

349 *Sander/Goldberg*, 10 Negot. J. 49, 58 (1994).

350 Musielak/Voit/*Stadler*, ZPO, § 611 Rn. 1.

351 Jede Vereinbarung muss somit stets die Regelungen zum Vertrag zu Lasten Dritter berücksichtigen; siehe zum Vertrag zu Lasten Dritter 1. Kapitel:§ 2 B.II.1.

zur Genehmigung des gerichtlichen Vergleichs – keine „Entscheidung in der Sache“ nach § 610 Abs. 1 S. 2 ZPO dar.

Nach einem Musterfeststellungsurteil besteht die Gefahr, dass sich die rechtliche Beurteilung des Lebenssachverhalts im Vergleich zu der Zeit vor dem Musterverfahren nicht erheblich verändert. Bei Schadensersatzklagen sind vor allem die oftmals streitentscheidenden Anspruchsvoraussetzungen der Kausalität und des Schadens nicht musterverfahrensfähig. Für die Verbraucher kann dadurch in den individuellen Folgeverfahren ein erhebliches Prozesskostenrisiko bestehen, während sich die Vergleichsbereitschaft der Beklagten nicht bedeutend verändert.

Die Möglichkeit des Abschlusses eines Gesamtvergleichs wird dadurch gehemmt, dass die Verbraucher der Beklagten nun als einzelne Partei und potentielle Einzelkläger gegenüberstehen. Zusätzlich erschwert wird die Aushandlung eines allgemeingültigen Vergleichs dadurch, dass der Beklagten ein zentraler Verhandlungspartner fehlt. Dem Verband steht kein Repräsentationsrecht zu und der Vergleich kann nicht gerichtlich genehmigt werden.

§ 3 Kognitive Einigungshindernisse

Kognitive Einigungshindernisse können die Vergleichsverhandlungen sowohl während als auch nach dem Musterfeststellungsverfahren beeinträchtigen. In der Volkswirtschaftslehre gilt das Paradigma des stets rational handelnden Menschen. Der Mensch wird dabei als ein zweckrationaler Akteur verstanden, der nach den ökonomischen Prinzipien der individuellen Nutzenmaximierung und Kostenminimierung handelt. Rationales Handeln impliziert, dass der Mensch die Alternativen durchgehend anhand einer Kosten-Nutzen-Analyse bewertet und auswählt.[352] Der zu uneingeschränkt rationalem Verhalten fähige Idealtyp ist in den Wirtschaftswissenschaften und der Spieltheorie dabei der ausschließlich wirtschaftlich denkende Mensch, der sog. „homo oeconomicus“.[353] Insbesondere die beiden israelischen Psychologen *Kahneman* und *Tversky* traten dem Modell des homo oeconomicus entgegen und belegten anhand zahlreicher Versuche, dass nicht Logik und nüchterne Analyse das Verhalten bestimmen, sondern Heuristiken.[354] Menschliche Entscheidungen weichen oftmals von den

352 *Basseler/Utecht/Heinrich*, Grundlagen und Probleme der Volkswirtschaft, 2013, S. 32.

353 *Kirchgässner*, Homo oeconomicus, 2008, S. 13.

354 *Kahneman/Tversky*, Judgement under uncertainity: Heuristics and biases, 1974; *Kahneman/Tversky*, 47 Econometrica 263 (1979); in einer der bekanntesten Untersuchungen zu der Wirkweise von Heuristiken, dem sog. “Linda-Experiment”, wurde den

Lösungsmöglichkeiten ab, die man als rational bezeichnen würde. Diese kognitiven Verzerrungen stellen eine psychologisch bedingte fehlerhafte Wahrnehmung dar, die man auch mit optischen Täuschungen vergleichen kann. Dadurch könne das Modell des stets rational handelnden Individuums in Frage gestellt werden.[355] Mittlerweile wurden durch die Verhandlungsforschung eine Vielzahl von Einigungsbarrieren identifiziert, die den Verhandlungsprozess als solchen erschweren. In dieser Arbeit können natürlich nicht alle jemals identifizierten kognitiven Hindernisse beschrieben und auf ihre Relevanz für Vergleichsverhandlungen in Massenschadensfällen hin untersucht werden, aber die Darstellung eines Ausschnitts häufig genannter kognitiver Einigungshindernisse erscheint möglich.

A. Überoptimistische Einschätzung der Prozessaussichten

Als überoptimistische Selbsteinschätzung („optimistic overconfidence") wird in der Psychologie eine Tendenz bezeichnet, wonach das eigene Können, die eigene Kompetenz und das eigene Wissen systematisch überschätzt wird.[356] Konflikte sind gekennzeichnet davon, dass die Informationsverteilung asymmetrisch ist. Die Parteien sehen nur einen Ausschnitt des Konflikts und wissen in der Regel mehr über die Beweise und Argumente, die die jeweils eigene Position stützen als umgekehrt. Diese selektive menschliche Wahrnehmung wurde in zahlreichen Studien nachgewiesen.[357] Die Streitparteien neigen dazu, nur die

---

Versuchspersonen zunächst eine Frau namens Linda beschrieben, die über einen Abschluss in Philosophie verfügte und sich als Studentin sehr aktiv in der Bewegung für Frauenrechte und soziale Gerichtigkeit engagierte. Anschließend mussten die Probanden auswählen, ob es wahrscheinlicher ist, dass Linda (a) Bankangestelle oder (b) Bankangestellte und Feministin ist. Die Mehrheit der Versuchspersonen wählte die zweite Antwort, obwohl Antwort (a) unter rationalen Gesichtspunkten deutlich wahrscheinlicher gewesen wäre (*Tversky/Kahneman*, Psychological Review 90 (1983), 293, 297); *Kahneman*, Thinking, fast and slow, 2012.

355 *Leiss*, Zur Effizienz außergerichtlicher Verfahren im Wirtschaftsrecht, 2005, S. 36.

356 *Kahneman/Tversky*, Conflict resolution: A cognitive perspective, in: Arrow/Mnookin/Ross u.a., Barriers to conflict resolution, 44 ff.

357 *Tversky* und *Kahneman* führten im Rahmen eine Studie mehrerer fiktive Gerichtsverfahren durch. Die Probanden wurden in vier Gruppen unterteilt und erhielten jeweils verschiedene Arten an Informationen zu den Verfahren. Die erste Gruppe erhielt nur Hintergrundinformationen, die zweite Gruppe Hintergrundinformationen und (als solche gekennzeichnete) Argumente des Klägers, die dritte Gruppe erhielt die Hintergrundinformationen und die (ebenfalls als solche gekennzeichneten) Argumente der Beklagten und die vierte Gruppe bekam alle relevanten Informationen.

eigene Sichtweise als adäquat anzusehen und gelangen in der Folge stets zu einer Überbewertung der eigenen Erfolgsaussichten, während die der anderen Partei stets unterschätzt werden. Wenn die Gegenseite den Sachverhalt fair und objektiv bewerten würde, müsste sie sich eigentlich der eigenen „richtigen" Bewertung anschließen.[358] Aufgrund dieser zuversichtlichen Beurteilung der eigenen Ansicht wird davon ausgegangen, dass auch ein neutraler Dritter diese Sichtweise bevorzugen würde.[359] Der unterschiedliche Blick auf die Tatsachen- und Rechtslage führt in der Folge in Gerichtsverfahren zu einer überoptimistischen Einschätzung hinsichtlich der eigenen Erfolgsaussichten.[360] Die Parteien werden in Verhandlungssituationen aufgrund der asymmetrischen Informationsverteilung nur in geringerem Maße bereit für Zugeständnissen sein und eine Einigung kann trotz beidseitig vorhandener Einigungsbereitschaft weniger wahrscheinlich sein. Diese Überzuversichtlichkeit kann durch einen ausgeprägten Optimismus der eigenen Anwälten bestärkt werden, die zu dem Beginn oder auf die Fortsetzung eines streitigen Verfahrens raten.[361] Auch der Aufbau von kaum überbrückbaren Minimal- und Maximalpositionen in Verhandlungen ist neben strategischen Erwägungen Ausdruck des eigenen Überoptimismus.[362]

Erschwert wird der Überoptimismus der Parteien in Massenverfahren durch stark gegensätzliche Ansichten von Sachverständigen hinsichtlich des Sachverhalts oder durch unterschiedliche Gerichtsurteile zur materiellen Rechtslage. Ein Beispiel für stark gegensätzliche Ansichten hinsichtlich des Sachverhalts bilden die Fälle der Bayer AG rund um den Unkrautvernichter Roundup. Seit

---

Anschließend sollte jede Gruppe für sich den Anteil der Jurymitglieder schätzen, die sich für den Kläger entscheiden würden. Am besten konnte die vierte Gruppe die Sachlage beurteilen. Diejenigen, die einseitige Argumente bekamen (und dies wussten), waren deutlich zuversichtlicher, dass ihre Seite obsiegen werde. Überdies waren sie von ihrer Einschätzung auch deutlich überzeugter als die erste und vierte Gruppe, die lediglich neutrale Informationen erhielten (*Kahneman/Tversky*, Conflict resolution: A cognitive perspective, in: Arrow/Mnookin/Ross u.a., Barriers to conflict resolution, 44, 47); weitere Studie u.a. *Lichtenstein/Fischhoff/Phillips*, Calibration of probabilities: The state of the art to 1980, in: Kahneman/Slovic/Tversky, Judgment under uncertainty, 306 ff.

358 *Breidenbach*, Mediation, 1995, S. 92.

359 *Bazerman*, Am. Beh. Sci. 27 (1983), 211, 221, der dies anhand der Final-Offer-Arbitration darstellte.

360 *Sander/Goldberg*, 10 Negot. J. 49, 56 (1994).

361 *Leiss*, Zur Effizienz außergerichtlicher Verfahren im Wirtschaftsrecht, 2005, S. 38.

362 *Duve*, Mediation und Vergleich im Prozess, 1999, S. 144.

dem Jahr 2000 gab es immer wieder Studien zur Karzinogenität von Glyphosat, die zu divergierenden Ergebnissen kommen.[363] Die Internationale Agentur für Krebsforschung (IARC) der Weltgesundheitsorganisation (WHO) stufte Glyphosat im Jahr 2015 etwa als „wahrscheinlich krebserregend" ein,[364] während die US-Umweltbehörde EPA (United States Environmental Protection Agency) den Wirkstoff Glyphosat für nicht krebserregend hält. Dies bestätigte die EPA schließlich nochmals im Januar 2020.[365] Wie unterschiedlich die Gerichte ähnliche Sachverhalte würdigen können, zeigte sich vor allem bei den bereits angesprochenen VW-Fällen.[366] In Bezug auf die zugrundeliegende materielle Rechtslage bestand über lange Zeit hinweg keine Rechtssicherheit. Die zuständigen erst- und zweitinstanzlichen Gerichte wiesen in zahlreichen Individualverfahren entweder Klagen grundsätzlich ab[367] oder gaben den Klägern umfänglich statt.[368] Erst im Jahr 2020 war es dem BGH möglich ein Grundsatzurteil zu dem Fallkomplex zu fällen.[369]

Auch nach einem Musterfeststellungsurteil ist nicht davon auszugehen, dass die tatsächlichen oder rechtlichen Ungewissheiten ausgeräumt werden.[370] Ergeht ein positives Musterfeststellungsurteil, dass letztendlich nur wenige Anspruchsvoraussetzungen feststellt, kann es zu Scheingewissheiten hinsichtlich der eigenen Erfolgsaussichten in der Leistungsphase auf Seiten der nicht-anwaltlich vertretenen Anmelder kommen. Selbst wenn das Musterfeststellungsverfahren

---

363 Anfänglich wurde Glyphosat nahezu einhellig als nicht krebserregend eingestuft, vgl. hierzu *Williams/Kroes/Munro*, 31 Regulatory toxicology and pharmacology, 117 (2000).

364 *IARC - International Agency for Research on Cancer,* Monograph on Glyphosate, 2020.

365 *EPA - United States Environmental Protection Agency,* Glyphosate, 2020.

366 Siehe zum Sachverhalt der VW-Fälle 2. Kapitel:§ 2 C.I.

367 Vgl. etwa (nicht abschließend) LG Braunschweig, Urteil v. 29.12.2016 – 1 O 2084/15 (249) = BeckRS 2016, 1112933; LG Köln, Urteil v. 25.1.2017 – 17 O 84/16 = BeckRS 2017, 123133; OLG Braunschweig, Urteil v. 19.2.2019 – 7 U 134/17 = DAR 2019, 261; OLG Braunschweig, Urteil v. 24.9.2019 – 7 U 271/18 = BeckRS 2019, 34296; OLG München, Urteil v. 04.12.2019 – 3 U 4570/19 = BeckRS 2019, 33755.

368 Vgl. hierzu (nicht abschließend) LG Stuttgart, Urteil v. 16.11.2017 – 19 O 34/17 = BeckRS, 148166; LG Heidelberg, Urteil v. 17.12.2018 – 1 O 55/18 = BeckRS 2018, 44450; OLG Stuttgart, Urteil v. 26.11.2019 – 12 U 142/19 = BeckRS 2019, 30074; OLG Koblenz, Urteil v. 04.12.2019 – 10 U 738/19 = BeckRS 2019, 31781; OLG München, Urteil v. 17.12.2019 – 18 U 3363/19 = BeckRS 2019, 33717; OLG Zweibrücken, Urteil v. 12.12.2019 – 4 U 168/18 = BeckRS 2019, 32201.

369 BGH, Urteil v. 25.5.2020 – VI ZR 252/19 = NJW 2020, 1962.

370 Siehe zur Musterverfahrensfähigkeit 1. Kapitel:§ 2 B.III.1.

nur marginal Ungewissheiten ausräumen konnte, könnte es bei den nicht-anwaltlich vertretenen Verbraucher ein Gefühl des prozessualen Obsiegens erzeugen, das die überoptimistische Einschätzung verstärken dürfte. Auf Seiten des beklagten Unternehmens ist davon auszugehen, dass dieses stets juristische beraten wird, weshalb die Einordnung der eigenen Erfolgsaussichten deutlich besser gelingen sollte.

B. Reaktive Abwertung

Bei Verhandlungen handelt es sich im Grunde um einen Prozess der sozialen Interaktion, weshalb auch die Art und Weise der gegenseitigen Wahrnehmung der Parteien eine Rolle spielt.[371] Die reaktive Abwertung („reactive devaluation") beschreibt die tendenzielle Neigung der Verhandlungspartner, Vorschläge und Zugeständnisse der Gegenseite grundsätzlich abzuwerten.[372] *Ross* und *Stillinger* wiesen diese psychologische Einigungsbarriere unter anderem anhand einer Bürgerbefragung zur nuklearen Abrüstung nach.[373] Aus der durchgeführten Befragung könnte der Schluss gezogen werden, dass ein Vorschlag, der durch einen neutralen Dritten unterbreitet wird, attraktiver erscheint als ein inhaltsgleicher Vorschlag durch die Gegenseite. Je feindlicher sich die Parteien gegenüberstehen, desto eher nehmen sie nur noch das wahr, was diese Einstellung bestätigt. Die Vorschläge werden nicht aufgrund ihres sachlichen Gehalts, sondern entsprechend der eigenen Einstellung zu ihrer Quelle abgewertet.

Die reaktive Abwertung kann sich besonders bei Verhandlungen im Laufe von Gerichtsverfahren negativ auswirken und verstärken.[374] Es wird stets davon ausgegangen, dass die Gegenseite in böser Absicht und strategisch handelt.

371 *Breidenbach*, Mediation, 1995, S. 88.

372 *Mnookin*, 8 Ohio St. J. on Disp. Resol. 235, 247 (1993).

373 *Ross/Stillinger*, 7 Negot. J. 389, 394 (1991); es wurden Bürger auf der Straße in den USA befragt, ob sie einen Vorschlag zur nuklearen Abrüstung unterstützen würden. Der Vorschlag war jeweils inhaltsgleich, nur die Person des Vorschlagenden eine andere. Den Vorschlag beurteilten 90 Prozent der Befragten als positiv für die USA als ihnen gesagt wurde, U.S. Präsident *Ronald Reagan* habe diesen unterbreitet. Als ihnen mitgeteilt wurde, der Vorschlag komme von einer neutralen Stelle, sahen ihn noch 80 Prozent als vorteilhaft an. Sobald die Befragten annahmen, der Vorschlag sei von dem Staatspräsidenten der Sowjetunion *Michail Gorbatschow* unterbreitet worden, sahen ihn nur noch 44 Prozent als vorteilhalft oder zumindest neutral für die USA an (*Ross*, Reactive devaluation in negotiation and conflict resolution, in: Arrow/Mnookin/Ross u.a., Barriers to conflict resolution, 27, 29).

374 *Breidenbach*, Mediation, 1995, S. 88.

Unterbreitet sie ein Angebot wird im Zweifel davon ausgegangen, dass sie jedenfalls nichts angeboten hat, das für sie von wirklichem Wert ist.[375] Je negativer die Gegenseite gesehen wird, desto stärker wird nur das wahrgenommen, was diesen Eindruck bestätigt.[376] Die Bewertung des eigenen Gewinns erfolgt dabei auch immer anhand des wahrgenommenen Verlusts der Gegenseite. Die Parteien streben nicht nur nach einer eigenen Gewinnerzielung, sondern auch nach einer gerechten Gewinnverteilung.[377] Auch politische oder ideologische Ziele spielen in Vergleichsverhandlungen oftmals eine Rolle. Teilweise treffen fundamental unterschiedliche Wertvorstellungen aufeinander.[378] Als Beispiel können hierbei ebenfalls die Diesel-Fälle dienen, bei denen es nicht nur um eine bloße Verteilung von Schadensersatzzahlungen ging, sondern auch um den politischen Kampf für die Einhaltung der Klimaziele.[379] Die Diesel-Technologie als solche kam dadurch auf den Prüfstand und auf die Anklagebank. Es ging aus der Sicht vieler Geschädigten nicht mehr bloß um die Abschalteinrichtung eines Automobilkonzerns.

Dieses Einigungshindernis könnte besonders zur Geltung kommen, wenn die Verbraucher am Ende von Vergleichsverhandlungen darüber entscheiden müssen, ob sie das individuelle Angebot annehmen. Es ist nicht auszuschließen, dass bei der Annahme des Angebots nicht nur der individuelle (finanzielle) Vorteil eine Rolle spielt, sondern auch Prinzipien. So könnte etwa ein Umweltaktivist das Vergleichsangebot in den Diesel-Verfahren anders betrachten als ein von der Marke überzeugter Fahrer, der durch eine Schadensersatzzahlung die Möglichkeit sieht für sein nächstes Konzernfahrzeug einen „Rabatt“ zu bekommen.

C. Nullsummenannahme

Die Nullsummenannahme („fixed-pie assumption“) ist Ausdruck einer kompetitiv denkenden Gesellschaft, die bei Verhandlungen in einem Win-lose-Schema

375 *Mnookin*, 8 Ohio St. J. on Disp. Resol. 235, 247 (1993).

376 *Risse*, § 35 - Mediation im Wirtschaftsrecht, in: Haft/Schlieffen, Handbuch Mediation, Rn. 89.

377 *Schoen*, Konfliktmanagementsysteme für Wirtschaftsunternehmen: aus deutscher und US-amerikanischer Sicht, 2003, S. 37.

378 *Duve*, Mediation und Vergleich im Prozess, 1999, S. 162.

379 “Mehrere EU-Staaten sehen durch die VW-Abgasaffäre die europäischen Umwelt- und Luftreinhaltungsziele gefährdet” (*o. V.*, Der Spiegel 19.10.2015); “Diesel-Skandal: Schmusekurs mit Autobossen gefährdet Deutschlands Wohlstand” (*Traufetter*, Der Spiegel 05.10.2018).

denkt: Die Verhandlungspartner gehen davon aus, dass bei einer festen Verhandlungsmasse des einen Gewinn direkt des anderen Verlust darstellt.[380] Es gibt Ansichten, welche die fixed-pie assumption kulturell erklären. Demnach sei die Nullsummenannahme ein Phänomen der besonders kompetitiv denkenden westlichen Gesellschaft.[381] Nach *Bazerman* handele es sich jedenfalls um eine der fundamentalsten Heuristiken im Rahmen des menschlichen Urteilsvermögens. Durch die Nullsummenannahme würden die Parteien versuchen, ein möglichst großes Stück des in ihren Augen begrenzten Kuchens zu erhalten. In Verhandlungen halte dieser kompetitive Fokus die Parteien von kreativen Lösungen ab, die zur Erweiterung der Verhandlungsmasse führen würden.[382] Eine kooperative Konfliktlösung und damit die Herbeiführung von Win-Win-Situation werde dadurch verhindert. Die Parteien verpassen die Chance, gemeinsam Wertschöpfung zu betreiben.[383] Die Möglichkeit der Wertschöpfung durch kooperatives Verhandeln wird immer wieder anhand eines Orangen-Beispiels verdeutlicht:[384] In dem Orangen-Beispiel streiten sich zwei Schwestern um eine Orange. Schließlich teilt die Mutter die Orange und jede Schwester bekommt eine Hälfte. Die eine Schwester wollte aus der Orange einen Saft pressen, weshalb sie die Schale wegschmiss. Die andere benötigte die Schale um einen Kuchen zu backen. Hätten die Schwestern ihre Interessen aktiv kommuniziert, wären die Interessen von beiden (besser) erfüllt worden.

Dieses Einigungshindernis könnte besonders bei der Aushandlung eines Eckpunktevergleichs zwischen dem Verband und der Beklagten aufgelöst werden. Gerade bei Massenverfahren kann es sich lohnen, nicht nur die bloße Höhe einer Schadensersatzzahlung zu betrachten. So ist davon auszugehen, dass ein Unternehmen ein gesteigertes Interesse an Kundenbindung und der Verhinderung von Reputationsverlust hat.[385] Genauso will sich der Verband in einem guten

---

380 *Bazerman/Neale*, Heuristics in negotiation: Limitations to effective dispute resolution, in: Bazerman/Lewicki, Negotiating in organizations, 51 ff.

381 *Thompson/Hrebec*, 120 Psychological Bulletin 396, 404 (1996).

382 *Bazerman*, Am. Beh. Sci. 27 (1983), 211, 216.

383 *Trenczek*, 1.1 Außergerichtliches Konfliktmanagement (ADR) und Mediation - Verfahren, Prinzipien und Modelle, in: Trenczek/Berning/Lenz, Mediation und Konfliktmanagement, Rn. 18.

384 *Trötschel/Gollwitzer*, Verhandlungsführung - psychologische Grundlagen, in: Sommer/Fuchs, Krieg und Frieden, 116, 118 sehen den Ursprung des Beispiels bei *Follet* im Jahr 1940; *Follett*, Constructive Conflict, in: Metcalf/Urwick, The early sociology of management and organizations, 30, 30 ff.; bekannt wurde das Beispiel indessen durch *Fisher/Ury/Patton*, Das Harvard-Konzept, 2019.

385 Siehe hierzu auch 1. Kapitel:§ 4 A.IV.

Licht gegenüber der Öffentlichkeit und den Verbrauchern präsentieren. Der Blick auf die vielfältigen Interessen der Verbraucher könnte den Weg zu einer kreativen Vergleichslösung ebnen.

D. Kommunikationsstörungen

Eine schwach ausgeprägte Beziehung zwischen den an einem Verfahren beteiligten Parteien und dementsprechend wenig Kommunikation verhindern oftmals erfolgreiche Verhandlungen.[386] Einem Vergleich wird erst dann zugestimmt, wenn man der eigenen Sichtweise Ausdruck verleihen konnte. Vor allem in persönlichen Konflikten ist die Möglichkeit „Dampf abzulassen" eine wichtige Komponente, um zu einer einvernehmlichen Einigung zu gelangen.[387] An einem Musterfeststellungsverfahren sind zahlreiche Anmelder mit jeweils eigenen Interessen vertreten, welche allerdings nicht in das Verfahren eingebunden werden.[388] Weiterhin stehen der Beklagten durch die wenigen und ungeprüften Angaben durch die Anmelder im Klageregister nur wenige Informationen zu den einzelnen Ansprüchen zur Verfügung.[389] Die mangelnde Einbindung der Anmelder als tatsächlich Geschädigte verhindert es, dass eben diese die fehlenden Informationen ergänzen können. Daran ändert auch die Vertretung durch den Verband nichts. Es besteht keine Möglichkeit, dass sie ihre eigentlichen Interessen zum Ausdruck bringen. Das Musterfeststellungsverfahren bietet keine Plattform, für eine direkte Kommunikation zwischen potentiellem Schädiger und den Geschädigten. Bei komplexen Verfahren ist die voraussichtliche Entscheidung eines neutralen Dritten nur schwer vorhersehbar und bleibt damit immer eine ungewisse Konstante, die ein Kommunikationshindernis darstellt.[390] Nach einem Musterfeststellungsurteil bleibt die Kommunikation schwierig, da die vormals angemeldeten Verbraucher der Beklagten nach einem positiven Musterfeststellungsurteil als Einzelne gegenüber stehen. Als juristische Laien können sie ohne Rechtsbeistand nicht einschätzen, welche wichtigen Punkte durch das Urteil für ihren eigenen Fall ggf. nicht festgestellt werden konnten.

386 *Sander/Goldberg*, 10 Negot. J. 49, 54 (1994).

387 *Sander/Goldberg*, 10 Negot. J. 49, 56 (1994); *Murrill*, 7 Pepp. Disp. Resol. L. J. 401, 421 (2007).

388 Siehe zu der Beteiligung der Anmelder 1. Kapitel:§ 4 B.II.3. b).

389 Siehe zu den Informationen über Anmelder 2. Kapitel:§ 3.

390 *Breidenbach*, Mediation, 1995, S. 38.

E. Zwischenergebnis

Sowohl während dem Musterfeststellungsverfahren als auch nach einem Musterfeststellungsurteil wirken eine Vielzahl kognitiver Einigungshindernisse. Es ist wegen der verbleibenden rechtlichen und tatsächlichen Ungewissheiten auch nach einem (positiven) Musterfeststellungsurteil nicht davon auszugehen, dass es zu einem Rückgang der überoptimistischen Selbsteinschätzung der geschädigten Verbraucher kommt, vielmehr dürfte die laienhafte Kenntnis des Umfangs der Musterverfahrensfähigkeit die überoptimistische Einschätzung als Einigungshindernis verstärken. Aufgrund der laienhaften Kenntnis vom Umfang der Musterverfahrensfähigkeit ist zu befürchten, dass in der Leistungsphase jedes Angebot der Beklagten reaktiv abgewertet wird, sofern es nicht ein volles Nachgeben umfasst. Für viele Geschädigte gibt es während des Musterfeststellungsverfahrens weder die Möglichkeit, die eigenen Interessen offen zu legen, noch das Erlebte oder ihren Schaden zu schildern. Die mangelnde Präsenz der Interessen der Anmelder in dem Verfahren wird zu einer kompetitiven Verhandlungsstrategie führen, bei der die fixed-pie assumption als kognitives Einigungshindernis zur ihrer vollen Geltung gelangt. Es liegt an dem Verband und der Beklagten, dieses Einigungshindernis durch kreative Lösungen zu überwinden. Die kaum vorhandene Einbindung der tatsächlich Geschädigten in das Gesamtverfahren führt zu einem geringen Maß an Information und es besteht die Gefahr einer geringeren Akzeptanz des gefundenen (Vergleichs-)Ergebnisses.

§ 4 Strategische Einigungshindernisse – Die Interessen der Parteien

Die Interessen der Beteiligten spielen sowohl bei der Durchführung eines AS-Verfahrens als auch bei kollektiven Klageinstrumenten eine übergeordnete Rolle. Diese Thematik wird auch durch die Verbandsklage-Richtlinie aufgegriffen, welche sich in Art. 10 mit der Vermeidung von Interessenkonflikten bei Abhilfeklagen auseinandersetzt.[391] Nach *Stadler* haben insbesondere die schwierigen Vergleichsverhandlungen in den Diesel-Abgasfällen vor dem OLG

---

391 Nach Art. 10 Abs. 1 stellen die Mitgliedstaaten sicher, dass bei einer von einem Dritten finanzierten Verbandsklage auf Abhilfeentscheidung, soweit eine Drittfinanzierung nach dem nationalen Recht zulässig ist, Interessenkonflikte vermieden werden und dass bei einer Finanzierung durch Dritte, die ein wirtschaftliches Interesse an der Erhebung oder am Ausgang der Verbandsklage auf Abhilfeentscheidungen haben, der Schutz der Kollektivinteressen der Verbraucher im Rahmen der Verbandsklage nicht aus dem Fokus gerät.

Braunschweig gezeigt, dass der Fokus bei Massenschadensfällen vermehrt auf grundlegende Interessenkonflikte innerhalb der am kollektiven Rechtsschutzverfahren beteiligten Akteure gelenkt werden sollte.[392] Die Interessen der Beteiligten spielen aber auch bei AS-Verfahren wie beispielsweise der Mediation eine übergeordnete Rolle.[393] Um einen Verhandlungspartner zu verstehen, muss auch die Vielfalt der Interessen verstanden werden, die dieser individuell berücksichtigen muss.[394] Im Zentrum stehen dabei die Handlungsoptionen der Beteiligten und die Ausgestaltung der Anreizstruktur, die zu Fehlsteuerungen und einer ungünstigen Dynamik im Zuge der Vergleichsverhandlungen führen kann.

Um die Funktionsfähigkeit der Mechanismen der Alternativen Streitbeilegung in Bezug auf die Musterfeststellungsklage besser beurteilen zu können, werden die typischen Interessen der zahlreichen Beteiligten ermittelt. Maßstab sind zunächst die Erkenntnisse der ökonomischen Analyse des Rechts und die systematische Ausgestaltung der Musterfeststellungsklage. Auch wenn sich die Konstellation und Gewichtung der Interessen je nach Verfahrensgegenstand und Fallkonstellation ändern kann, so sind dennoch typische Interessenkonflikte innerhalb des Musterfeststellungsverfahrens darstellbar. Es erscheint praktisch kaum möglich die rechtstatsächlichen Gegebenheiten eines Vergleichsschlusses im kollektiven Rechtsschutz abschließend und für jeden Einzelfall darzustellen, vielmehr sollen typischerweise auftretende Mechanismen und Perspektiven aufgezeigt werden. Dies gilt jedenfalls für die typischen Interessen der unmittelbar am Prozess beteiligten Beklagten (hierzu A.) sowie die der qualifizierten Einrichtungen als Klägerin und ihr Verhältnis zu den eigenen Prozessvertretern und den angemeldeten Verbrauchern (hierzu B.).

A. Interessen der Beklagten

Die Interessen der Beklagten im Musterfeststellungsverfahren werden im Wesentlichen von den verfahrensrechtlichen Besonderheiten der Musterfeststellungsklage geleitet. Die zweistufige Ausgestaltung des Verfahrens und die damit verbundene Länge des Verfahrens lädt die Beklagten zu strategischen Erwägungen ein (hierzu I.). Das Musterfeststellungsverfahren endet zudem mit einem feststellenden Urteil (hierzu II.). Bei einem gerichtlichen Vergleich stellt der eingeschränkte Erledigungsumfang ein Problem für die Beklagte dar, beim außergerichtlichen Vergleich das hohe Maß an Komplexität (hierzu III.). Ein

392 *Stadler*, VuR 2020, 163, 165.

393 Siehe zur Mediation 3. Kapitel:§ 2 A.II.2.

394 *Fisher/Ury/Patton*, Das Harvard-Konzept, 2019, S. 85.

Massenverfahren führt grundsätzlich zu viel öffentlicher Aufmerksamkeit, der es strategisch zu begegnen gilt (hierzu IV.).

I. Klärung von Grundsatzfragen oder Verfahrensverzögerung?

Für die beklagten Unternehmen kann ein berechtigtes Interesse bestehen, die Verfahrenslänge des Musterfeststellungsverfahren voll auszuschöpfen. Die Gesamtkonzeption des Musterfeststellungsverfahrens als Kombination von Feststellungs- und Leistungsphase mit jeweils eigenem Instanzenzug kann aber auch zu taktischen Verfahrensverzögerungen einladen.

Das Musterfeststellungsverfahren erhöht in der Summe zunächst die Anzahl der Instanzen, die zu durchlaufen sind, bis die Anmelder einen vollstreckungsfähigen Leistungsanspruch in den Händen halten. Die Anspruchsdurchsetzung wird in zwei Phasen mit jeweils eigenem Instanzenzug unterteilt. Als Eingangsinstanz für das Musterfeststellungsverfahren gilt das zuständige OLG, während in zweiter Instanz gegebenenfalls der BGH tätig wird. Die individuellen Folgeverfahren könnten schließlich über drei Instanzen wieder zum BGH gelangen. Von einer Verdoppelung des Instanzenzugs kann man dennoch nicht sprechen, da das Musterverfahren – auf Initiative des Bundesrats[395] – direkt beim OLG beginnt (§ 119 Abs. 3 GVG) und somit die Berufung als weitere Tatsacheninstanz eingespart wird. Auch sollte der Prozessumfang – je nach Klageerfolg des Musterverfahrens – in den Folgeverfahren geringer sein.[396] Theoretisch könnte das Verfahren durch eine Klageabweisung auch schon nach der Feststellungsphase beendet sein. Im Ergebnis geht *Schroeder* davon aus, dass unabhängig von einem möglichen Vergleich das Verfahren durch die zweistufige Ausgestaltung eher verzögert als beschleunigt werde.[397] Es gibt zudem weitere Faktoren, die neben der Kombination aus Feststellungs- und Leistungsphase typischerweise zu einer Verfahrensverzögerung führen könnten: Bei Berührungen mit dem Europarecht könnten einzelne Rechtsfragen dem EuGH zur Vorabentscheidung gem. Art. 267 AEUV vorgelegt werden.[398] Gerade bei Verbraucherangelegenheiten und wegen der oftmals bewusst breiten Formulierung der Feststellungsziele, ist die Durchführung eines Vorabentscheidungsverfahrens

---

395 BT-Drs. 176/1/18, 3.

396 *Röthemeyer*, VuR 2019, 87 f.

397 Nordholtz/Mekat/*Schröder*, § 11 Rn. 70.

398 Nordholtz/Mekat/*de Lind van Wijngaarden*, § 6 Rn. 111.

nicht unwahrscheinlich.[399] Auch erscheint es möglich, dass die Klägerin und ihre Prozessbevollmächtigte – etwa aus Gründen der anwaltlichen Vorsicht – die Feststellungsziele deutlich umfassender formulieren als es eigentlich notwendig wäre. Obwohl seitens des Gerichts die wesentlichen Punkte längst entschieden sein könnten, so müsste es sich dennoch mit den verbleibenden Feststellungszielen auseinandersetzen.[400] Sowohl die Klärung europarechtlicher Fragen als auch solcher Feststellungsziele, die zwar Bezug zu dem zugrundeliegenden Lebenssachverhalt aufweisen, aber nicht wesentlich sind, können das Verfahren schließlich weiter in die Länge ziehen.

Prozesstaktisch können die beklagten Unternehmen die Prozesslänge auf verschiedene Wege einsetzen. Aus unternehmerischer Sicht kann es schlichtweg vernünftig sein alle zivilprozessualen Mittel bis zu einem Grundsatzurteil voll auszuschöpfen und sich nicht voreilig zu vergleichen. Durch die Musterfeststellungsklage entsteht ein „Klumpenrisiko", das gerade für kleinere Unternehmen durchaus existenzvernichtend sein kann.[401] Erfahrungen aus der Gerichtspraxis haben gezeigt, dass Unternehmen vielfach Grundsatzurteile des BGH und eine tatsächliche (gerichtliche) Anspruchsgeltendmachung abwarten, bevor sie sich vergleichen.[402] Es kann dabei auch um die Abschreckung potentieller zukünftiger Kläger gehen, bzw. es kann ein Interesse daran bestehen, den Ruf zu bekommen, Ansprüche rigoros durchzusetzen oder abzuwehren.[403] In den Contergan-Fällen[404] fürchtete die Herstellerfirma etwa, dass dem Abschluss eines Vergleichs präjudizielle Wirkung für anstehende Strafverfahren zukommen würde und in der Öffentlichkeit als Schuldeingeständnis gewertet wird.[405] Dabei darf auch nicht außer Acht gelassen werden, dass es auch in Massenverfahren zahlreiche Verbraucher geben wird, die sich auf unberechtigte Ansprüche stützen. Für die Unternehmen bedeuten sowohl berechtigte als auch unberechtigte Klagen einen gesteigerten Verteidigungsaufwand und natürlich haben auch die beklagten Unternehmen ein Recht auf effektiven Rechtsschutz und dementsprechend auch

---

399 *Meller-Hannich* in der öffentlichen Anhörung zur Musterfeststellungsklage im Ausschuss für Recht und Verbraucherschutz (Nr. 19/15), S. 32.

400 *Lutz*, Stellungnahme zum aktuellen Entwurf des Bundesministeriums der Justiz und für Verbraucherschutz für ein Gesetz zur Einführung einer Musterfeststellungsklage, 8.6.2018, S. 8.

401 Nordholtz/Mekat/*Nordholtz*, § 1 Rn. 22.

402 *Fölsch*, DRiZ 2018, 214, 216.

403 *Sander/Goldberg*, 10 Negot. J. 49, 57 (1994) f.

404 Siehe zum Sachverhalt in den Contergan-Fällen 2. Kapitel:§ 2 B.I.

405 *Beyer*, Grenzen der Arzneimittelhaftung, 1989, S. 152.

auf das Ausschöpfen aller prozessualen Mittel.[406] Es könne davon ausgegangen werden, dass bei hohen Schadensersatzsummen und komplexen Rechtslagen der Instanzenzug – jedenfalls im Musterverfahren – tatsächlich voll ausgeschöpft werde.[407] Am Ende kann in einem Musterfeststellungsverfahren – jedenfalls in den Grenzen der Musterverfahrensfähigkeit[408] – über ein ganzes Bündel von Ansprüchen dem Grunde nach entschieden werden. Ein negatives Musterfeststellungsurteil kann für das Unternehmen deutlich belastender wirken als vereinzelte Leistungsurteile, die eine Nachjustierung der Vergleichsstrategie erlauben. Wegen dieses „Klumpenrisikos" kann es für Unternehmen einerseits ein großes Risiko, andererseits aber auch ein sehr berechtigtes Interesse sein, die objektive Rechtslage durch ein höchstrichterliches Grundsatzurteil feststellen zu lassen.

Es gibt aber auch Gründe, warum die Musterfeststellungsklage ein geeignetes Vehikel zur ökonomischen Abwehr der Ansprüche sein könnte. Es erlaubt der Beklagten viele Arbeitsschritte in einem Verfahren durchzuführen, die in Einzelverfahren zur Abwehr der Ansprüche immer wieder wiederholt werden müssten. Für eine hohe Anzahl an Geschädigten wäre nur ein Schriftsatz erforderlich und es müssten nicht immer wieder der gleiche Tatsachenvortrag vorgebracht werden. Auch kann sich die Beklagte auf die Wahrnehmung weniger Termine zur mündlichen Verhandlung vor dem zuständigen OLG beschränken.[409] Zudem kann durch die einfache Anmeldung eine Gruppe geformt werden, die einen späteren Vergleichsschluss vereinfacht.[410] In den USA werden im Rahmen der settlement class actions bei Massenverfahren teilweise Gruppen nicht mehr geformt, um zu prozessieren, sondern nur um einen Vergleich zu schließen.[411]

Die beklagten Unternehmen könnten die Musterfeststellungsklage aber auch als Vehikel zur Verzögerung einsetzen. In Einzelfällen spielt der Faktor Zeit bei der Schadenshöhe zu Gunsten der Beklagten. In der ersten BGH-Entscheidung zu den Abgasfällen, musste sich der dortige Kläger die Nutzungen bei einer Gesamtfahrleistung von 300.000 km anrechnen lassen.[412] Daraus lässt sich folgendes ableiten: Umso länger der Verbraucher sein Fahrzeug nutzt, desto

---

406 *Basedow*, JZ 2018, 1, 2.

407 *Balke/Liebscher/Steinbrück*, ZIP 2018, 1321, 1326.

408 Siehe zur Musterverfahrensfähigkeit 1. Kapitel:§ 2 B.III.1.

409 Angelehnt an die Ausführungen von *Haß*, Die Gruppenklage, 1996, S. 45, der die ökonomischen Vorteile eines Gruppenverfahrens für die Beklagte beschreibt.

410 *Brenner*, Rutgers L.J. 20 (1988), 779, 782.

411 *Erichson*, 82 Geo. Wash. U. L. Rev., 951 (2014).

412 BGH, Urteil v. 25.5.2020 – VI ZR 252/19 = NJW 2020, 1962, 1972.

geringer wird am Ende die Höhe seines Schadensersatzes sein. Schließlich profitieren nur Kläger, die ihr betroffenes Fahrzeug über die Jahre wenig genutzt haben. Bei einer hohen Anzahl von Fällen würde sich eine derartige Reduzierung pro rata temporis finanziell (sehr) positiv für das beklagte Unternehmen auswirken.[413] Weiterhin droht dem Unternehmen auf erster Stufe zunächst nur ein feststellendes Urteil. Damit der geschädigte Verbraucher mit einem vollstreckbaren Leistungsanspruch gegen das Unternehmen vorgehen kann, müsste er gegebenenfalls weitere drei Instanzen durchlaufen. Ein besonders hoher Druck für eine vergleichsweise Einigung gehe deshalb von einer bloßen Feststellung noch nicht aus.[414] Auch erscheint es möglich, dass das Unternehmen bei der späteren höchstrichterlichen Entscheidung einen Teilerfolg erringt. Das Gericht könnte dem Anspruch zwar dem Grunde nach stattgeben, aber beispielsweise Nutzungsersatz und Vorteilsausgleich gewähren oder Deliktszinsen nicht zusprechen. Ein möglichst langes Verfahren wäre auch in einem solchen Fall im Sinne der Beklagten.[415] Dabei wird das Unternehmen stets im Hinterkopf behalten, dass bei einem positiven Feststellungsurteil die Wahrscheinlichkeit anschließender Leistungsklagen erhöht sein dürfte. Es kann nicht davon ausgegangen werden, dass ein Unternehmen auf eine Klage deshalb gelassen reagiert, weil zunächst „nur" ein feststellendes Urteil droht.[416] Es ist auch nach einem Musterfeststellungsurteil unklar, wie viele Verbraucher Leistungsklage erheben werden. Viele Unternehmen könnten erst abwarten, welche Verbraucher ihren Anspruch tatsächlich gerichtlich geltend machen und dabei ein entsprechendes rationales Desinteresse auf zweiter Stufe einkalkulieren.[417] Mit den wenigen, die dann tatsächlich Klage erheben, könne man sich schließlich individuell vergleichen.[418] Die Zahl der Anmelder muss nicht der Zahl derjenigen mit berechtigten Ansprüchen oder dem Vorliegen der entsprechenden Nachweise entsprechen. Konkrete Nachweise müssen die Anmelder erst in den Leistungsverfahren auf zweiter Stufe erbringen. Viele Jahre später besteht die Möglichkeit,

413 Die Problematik der Nutzungsentschädigung war auch deshalb eine der umstrittensten Rechtsprobleme im Rahmen der Diesel-Verfahren; zum Meinungsstand *Bruns*, NJW 2020, 508 ff.

414 *Heese*, JZ 2019, 429, 436.

415 *Gurkmann/Jahn*, VuR 2020, 243, 245.

416 *Merkt/Zimmermann*, VuR 2018, 363, 368 f.

417 *Guggenberger/Guggenberger*, MMR 2019, 8, 11; *Liebscher* in der öffentlichen Anhörung zur Musterfeststellungsklage im Ausschuss für Recht und Verbraucherschutz (Nr. 15/19), S. 34.

418 *Stadler*, VuR 2018, 83, 87.

dass anfangs noch vorhandene, oder jedenfalls noch leicht zu beschaffende Beweismittel, nicht mehr verfügbar sind.[419] Viele Anmelder werden auch erst im Laufe des Leistungsverfahren feststellen, welche Nachweise sie vor Jahren hätten besorgen müssen. Bei den Leistungsklagen im Anschluss an ein Musterfeststellungsurteil tragen die Verbraucher ein entsprechendes (Rest-)Prozesskostenrisiko, das umso größer ist, je weniger Tatsachen- und Rechtsfragen in dem Urteil positiv festgestellt werden konnten.[420] Ein zusätzliches Interesse könnte auch darin bestehen das Musterurteil zu verzögern, um im Anschluss keine Welle von (noch) nicht verjährten Einzelklagen auszulösen, die sich weder dem Musterverfahren anschlossen noch individuell klagten. Das beklagte Unternehmen wird bedenken müssen, dass nach einem Musterfeststellungsurteil auch bislang nicht angemeldete Geschädigte zur Erhebung einer Individualklage motiviert werden könnten.

II. Kein kollektives Leistungsurteil

Die Beklagte könnte in der Feststellungsphase nur über sehr eingeschränktes Vergleichsinteresse verfügen, da ihr kein vollstreckbares kollektives Leistungsurteil, sondern ein bloß feststellendes Urteil droht.

Ein Blick auf die Diskussion zu Vorzügen und Nachteilen einer Musterleistungsklage zeigt auf, wie auf Seiten der Beklagten mit dem zweistufigen Verfahren umgegangen werden könnte. Im Schrifttum wird vertreten, dass nur eine drohende Verurteilung zu einer Leistung hinreichend Druck auf die Unternehmen ausübe, sich zu vergleichen. Dabei wird argumentativ auf die rasche Entschädigung der Käufer von VW-Fahrzeugen in den USA verwiesen. Die dortige class action laufe auf eine Kollektiv-Verurteilung hinaus und sei damit im Hinblick auf Vergleichsverhandlungen effektiver.[421] Die Drucksituation bei einer Titulierung auf Leistung sei schlichtweg eine andere.[422] Dem wird entgegengehalten, dass eine auf Leistung gerichtete Klage nicht notwendig sei. Ein Blick ins Ausland genüge um festzustellen, dass die meisten Gruppenklagen in einem Kollektivvergleich und nicht in einem Leistungsurteil münden.[423] Auch müsse das Unternehmen selbst bei Vergleichsschluss im Musterfeststellungsverfahren mit einer Vielzahl individueller Folgeverfahren rechnen. Nicht jeder

---

419 *Balke/Liebscher/Steinbrück*, ZIP 2018, 1321, 1326.

420 Siehe zur Musterverfahrensfähigkeit 1. Kapitel:§ 2 B.III.1.

421 *Gsell*, WuM 2018, 537, 540.

422 BeckOK ZPO/*Augenhofer*, ZPO § 611 Rn. 5.

423 *Bruns*, NJW 2018, 2753, 2757.

Verbraucher werde den Vergleich annehmen und von der Austrittsmöglichkeit Gebrauch machen.[424] Es könne bezweifelt werden, dass eine auf Leistung gerichtete Klage im Ergebnis tatsächlich schneller wäre als das zweistufige Musterverfahren. Das deutsche Schadensrecht orientiere sich an der Differenzhypothese und erfordere eine detaillierte Prüfung der Schadenshöhe, die ebenfalls anfällig für eine Verzögerungstaktik von Seiten der Beklagten sei.[425] Das Vorgehen des deutschen Gesetzgebers könne daher auch als geschickt gewertet werden, da aufgrund der Vielzahl von Leistungsprüfungen letztendlich die Gefahr bestünde, dass das Verfahren nie zu einem Ende gebracht werden könnte.[426]

Die einem Kollektivverfahren zugrundeliegenden Sachverhalte sind teilweise sehr unterschiedlich und erfordern notwendige Differenzierungen, wie beispielsweise bei Verjährung, Schadenshöhe oder Kausalität. Die schnellere Einigung in den Diesel-Fällen in den USA könnte auch damit zusammenhängen, dass die materiell-rechtlichen Rahmenbedingungen deutlicher waren als in Europa. Ein stärkerer Anreiz des Unternehmens sich vergleichsweise zu einigen kann aus diesem Beispielfall nicht gefolgert werden. Bei besonders komplexen Schadensfällen ist davon auszugehen, dass auch ein einstufiges – auf Leistung gerichtetes Verfahren – nicht zwingend schneller beendet ist als ein zweistufiges Verfahren. Allein das drohende feststellende Urteil führt nicht dazu, dass das Unternehmen von einer Einigung in der Feststellungsphase abgehalten wird, aber ein Vergleichsschluss wird durch die zweistufige Konzeption letztendlich nicht gefördert.

III. Eingeschränkter Erledigungsumfang

Die Vergleichsbereitschaft der beklagten Unternehmen hängt davon ab, ob mit einer gütlichen Einigung die Streitigkeiten möglichst umfassend beigelegt werden können. Aus ökonomischer Sicht wird es ein wesentliches Interesse des Unternehmens sein, einen Rechtsstreit so beizulegen, dass er nicht weiter Ressourcen (wie Zeit, Personal, Geld- oder Sachmittel) des Unternehmens für die Konfliktbewältigung bindet, die man produktiver einsetzen könnte.[427] Es kann typischerweise davon

424 Nordholtz/Mekat/*Mekat*, § 7 Rn. 58.

425 HK-MfkG/*Röthemeyer*, Einleitung Rn. 110.

426 *Prütting*, ZIP 2020, 197, 201.

427 *Sundermeier*, in: Fritz/Pielsticker, Handbuch zum Mediationsgesetz, 2020, Teil 6 - B. Rn. 5; auch Erfahrungen aus den USA zeigen, dass die umfassende Erledigung der Ansprüche ein wesentliches Anliegen der Beklagten ist (*Vairo*, 31 Loy. L.A. L. Rev. 79, 127 (1997)).

ausgegangen werden, dass die Vergleichsbereitschaft der Unternehmen umso geringer ist, je weniger Geschädigte in den Vergleichsvorschlag miteinbezogen werden können. Die Chancen einer konsensualen Einigung steigen demnach je umfassender sich die Einigung gestaltet.[428]

Es gibt Gründe, die gegen die Möglichkeit einer umfassenden vergleichsweisen Erledigung im Musterfeststellungsverfahren sprechen. So ist das Musterfeststellungsverfahren als Opt-In-Klage konzipiert und gem. § 606 Abs. 1 S. 1 ZPO auf Ansprüche und Rechtsverhältnisse zwischen Verbrauchern und Unternehmern beschränkt. Unternehmer, die von dem gleichen Schadensereignis betroffen sind, müssen grundsätzlich individuell klagen.[429] Dies wiegt umso schwerer, wenn man bedenkt, dass Diesel-Fahrzeuge beispielsweise allzu oft gewerblich genutzt werden. Auch könnte man etwa bei einem Bahnunglück Urlaubsreisende in das Musterfeststellungsverfahren mit einbeziehen, müsste aber Geschäftsreisende außen vor lassen.[430] Geschädigte, die nicht Verbraucher sind, können dafür nach § 148 Abs. 2 ZPO zumindest beantragen, dass die Verhandlung bis zur Erledigung des Musterfeststellungsverfahrens ausgesetzt wird. Daraus kann gefolgert werden, dass der Gesetzgeber zumindest von einer „faktischen Präjudiz- oder Präzedenzwirkung" für diese Fälle ausgeht.[431] Unternehmen können sich zwar nicht unmittelbar auf die Bindungswirkung des Musterfeststellungsurteils berufen, aber zumindest mittelbar.[432] Sollte ein Unternehmer auf den Aussetzungsantrag verzichten, um ein schnelleres Urteil zu erhalten, so könnte die derzeitige Konstellation ebenfalls zu seinen Lasten gehen. Es könne nicht davon ausgegangen werden, dass die für die Individualklage zuständigen Gerichte die Klage engagiert vorantreiben, solange eine Musterfeststellungsklage vor einem OLG oder dem BGH anhängig ist.[433] Die

---

428 *Haß*, Die Gruppenklage, 1996, S. 26.

429 Im Gesetzgebungsverfahren (BT-Drs. 19/4891, 7), der Plenarsitzung im Bundestag (Protokoll 19/37, 3595, 3600) und der Sachverständigenanhörung (so etwa Augenhofer in der öffentlichen Anhörung zur Musterfeststellungsklage im Ausschuss für Recht und Verbraucherschutz (Nr. 19/15), S. 14) wurde oftmals die Ungleichbehandlung gewerblicher Autokäufer angesprochen. Vor allem kleine und mittlere Unternehmen (KMU) seien hinsichtlich des Machtgefüges in einer mit dem Verbraucher vergleichbaren Situation (HK-MfkG/*Röthemeyer*, § 606 Rn. 4).

430 *Scholl*, ZfPW 2019, 317, 338 f.; in der Ungleichbehandlung von Verbrauchern und Unternehmern sieht *Rohls* eine Durchbrechung des Grundsatzes der Verfahrensneutralität (Nordholtz/Mekat/*Rohls*, § 3 Rn. 92).

431 Musielak/Voit/*Stadler*, ZPO, § 606 Rn. 1.

432 *Koch*, MDR 2018, 1409, 1414.

433 Nordholtz/Mekat/*Rohls*, § 3 Rn. 93.

Beklagte wird weiterhin parallel mit zahlreichen (angemeldeten und unangemeldeten) Individualklagen konfrontiert sein, die die Komplexität eines Vergleichsschlusses weiter erhöhen.[434] Wenn ein Verbraucher sich bereits im Individualverfahren befindet und seinen Anspruch oder sein Rechtsverhältnis zum Klageregister anmeldet, setzt das Gericht das Verfahren von Amts wegen gem. § 613 Abs. 2 ZPO aus. Dennoch werden sich nicht alle Verbraucher im Klageregister anmelden, die von dem Schadensereignis betroffen sind. Viele werden ihre Individualklage weiter vorantreiben.

Zu differenzieren ist bei dem möglichen Erledigungsumfang schließlich zwischen dem Abschluss eines gerichtlichen und eines außergerichtlichen Vergleichs. Vor allem der gerichtliche Vergleich ist für Unternehmen weniger reizvoll, da nicht alle Geschädigten von ihm erfasst sein können. Angesichts des klaren Wortlauts von § 611 Abs. 1 ZPO können Verbraucher, die ihre Ansprüche nicht angemeldete haben, nicht in den gerichtlichen Vergleich einbezogen werden.[435] Die Opt-In-Konzeption des Musterverfahrens erschwert somit den Abschluss eines gerichtlichen Vergleichs erheblich. Abbildung 3 zeigt, dass der Abschluss eines außergerichtlichen Vergleichs zwar theoretisch eine umfassendere Erledigung herbeiführen könnte, sich dieser wegen der zahlreichen parallellaufenden Verfahren aber in seiner Ausgestaltung als höchst komplex darstellt. Die Geschädigten befinden sich in unterschiedlichen Verfahrenssituationen, weshalb sich die Beklagte auch mit einer Vielzahl von Verhandlungspartnern auseinandersetzen müsste, um eine umfassende Beilegung erzielen zu können.

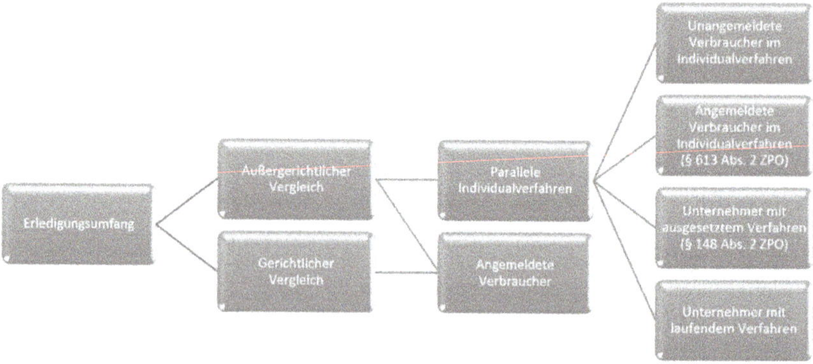

Abbildung 3: Gerichtlicher und außergerichtlicher Vergleich nach potentiellem Erledigungsumfang

434 Nordholtz/Mekat/*Schröder*, § 11 Rn. 71.
435 Musielak/Voit/*Stadler*, ZPO, § 611 Rn. 5.

IV. Öffentlicher Vergleichsdruck

Das Musterverfahren wird von der Allgemeinheit umfassender begleitet als einzelne Individualverfahren. Vor allem wegen der mangelnden Beteiligung der Anmelder ist die Öffentlichkeit des Verfahrens besonders ausgeprägt. Die Klageschrift ist gem. § 607 Abs. 1 ZPO öffentlich bekannt zu machen. Zudem sind gem. § 607 Abs. 3 S. 1 ZPO Terminbestimmungen, Hinweise und Zwischenentscheidungen im Klageregister zu veröffentlichen, sofern diese zur Informationen der Verbraucher über den Fortgang des Verfahrens erforderlich sind.

Die Unternehmen werden diese gesteigerte Form der öffentlichen Aufmerksamkeit einkalkulieren. Prozesse, die Massenschäden zum Gegenstand haben, werden oftmals emotionaler wahrgenommen und können zu einer Politisierung des Schadensereignisses führen.[436] Das Unternehmen kann durch etwaige unrichtige oder rufschädigende Behauptungen öffentlichkeitswirksam an den Pranger gestellt werden.[437] Diese „Sanktionsform" ist bereits aus anderen Konstellationen bekannt. Das aus den USA stammende „Naming and Shaming" ist mittlerweile auch in Europa ein zulässiges Vorgehen der Aufsichtsbehörden, wie sich am Beispiel der Marktmissbrauchsverordnung der Europäischen Union zeigt.[438] Und auch im Vergaberecht soll das sog. „Blacklisting" von Bietern für fairen Wettbewerb sorgen.[439] Es ist anzunehmen, dass die öffentliche Bekanntmachung der Klageschrift im Musterfeststellungsverfahren eine ähnliche Wirkung haben wird und für die Unternehmen erhebliche wirtschaftliche Nachteile bedeuten könnte, ohne dass diesen entsprechend rechtliches Gehör eingeräumt werde.[440] Die Erhaltung des ideellen Firmenwerts (sog. „Goodwill") stellt vor allem in langfristigen Beziehungen Geschäfts- und Kundenbeziehungen ein nicht zu unterschätzendes Ziel dar und zeigt, dass die Lösung eines

---

436 *Eichholtz*, Die US-amerikanische class action und ihre deutschen Funktionsäquivalente, 2002, S. 187.

437 Ein Rechtsbehelf des Beklagten gegen die Bekanntmachung existiert im Musterfeststellungsverfahren nicht. Denkbar wäre eine Vorgehen gegen die qualifizierte Einrichtung im Rahmen des einstweiligen Rechtsschutzverfahrens oder durch eine vorbeugende Unterlassungsklage (HK-MfkG/*Röthemeyer*, § 607 Rn. 13).

438 Nach Art. 34 der Verordnung (EU) Nr. 596/2014 veröffentlichen die zuständigen Behörden jede Entscheidung über die Verhängung einer verwaltungsrechtlichen Sanktion oder verwaltungsrechtlichen Maßnahme in Bezug auf einen Verstoß auf ihrer offiziellen Website.

439 *Basedow*, JZ 2018, 1, 4.

440 *Schneider*, BB 2018, 1986, 1987.

Konflikts für Unternehmen mehr als eine bloße singuläre Konfliktbeilegung darstellt.[441] Neben dem Erhalt von effektivem Rechtsschutz haben Unternehmen und Gewerbetreibende ein Interesse an langfristigen Kundenbeziehungen und fürchten Reputationsschäden.[442] Gerade wenn Unternehmen Konsumgüter vertreiben, wo Verbraucher jederzeit auf andere Wettbewerber ausweichen können, ist es für Unternehmen wichtig durch ein Massenschadensereignis keine langfristigen Imageschäden zu erleiden.[443] Für KMUs wirken sich Klagen, die zu einem Ansehensverlust führen oder gar missbräuchlich erhoben werden, stärker aus. Große Unternehmen verfügen über eine höhere Finanzkraft und sind besser in der Lage den zusätzlichen Belastungen des kollektiven Rechtsschutzes (wie beispielsweise der Öffentlichkeitsarbeit) zu begegnen. Es besteht sogar die Möglichkeit, dass der kollektive Rechtsschutz eine Marktkonzentration hin zu Großkonzernen begünstigt.[444]

Die Sanktionsformen des Vergabe- und Wettbewerbsrechts sind nun nicht direkt vergleichbar mit den Bekanntmachungen im Rahmen der Musterfeststellungsklage, da sie für bereits festgestellte Verstöße und nicht für noch festzustellende Verstöße gelten. Andererseits wird durch die öffentliche Darstellung der Anschuldigungen im Rahmen des Musterverfahrens die Prangerwirkung bereits vorweggenommen. Zur Vermeidung von Öffentlichkeit und Verteidigung des Goodwills gibt es sicherlich Unternehmen, die in Individualverfahren großzügige Vergleiche mit Verschwiegenheitsklauseln schließen würden. Im Rahmen des gerichtlichen Vergleichs bestünde gar nicht die Möglichkeit, einen solchen ohne Beteiligung der Öffentlichkeit abzuschließen. Der den Inhalt feststellende gerichtliche Beschluss ist gem. § 611 Abs. 5 S. 3 ZPO im Klageregister öffentlich

441 *Kahneman* und *Tversky* ziehen als Beispiel für die Wichtigkeit von über das eigentliche Abkommen hinausgehende Zielen ein hypothetisches Friedensabkommen zwischen Israel und Syrien heran. Durch dieses Abkommen könnte nicht nur Frieden zwischen den beiden Ländern geschlossen werden, sondern auch die Wahrscheinlichkeit der nuklearen Bewaffnung Syriens dauerhaft gesenkt werden. Auch wenn dieses Ziel nicht in dem Vertrag festgeschrieben werden konnte, so ist das Abkommen als Verbesserung des "Goodwill" dennoch ein wichtiger Schritt zur Verringerung der Wahrscheinichkeit der nuklearen Bewaffnung Syriens als eigentliches Ziel gewesen. Ob dieses Ziel letztendlich wirklich erreicht wird, bleibt ungewiss (*Kahneman/Tversky*, Conflict resolution: A cognitive perspective, in: Arrow/Mnookin/Ross u.a., Barriers to conflict resolution, 44, 50).

442 Vgl. *Keller/Kolling*, BKR 2005, 399, 400; *Merkt/Zimmermann*, VuR 2018, 363, 370.

443 *Hess*, ZRP 2005, 427, 439; *Stadler*, VuR 2018, 83, 88.

444 *Kowollik*, Europäische Kollektivklage, 2018, S. 66 f.

bekannt zu machen. Der Abschluss (und die Durchsetzung) von Verschwiegenheitsklauseln würde sich bei einem außergerichtlichen Vergleich wegen der Vielzahl von Beteiligten durchaus komplex gestalten. Vor allem nach einem positiven Musterfeststellungsurteil gegen das Unternehmen dürfte der öffentliche Druck bei größeren Verfahren enorm sein. Durch ein Urteil würde feststehen, dass die eingereichte Klage zumindest nicht haltlos war. Inwiefern die Furcht vor Reputationsschäden die Unternehmen in die Enge treiben wird, ist letztendlich noch offen und mangels praktischer Erfahrung bislang ungeklärt.

Es ist nicht auszuschließen, dass die Gegenseite das über die Konfliktparteien hinausgehende Interesse Dritter an dem Konflikt gezielt strategisch einsetzt. Der Gegenseite wächst Verhandlungsmacht zu, wenn sie davon ausgehen kann, dass die andere Seite nachgibt, weil ihr negative öffentliche Konsequenzen drohen.[445] Das Potential durch eine öffentlichkeitswirksame, rechtskräftige Entscheidung noch mehr potentielle Geschädigte zur Klageerhebungen zu ermuntern, kann bei Individualverfahren zur Verhandlungsmasse gehören.[446]

V. Zwischenergebnis

Stadler resümiert, dass die Beklagte „wenig Anreiz haben wird, vor einer Entscheidung über den Musterfeststellungsantrag einen Vergleich zu schließen."[447] Nach *Augenhofer* sei ein Vergleich im Musterfeststellungsverfahren „kaum sinnvoll, sondern vielmehr unwirtschaftlich."[448]

Diese Einschätzungen sind nach den hier getroffenen Feststellungen zumindest mit Blick auf den Abschluss eines gerichtlichen Vergleichs zutreffend. Gegen den Abschluss eines gerichtlichen Vergleichs spricht vor allem der geringe Erledigungsumfang. Bei Abschluss eines außergerichtlichen Vergleichs wäre zwar ein größerer Erledigungsumfang möglich, dieser gestaltet sich dafür sehr komplex. Bei jeder Art der vergleichsweisen Beilegung muss das Unternehmen damit rechnen, dass es in der Folge zu weiteren Individualverfahren kommt. Einzig der öffentliche Druck, die Erhaltung des Goodwills und der Erhalt langfristiger Kundenbeziehungen wird Unternehmen dazu veranlassen, einen Vergleich abzuschließen.

---

445 *Breidenbach*, Mediation, 1995, S. 109 f.

446 *Winkelmeier-Becker*, Die Ausgestaltung einer Musterfeststellungsklage als Instrument zur Stärkung des kollektiven Rechtsschutzes für Verbraucher, in: Schäfer, Der Gesetzesentwurf zur "Musterfeststellungsklage", 92, 102.

447 Musielak/Voit/*Stadler*, ZPO, § 611 Rn. 1.

448 BeckOK ZPO/*Augenhofer*, ZPO § 611 Rn. 5.1.

Es ist aber auch möglich, dass sich das Unternehmen gegen die Vorwürfe aufgrund des öffentlichen Drucks besonders resolut und umfassend verteidigt. Mit Blick auf die strategischen Interessen eines Unternehmens würde ein Vergleichsschluss im Laufe des Musterfeststellungsverfahrens typischerweise nur dann Sinn ergeben, wenn das Unternehmen durch das Verfahren besonders in das Fadenkreuz der Öffentlichkeit gerät. Ansonsten wird sich der Fokus auf den Abschluss eines außergerichtlichen Vergleichs im Anschluss an ein Musterfeststellungsurteil richten.

Die Verfahrensdauer kann dazu genutzt werden das Verfahren aktiv zu verzögern, um auf ein rationales Desinteresse der Anmelder in der Leistungsphase zu spekulieren oder, um wegen der enormen Reichweite und des „Klumpenrisikos" eines Musterurteils alle prozessualen Mittel zur Erlangung eines Grundsatzurteils auszuschöpfen. Im Musterfeststellungsverfahren droht den Unternehmen kein vollstreckbares Leistungsurteil, weshalb sich das Drohpotential des Verfahrensergebnisses in Grenzen halten dürfte.

B. Interessen des Verbands

Dem Verband wird im Musterfeststellungsverfahren eine besondere Rolle zu Teil. Er führt das Verfahren für die geschädigten Verbraucher und tritt bis zu einem Musterfeststellungsurteil im Rahmen von Vergleichsverhandlungen als Verhandlungspartner der Beklagten auf. Bei dieser Vertretung stellt sich die Frage, ob der Verband überindividuelle oder gebündelte Einzelinteressen vertritt (hierzu I.). Der Verband vertritt dabei nicht nur die Interessen der geschädigten Anmelder, sondern wird seinerseits selbst von Prozessbevollmächtigten vertreten. Die Spannungsverhältnisse innerhalb dieser vielschichtigen Vertretungsverhältnisse können anhand der Prinzipal-Agenten-Theorie näher untersucht werden (hierzu II.). Auch müssen zur Identifizierung der Interessen des Verbands sonstige Risiken des Verbands näher untersucht werden (hierzu III.).

I. Verfolgung überindividueller Interessen oder Vergleich zur Befriedigung konkreter Einzelinteressen?

Bei einem Vergleichsschluss während des Musterverfahrens befindet sich der klagende Verband in einem Dilemma: Er muss sich zwischen der Erlangung einer höchstrichterlichen Grundsatzentscheidung und einem Vergleichsschluss, der zur schnellen Beendigung des Verfahrens führen würde, entscheiden. Während ein Vergleich meist nur die konkreten Einzelinteressen eines Teil der angemeldeten Verbraucher befriedigen würde, hätte ein rechtskräftiges Musterfeststellungsurteil positive Auswirkungen für alle Anmelder und aufgrund

Abbildung 4: Interessen der beklagten Unternehmen im Überblick

der „faktischen Präzedenzwirkung" auch für einen Personenkreis, der über die Anmelder hinausgeht.[449] Die Durchsetzung von Ansprüchen im Zivilprozess dient nicht nur der Wahrung subjektiver Interessen, sondern gleichzeitig auch überindividuellen, bzw. öffentlichen Interessen.[450] *Jauernig* geht von einem Doppelzweck des Zivilprozesses aus, der sowohl der Durchsetzung des subjektiven als auch des objektiven Rechts dient.[451] Übertragen auf die Geltendmachung von

449 *Stadler*, VuR 2018, 83, 87.
450 *Thiere*, Die Wahrung überindividueller Interessen im Zivilprozeß, 1980, S. 368.
451 *Jauernig*, JuS 1971, 329, 331.

Ansprüchen aus Massenverletzungen kann stets zwischen den konkreten Einzelinteressen der potentiell Geschädigten und der Verfolgung von überindividuellen Interessen differenziert werden.

Durch das Musterfeststellungsverfahren werden eine Vielzahl überindividueller Interessen verfolgt. Gerade bei der Beteiligung von Verbrauchern geht es oftmals darum, durch eine Gerichtsentscheidung wiederholtes Fehlverhalten des beklagten Unternehmens oder eines anderen Unternehmens durch ein unterstützendes Urteil zu unterbinden.[452] Das Modell der Verbandsklage kann auch als eine Form der Prozessführung im öffentlichen Interesse gesehen werden.[453] Die Verbandsklage dient der Durchsetzbarkeit von Ansprüchen, die auch bei einer Addition der Einzelansprüche nicht geltend gemacht worden wären. Sie dient Fällen wo das Einzelinteresse oft nicht artikulierbar ist und vor allem die Erfüllung eines öffentlichen Interesses den wesentlichen Treiber für die Geltendmachung darstellt.[454] In der Konsequenz hat die Verbandsklage einen anderen Anwendungsbereich als eine Gruppenklage, die Interessen bündelt und hauptsächlich die Interessen der abgrenzbaren Gruppenmitglieder geltend macht.[455] Die Musterfeststellungsklage soll kompensieren, dass Individualkläger nur ihre eigenen Interessen im Blick haben und dementsprechend im Einzelverfahren möglichst rasch Schadensersatz erhalten wollen. Um ihr Ziel zu erreichen, schließen Einzelkläger daher oftmals einen für sie vorteilhaften Vergleich, weshalb eine breitenwirksame Klärung der Rechtsfragen auf der Strecke bleibt.[456] Den Verbänden wurde die Klagebefugnis gerade deswegen übertragen, weil sie überindividuelle Interessen vertreten und somit auch die Herbeiführung einer Präzedenzentscheidung dem Abschluss eines lukrativen Vergleiches während des Verfahrens vorziehen.[457] Die Musterfeststellungsklage hat mit Blick auf § 606 Abs. 1 S. 2 Nr. 4 ZPO zum Ziel, dass individuelle Gewinnabsichten nicht im Vordergrund stehen. Laut Gesetzesbegründung soll eine „kommerzielle

---

452 *Sander/Goldberg*, 10 Negot. J. 49, 60 (1994).

453 *Koch*, Prozessführung im öffentlichen Interesse, 1983, S. 278.

454 *Haß*, Die Gruppenklage, 1996, S. 16.

455 *Koch*, Prozessführung im öffentlichen Interesse, 1983, S. 292 f.

456 *Heese*, JZ 2019, 429, 434; beispielhaft können dabei wieder die VW-Fälle herangezogen werden. Bereits im Jahr 2015 begann man öffentlich über diese zu diskutieren und es kam in der Folge zu etwa 125.000 Einzelklagen (*Votsmeier/Keuchel*, Handelsblatt 27.02.2020); zu einem Urteil des BGH kam es erstmals im Mai 2020 (BGH, Urteil v. 25.5.2020 – VI ZR 252/19 = NJW 2020, 1962).

457 *Stadler*, VuR 2018, 83, 87.

Klageindustrie“ verhindert werden.[458] Zwar ist die gütliche Einigung eines Konflikts mit Blick auf §§ 610 Abs. 5, 278 Abs. 1 ZPO auch im Musterfeststellungsverfahren an sich begrüßenswert, die meisten Vergleiche kommen allerdings nur den Anmeldern und oftmals sogar nur einem Teil von diesen zu Gute.[459] Für die nicht berücksichtigten Anmelder wäre die vorzeitige Beendigung des Verfahrens nachteilig, da das Verfahren zu einer Verzögerung der eigenen Anspruchsgeltendmachung führt. Das wesentliche Interesse des Verbands müsste daher eigentlich in der Herbeiführung einer Grundsatzentscheidung liegen.

Dieser grundsätzliche Vorrang einer gerichtlichen Entscheidung wird auch unter Parallelziehung zum Kapitalanlegermusterverfahren deutlich.[460] Nach § 13 Abs. 1 KapMuG bestimmt das Oberlandesgericht einen neuen Musterkläger, wenn der bisherige Musterkläger aus verschiedenen Gründen keine Berechtigung zur Fortführung des Verfahrens hat. Zudem lässt § 13 Abs. 5 KapMuG eine Beendigung des Verfahrens nur durch übereinstimmende Erledigungserklärung aller Beteiligten (auch der Beigeladenen) zu. Erst wenn keiner der Beteiligten mehr Interesse an der Fortführung habe, ist das Verfahren aus Gründen der Entlastung der Justiz zu beenden.[461] Auch wenn das KapMuG sich strukturell von dem Musterfeststellungsverfahren dahingehend unterscheidet, dass nicht eine Interessenorganisation stellvertretend für die Geschädigten, sondern ein einzelner Geschädigter als Repräsentant für die Gruppe von Anspruchstellern agiert, so handelt es sich doch bei beiden Verfahren um Kollektivverfahren.[462] Der grundsätzliche Vorrang einer Entscheidung gilt im Musterfeststellungsverfahren sogar noch verstärkt, da die Interessenorganisation ohne eigenen materiellrechtlichen Anspruch als Repräsentantin auftritt, während der Musterkläger im KapMuG selbst von dem maßgeblichen Schadensereignis betroffen ist. Konsequenterweise erscheint es nach vielen Ansichten im Schrifttum zweckmäßiger

---

458 BT-Drs. 19/2439, 23.

459 In der Rahmenvereinbarung zwischen den vzbv und der VW AG sprach man von „qualifizierten Anmeldern“ (*Verbraucherzentrale Bundesverband*, Rahmenvereinbarung zwischen der Verbraucherzentrale Bundesverband und der Volkswagen AG, 2020, S. 2).

460 *Winkelmeier-Becker*, Die Ausgestaltung einer Musterfeststellungsklage als Instrument zur Stärkung des kollektiven Rechtsschutzes für Verbraucher, in: Schäfer, Der Gesetzesentwurf zur “Musterfeststellungsklage”, 92, 104.

461 Vorwerk/Wolf, KapMuG/*Kotschy*, § 13 Rn. 13.

462 So auch *Eggers*, Gerichtliche Kontrolle von Vergleichen im kollektiven Rechtsschutz, 2019, S. 4.

und interessenorientierter, zunächst ein Musterfeststellungsurteil abzuwarten und erst dann den Fokus auf einen möglichen Vergleichsschluss zu richten.[463]

Um den Anmeldern die Gewissheit zu geben, dass ihre Anmeldungen das Verfahren beschleunigen – und eben nicht verzögern –, sollte der Verband im Musterverfahren primär überindividuelle Ziele verfolgen und auf eine Entscheidung hinwirken. Dies würde eine Debatte über Ungerechtigkeiten zwischen Gruppen von Anmeldern verhindern und die effektive Rechtsdurchsetzung stärken. Eine Ausnahme ist lediglich dort zu machen, wo nahezu alle Anmelder in einen Vergleich einbezogen werden und eine Situation entsteht, die mit der in § 13 Abs. 5 KapMuG vergleichbar ist. Die Herbeiführung einer solchen Situation erscheint aber gerade wegen der einfachen und niedrigschwelligen Anmeldung schwierig.[464] Es ist nicht auszuschließen, dass ein Teil der Anmeldungen unberechtigt erfolgt. In dem Streben nach einheitlicher Begünstigung würde man somit Unternehmen und Verbände drängen, Anmelder zu begünstigen, denen offensichtlich keinen Anspruch gegen die Beklagte zusteht. Mit Blick auf die konsensuale Beilegung des Konflikts müsste sich konsequenterweise auf die Leistungsphase nach Musterfeststellungsurteil konzentriert werden. Dagegen spricht auch nicht die vom Gesetzgeber geschaffene grundsätzliche Möglichkeit eines gerichtlichen Vergleichs gem. § 611 ZPO. Der Abschluss dieses Vergleichs ist – wie unter 1. Kapitel:§ 2 A. dargestellt – derart kompliziert, dass deutlich wird, dass der Verband seine knappen Ressourcen für eine gute Prozessführung bis zu einem Musterfeststellungsurteil einsetzen sollte. Schließt der Verband im laufenden Musterverfahren einen Vergleich zugunsten (eines Teils) der Anmelder, tritt letztendlich der gleiche Effekt ein, der durch das Musterfeststellungsverfahren eigentlich vermieden werden soll: Der Vergleich würde zwar einen Teil der individuell Geschädigten begünstigen, aber gleichzeitig die sonstigen Rechtssuchenden, die auf eine höchstrichterliche Klärung warten, benachteiligen. Das gewählte Modell der Verbandsklage sollte mehr sein als eine bloße Ansammlung von Restitutionsinteressen.

463 So *Stadler*, VuR 2018, 83, 87; *Winkelmeier-Becker*, Die Ausgestaltung einer Musterfeststellungsklage als Instrument zur Stärkung des kollektiven Rechtsschutzes für Verbraucher, in: Schäfer, Der Gesetzesentwurf zur "Musterfeststellungsklage", 92, 104; *Dietsche*, Die Musterfeststellungsklage nach den Entwürfen des Bundesjustizministeriums - Konstruktion, Funktionsweise und offene Fragen, in: Schäfer, Der Gesetzesentwurf zur "Musterfeststellungsklage", 76-91, 85 f.

464 Siehe zur Anmeldung der Ansprüche 2. Kapitel:§ 3 A.

II. Das doppelte Prinzipal-Agenten-Problem im Musterfeststellungsverfahren

Die Literatur zur Verhandlungs- und Konfliktpsychologie setzt sich fast ausschließlich mit den von einem Schadensereignis unmittelbar betroffenen Akteuren auseinander.[465] Im Musterfeststellungsverfahren wären das die Anmelder als Geschädigte und das beklagte Unternehmen. Strukturell stellt sich die Situation in Verhandlungen und Konfliktsituationen indessen häufig so dar, dass die jeweiligen Parteien von Dritten vertreten werden.[466] Dies gilt im besonderen Maße für das Musterfeststellungsverfahren. Die angemeldeten Verbraucher werden einerseits durch den Verband sowie dieser selbst durch seine Prozessbevollmächtigten repräsentiert. Hinzu kommt, dass die Verbraucher teilweise von eigenen Rechtsanwälten in einem (ausgesetzten) gerichtlichen Individualverfahren oder zumindest außergerichtlich vertreten werden. Ein Grundproblem des kollektiven Rechtsschutzes stellt das Spannungsverhältnis zwischen dem Gedanken der Repräsentation aus Gründen der Effizienz und der Autonomie der jeweiligen Rechteinhaber dar. Gerade bei Abschluss eines Vergleichs kann diese Situation eine negative Dynamik entfalten. Ausgehend von den Annahmen der Prinzipal-Agenten-Theorie (hierzu 1.) sollen im Folgenden mögliche Interessenkonflikte zwischen dem Verband und seinen Prozessvertretern (hierzu 2.) sowie zwischen dem Verband und den Anmeldern (hierzu 3.) identifiziert werden.

1. Die Prinzipal-Agenten-Theorie

a) Grundlagen

Die Prinzipal-Agenten-Theorie[467] stammt ursprünglich aus den Wirtschaftswissenschaften und beschreibt die ökonomischen Implikationen, die das Verhältnis zwischen einem Auftraggeber (Prinzipal) und seinem Beauftragten (Agent) mit sich bringt.[468] Der Beauftragte besitzt für gewöhnlich einen Wissensvorsprung,

465 *Leiss*, Zur Effizienz außergerichtlicher Verfahren im Wirtschaftsrecht, 2005, S. 44.

466 *Dies.*, Zur Effizienz außergerichtlicher Verfahren im Wirtschaftsrecht, 2005, S. 44.

467 Die Bezeichnung der Akteure wurde der engl. "agency" entnommen (*Meinhövel*, Defizite der Principal-Agent-Theorie, 1999, S. 8).

468 Eine feste Definition hat sich nicht durchgesetzt. *Pratt* und *Zeckhauser* definieren das Verhältnis eng: "Whenever one individual depends on the action of another, an agency relationship arises. The individual taking the action is called the agent. The affected party is the principal" (*Pratt/Zeckhauser*, Chapter 1: Principals and Agents: An Overview, in: dies., Principals and agents, 1, 2 f.); während *Jensen* und *Meckling* das Verhältnis weiter auslegen: "We define an agency relationship as a contract under

den er zu Gunsten oder zu Ungunsten des Auftraggebers einsetzen kann.[469] Es liegt eine asymmetrische Informationsverteilung vor, wodurch der Beauftragte einen Handlungsspielraum erhält.[470] Bei der Untersuchung der Beziehung zwischen Akteuren wird meist die Bestimmung eines pareto-optimalen Vertrages zwischen Auftraggeber und Beauftragtem als Ziel verfolgt. Bei einem pareto-optimalem Vertrag ist der Nutzen des einen nicht der gleichzeitige Verlust des anderen.[471] Eine Vielzahl von wirtschaftlichen Beziehungen lassen sich theoretisch anhand der Prinzipal-Agenten-Theorie analysieren. Neben dem klassischen Anwendungsfalls der Beziehung zwischen Rechtsanwalt und Mandat oder dem Arzt uns seinem Patienten,[472] könnte anhand der Theorie auch die abhängige Beschäftigung von Arbeitnehmern, der die Bürger besteuernde Staat oder die Beziehung zwischen Lehrern und Schülern analysiert werden.[473]

b) Die Prinzipal-Agenten-Theorie im kollektiven Rechtsschutz

Das Auseinanderfallen der Interessen der Geschädigten und deren prozessualen Repräsentanten ist ein typisches Problem des kollektiven Rechtsschutzes. Durch das Repräsentationselement wird die Anzahl der am Verfahrensbeteiligten auf ein handhabbares Maß reduziert, sodass bestenfalls eine Vielzahl gleichartiger Sachverhalte in einem einzigen Verfahren abgearbeitet werden können. Der Repräsentant nimmt dabei eine herausgehobene Position ein, während die Geschädigten in dem Verfahren selbst im Hintergrund bleiben. Bei Sammel- und Gruppenklagen und im Speziellen im Rahmen der class action stellte man immer wieder fest, dass der Leitkläger (oder jedenfalls deren Prozessbevollmächtigte) Eigeninteressen verfolgt, die von denen der Geschädigten abweichen. Als Agent agiert hier die klageeinreichende Person, da sie im Namen der vertretenen Geschädigten (Prinzipale) agiert.[474] Eine Untersuchung von *Hodges* zu US-Sammelklagen aus dem Jahr 2015 hat gezeigt, dass die Transaktionskosten

---

which one ore more persons (the principal(s)) engage another person (the agent) to perform some service on their behalf which involves delegating some decision making authority to the agent" (*Jensen/Meckling*, 3 Journal of Financial Economics 305, 308 (1976)).

469 *Meinhövel*, Defizite der Principal-Agent-Theorie, 1999, S. 14.

470 *Ders.*, Defizite der Principal-Agent-Theorie, 1999, S. 16.

471 *Ders.*, Defizite der Principal-Agent-Theorie, 1999, S. 2.

472 *Ders.*, Defizite der Principal-Agent-Theorie, 1999, S. 7.

473 *Ders.*, Defizite der Principal-Agent-Theorie, 1999, S. 27 f.

474 *Van den Bergh/Keske*, Rechtsökonomische Aspekte der Sammelklage, in: Casper/Janssen/Pohlmann u.a., Auf dem Weg zu einer europäischen Sammelklage?, 17, 28.

im Schnitt bei 22-29 % des an die Geschädigten ausgezahlten Betrags liegen.[475] Die class action ist nicht wesensgleich mit der Musterfeststellungsklage, weshalb eine pauschale Übertragung der Problematik schwierig erscheint. Sie ist keine Verbandsklage und stellt ein Modell der rein privaten Rechtsdurchsetzung dar. Die verschiedenartige Grundkonstruktion ändert aber nichts daran, dass auch im Musterfeststellungsverfahren Konfliktpotential zwischen den beteiligten Akteuren bestehen kann.[476]

2. *Die Interessen der Prozessbevollmächtigten des Verbands*

Die Einschaltung von Prozessbevollmächtigten ist meist zwingend erforderlich und in einem Rechtsstreit auch durchaus sinnvoll. Durch ihre Beratung können sie die Mandanten bei ihrer Rechtsausübung schließlich nicht unerheblich beeinflussen. Weil Rechtsanwälte sowohl inhaltliches als auch prozessuales Fachwissen mitbringen, einen größeren Abstand zu dem Fall aufweisen und aufgrund breiter Erfahrung mit Konflikten oftmals Lösungswege sehen, die die Vertretenen nicht gesehen hätten, ist die Einschaltung eines Vertreters auf beiden Seiten in einem Rechtsstreit grundsätzlich sinnvoll. Aber zusätzlich bringen sie als Beteiligte eben auch eigene Interessen mit ein, die den Vergleichsprozess verkomplizieren können.[477] Rechtsanwälte sind nicht nur – wie in § 1 BRAO beschrieben – ein unabhängiges Organ der Rechtspflege, sondern verfolgen gleichzeitig auch legitime Verdienstinteressen.[478] Sie können ihrer Aufgabe im Kampf um das Recht nachkommen und gleichzeitig ihre Kanzlei als Unternehmer erfolgreich führen.[479]

Genau an diesem Punkt kann die Prinzipal-Agenten-Theorie ansetzen. Es kann nach einem anreizkompatiblen Entlohnungssystem gesucht werden, worin der Agent zu Entscheidungen im Sinne des Prinzipals motiviert wird.[480] Je nach Vergütungsmodell besteht die Gefahr, dass die Prozessbevollmächtigten ihre Anstrengungen nicht auf das Niveau heben, das erforderlich wäre, um die Rechte der Verbraucher angemessen durchzusetzen. Das Interesse des Anwalts an einer vergleichsweisen Einigung wird stets auch von der Vergütungsart abhängen. Bei dieser rein wirtschaftlichen Untersuchung kann zwischen

475 *Hodges*, US Class Actions: Promise and Reality, 2015, S. 21.
476 *Röthemeyer*, MDR 2019, 1421, 1425.
477 *Leiss*, Zur Effizienz außergerichtlicher Verfahren im Wirtschaftsrecht, 2005, S. 44 f.
478 *Röthemeyer*, VuR 2020, 130, 134.
479 *Römermann*, AnwBl 2019, 86.
480 *Kleine*, Entscheidungstheoretische Aspekte der Principal-Agent-Theorie, 1996, S. 1.

Anwälten, die auf Stundenbasis bezahlt werden und solchen die eine Festvergütung oder ein Erfolgshonorar erhalten, differenziert werden. Bei einem Erfolgshonorar wird der Prozessbevollmächtigte versuchen, die Differenz zwischen seinem erwarteten Erfolgshonorar und seinen Bemühungen zu maximieren.[481] Es dürfte nunmehr gelten, unter minimalem Einsatz ein eigenes bestmögliches wirtschaftliches Ergebnis zu erzielen. Insbesondere bei einem Erfolgshonorar würde er somit weniger investieren als für eine optimalen Output im Sinne des Verbands (als Mandanten) notwendig wäre.[482] Das Gleiche gilt für einen Rechtsanwalt, der eine Festvergütung erhält. Ein Anwalt, dessen Honorar auf Stundenbasis gezahlt wird, dürfte an einem Vergleich hingegen ein geringeres Interesse haben als ein Anwalt, der eine Festvergütung oder ein Erfolgshonorar erhält.[483] Prozessbevollmächtigte, die auf Stundensatzbasis honoriert werden, unterliegen dem ökonomischen Anreiz einen angenommenen und wenig aussichtsreichen Fall in die Länge zu ziehen, während ein Anwalt mit einem Erfolgshonorar die Erfolgsaussichten eines Falls vor der Annahme genau prüfen wird.[484] Es stellt sich zum einen die Frage, wie die Rechtsanwälte des Verbands für die Führung eines komplexen und teilweise mehrjähriges Musterverfahren vergütet werden (hierzu a)) und zum anderen, welche weiteren (ökonomischen) Interessen der Prozessbevollmächtigten eine Rolle spielen könnten, die durch Fehlanreize bei der anwaltlichen Vergütung im Musterverfahren hervorgerufen werden (hierzu b)), wenngleich den ökonomischen Interessen der Prozessbevollmächtigten durch die Rechtsprechung Grenzen gesetzt sind (hierzu c)). Die Haftung der Prozessbevollmächtigen darf bei einer Gesamtbeurteilung nicht außer Acht gelassen werden (hierzu d)).

a) Die Anreizkompatibilität der anwaltlichen Vergütung

Die die Klägerin vertretenen Rechtsanwälte erhalten – unter Annahme des maximalen Streitwerts in Höhe von EUR 250.000,00 – eine gesetzliche Vergütung von EUR 6.726,48 für die Führung der Musterfeststellungsklage in erster Instanz vor dem Oberlandesgericht. Da nichts Anderes bestimmt ist, richtet sich die

481 Ein Erfolgshonorar wäre in Deutschland natürlich nur unter den Voraussetzungen des § 4a RVG möglich.

482 Vgl. *Coffee Jr.*, 86 Colum. L. Rev. 669, 688 (1986), der sich bei seiner ökonomischen Untersuchung auf die class action bezieht.

483 So auch *Duve*, Mediation und Vergleich im Prozess, 1999, S. 159.

484 *Van den Bergh/Keske*, Rechtsökonomische Aspekte der Sammelklage, in: Casper/Janssen/Pohlmann u.a., Auf dem Weg zu einer europäischen Sammelklage?, 17, 29.

Bestimmung des Streitwerts der Musterfeststellungsklage nach § 48 Abs. 1 S. 1 GKG. Der Streitwert wird gem. § 3 ZPO nach freiem Ermessen bestimmt und darf nach § 48 Abs. 1 S. 2 GKG bei Musterfeststellungsklagen EUR 250.000,00 nicht übersteigen. Bei der Bestimmung des Streitwerts wird sich an der „bewährten Rechtsprechung zur Streitwerbestimmung in Streitsachen nach dem UKlaG" orientiert.[485] Das UKlaG setzt am Interesse der Allgemeinheit und nicht an der wirtschaftlichen Bedeutung eines Klauselverbots an. Auf diese Weise sollen Verbraucherverbände vor unangemessenen Kostenrisiken geschützt werden.[486] Übertragen auf die Musterfeststellungsklage ergibt sich daher, dass sich der Streitwert nicht aus dem wirtschaftlichen Streitwert der Einzelansprüche zusammensetzt, vielmehr sollen das Allgemeininteresse an der Klärung von Sach- und Rechtsfragen sowie die Beherrschbarkeit der Verbraucherverbände stärker Berücksichtigung finden.[487] Da Verbände nur über begrenzte Mittel verfügen und keine Aussicht auf Gewinnerzielung bestehe, sei die Kostenbegrenzung für die Verbände auch zwingend erforderlich.[488] Für die Anwälte gelten die Gebühren nach Nr. 3100 ff. VV RVG.[489]

So verständlich die Streitwertbegrenzung mit Blick auf die Finanzkraft der Verbände auch sein mag, so unangemessen erscheint die Vergütung der Prozessbevollmächtigten gerade in großvolumigen und komplexen Streitigkeiten: *Heese* und *Schneider* resümieren, dass die wirtschaftliche Bedeutung der Verfahren für viele Kanzleien kaum versicherbar sei und das anwaltliche Haftungsrisiko die (finanziellen) Erfolgsaussichten bei weitem übersteige.[490] Vor allem die Formulierung der Anträge im Musterverfahren sei im Vergleich zu klassischen Leistungs- und Feststellungsklagen anspruchsvoller und berge große Gefahren haftungsrechtlicher Natur.[491] Im Falle einer Pflichtverletzung und

---

485 BT-Drs. 176/18, 18.

486 BGH, Beschl. vom 7.5.2015 – I ZR 108/14 = BeckRS 2015, 11399; BGH, Beschl. 27.2.2018 – VIII ZR 147/17 = BeckRS 2018, 2978; BGH, Beschl. vom 10.4.2018 - VIII ZR 247/17= NJW 2018, 1880, 1883.

487 *Krausbeck*, DAR 2017, 567, 568.

488 *Gurkmann*, Anmerkungen zu Lücken im kollektiven Rechtsschutz und dem Gesetzentwurf des BMJV zur Einführung der MFK, in: Schäfer, Der Gesetzesentwurf zur "Musterfeststellungsklage", 46, 52.

489 *Schneider*, DAR-Extra 2018, 741.

490 *Heese*, JZ 2019, 429, 437; *Schneider*, BB 2018, 1986, 1997; ausgehend von der anwaltlichen Praxis sei davon auszugehen, dass langjährige, komplexe und umfangreiche Schadensersatzprozesse auf Klägerseite 5.000 bis 10.000 Anwaltsstunden in Anspruch nehmen könnten (*Rotter*, VuR 2019, 283, 288).

491 *Heese*, JZ 2019, 429, 435.

keiner vorrangigen vertraglichen Haftung des Verbands, müssten die Prozessbevollmächtigten damit rechnen, von den angemeldeten Verbrauchern nach den Grundsätzen über den Vertrag mit Schutzwirkung zugunsten Dritter in Anspruch genommen zu werden.[492] Die Beklagtenseite ist dementsprechend bei großvolumigen und zeitintensiven Verfahren klar im Vorteil. Wirtschaftsunternehmen auf der Beklagtenseite können ihre Anwälte mit einer entsprechenden Honorarvereinbarung auf Stundenbasis bezahlen, so dass die Beklagtenseite die Verbraucherseite durch ein langes Verfahren auszehren und in einen günstigen Vergleich treiben könnte. Für die Prozessbevollmächtigten der Klägerin steigt mit der Länge des Verfahrens der wirtschaftliche Druck, während die Prozessbevollmächtigten der Beklagtenseite mit einer Honorarvereinbarung eher an einem exzessiven Verfahren interessiert sein dürften.[493]

b) *Handlungsoptionen der Prozessbevollmächtigten abseits der Vergütung nach RVG*

Unterstellt man, dass die Vergütung nach RVG in Relation zum Aufwand bei der Durchführung der Musterfeststellungsklage unverhältnismäßig ist und der klagende Verband keine Honorarvereinbarung trifft, die über den gesetzlichen Satz hinausgeht, besteht für einen Rechtsanwalt kein betriebswirtschaftlicher Anreiz, die Prozessführung in einem (aufwendigen) Musterfeststellungsverfahren zu übernehmen. Fraglich ist, welche Interessen die Prozessbevollmächtigten der Klägerin verfolgen könnten, die eine Übernahme des Verfahrens – abseits der Vergütung – interessant machen würden. Bei der Darstellung der möglichen Handlungsalternativen sollen den Prozessvertretern keine ethischen Defizite unterstellt werden, vielmehr liegt es auf der Hand, dass auch Rechtsanwälte betriebswirtschaftlichen Zwängen unterliegen, die bei der Beurteilung der Interessenlagen in einem Musterfeststellungsverfahren ebenfalls eine Rolle spielen. Die Kenntnis dieser Interessenlagen ist für die Wahl eines geeigneten AS-Verfahrens zur Beilegung eines Konflikts im Musterfeststellungsverfahren entscheidend.

Dies im Blick, sind mehrere Finanzierungsmodelle denkbar. Zunächst besteht die Gefahr, dass die Prozessvertreter wegen der im Vergleich zum Koordinierungs- und Vorbereitungsaufwand geringen Vergütung nach RVG nicht hinreichend viel Zeit und Energie für einen positiven Ausgang des Verfahrens

---

492 Siehe zur Haftung der Prozessbevollmächtigten 1. Kapitel:§ 4 B.II.2.d).

493 *Kähler*, ZIP 2020, 293, 297 f.

investieren.[494] Ein derartiges Vorgehen wäre lediglich betriebswirtschaftlich nachvollziehbar. Es kann bezweifelt werden, dass eine unzureichende Arbeitsweise der Öffentlichkeitswirksamkeit des Musterfeststellungsverfahrens gerecht wird und die Stellung des Anwalts am Markt stärkt. Auch mögliche Haftungsrisiken werden dadurch eher verstärkt.

Wahrscheinlicher ist deshalb, dass die Rechtsanwälte die Verteidigung im Musterverfahren übernehmen, um so Mandate für die Leistungsphase im Anschluss an das Musterfeststellungsurteil zu akquirieren. Sie verfügen über die entsprechende Medienpräsenz und haben Zugang zu den Anmeldern. Auch könnten spezialisierte Rechtsanwaltskanzleien in diesem Zusammenhang „Vorratsvereine“ zur möglichen Verfahrensführung gründen und den Verbrauchern ein Gesamtkonzept mit anschließender Vertretung in den Individualverfahren anbieten. Die Kanzleien würden im Wesentlichen an der Prozessvertretung in den Folgeverfahren verdienen, indem sie „Paketlösungen“ samt Vornahme der Anmeldung anbieten.[495] *Schmidt-Kessel* befürchtet sogar, dass derartige Vereine zum „professionellen Standard“ werden könnten.[496] Dies wird dadurch verstärkt, dass auch ausländische Verbände des Binnenmarktes klagebefugt wären, solange sie in das Register der Europäischen Kommission eingetragen sind. So bestünde die Möglichkeit, dass die Restriktionen des RVG keine Anwendung fänden.[497] Bei einem Rekurrieren auf die Leistungsphase wäre die Konsequenz, dass die Prozessbevollmächtigten eine natürliche Abneigung gegenüber einem Vergleich im Laufe des Musterfeststellungsverfahrens hätten. Die Kalkulation würde nur aufgehen, wenn es im Anschluss auch zu einer Vielzahl von Individualprozessen kommen würde, die hinsichtlich der Sach- und Rechtslage keine hohe Komplexität mehr aufweisen und somit mit einem vergleichsweise geringen Aufwand durchzuführen wären.[498]

Eine weitere Handlungsoption der Prozessbevollmächtigten setzt früher im Verfahren an. Die Prozessvertretung im Musterverfahren könnte nur zu Marketingzwecken übernommen werden, um so Mandanten für Individualverfahren

---

494 *Stadler*, Das neue Gesetz über Musterfeststellungsverfahren im deutschen Kapitalanlegerschutz, in: Bittner/Klicka/Kodek u.a., Festschrift für Walter H. Rechberger zum 60. Geburtstag, 663, 669.

495 Musielak/Voit/*dies.*, ZPO, § 606 Rn. 8.

496 *Schmidt-Kessel*, Stellungnahme zum Entwurf eines Gesetzes zur Einführung einer zivilprozessualen Musterfeststellungsklage zur Anhörung im Rechtsausschuß am 8.6.2018, 2018, S. 8.

497 *Merkt/Zimmermann*, VuR 2018, 363, 369.

498 *Röthemeyer*, VuR 2019, 87, 90.

abseits der Musterfeststellungsklage anzuwerben.[499] Gerade rechtsschutzversicherte Geschädigte könnten durch standardisierte Einzelklagen schneller und mit geringerem Risiko an einen Leistungstitel gelangen. Die Prozessbevollmächtigten der Musterfeststellungsklage würden mit diesem Vorgehen Synergieeffekte ausnutzen und die Wirtschaftlichkeit jeder einzelnen Individualklage erhöhen. Die Komplexität für den Abschluss eines außergerichtlichen Vergleichs wird bei einem derartigen Ansatz zusätzlich erhöht werden, da eine höhere Anzahl paralleler Individualverfahren miteinbezogen werden muss.

Ein weiterer Ansatzpunkt könnte der Abschluss eines (lukrativen) Vergleichs während des Musterfeststellungsverfahrens sein. Im Rahmen des Vergleichs könnte dann ein Honorar mit der Beklagten vereinbart werden, das die Vergütung nach RVG bei weitem übersteigt.[500] Bei dieser Absicht bestünde die Gefahr des kollusiven Handelns zwischen den Prozessbevollmächtigten des Verbands und der Beklagten. Als ein klassischer Fall des Prinzipal-Agenten-Problem gilt das kollusive Zusammenwirkungen zwischen den Repräsentanten und der Beklagten, in den USA bekannt unter dem Begriff „sweatheart-deals". Dabei verfolgen die Repräsentanten ihre eigenen Interessen und arbeiten auf einen Vergleich hin, der in erster Linie ihnen selbst und weniger den Geschädigten nützt. Um dies zu erreichen, arbeiten sie eng mit der Gegenseite zusammen und nutzen aus, dass sich eine Kontrolle der eigenen Aktivitäten durch den Agenten schwierig gestaltet.[501] Ohne den Abschluss eines für sie positiven Vergleichs würden die Prozessbevollmächtigten entweder auf die Leistungsphase verweisen oder dem Vergleich zumindest ablehnend gegenüberstehen.

Bei der rechtlichen Beurteilung dieses Vorgehens ist zu differenzieren zwischen einem außergerichtlichen Vergleich und einem gerichtlichen Vergleich i. S. d. § 611 ZPO. Der gerichtliche Vergleich muss genehmigt werden. Ausweislich der offenen Formulierung des § 611 Abs. 2 Nr. 4 ZPO erscheint eine Kostenregelung zugunsten der Prozessbevollmächtigten der Klägerin, die den RVG-Satz übersteigt zumindest möglich. Der Wortlaut von § 611 Abs. 1 ZPO, der auch Vergleichsregelungen mit Wirkung gegen die angemeldeten Verbraucher

499 *Ders.*, VuR 2019, 87, 88.

500 Siehe hierzu den Fall der VW AG vor dem OLG Braunschweig (2. Kapitel:§ 2 C.), wo die Prozessbevollmächtigten des vzbv Medienberichten zufolge ein Honorar i. H. v. EUR 500.000 ausgehandelt haben sollen. Dies entspräche etwa dem 70-fachen des üblichen RVG-Satzes.

501 *Coffee Jr.*, 54 U. Chi. L. Rev. 877, 883 (1987); *Coffee Jr.*, 86 Colum. L. Rev. 669, 714 (1986); ausführlich *Eggers*, Gerichtliche Kontrolle von Vergleichen im kollektiven Rechtsschutz, 2019, S. 93.

zulässt, würde auch einer indirekten Kostentragung durch die Anmelder nicht entgegenstehen. In Bezug auf den außergerichtlichen Vergleich bestünde nach *Fölsing* jedenfalls die Möglichkeit eines Verstoßes gegen das Verbot der Vertretung widerstreitender Interessen aus § 43a Abs. 4 BRAO, wenn die Prozessbevollmächtigten des Verbands der Gegenseite durch dieses Vorgehen dienen würden und der Vergleich für die Verbraucher besonders ungünstig wäre.[502]

Nach seiner Ansicht könnte der Verband selbst seine Stellung als qualifizierte Einrichtung gem. § 4 Abs. 2 S. 4 Nr. 2 UKlaG verlieren, wenn er die Verbraucherinteressen hintenanstellen und das Gebühreninteresse ihrer Prozessbevollmächtigen in den Vordergrund rücken sollte. Die Musterfeststellungsklagen dürfe nach § 606 Abs. 1 S. 2 Nr. 4 ZPO nicht zum Zwecke der Gewinnerzielung erhoben werden. Davon umfasst sei auch das Profitinteresse Dritter.[503] Für ein derartiges Verständnis der Gewinnerzielung spricht, dass der Verband durch die Musterfeststellungsklage, welche nicht auf Leistung gerichtet ist, kaum selbst Gewinne erwirtschaften kann. Dadurch rücken bei dem Verbot der Gewinnerzielung aus § 606 Abs. 1 S. 2 Nr. 4 ZPO die verdeckten Interessen von Dritten wie etwa von Anwaltskanzleien und Prozessfinanzierern in den Vordergrund.[504] In diesem Zusammenhang darf nicht vergessen werden, dass es natürlich auch möglich ist, dass Prozessvertreter und Mandant – unabhängig von der Vergütung – unterschiedliche Grundeinstellungen aufweisen könnten. Mancher Rechtsanwalt versteht sich als Konfliktlöser, manch anderer eher als Kämpfer für das Recht.[505]

In praktischer Hinsicht ist somit fraglich, wieviel Freiraum der Verband seinen Prozessbevollmächtigten im Einzelfall zugesteht. Der Abschluss eines Vergleichs mit einer Vergütung, die den RVG-Satz übersteigt, würde jedenfalls eine geringere Form der Kooperation zwischen Verband und Prozessbevollmächtigten voraussetzen als die anderen Handlungsalternativen. Gerade bei einem gerichtlichen Vergleich ist ungeklärt, ob das Gericht den Vergleich mit einer Anwaltsvergütung, die den RVG-Satz übersteigt, überhaupt genehmigen würde und, ob die Anmelder deswegen von ihrer Austrittsmöglichkeit Gebrauch machen würden. Bei einem außergerichtlichen Vergleich stellt sich mithin die Frage, ob die Verbraucher diesen in einem zweiten Schritt, bei einer (zu) hohen Vergütung der Anwälte überhaupt annehmen würden.

---

502 *Fölsing*, BB 2020, 1555, 1559.

503 *Ders.*, BB 2020, 1555, 1558 f.

504 HK-MfkG/*Röthemeyer*, § 606 Rn. 38.

505 *Sander/Goldberg*, 10 Negot. J. 49, 58 (1994).

c) Die Grenzen der Kooperation zwischen Verband und Prozessbevollmächtigten (BVerwG, Urteil v. 3.4.2019 – 8 C 4/18)

Der Spielraum für eine Kooperation zwischen Verband und Anwaltskanzleien ist begrenzt. Eine Entscheidung des BVerwG[506] setzte sich kritisch mit der Verbandsklagebefugnis eines Vereins bei zu enger Verflechtung mit einer Rechtsanwaltskanzlei auseinander. In dem Verfahren klagte ein Verbraucherverein gegen das BfJ und begehrte die Eintragung in die Liste qualifizierter Einrichtungen nach § 4 Abs. 2 S. 1 UKlaG. Das BVerwG entschied, dass ein Verein, dessen Verbraucheraufklärung- und -beratung darauf abzielt, Mandanten für eine bestimmte, mit dem Verein im wechselseitigen Interessen verflochtene Rechtsanwaltskanzlei zu gewinnen, seine Tätigkeit im wirtschaftlichen Interesse eines Dritten und damit gewerbsmäßig i. S. d. § 4 Abs. 2 S. 1 UKlaG betreibt. Die Verbraucheraufklärung und -beratung darf keinen wirtschaftlichen Interessen des Vereins oder Dritten, sondern ausschließlich dem kollektiven Verbraucherinteresse dienen. Zielt die Beratung und Aufklärung dagegen darauf ab, Dritten wirtschaftliche Vorteile zu verschaffen, ist sie gewerbsmäßig i. S. d. § 4 Abs. 2 S. 1 UKlaG. Es besteht jedenfalls dann ein Interessenkonflikt, wenn ein vom Kläger beratener Anleger einen nicht der Kanzlei angehörenden Anwalt beauftragen möchte. Hinsichtlich der Tatsachenfeststellungen verwies das Gericht auf die Vorinstanz, wonach der Kläger seine Aufklärungs- und Beratungstätigkeit in einer Zweckgemeinschaft mit der Rechtsanwaltskanzlei ausübte, sodass die Tätigkeit darauf abzielte, Mandanten für die Kanzlei zu gewinnen, die mit dem Kläger in wechselseitigem Interesse intensiv verflochten war. Die Aufklärungs- und Beratungstätigkeit richtete sich auf eine typischerweise anschließende anwaltliche Beratung und Vertretung der Mitglieder durch die Kanzlei. Für die Rechtsberatung empfahl der Verband ausschließlich diese Kanzlei und es bestand eine exklusive Kooperation.

---

506 Der Verband (Kläger) wurde im Jahr 2002 von Rechtsanwälten und Angestellten einer auf Bank- und Kapitalmarktrecht spezialisierten Rechtsanwaltskanzlei gegründet. Der Verein selbst hatte sich der „Förderung des Verbraucherschutzes durch Verbraucherberatung und -aufklärung auf dem Gebiet der geschlossenen Fondsmodelle und sonstigen Kapitalanlagemodelle“ verschrieben und sah sich als „Ansprechpartner für Investoren, deren Kapitalanlagen notleidend geworden sind“. Im Juni 2010 beantragte der Kläger, ihn in die Liste qualifizierter Einrichtungen nach § 4 Abs. 2 UKlaG einzutragen. Das BfJ als Beklagte lehnte ab, da eine sachgerechte, von gewerblichen Interessen Dritter unabhängige Aufklärungs- und Beratungstätigkeit nicht gewährleistet sei (BVerwG, Urteil v. 3.4.2019 – 8 C 4/18 = AnwBl 2019, 566 ff.).

Die Rechtsprechung lässt sich auf die Situation im Musterfeststellungsverfahren übertragen. Nach § 606 Abs. 1 S. 2 ZPO sind qualifizierte Einrichtungen die in § 3 Abs. 1 S. 1 Nr. 1 UKlaG bezeichneten Stellen. Dies sind unter anderem solche Stellen, die nachweisen, dass sie in der Liste qualifizierter Einrichtungen nach § 4 UKlaG eingetragen sind. Die hierfür notwendige Eintragung in die beim BfJ geführte Liste setzt voraus, dass es sich um einen rechtsfähigen Verein handelt, zu deren satzungsmäßige Aufgaben es gehört, Interessen der Verbraucher durch nicht gewerbsmäßige Aufklärung und Beratung wahrzunehmen. Es muss nach § 4 Abs. 2 S. 1 Nr. 3 UKlaG zudem gesichert erscheinen, dass der Verein seine satzungsmäßigen Aufgaben auch künftig dauerhaft wirksam und sachgerecht erfüllen wird. Systematisch regelt der Verweis des § 606 Abs. 1 S. 2 ZPO auf §§ 3 Abs. 1 S. 1 Nr. 1, 4 UKlaG die Grundvoraussetzungen, während die zusätzlichen Voraussetzungen in § 606 Abs. 1 S. 2 Nr.1-5 ZPO weitere und deutlich engere Voraussetzungen für die Klagebefugnis aufstellen.[507]

d) Die Haftung der Prozessbevollmächtigten

Bei der Haftung des Rechtsanwalts des klagenden Verbands ist zwischen der Haftung gegenüber seiner Mandantschaft, dem Verband, und der gegenüber den Anmeldern zu unterscheiden.

Gegenüber dem Verband haftet er vertraglich nach den Regeln der Anwaltshaftung. Der Verband kann zwar keine materiellen Schäden erleiden, da er selbst nicht Anspruchsinhaber ist, aber ihm fallen Prozesskosten an, die er bei sachgerechter Prozessführung durch den Verband nicht gehabt hätte.[508]

Die für den Anwalt bedeutender Schäden realisieren sich bei den Anmeldern, die durch eine schlechte Prozessführung objektiv bestehende Rechte verlieren könnten. Fraglich ist daher, ob die Anmelder möglicherweise Schadensersatzansprüche aus dem zwischen der Klägerin und ihrem Prozessbevollmächtigten geschlossenen Anwaltsvertrag in Verbindung mit den Grundsätzen zum Vertrag mit Schutzwirkung zugunsten Dritter geltend machen können. Dies ist umstritten. Eine Leistungsnähe des Dritten liegt vor, wenn der Dritte mit der Hauptleistung aus dem Vertrag typischerweise in Berührung kommt.[509] Das erforderliche Näheverhältnis zwischen einem Anwalt und einem Dritten liegt laut BGH nur vor, wenn die Leistung den Dritten nach der objektiven Interessenlage im Einzelfall mit Rücksicht auf den Vertragszweck typischerweise beeinträchtigen kann.

507 Musielak/Voit/*Stadler*, ZPO, § 606 Rn. 5.
508 HK-MfkG/*Röthemeyer*, § 608 Rn. 38.
509 MüKoBGB/*Gottwald*, BGB § 328 Rn. 184.

Entscheidend ist dabei, ob die Leistung des Anwalts, nach objektivem Empfängerhorizont, dem Dritten Schutz vor möglichen Vermögensschäden vermitteln soll.[510]

Nach einer Ansicht liegt dieses Näheverhältnis im Musterverfahren nicht vor und es bestehen keine vertraglichen Ansprüche der Anmelder aus dem Vertrag mit Schutzwirkung zugunsten Dritter. Die vom Anwalt gegenüber der Klägerin zu erbringende Leistung diene nicht als Grundlage für die Vermögensdisposition des Verbrauchers. Der Verbraucher entscheide selbst über Anmeldung und Rücknahme.[511] Auch fehle es an einem schutzwürdigen Interesse des Verbands an der Einbeziehung der Anmelder, da weder eine rechtliche Beziehung mit persönlichen Fürsorge- und Obhutspflichten noch eine Sonderverbindung zwischen Verband und dem unbestimmten Kreis aller denkbar betroffenen Anmelder vorliege.[512] *Stadler* hält überdies eine Haftung des klägerischen Anwalts gegenüber den Anmeldern auch in Anbetracht der Streitwertdeckelung auf EUR 250.000,00 und des daraus folgenden verhältnismäßig niedrigen Honorars für problematisch und unangebracht.[513]

Eine andere Ansicht bejaht das besondere Näheverhältnis und die Annahme eines Vertrags mit Schutzwirkung zugunsten Dritter. Eine Haftung käme jedenfalls dann in Betracht, wenn keine vorrangige Haftung des Verbands gegenüber den Anmeldern bestehe.[514] Argumentativ könne auf die Haftungssituation im KapMuG verwiesen werden, wo eine Haftung des Rechtsanwalts mit der Begründung abgelehnt werde, dass die Beigeladenen vertragliche Ansprüchen gegen ihren eigenen Prozessvertreter hätten. Bei der Musterfeststellungsklage bestehe für die Anmelder kein Anwaltszwang, weshalb es diesen vertraglichen Anspruch gerade nicht gebe und die Anmelder hinsichtlich der Haftung auf den Verband zurückgreifen müssten.[515] Eine Haftung der Prozessbevollmächtigten müsse daher mangels Haftung des Verbands im Musterfeststellungsverfahren bestehen.[516] Diese Ansicht ist abzulehnen. Letztlich haften die Prozessvertreter unstreitig gegenüber dem Verband aus dem Anwaltsvertrag. Durch diesen Anspruchsgegner steht auch der Verband nicht ganz schutzlos da. Anders als

---

510 BGH, Urteil v. 21.7.2016 – IX ZR 252/15 = NJW 2016, 3432, 3434.

511 *Weinland*, Die neue Musterfeststellungsklage: Einführung, 2019, Rn. 225.

512 BeckOK ZPO/*Lutz*, ZPO § 606 Rn. 27.1.

513 Musielak/Voit/*Stadler*, ZPO, § 608 Rn. 2.

514 *Scholl*, ZfPW 2019, 317, 351.

515 Ausführlich dazu *Halfmeier*, ZIP 2016, 1705, 1711.

516 *Koch*, MDR 2018, 1409, 1415.

im KapMuG verfügen die Anmelder nicht über eigene Ansprüche gegen ihren jeweiligen Rechtsanwalt, da die Anmeldung ohne Anwaltszwang und kostenfrei erfolgt. Man könnte argumentieren, dass die Prozessvertreter im Musterfeststellungsverfahren dadurch mehr Verantwortung tragen und auch mit größeren Haftungsrisiken rechnen müssten. Allerdings ist *Stadler* dahingehend zu folgen, dass sich diese umfassenden und gesteigerten Haftungsrisiken auch im Honorar widerspiegeln müssten. Der Honoraranspruch ist bei einem Streitwert von EUR 250.000,00 gedeckelt, während der Wert der materiellen Ansprüche der Anmelder diesen Betrag bei weitem übersteigen kann. Haftungsrisiken und Ertrag stehen in einem drastischen Missverhältnis.[517] Eine gesteigerte Schutzbedürftigkeit des Verbrauchers für das Musterverfahren entsteht in Anbetracht der kostenlosen Anmeldung nicht. Es besteht jederzeit die Möglichkeit, den Anspruch individuell durchzusetzen und kein Verbraucher wird zur Teilnahme verpflichtet.

e) Zwischenergebnis

Es lässt sich somit zusammenfassen, dass die Vergütung nach RVG für die Prozessbevollmächtigten nicht sonderlich lukrativ ist. Eine Vergütung auf Stundenbasis wird sich der Verband, da er selbst keine Gewinne erzielen darf, nicht leisten können. Wirtschaftlich handelnde Prozessbevollmächtigte werden entweder auf die Leistungsphase rekurrieren oder im Musterfeststellungsverfahren einen Vergleich abschließen, der sie schlussendlich deutlich über RVG vergütet. Die Kooperationsmöglichkeiten zwischen den Verbänden und den Prozessbevollmächtigten dürften – wie anhand des Urteils des BVerwG dargestellt – nur sehr eingeschränkt sein. Möglich ist schließlich auch, dass Kanzleien die Vertretung des Verbands aus Marketinggründen übernehmen und sich durch die große mediale Präsenz Folgemandate erhoffen. Die Kanzleien werden dabei Haftungsrisiken in den Blick nehmen und in Relation zu den niedrigen Gebühren setzen.

3. Interessen der Anmelder als Geschädigte

Sobald der Verbraucher (als Prinzipal) seine Ansprüche im Klageregister anmeldet, überträgt er die weitere Wahrnehmung seiner Rechte dem klagenden Verband (als Agent). Es liegt eine asymmetrische Informationsverteilung vor. Der Anmelder ist zwar als Geschädigter von dem maßgeblichen Schadensereignis betroffen und verfügt über notwendige tatsächliche Informationen, der

517 HK-MfkG/*Röthemeyer*, § 608 Rn. 39.

Verband hingegen sammelt alle Informationen der Geschädigten und ist damit in der Lage, diese für das Kollektiv an Geschädigten rechtliche einzuordnen und umfassender zu würdigen. Kraft seiner Erfahrung bei der Geltendmachung von Verbraucheransprüchen, verfügt der Verband über einen Wissensvorsprung gegenüber den Verbrauchern. Das Konzept der Musterfeststellungsklage basiert auf der Idee, dass der Verband uneigennützig die Interessen der Verbraucher vertritt.

Eine ähnliche Diskussion zur Interessenlage stellt sich bei der class action, wo im Wesentlichen zwischen zwei Betrachtungsweisen differenziert wird: Man kann das Verfahren als Aggregation von Individualinteressen oder man stellt das Gruppeninteresse in den Vordergrund und betrachtet die Gruppe als „litigating entity".[518] Dieselbe Ausgangsfrage stellt sich auch im hiesigen kollektiven Rechtsschutzverfahren. Auch wenn die Verbraucher bei der Musterfeststellungsklage im Kollektiv, vertreten durch den Verband auftreten, so erscheint es dennoch schwer ein kollektives Gruppeninteresse zu identifizieren. Die individuellen Interessen verwässern innerhalb der Gruppe und sind bei einer hohen Anzahl von Geschädigten naturgemäß heterogen. Die Rechtsdurchsetzung des individuellen Anspruchs wird durch den kollektiven Rechtsschutz einerseits erleichtert, führt aber andererseits auch dazu, dass das angemeldete Individuum die Kontrolle über den eigenen Anspruch ein Stück weit verliert.[519] Die Durchsetzung der Ansprüche der Anmelder im Musterfeststellungsverfahrens erfolgt auf zwei Stufen. Bis zu einem Musterfeststellungsurteil werden die Anmelder als Gruppe mit gemeinsamen Interessen angesehen. Erst nach dem Musterfeststellungsurteil treten wieder die individuellen Interessen hervor und erlangen verstärkt Bedeutung. Die Musterfeststellungsklage als Zwischenetappe zur Durchsetzung der klägerischen Ansprüche anzusehen, entspricht auch der Absicht des Gesetzgebers das Verfahren durch die Begrenzung der Verfahrensbeteiligung schlank und effektiv zu halten.[520] Die Verbraucher melden sich zu dem Verfahren kostenfrei an und entscheiden sich anfänglich gegen die Einzeldurchsetzung ihres Anspruchs. Das Musterfeststellungsverfahren, das Massenschäden zum Gegenstand hat, ist geprägt von einer Heterogenität der Interessen der Verbraucher (hierzu a)). Dennoch sind die Verbraucher bis zu einem Musterfeststellungsurteil nicht in das Verfahren eingebunden und können ihren Interessen kaum Ausdruck verleihen (hierzu b)).

---

518 *Shapiro*, Notre Dame L. Rev 73 (1998), 913, 918 f. (m.w.N.).

519 *Falla*, The role of the Court in Collective Redress Litigation, 2014, S. 181.

520 Zöller/*Vollkommer*, ZPO, § 610 Rn. 13.

a) Heterogenität der Verbraucherinteressen

Die an der Verhandlung auf Seiten der Verbraucher beteiligten Akteure sollten sich grundsätzlich der Interessen der eigentlich Geschädigten bewusst sein. Auch wenn die Ausgangssituation der Anmelder im Musterverfahren ähnlich ist, kann es zu Ungleichbehandlungen im Rahmen des Vergleichs und in der Folge zu Interessenkonflikten innerhalb der Gruppe der Anmelder kommen.[521] Das Prinzipal-Agenten-Problem wird schließlich verschärft, wenn die Anzahl der Vertretenen ansteigt und deren Interessen heterogen sind.[522]

Unterschiede innerhalb des Kollektivs könnten sich vor allem zeigen, wenn im Grundsatz die Frage aufkommt, ob der Verband überhaupt einen Vergleich schließen oder bis zu einem Musterfeststellungsurteil prozessieren soll. Ein Teil der Anmelder ist an einem Urteil interessiert, um später im Individualverfahren das jeweilige subjektive Recht im Ganzen geltend machen zu können. Ein anderer Teil der Anmelder dürfte an einem risikolosen und unkomplizierten Vergleich (und vor allem an einer schnellen Zahlung) interessiert sein. Eine weitere Anmeldergruppe wäre gegebenenfalls zur Erhebung der Individualklage bereit, zieht es aber wegen des Prozesskostenrisikos vor, die Klärung grundsätzlicher Fragen abzuwarten und sieht in der Musterfeststellungsklage nur einen Weg zur vorläufigen Verjährungshemmung.[523]

Möglich sind auch Differenzen im Hinblick auf den Vergleichsinhalt. Generell geht es bei Massenschäden oft um Dinge, die über eine bloße Entschädigung hinausgehen. Bei Katastrophenfällen sind viele Geschädigte „nur" an einer bloßen Entschuldigung und einem aufrichtigen Umgang mit dem Leid dieser interessiert.[524] Bei den Diesel-Verfahren hat es beispielsweise Anmelder gegeben, die ihr Fahrzeug gerne Zug-um-Zug zurückgeben wollen, weil sie an sich nicht mehr an die Diesel-Technologie glaubten und sich ein Fahrzeug mit einem anderen Antrieb kaufen wollten. Es hat aber auch Fahrzeugnutzer gegeben, die mit ihrem Fahrzeug und der Marke an sich zufrieden sind, aber lediglich eine (finanzielle) Entschädigung forderten. Auch kann man differenzieren zwischen solchen, die ihr Fahrzeug häufig nutzen und zur Berechnung der Nutzungsentschädigung an einer hohen Gesamtfahrleistung interessiert sind und solchen,

---

521 *Weinland*, Die neue Musterfeststellungsklage: Einführung, 2019, Rn. 175.

522 *Van den Bergh/Keske*, Rechtsökonomische Aspekte der Sammelklage, in: Casper/Janssen/Pohlmann u.a., Auf dem Weg zu einer europäischen Sammelklage?, 17, 28.

523 *Gurkmann/Jahn*, VuR 2020, 243, 246.

524 *Koch*, Mass damage in europe: Aggregation of claims, effective enforcement and adequate representation, in: van Boom/Wagner, Mass torts in europe, 157, 170.

die ihr Fahrzeug sowieso kaum nutzten und eine andere Berechnungsmethode für den Vergleich fordern.

Die Interessenkonflikte können zusätzlich entsprechend angefeuert werden, wenn etwa eine von einer bestimmten Rechtsanwaltskanzlei vertretene Anmeldegruppe im Rahmen des Vergleichs übervorteilt werden soll.[525] Die Berücksichtigung dieser gegenläufigen Interessen könnte für den klagenden Verband schwer sein.

b) Beteiligung der Verbraucher

aa) Unmittelbare Beteiligungsrechte

Trotz der Heterogenität der Interessen ist eine unmittelbare Beeinflussung des Verfahrens durch die Anmelder nicht möglich. Die breite Masse der angemeldeten Verbraucher kann weder sinnvoll am Verfahren noch an den Vergleichsverhandlungen beteiligt werden. Da gem. § 610 Abs. 6 ZPO die Regelungen zur Beteiligung Dritter an einem Rechtsstreit nach §§ 66 ff. ZPO zwischen den Parteien der Musterfeststellungsklage und den Verbrauchern keine Anwendung finden, können sich die Anmelder weder in Form der Nebenintervention selbst aktiv in das Verfahren einbringen noch können sie über eine Streitverkündung miteinbezogen werden.[526] Die Erhebung der Musterfeststellungsklage kann mangels Aktivlegitimation von dem Anmelder genauso wenig beeinflusst werden wie die Einlegung eines Rechtsmittels gem. § 614 ZPO.[527] Vor allem ist eine Beiladung der Anmelder nicht möglich. Hier besteht ein wesentlicher Unterschied zum KapMuG-Verfahren, wo dies der Fall ist.[528] Im Musterverfahren haben die Anmelder keinerlei unmittelbaren Einfluss auf das Verfahren und können weder Anträge stellen noch Erklärungen abgeben.[529]

---

525 *Waßmuth/Asmus*, ZIP 2018, 657, 664.

526 *Beckmann/Waßmuth*, WM 2019, 45, 51.

527 *Weinland*, Die neue Musterfeststellungsklage: Einführung, 2019, Rn. 220.

528 Zurückzuführen ist dies auf die unterschiedliche Systematik der beiden Musterklagen. Im KapMuG-Verfahren wird unter den einzelnen Kläger der geeignetste ausgewählt und zum Musterkläger bestimmt. Die nicht zum Musterkläger bestimmten Kläger werden Beigeladene und sind damit gem. § 9 Abs. 1 Nr. 3 KapMuG Beteiligte des Musterverfahrens, während bei der Musterfeststellungsklage die qualifizierte Einrichtung für die Anmelder klagt und den Prozess führt (Nordholtz/Mekat/*de Lind van Wijngaarden*, § 6 Rn. 37).

529 HK-MfkG/*Röthemeyer*, § 608 Rn. 21; anders im KapMuG-Verfahren: Dort können die Kläger den Musterkläger – theoretisch – durch die Geltendmachung eigener Angriffs- und Verteidigungsmittel in der Verfahrensführung unterstützen (Vorwerk/Wolf,

bb) Mittelbare Beteiligungsrechte

Die Anmelder können das Musterverfahren durch ihre An- und Abmeldung mittelbar beeinflussen.[530] Im Laufe des Verfahrens können die angemeldeten Verbraucher als Zeugen nach §§ 373 ff. ZPO vernommen werden, da sie weder Beteiligte noch Partei sind.[531] Während des Abschlusses des gerichtlichen Vergleichs sind die Mitwirkungsmöglichkeiten begrenzt. Entgegen des internationalen Standards hat der Gesetzgeber dem Gericht im Rahmen der Angemessenheitsprüfung zur Genehmigung eines Vergleichs nicht die Möglichkeit eingeräumt, die betroffenen Anmelder anzuhören.[532] Die Anmelder können nur ihren Austritt erklären, nicht aber den Inhalt des Vergleichs beeinflussen.[533]

cc) Auswirkungen

Die Einschränkung der Beteiligung der Verbraucher aus Gründen der Effektivität und der Verweis auf die anschließenden Individualverfahren überzeugt, solange man den möglichen Vergleichsschluss im Musterfeststellungsverfahren nicht berücksichtigt. Für eine interessenorientierten konsensuale Beilegung der Streitigkeit müssten die denkbar vielfältigen Interessen der Anmelder in irgendeiner Form bekannt werden. Das Musterfeststellungsverfahren verfügt im Gegensatz zum Individualprozess über keine höhere Legitimationswirkung. Ein Prozess erfüllt nach *Luhmann* die Aufgabe, Enttäuschungen durch Partizipation abzubauen, um so das Verfahrensergebnis zu legitimieren.[534] Je mehr der Betroffene die Möglichkeit hat, den Fall aus seiner Perspektive sowie sein Schicksal vor einer Stelle mit Autorität darzustellen, umso mehr wird er dem Verfahren am Ende Legitimation zuerkennen.[535] Der Gesetzgeber begründet die Einschränkung der Beteiligung der Anmelder im Musterfeststellungsverfahren – grundsätzlich nachvollziehbar – damit, dass „im Interesse eines effektiven Verfahrens […] eine Begrenzung der Verfahrensbeteiligen unerlässlich [ist]".[536]

KapMuG/*Lange*, § 9 Rn. 1); die Rechtsstellung der Beigeladenen nach § 14 KapMuG ist mit der des Nebenintervenienten vergleichbar (*Koch*, DZWir 2016, 351, 353f.).

530 *Weinland*, Die neue Musterfeststellungsklage: Einführung, 2019, Rn. 221.

531 HK-MfkG/*Röthemeyer*, § 610 Rn. 72; Nordholtz/Mekat/*de Lind van Wijngaarden*, § 6 Rn. 78.

532 Musielak/Voit/*Stadler*, ZPO, § 611 Rn. 10.

533 *Kähler*, ZIP 2020, 293, 295.

534 *Luhmann*, Legitimation durch Verfahren, 2019, S. 114.

535 *Haß*, Die Gruppenklage, 1996, S. 26 f.

536 BT-Drs. 19/2439, 27.

Mit dem Anmelder wurde eine Figur der gebundenen Nichtpartei geschaffen. Diese sind zwar materiell an den Ausgang des Verfahrens gebunden, aber prozessual weitestgehend unbeteiligt.[537] Im Rahmen des Musterverfahrens sollen die in einer Vielzahl von Fällen wiederkehrende tatsächlichen und rechtlichen Fragen geklärt werden, wohingegen individuelle Streitfragen, die die Anmelder betreffen, gerade nicht Gegenstand des Verfahrens sind.[538]

Der Vergleichsgegenstand soll über den Verfahrensgegenstand hinausgehen. Ein Vergleich soll gem. § 611 Abs. 2 Nr. 1 ZPO die auf die Anmelder entfallenden Leistungen enthalten und zieht daher den Gegenstand der Leistungsphase in das Musterfeststellungsverfahren. Dafür ist die Beteiligung der Anmelder an dem Vergleichsschluss zu gering ausgestaltet und eine interessenorientierte Konfliktbeilegung wird ohne eine Möglichkeit der Partizipation erschwert. Die von *Luhmann* angestrebte „Legitimation durch Verfahren" findet bis zu einem Musterfeststellungsurteil nicht statt und würde sich – wenn überhaupt – in die Leistungsphase verlagern. Für eine kosten- und risikolose Klärung des Rechtsstreits begeben sich die Verbraucher somit gänzlich in die Hände der Klägerin und des Gerichts.[539] Die Verbraucher werden ein ggf. unangenehmes Verhandlungsergebnis eher akzeptieren, wenn sie das Gefühl der Teilhabe vermittelt bekommen und an der Ergebnisfindung beteiligt werden. Der Prozess ist somit Teil des Ergebnisses.[540] Diese Annahme bestätigte auch *Kenneth Feinberg* während seiner langjährigen Tätigkeit als special master[541] in Massenschädensfällen in den USA: Bei der Verteilung der Gelder im Rahmen des 9/11-Kompensationsfonds gab er jedem Antragsteller die Möglichkeit eines persönlichen Gesprächs. Seines Erachtens habe das Verteilungssystem so Legitimation durch Partizipation erfahren.[542] Gleichzeitig weist er darauf hin, dass diese Einzelgespräche administrativ nur möglich waren, weil die Anzahl der Antragssteller sich in Grenzen hielt.[543] Er schildert in Bezug auf die Beteiligung von Geschädigten auch gegensätzliche Erfahrungen. Nach der Explosion der Öl-Plattform Deepwater-Horizon[544] führte er Town Hall Meetings mit einer Vielzahl von Geschädigten durch. Diese Treffen stellte er ein, da sie ihm im Ergebnis kontraproduktiv erschienen. Die

537 *Röthemeyer*, MDR 2019, 6, 11.
538 BR-Drs. 176/18, 14; *Fölsch*, DRiZ 2018, 214, 215.
539 *Röthemeyer*, MDR 2019, 6, 7.
540 *Fisher/Ury/Patton*, Das Harvard-Konzept, 2019, S. 58 f.
541 Siehe ausführlich zum special master 3. Kapitel:§ 2 A.II.2 e).
542 *Feinberg*, Who gets what, 2012, S. 51 f.
543 *Ders.*, Who gets what, 2012, S. 54.
544 Siehe zum Sachverhalt Fn. 648.

Wut der Antragsteller habe sich seines Erachtens durch polemische Redner, die teilweise unbegründet und haltlos immer die gleichen Dinge ansprachen, hochgeschaukelt.[545] Aus seinen vielfältigen praktischen Erfahrungen kann gefolgert werden, dass er die Partizipation grundsätzlich für förderlich hält, aber die Art der Umsetzung mindestens ebenso entscheidend ist.

c) Zwischenergebnis

Die Interessen der Verbraucher können hinsichtlich der Frage, ob und, noch vielmehr, mit welchem Inhalt ein Vergleich geschlossen wird, sehr heterogen sein. Die Erforschung der Interessen der Verbraucher gestaltet sich aufgrund der geringen Beteiligung eben dieser schwierig. Die Anmelder nehmen im Laufe der Feststellungsphase eine äußerst passive Rolle ein. Das Dreiecksverhältnis zwischen Beklagter, qualifizierter Einrichtung als Klägerin und Anmeldern ist dem deutschen Prozessrecht bislang unbekannt. In diesem Dreiecksverhältnis hat der Gesetzgeber der Effektivität des Verfahrens den Vorrang vor Partizipation eingeräumt. Es führt dazu, dass die Anmelder, als eigentliche Adressaten eines potentiellen Vergleichsschlusses, kaum in das Verfahren miteinbezogen werden.

Weiterhin fehlt es an Kontrollmöglichkeiten der eigentlich Geschädigten hinsichtlich des Handelns des Verbands und deren Prozessbevollmächtigten. Die vielfältigen Interessen der Anmelder finden so kaum Einzug in die Ausgestaltung des Vergleichsinhalts und verstärken das Prinzipal-Agenten-Problem. Der Verband und deren Prozessbevollmächtigte verfügen somit über Handlungsspielräume, die nicht mit den Interessen der Anmelder übereinstimmen müssen.

III. Risiken des Verbands

Die Verantwortung und Rolle des klagenden Verbands im Musterverfahren ist groß. Dementsprechend setzt er sich auch diversen Risiken aus. Der Verbraucher legt die prozessualen Gestaltungsmöglichkeiten gänzlich in die Hände des Verbands. Bis zum Ablauf des Tages des Beginns der mündlichen Verhandlung in erster Instanz kann der Verbraucher seine Anmeldung gem. § 608 Abs. 3 ZPO zurücknehmen und theoretisch aus einem Vergleich austreten. Im Anschluss daran verfügen die angemeldeten Verbraucher – wie soeben dargestellt – über nahezu keine Beteiligungsrechte.[546]

545 *Feinberg*, Who gets what, 2012, S. 156.
546 Siehe zur Beteiligung der Anmelder 1. Kapitel:§ 4 B.II.3.b).

Eine schlechte Prozessführung durch den Verband oder seiner Prozessvertreter kann schließlich dazu führen, dass tatsächlich bestehende Ansprüche der Verbraucher verloren gehen. Die Bindungswirkung des Musterfeststellungsurteils gem. § 613 Abs. 1 ZPO gilt nicht nur für den Fall eines positiven Musterfeststellungsurteils. Das Urteil hat grundsätzliche Bindungswirkung. Demnach sind die Gerichte der Folgeprozesse auch an klageabweisende Sachurteile gebunden.[547] Zudem kann eine schlechte Informationspolitik des Verbands im Vorfeld dazu führen, dass Anmelder die Ansprüche derart falsch anmelden, dass sich der Rechtsverlust mangels Verjährungshemmung erst auf zweiter Stufe zeigt.[548] Auch der Abschluss eines unwirksamen Vergleichs kann sich negativ für den Verband auswirken. Aufgrund dieser Risiken stellt sich die Frage der Haftung des Verbands (hierzu 1.). Hinzu kommen sonstige Risiken für den Verband abseits der Haftung. Diese können auch im Lichte von potentiellen Chancen des Verbands betrachtet werden (siehe hierzu 2.).

1. *Die Haftung des Verbands*

Das Gesetz trifft keine Aussage zum Verhältnis zwischen den Anmeldern und der Klägerin und folglich auch nicht zu einer entsprechenden vertraglichen oder vertragsähnlichen Haftung. Ob und auf welcher Grundlage der Verband für eine schlechte Prozessführung oder einen nachteiligen Vergleich haftet, ist im Schrifttum umstritten. Ausgangspunkt ist die Frage, welche Art von Rechtsverhältnis zwischen den angemeldeten Verbrauchern und dem Verband besteht.

Zwischen den Anmeldern und dem klagenden Verband besteht jedenfalls keine vertragliche Beziehung. Vertragliche Ansprüche aus § 280 Abs. 1 ZPO sind damit ausgeschlossen. Um ein Privatrechtsverhältnis zu begründen bedarf es einer eindeutigen Erklärung der Beteiligten, die über die Registeranmeldung und Bekanntmachung hinausgeht.[549] Auch ein Auftragsverhältnis nach §§ 662 ff. BGB scheidet aus, da die Anmelder dem Verband gegenüber nicht weisungsbefugt sind und auch nicht sein sollen. Auch ein Aufwandsersatzanspruch gem. § 670 BGB ist aufgrund der kostenlosen Anmeldung nicht intendiert.[550]

---

547 Musielak/Voit/*Stadler*, ZPO, § 613 Rn. 1.

548 HK-MfkG/*Röthemeyer*, § 608 Rn. 26.

549 *Weinland*, Die neue Musterfeststellungsklage: Einführung, 2019, Rn. 219.

550 HK-MfkG/*Röthemeyer*, § 608 Rn. 30; wohl a.A. ist *Schmidt-Kessel*, der argumentativ auf § 663 BGB verweist. Er geht davon aus, dass man die Beziehung zwischen klagebefugter Einrichtung und Verbrauchern als Repräsentationsverhältnis mit Geschäftsbesorgungscharakter einordnen könne (*Schmidt-Kessel*, Stellungnahme zum Entwurf eines Gesetzes zur Einführung einer zivilprozessualen Musterfeststellungsklage zur

Die Bekanntmachung wird durch das Gericht veranlasst und kann daher auch keine offerta ad incertas personas seitens des Verbands darstellen.[551]

Nach Ansicht von *Schmidt-Kessel* käme es im Ergebnis auf eine Einordnung gar nicht an, da jedenfalls ein besonderes Prozessrechtsverhältnis zwischen dem Verband und Anmeldern zustande komme. Dies sei ein Schuldverhältnis mit besonderen Rechten und Pflichten. Dafür spreche, dass die angemeldeten Verbraucher ihre Anmeldung nach dem Ablauf der Frist des § 608 Abs. 3 ZPO nicht mehr zurücknehmen können. Ab diesem Zeitpunkt bestehe ein Abhängigkeitsverhältnis.[552] Auch *Prütting* nimmt die Entstehung eines irgendwie gearteten gesetzlichen Schuldverhältnisses an, wonach die Kläger bei fehlerhafter Prozessführung von dem Verband Regress nehmen könnten.[553] Gegen die Annahme eines besonderen Prozessrechtsverhältnisses wird angeführt, dass aus der bloßen Klageerhebung des Verbands keine irgendwie geartete Rechtspflicht gefolgert werden könne. Auch solle das Verfahren ausschließlich zwischen der qualifizierten Einrichtung als Klägerin und der Beklagten geführt werden. Die Möglichkeit der Zurücknahme der Anmeldung solle lediglich ein Taktieren der Anmelder verhindern und kein Rechtsverhältnis begründen.[554] Auch sei das Verhältnis zwischen der Klägerin und den angemeldeten Verbrauchern außerprozessual und ein Prozessrechtsverhältnis entstehe grundsätzlich bei Rechtshängigkeit der Klage und nicht durch eine Anmeldung zum Klageregister.[555]

Nicht vollkommen auszuschließen ist, dass Ansprüche aus einer Geschäftsführung ohne Auftrag gem. §§ 677 ff. BGB bestehen. Dies gilt vor allem für Anprüche gegen den Verband nach Abschluss des Musterfeststellungsverfahrens.[556] Aber auch während des Verfahrens sind Ansprüche aus der Geschäftsführung ohne Auftrag möglich. Nach *Lutz* liegen diese nicht vor, da der Verband

Anhörung im Rechtsausschuß am 8.6.2018, 2018, S. 14); auch *Rohls* geht von einem Auftragsverhältnis aus. Bei der Bekanntmachung handele es sich um eine offerta ad incertas personas. Dies sei auch mit dem Rechtsgedanken des § 663 BGB vereinbar, da es keine weitere Musterfeststellungsklage gebe, bei der sich die Verbraucher anmelden könnten (Nordholtz/Mekat/*Rohls*, § 3 Rn. 98).

551 BeckOK ZPO/*Lutz*, ZPO § 606 Rn. 27.

552 *Schmidt-Kessel*, Stellungnahme zum Entwurf eines Gesetzes zur Einführung einer zivilprozessualen Musterfeststellungsklage zur Anhörung im Rechtsausschuß am 8.6.2018, 2018, S. 14; dem folgend *Merkt/Zimmermann*, VuR 2018, 363, 371.

553 *Prütting*, ZIP 2020, 197, 202.

554 *Weinland*, Die neue Musterfeststellungsklage: Einführung, 2019, Rn. 218.

555 Nordholtz/Mekat/*Rohls*, § 3 Rn. 99.

556 Musielak/Voit/*Stadler*, ZPO, § 611 Rn. 1.

mit der Klage ausschließlich ein eigenes Geschäft führe.[557] Die Grundidee der Geschäftsführung ohne Auftrag passe nicht auf die Prozessführung und mit der Klage allein werde der Verband nicht im Rechtskreis des Verbrauchers tätig. Der Verbraucher könne seine Ansprüche jederzeit individuell abseits der Musterfeststellungsklage verfolgen und die Anmeldung stehe zu seiner Disposition.[558] Außer Acht gelassen wird dabei, dass es sich durchaus um ein sog. „auch fremdes Geschäft" handeln könnte. Ein auch fremdes Geschäft liegt vor, wenn der Geschäftsführer das Geschäft in dem Bewusstsein führt, zumindest auch im Interesse eines anderen zu handeln.[559] Bei auch fremden Geschäften wird ein Fremdgeschäftsführungswille vermutet.[560] Objektiv dürfte es sich um ein eigenes Geschäft des Verbands handeln, da nur dieser Partei des Verfahrens ist. Subjektiv ist sich der Verband gewiss bewusst, dass er auch im Interesse der Anmelder handelt (subjektiv auch-fremdes Geschäft[561]). Die Prozessführung im Musterfeststellungsverfahren dient der individuellen Durchsetzung der (Leistungs-) Ansprüche durch die Verbraucher in der Leistungsphase. Aus der Perspektive des Verbands fällt die Führung des Musterfeststellungsverfahrens sowohl in den Rechts- und Interessenkreis der Anmelder als auch in den eigenen.

Eine fehlerhafte Information der Verbraucher durch den Verband bei der Bewerbung des Verfahrens führe auch nicht zu deliktischen Ansprüchen gem. §§ 823 ff. BGB, da keines der geschützten Rechtsgüter verletzt sei.[562] Denkbar seien allerdings Ansprüche der Verbraucher gegen den Verband aus § 826 BGB wegen vorsätzlicher sittenwidriger Schädigung im Falle eines kollusiven Zusammenwirkens des Verbands mit der Beklagtenseite.[563] Dieses Kooperationsverhältnis entspräche den bereits erwähnten „sweetheart-deals"[564] und käme in Frage, wenn der Verband eigene prozessuale Versäumnisse durch einen Vergleich verdecken will und kein Interesse an weiteren gerichtlichen Ermittlungen hat.[565] Auch könnte die Beklagtenseite von Anfang an mit Hilfe eines Verbands eine schnelle Klageerhebung lancieren, um sich so das Prioritätsprinzip

557 BeckOK ZPO/*Lutz*, ZPO § 606 Rn. 27.
558 HK-MfkG/*Röthemeyer*, § 608 Rn. 32 ff.
559 BGH, Urteil vom 23.9.1999 - III ZR 322/98 = NJW 2000, 72.
560 BGH, Urteil vom 16. 11. 2007 - V ZR 208/06 = NJW-RR 2008, 683.
561 MüKoBGB/*Schäfer*, BGB § 677 Rn. 48.
562 HK-MfkG/*Röthemeyer*, § 608 Rn. 37.
563 HK-MfkG/*ders.*, § 608 Rn. 36.
564 Siehe hierzu 1. Kapitel:§ 4 B.2.b).
565 *Magnus*, NJW 2019, 3177, 3179.

und die Monopolisierung der Klagebefugnis nach § 610 Abs. 2 ZPO zu Nutzen machen.[566]

Selbst wenn man die Haftung des Verbands annehmen sollte, so sind Teile der Literatur der Ansicht, dass zumindest eine Haftungsprivilegierung für den Verband gelten müsse. Die Verbände hätten sonst keinerlei Anreiz, Klage zu erheben. Immerhin müsse der Verband die Verfahrenskosten im Falle eines Unterliegens tragen, werde aber bei einem positiven Prozessausgang finanziell nicht beteiligt. Eine Haftungsprivilegierung würde dieses Missverhältnis kompensieren.[567] Dagegen wird angeführt, dass dadurch ohnehin nur die Prozessbevollmächtigen der Klägerin privilegiert würden. Auch seien die Verbraucher schutzwürdiger. Die bestehenden Haftungserleichterungen im BGB (§§ 31a, 31b, 680 BGB) machen den besonderen Ausnahmecharakter solcher Erleichterungen deutlich.[568] Würde man die Haftung des Verbands annehmen, so stellen jedenfalls mögliche Ansprüche gegen die Prozessbevollmächtigten und deren Haftpflichtversicherung eine Entlastung dar.[569]

Es wurde gezeigt, dass eine Haftung des Verbands äußerst umstritten ist. Mangels gesetzlicher Regelungen und Rechtsprechung wird es auch in Zukunft bei dieser Unsicherheit bleiben. Sieht man von der deliktischen Haftung bei kollusivem Zusammenwirken mit der Beklagten und dem Verband ab, erscheint es überzeugender eine Haftung des Verbands auszuschließen, wenngleich die Haftung des Verbands wegen Geschäftsführung ohne Auftrag gem. §§ 677 ff. BGB am ehesten in Frage käme. Ein Vertragsverhältnis zwischen Verband und Anmeldern besteht im Normalfall nicht. Es ist schon nicht ersichtlich, wie ein entsprechender Vertrag zustande kommen kann. Auch die Annahme eines „besonderen Prozessrechtsverhältnis“ ist nicht sachgerecht. Ein Prozessrechtsverhältnis besteht als dreiseitiges Verhältnis zwischen dem Gericht und den jeweiligen Parteien.[570] Die Verbraucher können zwar im Laufe des Verfahrens ein Vergleichsangebot annehmen oder ablehnen, verfügen aber sonst über keinerlei Beteiligungsrechte. Sie melden sich zu dem Verfahren an, um einem

---

566 Musielak/Voit/*Stadler*, ZPO, § 610 Rn. 2.

567 *Merkt/Zimmermann*, VuR 2018, 363, 371.

568 *Schmidt-Kessel*, Stellungnahme zum Entwurf eines Gesetzes zur Einführung einer zivilprozessualen Musterfeststellungsklage zur Anhörung im Rechtsausschuß am 8.6.2018, 2018, S. 17.

569 *Ders.*, Stellungnahme zum Entwurf eines Gesetzes zur Einführung einer zivilprozessualen Musterfeststellungsklage zur Anhörung im Rechtsausschuß am 8.6.2018, 2018, S. 17.

570 MüKoZPO/*Rauscher*, Einleitung Rn. 32.

späteren Individualverfahren von der Bindungswirkung des Musterfeststellungsverfahrens zu profitieren und nicht, um sich an diesem zu beteiligen. Konsequenterweise ist somit auch keine Haftungsprivilegierung für die Verbände notwendig. Dabei muss berücksichtigt werden, dass die Anmelder sich bewusst entscheiden haben, an dem Musterverfahren teilzunehmen, weil sie das Risiko des Individualprozesses scheuen. Die Möglichkeit individuell Klage zu erheben besteht bis zur Rücknahmefrist gem. § 608 Abs. 3 ZPO jederzeit. Bei einer fehlerhaften Prozessführung im Einzelverfahren würde der eigene Anwalt haften. Die Anmeldung zum Musterverfahren erfolgt kostenfrei und ist dafür eben auch nicht risikolos. Bis zu dem Zeitpunkt der Rücknahme haben die Verbraucher die Möglichkeit zu entscheiden, ob der Verband ihnen als geeignet erscheint oder, ob sie sich unter fortbestehender Hemmung der Verjährung wieder abmelden und den Klageweg individuell beschreiten.

2. *Sonstige Risiken*

Abseits der Haftung können für den Verband weitere Risiken bestehen, die den Verband aus eigenem Antrieb zu einem Vergleichsschluss bewegen könnten. Insbesondere könnte die Klageschrift aufgrund eines „Windhundrennens“ bei der Klageerhebung schwach ausgestaltet sein (hierzu a)). Das Musterfeststellungsverfahren bietet nicht die Möglichkeit Gewinn zu erzielen, vielmehr setzt sich der Verband finanziellen Risiken aus (hierzu b)) und läuft gleichzeitig Gefahr, selbst in das Visier der Öffentlichkeit und Justiz zu geraten (hierzu c)).

a) Ökonomischer Schaden durch „Windhundrennen“

Für den Verband besteht bis zur Rechtshängigkeit der Klage das Risiko, dass mehrere Verbände gleichzeitig eine Klageschrift ausarbeiten und schließlich nur eine von diesen tatsächlich zulässig ist. Bei der Auswahl des Musterklägers kommt es grundsätzlich nicht auf die individuelle Eignung eines Verbands an. Die Rechtshängigkeit einer Musterfeststellungsklage sperrt nach § 610 Abs. 1 S. 1 ZPO weitere Musterfeststellungsklagen, soweit deren Streitgegenstand denselben Lebenssachverhalt und dieselben Feststellungsziele betrifft. Eine nach Rechtshängigkeit eingereichte Musterfeststellungsklage ist unzulässig, soweit sich die Streitgegenstände überschneiden.[571] Nach § 610 Abs. 2 ZPO findet bei Musterfeststellungsklagen, die am selben Tag bei Gericht eingereicht werden, die Prozessverbindung nach § 147 ZPO Anwendung. Das Prioritätsprinzip soll

571 Nordholtz/Mekat/*Rohls*, § 3 Rn. 72.

sicherstellen, dass Unternehmen sich nicht parallel gegen mehrere Musterfeststellungsklagen verteidigen müssen.[572] Gerade bei Fällen, die Katastrophenschäden oder Fälle der Produkt- und Arzneimittelhaftung zum Gegenstand haben, fallen hohe Kosten für die Beschaffung von geeigneten Beweismitteln und die Aufklärung des Sachverhalts an.[573] Es besteht die Gefahr, dass ein anderer Verband aus Marketinggründen möglichst schnell eine Klage einreicht. Diese übereilten Klagen verfügen mit hoher Wahrscheinlichkeit über weniger Substanz als eine sorgfältig recherchierte und begründete Klage und können schnell zu einer Klageabweisung führen.[574] In diesem Zusammenhang ist denkbar, dass die erste Klage von einem Verband ohne jede Prozesserfahrung (etwa aus dem europäischen Ausland) erhoben wird. Eine zweite, besser geeignete Klage wäre in der Folge bei Identität der Feststellungsziele unzulässig.[575]

Das bestehende System ist zudem missbrauchsanfällig. So kann es sein, dass eine schlecht vorbereitete Klageschrift im Falle der Abweisung weitere Musterfeststellungsklagen mit denselben Feststellungszielen sperrt.[576] Im Gesetzgebungsverfahren wurde daher vorgeschlagen, den Musterkläger – angelehnt an § 9 Abs. 2 S. 1 Nr. 1 KapMuG – nach Eignung auszuwählen und die übrigen Musterverfahren auszusetzen. Ein unökonomischer Wettlauf der Musterkläger werde dadurch verhindert.[577] Zu den Eignungskriterien könnten Erfahrung, Qualität der Klage und Finanzkraft gehören. Auch der Umfang der Feststellungsziele könnte Berücksichtigung finden.[578] Mit den gleichen Bedenken wurde in den USA im Rahmen der class action das bekannte Prinzip des „race to the courthouse“ abgeschafft und durch eine Eignungsprüfung des Gerichts ersetzt.[579] Durch die aktuelle „Prioritätslotterie“[580] entsteht ein „Windhundrennen“[581].

572 Musielak/Voit/*Stadler*, ZPO, § 610 Rn. 2.

573 *Haß*, Die Gruppenklage, 1996, S. 30.

574 *Rotter*, VuR 2019, 283, 285, der sich auf anwaltliche Parallelverfahren im KapMuG und Musterfeststellungsverfahren bezieht.

575 *Scholl*, ZfPW 2019, 317, 344.

576 Musielak/Voit/*Stadler*, ZPO, § 610 Rn. 2.

577 *Salger* in der öffentlichen Anhörung zur Musterfeststellungsklage im Ausschuss für Recht und Verbraucherschutz (Nr. 15/19), S. 20; *Rotter*, VuR 2019, 283, 291.

578 *Röthemeyer*, VuR 2020, 130, 137.

579 Nordholtz/Mekat/*Rohls*, § 3 Rn. 73; hierbei wurde der erste Anwalt, der eine Klage einreichte, zum „lead counsel“ ernannt (*Cox/Thomas*, 106 Colum. L. Rev. 1587, 1598 (2006)).

580 So *Schmidt-Kessel* in der öffentlichen Anhörung zur Musterfeststellungsklage im Ausschuss für Recht und Verbraucherschutz (Nr. 19/15), S. 20.

581 *Schneider*, BB 2018, 1986, 1991.

Im Rahmen der Musterfestellungsklage werden die praktischen Auswirkungen des „Windhundprinzips" dennoch als gering angesehen. So sei die Anzahl der potentiellen Kläger aufgrund der besonderen Anforderungen an qualifizierten Einrichtungen gering, weshalb sich überhaupt nur wenige Kläger an diesem Rennen beteiligen könnten.[582] Es mag sein, dass am Ende nur wenige Kläger in Frage kommen und vor allem die Wahrscheinlichkeit der Klageeinreichung an demselben Tag sehr gering ist, dennoch besteht für die nicht-berücksichtigten Verbände die Möglichkeit eines ökonomischen Schadens, falls ihnen ein anderer Verband zuvor kommt. Je mehr Verbände die Klageeinreichung prüfen oder gar eine Klageschrift verfassen, die schließlich nicht berücksichtigt wird, umso mehr Ressourcen hätten diese für andere Aufgaben einsetzen können. Für den schnellsten Verband bedeutet das „Windhundrennen" ein Qualitätsrisiko. Potentiell klagende Verbände könnten einerseits geneigt sein, die Klageschrift ungenau zu verfassen, um diese möglichst schnell einzureichen. Andererseits setzt sich der Verband bei einer schlecht vorbereiteten Klageschrift gegebenenfalls einem Haftungsrisiko aus. Für die Anmelder und die Vergleichsverhandlungen bedeutet dies, dass durch eine schlechte Klageschrift schlussendlich wenige Tatbestandsmerkmale festgestellt werden und sich die Chancen auf einen guten Vergleich vor allem nach einem Musterfeststellungsurteil stark eintrüben könnten.

b) Finanziellen Risiken (oder Chancen?)

Verbandsklagen sind für die Verbände im Falle des Prozessverlusts mit erheblichen finanziellen Risiken verbunden, ohne dass finanzielle Vorteile gegenüberstehen. Die besonderen Anforderungen an die qualifizierten Einrichtungen aus § 606 Abs. 2 ZPO schränken den klagenden Verband in seinem Handeln ein. Die qualifizierte Einrichtung darf gem. § 606 Abs. 2 S. 2 Nr. 4 ZPO keine Musterfeststellungsklage zum Zwecke der Gewinnerzielung erheben.[583] Zudem sollen die qualifizierten Einrichtungen nach § 606 Abs. 1 S. 2 Nr. 3 ZPO Verbraucherinteressen weitgehend durch nicht gewerbsmäßige aufklärende und beratende

---

582 Nordholtz/Mekat/*Rohls*, § 3 Rn. 73.

583 Es ist bei einer auf Feststellung gerichteten Klage generell schwierig Gewinne zu erwirtschaften, weshalb mit dieser Anforderung offenbar weiter gesteckte Interessen von möglicherweise im Hintergrund agierenden Prozessfinanzierern und Anwaltskanzleien verhindert werden sollen (HK-MfkG/*Röthemeyer*, § 606 Rn. 38); in diese Richtung argumentierte auch das OLG Stuttgart in einem Urteil zu den Anforderungen an die qualifzierte Einrichtung (OLG Stuttgart, Urteil v. 20.3.2019 – 6 MK 1/18 = BKR 2019, 298).

Tätigkeiten wahrnehmen. Dieses Erfordernis soll sicherzustellen, dass Verbände nicht vorwiegend Musterfeststellungsklagen erheben. Auch die gerichtliche Geltendmachung von Verbraucherinteressen darf bei dem klagenden Verband nachweislich nur eine untergeordnete Rolle spielen.[584] Die Professionalisierung der Verbände wird damit bewusst verhindert. Die Möglichkeit, dass sich Verbände auf bestimmte Sachverhalte spezialisieren und so (als repeat player) ihre Kosten für die Informationsbeschaffung senken, besteht damit nicht.[585] Eine Waffengleichheit mit den Unternehmen wird so unmöglich gemacht.[586] Auch scheidet eine Finanzierung aus Mitgliedsbeiträgen aus. Durch die Möglichkeit der öffentlichen Anmeldung im Klageregister profitieren auch Nicht-Mitglieder. Die Verbände dürfen an den Musterfeststellungsklagen weder verdienen, noch können sie sich durch eine professionelle und erfolgreiche Klageführung eine positive Reputation erarbeiten. Die Verbände haben somit keinerlei finanzielle Anreize eine Musterfeststellungsklage zu erheben. Sie können sich lediglich bei besonders medienwirksamen Fällen in den Dienst der Gesellschaft stellen und die betroffenen Verbraucher entsprechend gerichtlich repräsentieren.

Neben der nicht vorhandenen Möglichkeit, Gewinnen zu erwirtschaften, steht zu befürchten, dass der Verband bei einer Klageabweisung die Prozesskosten gem. § 91 Abs. 1 S. 1 ZPO der Gegenpartei zu tragen hat. Hinzu kommen Zusatzkosten für eventuell zu erbringende Sachverständigengutachten. Die Regelungen über den Auslagenvorschuss ist gem. § 379 ZPO i. V. m. § 402 ZPO für die Musterfeststellungsklage nicht ausgeschlossen. Der Verband müsste als beweisbelastete Partei für ein kostenintensives Sachverständigengutachten Vorschuss leisten. Dies stellt für den klagenden Verband ein zusätzliches und erhöhtes Kostenrisiko dar.[587]

Schon vor Schaffung der Musterfeststellungsklage fiel auf, dass Verbände im Vergleich zu Gewinnabschöpfungs- und Einziehungsklagen deutlich mehr Unterlassungsklagen erhoben.[588] Dies hängt damit zusammen, dass es sich bei

584 BT-Drs. 19/2439, 23.

585 *Van den Bergh/Keske*, Rechtsökonomische Aspekte der Sammelklage, in: Casper/Janssen/Pohlmann u.a., Auf dem Weg zu einer europäischen Sammelklage?, 17, 35 f.

586 *Scholl*, ZfPW 2019, 317, 333.

587 Nordholtz/Mekat/*de Lind van Wijngaarden*, § 6 Rn. 81; *Weinland*, Die neue Musterfeststellungsklage: Einführung, 2019, Rn. 123.

588 Im dem Untersuchungszeitraum zwischen 2006 und 2009 erhob ein Verband im Durchschnitt 54 Unterlassungsklagen (9 nach § 1 UKlaG, 10 nach § 2 UKlaG, 35 nach § 8 UWG), 5 Einziehungsklagen nach § 79 ZPO und 11 Gewinnabschöpfungsklagen nach § 10 UWG (*Meller-Hannich*, Effektivität kollektiver Rechtsschutzinstrumente, in: Brömmelmeyer, Die EU-Sammelklage, 33, 41f.).

Ersteren um Prozesse mit hohem Streitwert und damit höherem Prozesskostenrisiko handelt.[589] Zudem gehen bei Gewinnabschöpfungsklagen die abgeschöpften Gewinne an den Fiskus und nicht an den klagenden Verband oder einen Fonds.[590]

c) *Gefahr politischer Einflussnahme am Beispiel der Organisation* Deutsche Umwelthilfe e.V. *(DUH)*

Der Verband muss bei Erhebung der Klage ein gewisses Maß an Transparenz gewährleisten. Nach § 606 Abs. 1 S. 3 ZPO kann das Musterfeststellungsgericht bei ernsthaften Zweifeln, dass die Voraussetzungen nach § 606 S. 2 Nr. 4 und 5 ZPO vorliegen, die Offenlegung der finanziellen Mittel der Klägerin verlangen. Auch wenn nach § 606 Abs. 1 S. 4 ZPO hinsichtlich der besonderen Voraussetzungen aus Satz 2 eine Vermutung zugunsten der Verbraucherzentralen und anderer Verbraucherverbände, die mit öffentlichen Mitteln gefördert werden, besteht, laufen die qualifizierten Einrichtungen Gefahr, Interna offenlegen zu müssen, um ihre Klagebefugnis darzulegen.[591] Bereits in zwei der ersten sechs Musterverfahren traten Probleme bei der Klagebefugnis des Verbands auf.[592]

---

589 *Dies.*, Effektivität kollektiver Rechtsschutzinstrumente, in: Brömmelmeyer, Die EU-Sammelklage, 33, 48.

590 *Gsell*, WuM 2018, 537, 539.

591 *Röthemeyer*, VuR 2020, 130, 141.

592 Das OLG Braunschweig lehnte in einem Verfahren die Bekanntmachung einer Musterfeststellungsklage ab, weil der Nachweis der erforderlichen Mindestmitgliederzahl nach § 606 Abs. 1 S. 2 Nr. 1 ZPO nicht lediglich durch Vorlage eines anonymisierten Mitgliederverzeichnisses und einer eidesstattlichen Versicherung des Vorstandes sowie dem Angebot einer persönlichen Anhörung erbracht werden könne. Auch müsse das Gericht anhand des klägerischen Vortrags feststellen können, ob der Kläger in Erfüllung seiner satzungsmäßigen Aufgaben Verbraucherinteressen weitgehend durch nicht gewerbsmäßige aufklärende oder beratende Tätigkeiten wahrnimmt (§ 606 Abs. 1 S. 2 Nr. 3 ZPO) (OLG Braunschweig, Beschl. v. 12.12.2018 – 4 MK 2/18 = BKR 2019, 294). Das OLG Stuttgart machte die Klage desselben Musterklägers wie in dem Verfahren vor dem OLG Braunschweig zwar im Klageregister öffentlich bekannt, wies die Musterfeststellungsklage allerdings durch Urteil als unzulässig ab. Die Klage sei nicht von einer qualifizierten Einrichtung i. S. d. § 606 Abs. 1 S. 2 ZPO erhoben worden. Das Gericht verneinte die erforderliche Anzahl von 350 Mitgliedern, da „Internetmitglieder“, die einen reduzierten Mitgliedsbeitrag entrichten und kein Stimmrecht haben, keine „Vollmitglieder“ seien. Es sei nicht auszuschließen, dass der Verein die Musterfeststellungsklage zum Zwecke der Gewinnerzielung erhebe, da zahlreiche Angehörige der Kanzleien der Prozessbevollmächtigten zugleich Mitglieder

Verbraucherzentralen und -verbände werden mit öffentlichen Mitteln gefördert und die Liste der qualifizierten Einrichtungen wird gem. § 3 Abs. 1 S. 1 Nr. 1 U KlaG beim Bundesamt für Justiz oder der Europäischen Kommission geführt. Es gäbe diverse politische Druckmittel und es besteht zumindest die abstrakte Gefahr der Einflussnahme durch die Exekutive.[593] Dies belegen beispielhaft die (politischen) Diskussionen rund um die *Deutsche Umwelthilfe e.V.* (DUH). Vereinzelt wird sogar erwogen dieser die Gemeinnützigkeit zu entziehen, da es sich um „ein Abmahnunternehmen unter dem Deckmantel des Klimaschutzes" handele.[594] Die DUH wird in der Liste der qualifizierten Einrichtungen des Bundesamtes für Justiz aufgeführt,[595] allerdings erfüllt sie nicht die zusätzlichen Anforderungen nach § 606 Abs. 1 S. 2 ZPO. Es soll verhindert werden, dass sich Einrichtungen aus verbraucherschutzfremden Motiven gründen und missbräuchlich zu Lasten von Unternehmen handeln.[596] Demnach darf eine qualifizierte Einrichtung beispielsweise nicht mehr als fünf Prozent ihrer finanziellen Mittel durch Zuwendungen von Unternehmen beziehen (Nr. 5). Diese Anforderungen sollen verhindern, dass das Instrument der Musterfeststellungsklage zur Schädigung eines Wettbewerbers eingesetzt wird.[597] Es besteht die Gefahr, dass die Interessen von Verbänden, die ein politisches oder moralisches Anliegen verfolgen, sich von denen der Anmelder unterscheiden und das Prinzipal-Agenten-Problem dadurch verstärkt wird. Es kann gemutmaßt werden, dass mithilfe der Regelung in § 606 Abs. 1 S. 2 ZPO die klagefreudige DUH aufgrund von Zuwendungen durch den japanischen VW-Wettbewerber Toyota als Klägerin ausscheiden sollte.[598]

---

des Vereins gewesen seien (OLG Stuttgart, Urteil v. 20.3.2019 – 6 MK 1/18 = BKR 2019, 298).

593 *Rotter*, VuR 2019, 283, 287.

594 *Neuerer*, Handelsblatt 03.03.2019.

595 *Bundesamt für Justiz*, Liste qualifizierter Einrichtungen gem. § 4 Absatz 2 UKlaG, 2021.

596 BT-Drs. 19/2439, 23.

597 Unklar ist welcher Abrechnungszeitraum Grundlage für die Berechnung sein soll. Würde man auf das Jahr der Klageerhebung abstellen, bestünde die Möglichkeit entsprechende Zuwendungen auf die Abrechnungszeiträume vor oder nach dem Jahr der Klageerhebung zu verteilen (Musielak/Voit/*Stadler*, ZPO, § 606 Rn. 9); BT-Drs. 19/2439, 23.

598 HK-MfkG/*Röthemeyer*, § 606 Rn. 44; der japanische Autohersteller setzte – anders als seine deutschen Konkurrenten – deutlich weniger auf Diesel-Antriebe und favorisiert in seinen Modellen insbesondere Hybrid-Antriebslösungen. Auf Nachfrage der FAZ zur Zusammenarbeit mit Toyota äußerte sich die DUH, deren Kampagnen sich vor allem gegen den Diesel richten, im Jahr 2016 wie folgt: "Die finanzielle Höhe der

Das Beispiel der DUH zeigt zweierlei: Einerseits wird eine besondere Klagefreudigkeit in der Politik nicht per se als positiv wahrgenommen wird. Andererseits spielen bei Verbänden, die dem ersten Anschein nach gemeinnützig wirken, oftmals ökonomische und politische Interessen im Hintergrund eine Rolle. Sobald ein Verband nach außen durch ein öffentlichkeitswirksames Musterfeststellungsverfahren auftritt, geht er damit auch das Risiko ein, viele seiner Aktivitäten und Mittelzuflüsse öffentlich machen zu müssen. Es besteht die Gefahr, dass der Verband selbst in das Visier des Gerichts gerät. Nachhaltige Reputationsschäden sind dabei nicht ausgeschlossen.

IV. Zwischenergebnis

Bei dem klagenden Verband stehen Chancen und Risiken in einem Missverhältnis. Außer der Verfolgung von allgemeinen Verbraucherinteressen, was sicherlich zu den gesellschaftlichen Aufgaben eines Verbraucherverbands gehört, bieten sich für qualifizierte Einrichtungen eigentlich keine Anreize für die Erhebung einer Musterfeststellungsklage. Den Verbänden wird durch die Anforderungen in § 606 Abs. 2 ZPO jeder finanzielle Anreiz und die Möglichkeit der Professionalisierung genommen. Im Gegenzug läuft der Verband Gefahr – bei einem Unterliegen – die Prozesskosten des Gegners gem. § 91 ZPO tragen zu müssen. Das Unterliegen wird dabei umso wahrscheinlicher je weniger der Verband mit der Führung von Musterfeststellungsklagen vertraut ist. Man kann wegen des Prozesskostenrisikos annehmen, dass Verbände nur in solchen Fällen Verfahren einleiten, bei denen davon auszugehen ist, dass aufgrund eines hohen öffentlichen Drucks mit einer hoher Wahrscheinlichkeit im Laufe des Verfahrens ein Vergleich geschlossen wird.[599]

Sowohl die Haftung des Verbands als auch der Prozessvertreter gegenüber den Anmeldern ist sehr umstritten ist. Hier wird der Ansicht gefolgt, dass grundsätzlich keiner von beiden gegenüber den Anmeldern haftet, solange kein kollusives Zusammenwirken zwischen dem beklagten Unternehmen und dem Verband vorliegt. Weder die Haftung des Verbands noch die Haftung der Prozessbevollmächtigten im Musterfeststellungsverfahren ist gesetzlich geregelt.

Förderung durch Toyota beträgt seit fünf Jahren einen mittleren bis höheren fünfstelligen Betrag pro Jahr, mit dem zwei Projekte unterstützt werden" (*Knop*, Frankfurter Allgemeine Zeitung (FAZ) 27.05.2016); Nach großer Kritik beendete Toyota zum Januar 2019 die Zusammenarbeit mit der DUH (*Appel*, Frankfurter Allgemeine Zeitung (FAZ) 04.12.2018.

599 *Schlingmann/Thiery*, Der Betrieb 2018, 2550, 2554.

Auch Rechtsprechung liegt zum jetzigen Zeitpunkt noch nicht vor, weshalb haftungsrechtliche Risiken verbleiben. Hinderlich für einen Vergleichsschluss könnte sich das doppelte Prinzipal-Agenten-Problem auswirken. Eine Kollision der Interessen des klagenden Verbands und seiner Prozessbevollmächtigten ist nicht auszuschließen. Die Vergütung der Rechtsanwälte ist im Hinblick auf das Ausmaß eines Musterfeststellungsverfahrens nicht angemessen. Es ist somit nur denkbar, dass wirtschaftlich handelnde Rechtsanwälte die Vertretung des Verbands im Verfahren entweder übernehmen, weil sie sich (a) aufgrund der Pressewirksamkeit Mandate für parallele Individualverfahren erhoffen, (b) Mandate für die Leistungsphase akquirieren wollen oder (c) einen Vergleich mit einer Honorarvereinbarung anstreben, der sie über RVG hinaus vergütet. Eine ausgeprägte Kooperation zwischen den Anwaltskanzleien und dem Verbraucherverband ist mit Blick auf die Rechtsprechung des BVerwG zu § 4 UKlaG nicht denkbar. Ein Vergleichsschluss während des Verfahrens stünde zudem im Widerspruch zu dem Anliegen der Verfolgung überindividueller Verbraucherinteressen durch den Verband. Das Modell der Verbandsklage soll nicht dazu führen, dass vorschnell einzelne Verbraucher begünstigt werden, sondern letztendlich alle die von dem Schadensereignis betroffen sind. Aufgrund der niedrigschwelligen und ungeprüften Anmeldungen erscheint es unwahrscheinlich, dass durch einen Vergleich alle Anmelder begünstigt werden können. Der Abschluss eines Kollektivvergleichs wird sich auf die Leistungsphase konzentrieren.

Hinzu kommt, dass die Interessen des Verbands mit denen der Anmelder konfligieren können. Die Interessen der Anmelder können – wie festgestellt – sehr heterogen sein. Diese sind im Laufe der Feststellungsphase nicht in das Verfahren eingebunden. Hinsichtlich der Effizienz des Verfahrens erscheint die geringe Beteiligung in dieser Phase des Verfahrens auch nachvollziehbar, sofern es zu individuellen Leistungsklagen kommt. Der Vergleichsgegenstand sollte aus Gründen der endgültigen Beilegung der Streitigkeiten über den Verfahrensgegenstand des Musterfeststellungsverfahrens hinausgehen. Selbst bei der Genehmigung des Vergleichs durch das Gericht findet keine Anhörung der eigentlich geschädigten Verbraucher statt. Die fehlende Mitwirkung in Kombination mit der Möglichkeit des Opt-Out im Rahmen des gerichtlichen Vergleichs führt schließlich dazu, dass womöglich erst nachdem der Vergleich ausgehandelt und durch das Gericht genehmigt wurde, festgestellt werden kann, ob der Vergleich die Interessen und Vorstellungen der Mehrheit der angemeldeten Verbraucher trifft. Bei einem außergerichtlichen Vergleich wird man die Akzeptanz der Rahmenvereinbarung erst in einem zweiten Schritt feststellen können.

Das in Abbildung 5 grafisch dargestellte Gemenge aus negativen Faktoren und Risiken im Musterfeststellungsverfahren führt dazu, dass weder der Abschluss

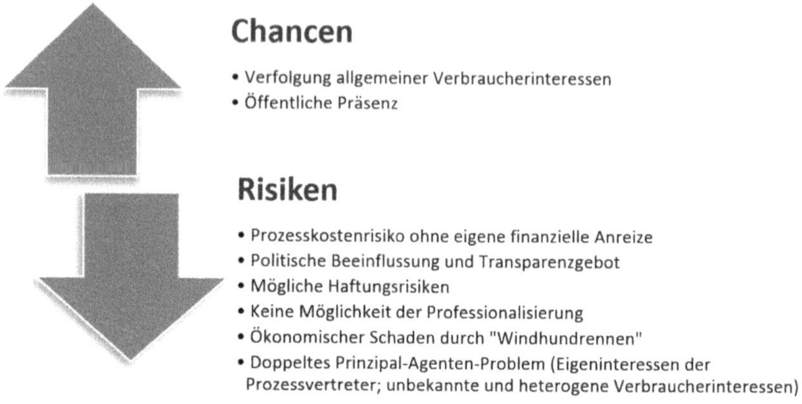

Abbildung 5: Das Verhältnis von Chancen und Risiken des klagenden Verbands im Überblick

eines Vergleichs noch die Erhebung einer Musterfeststellungsklage für die qualifizierte Einrichtung interessant sein dürfte. Die Interessen der Akteure auf Seiten der Klägerin stellen während des Musterfeststellungsverfahrens ein strategisches Einigungshindernis dar. Dies bestätigt auch die Differenz zwischen den erwarteten und den tatsächlich erhobenen Musterfeststellungsklagen. Der Gesetzgeber rechnete mit jährlich 450 Musterfeststellungsklagen, während im ersten Jahr (2019) lediglich 6 erhoben wurde. Es ist davon auszugehen, dass sich an diesen wenigen Klageerhebungen nichts ändert, wenn Verbände einerseits keinerlei Anreize zur Klageerhebung haben und sich andererseits zahlreichen Risiken aussetzen.

§ 5 Anforderungen an AS-Verfahren

Ausgehend von diesen Feststellungen ergeben sich Anforderungen für die Alternative Streitbeilegung im Anschluss an das Musterfeststellungsurteil:

a) Nach einem Musterfeststellungsurteil ist nur noch ein außergerichtlicher Vergleich möglich. Die Vorschrift für den gerichtlichen Vergleich gem. § 611 ZPO findet in dieser Phase keine Anwendung mehr.
b) Bei einem größeren Erledigungsumfang kann nur ein Eckpunktevergleich abgeschlossen werden, der mittelbare Abgeltungsklauseln vorsieht. Erst in einem zweiten Schritt sollen die Geschädigten basierend auf den zuvor ausgehandelten Konditionen einen Individualvergleich abschließen können. Im

Gegensatz zum gerichtlichen Vergleich, der gem. § 611 Abs. 1 ZPO auch mit Wirkung gegen die angemeldeten Verbraucher geschlossen werden kann, besteht bei einem außergerichtlichen (Direkt-)Vergleich zwischen dem Verband und der Beklagten die Gefahr des Abschlusses eines Vertrags zu Lasten Dritter.

c) Die Bestimmung eines zentralen Verhandlungspartners in der Leistungsphase ist notwendig. Gerade in größeren Massenschadensfällen ist es unökonomisch, wenn die Beklagte nach einem Musterfeststellungsurteil mit jedem Geschädigten gesonderte Konditionen aushandeln müsste. Um einen Eckpunktevergleich im Anschluss an ein Musterfeststellungsurteil auszuhandeln und abzuschließen, müsste eine Zentralisierung der Interessen und Bedürfnisse der Verbraucher stattfinden.
d) Das AS-Verfahren sollte die nicht in das Musterfeststellungsverfahren eingebunden Verbraucher umfassender beteiligen. Es besteht die Gefahr, dass das gefundenen (Vergleichs-)Ergebnis allein wegen der geringen Partizipation am Ergebnis des Vergleichs nicht akzeptiert wird.
e) Den beschriebenen kognitiven Einigungshindernissen muss aktiv entgegengewirkt werden. Die überoptimistische Einschätzung der Anmelder, die von einem positiven Musterfeststellungsurteil ausgehen dürfte, bedarf einer fachmännischen Einordnung. Die Verbraucher könnten wegen des Obsiegens im Musterfeststellungsurteils jedes Vergleichsangebot reaktiv abwerten, solange auf Beklagtenseite kein volles Nachgeben stattfindet. Der zentrale Verhandlungspartner auf Seiten der Kläger sollte bei der Verhandlung des Vergleichs verstärkt die Interessen der Verfahrensbeteiligten und der Verbraucher in den Blick nehmen, um so durch kreative Wege eine kompetitive Verhandlung im Sinne der Nullsummenannahme zu verhindern.
f) Die Verbraucher benötigen im Anschluss an ein Musterfeststellungsurteil eine fundierte Einordnung ihrer eigenen Erfolgsaussichten. Gerade bei Massenschäden sind wesentliche Anspruchsvoraussetzungen wie Kausalität oder Schadenshöhe nicht musterverfahrensfähig. Das AS-Verfahren sollte demnach einen Mechanismus finden, wodurch die Verbraucher nicht nur stärker an dem Verfahren partizipieren, sondern auch über den aktuellen Verfahrensstand und die individuellen Erfolgsaussichten informiert werden.
g) Der Abschluss eines außergerichtlichen Vergleichs gestaltet sich bei einem großen Erledigungsumfang, wie Abbildung 3 zeigt, komplex. Es ist somit eine Stelle zur Prüfung der individuellen Anspruchsberechtigung auf Grundlage des Eckpunktevergleichs notwendig.

2. Kapitel: Typizität möglicher Vergleichsinhalte

Die Bestimmung des Vergleichsinhalts bereitet bei Kollektivverfahren wegen der Bündelung verschiedener Individualansprüche regelmäßig Schwierigkeiten. Dies gilt besonders in Deutschland, wo man im Vergleich zu anderen Ländern mit kollektiven Rechtsschutzverfahren bislang noch wenig Erfahrung hat. Die Musterfeststellungsklage mündet in einem Feststellungsurteil, weshalb das Gericht im Urteil weder zur Höhe der Entschädigung noch zu seiner Verteilung Stellung nehmen muss. Die Bestimmung der Höhe der Entschädigung findet mit Blick auf das zweistufige System der Musterfeststellungsklage erst in den Individualverfahren im Anschluss an ein Musterfeststellungsurteil statt.[600] Der Vergleich im Musterfeststellungsverfahren verbindet im Prinzip die Feststellungs- mit der Leistungsphase, da der Vergleich gem. § 611 Abs. 2 Nr. 1 ZPO auch die auf die angemeldeten Verbraucher entfallenden Leistungen enthalten soll. Weil der Vergleichsinhalt dispositiv ist, bieten sich grundsätzlich verschiedene Arten zur Bestimmung des Schadens an. Die Ausgestaltung eines Vergleichs hängt bei einer Vielzahl von Geschädigten wesentlich von der Art der Schadensbetrachtung ab.

Im Folgenden wird sich zunächst mit den wesentlichen schadensrechtlichen Betrachtungsweisen zur Berechnung und Verteilung der Entschädigungssumme auseinandergesetzt (hierzu § 1). Die Betrachtungsweisen werden anhand konkreter Beispielsfälle zur vergleichsweisen Beilegung von Massenschadensfällen in der Vergangenheit erläutert (hierzu § 2). Die Bestimmung des Vergleichsinhalts hängt wesentlich von den über die Ansprüche der Anmelder zur Verfügung stehenden Informationen ab (hierzu § 3). Abschließend wird sich mit den konkreten Anforderungen an den Vergleichsinhalt im Musterfeststellungsverfahren sowie zweckmäßigen Regelungsinhalten auseinandergesetzt (hierzu § 4). Daraus ergeben sich wiederum konkrete Anforderungen an die Durchführung eines AS-Verfahren (hierzu § 5).

600 BeckOK ZPO/*Augenhofer*, ZPO § 611 Rn. 7.

§ 1 Methoden zur Berechnung und Verteilung des Schadensersatzes in der Leistungsphase

Die Höhe des Schadens ist nicht nur im kollektiven Rechtsschutz schwer feststellbar, sondern oftmals schon in einem gerichtlichen Zweiparteienprozess. Der Geschädigte muss bei deliktischen Schadensersatzansprüchen grundsätzlich den Eintritt des Schadens und die Höhe beweisen.[601] Die Beweislast gilt auch für die Leistungsklagen im Anschluss an ein Musterfeststellungsurteil. Da die Erbringung und Überprüfung der Nachweise stets mit einem hohen Aufwand verbunden ist, besteht bei einem Vergleich in einem Kollektivverfahren die Notwendigkeit kostengünstige und effiziente Methoden zur Berechnung und Verteilung der Entschädigungszahlung zu identifizieren.[602] Da die Parteien – wie in Kapitel 1 festgestellt – im Anschluss an ein Musterfeststellungsurteil freier sind als während des laufenden Musterfeststellungsverfahrens, lohnt es sich allgemeingültig mit Systemen der Schadensberechnung und -verteilung auseinanderzusetzen. Dabei können drei Grundsystem herangezogen werden: Bei der Schadensberechnung im Rahmen eines Kollektivverfahrens kann zum einen der Vermögensverlust des Einzelnen zugrunde gelegt werden (hierzu A.) oder es kann dem Kollektiv eine Gesamtsumme zugewiesen werden, die dann entsprechend verteilt wird (hierzu B.). Auch Mittelwege wie die Schadenspauschalisierung sind denkbar (hierzu C.).

A. Individualschadensbeurteilung

Das Zweiparteienprinzip ist ein prägendes Element des Zivilprozesses.[603] Dem Zivilprozess ist nicht nur das Erfordernis der Personenverschiedenheit von Kläger und Beklagtem wesenseigentümlich, sondern es hat auch zur Voraussetzung, dass sich zwei Parteien gegenüberstehen.[604] Eine Kollektivklage mit mehreren Geschädigten als Verfahrensbeteiligte entspräche somit grundsätzlich nicht der Typizität des deutschen Prozessrechts.[605] Auch im materiellen Schadensrecht wird davon ausgegangen, dass sich stets Schädiger und Geschädigter

---

601 MüKoBGB/*Oetker*, BGB § 249 Rn. 482.

602 *Eichholtz*, Die US-amerikanische class action und ihre deutschen Funktionsäquivalente, 2002, S. 182.

603 *Rosenberg/Schwab/Gottwald*, Zivilprozessrecht, 2019, § 1 Rn. 7.

604 Musielak/Voit/*Weth*, ZPO, § 50 Rn. 4.

605 *Koch*, DZWir 2016, 351, 352.

gegenüberstehen.[606] Es wird stets mit inter partes-Wirkung über den konkreten Einzelfall entschieden, weshalb dieser grundsätzlich präzise bei der Schadensberechnung sein muss. Das deutsche Schadensrecht ist geprägt von dem Grundsatz der Naturalrestitution, wonach der Schädiger den Zustand herzustellen hat, der bestehen würde, wenn der zum Ersatz verpflichtete Umstand nicht eingetreten wäre (§ 249 Abs. 1 BGB).[607] Die Höhe des zu ersetzenden Schadens bestimmt sich anhand eines Vergleichs zwischen der tatsächlich eingetretenen Vermögenslage und der hypothetischen Vermögenslage, die ohne das haftungsbegründende Ereignis eingetreten wären (Differenzhypothese).[608]

Die Betrachtung des Schadens im Kollektivverfahren könnte somit als Konsequenz der Prinzipien im deutschen Schadens- und Haftungsrechts als ein Nebeneinander von Individualschäden angesehen werden. Wäre das kollektive Rechtsschutzverfahren auf Leistung gerichtet, müsste das Gericht den individuellen Schaden jedes Verbrauchers einzeln bestimmen. Wenn man die Musterfeststellungsklage als zweistufiges Verfahren bestehend aus kollektiver Verbandsklage gerichtet auf Feststellung und anschließenden Individualklagen gerichtet auf Leistung betrachtet, folgt das Rechtsschutzinstrument der individualistischen Betrachtungsweise und es wird letztendlich nicht von den Prinzipien des deutschen Schadens- und Haftungsrecht abgewichen. Auch sind an dem Musterverfahren selbst, mit dem beklagten Unternehmen und dem Verband, nur zwei Parteien beteiligt. Die Ansprüche werden lediglich bis zum Musterfeststellungsurteil kollektiviert und nach einem Musterfeststellungsurteil wird es wieder in zahlreiche Zweiparteienprozesse aufgegliedert, für welche die Bindungswirkung des rechtskräftigen Musterfeststellungsurteils nach § 613 Abs. 1 S. 1 ZPO gilt. Die Bestimmung des Schadens in den Individualverfahren erfolgt – sofern nicht spezieller Vorschriften etwas Abweichendes vorsehen – anhand der §§ 249 ff. BGB. Da die Bestimmung der Schadenshöhe nicht musterverfahrensfähig ist,[609] muss in der Leistungsphase jeder Schaden präzise durch das jeweilige Gericht bestimmt werden. In einem klassischen Zweiparteienprozess muss der Nachweis für den Schaden grundsätzlich vollständig

606 MüKoBGB/*Oetker*, BGB § 249 Rn. 10; *Magnus*, in: Dauner-Lieb/Langen, BGB - Schuldrecht, 2016, vor § 249 Rn. 16.

607 MüKoBGB/*Oetker*, BGB § 249 Rn. 18.

608 BGH, Urteil v. 5.2.2015 – IX ZR 167/13 = NJW 2015, 1373, 1374; BGH, Urteil v. 14.6.2012 – IX ZR 145/11 = BGHZ 193, 297; BGH, Urteil v. 6.6.2013 – IX ZR 204/12 = WM 2013, 1323.

609 Siehe zur Musterverfahrensfähigkeit 1. Kapitel:§ 2 B.III.1.

erbracht werden.[610] Die verpflichtende Individualberechnung des Schadens durch das Gericht findet sich überdies in zahlreichen anderen europäischen Rechtsordnungen, wie etwa in Spanien[611] oder England & Wales[612].

Diese individualistische Herangehensweise gilt grundsätzlich nur für gerichtliche Entscheidungen. Bei dem Abschluss eines Vergleiches sind die Parteien flexibel, weshalb in der Regel ökonomische Betrachtungsweisen in den Vordergrund rücken dürften. Zur Herbeiführung von Effizienzgewinnen ist davon auszugehen, dass die Parteien von der größeren Anpassungsfähigkeit eines Vergleichs Gebrauch machen werden. Sollten alle Anmelder aus dem Musterverfahren im Anschluss an den Musterentscheid eine Individualklage erheben und den Schaden jeweils gerichtlich nach den Prinzipien des Schadensrechts nach §§ 249 ff. ZPO bestimmen lassen, würde der Effizienzgewinn durch die vorherige Kollektivierung schnell verloren gehen. Bei einer größeren Anzahl an Geschädigten könnte der Aufwand der konkreten Bestimmung der Schadenshöhe gerade bei Fällen mit geringer Schadenshöhe den tatsächlich eingetretenen Schaden schnell bei weitem übersteigen. Die Individualschadensbetrachtung bietet sich somit insbesondere bei einer überschaubaren Anzahl an Geschädigten und Massenschäden an. Zumal die Schaffung eines Gesamtmechanismus bei einer geringen Anzahl an Geschädigten die erzielten Effizienzgewinne der ersparten individuellen Schadensermittlung schnell aufwiegen würde. Auch erscheint die Individualschadensbetrachtung eher für Massen- als für Bagatellschäden geeignet. Je höher der Einzelschaden ist, desto eher lohnt es sich diesen möglichst präzise zu bestimmen. Bei Bagatellschäden wird – unter ökonomischen Gesichtspunkten – dem administrativen Aufwand zur Bestimmung eines

610 MüKoBGB/*Oetker*, BGB § 249 Rn. 482.

611 So in einem Fall des Audiencia Provincial (Landgericht in zweiter Instanz) von Asturien (Nr. 453/2004) vom 14.10.2014. In dem Fall ging es um eine Lebensmittelvergiftung bei einer Hochzeit mit 29 Geschädigten. Das Gericht legte in seinem Urteil die Höhe des Schadensersatzes für jeden betroffenen Gast individuell fest (*Falla*, The role of the Court in Collective Redress Litigation, 2014, S. 205).

612 Die Group Litigation Order (GLO) in England & Wales stellt ein zusätzliche Tool für das Verfahrensmanagement von Massenschäden dar, damit Gerichte derartige Prozesse effizienter organisieren können. Dabei kann der zuständige Richter sich verschiedener Methoden, wie der Ernennung einer Musterklägerkanzlei oder der Auswahl von Musterverfahren bedienen (*Falla*, The role of the Court in Collective Redress Litigation, 2014, S. 22 f.); in Part 19 III des englischen Civil Procedure Law (CPR) wird deutlich, dass die Ansprüche weiterhin individuell zu behandeln sind und auch als solche gelöst werden müssen (*Gibbons*, C.J.Q. 27, 208, 233).

Schadens eine größere Rolle beigemessen, da die Schäden selbst von sehr geringem Ausmaß sind. Schließlich würden bei einem komplexen System am Ende prozentual diejenigen am meisten verdienen, die das System zur administrativen Abwicklung des Vergleichs bereitstellen. Bei Massenschäden könnte sich die Einrichtung eines aufwendigeren administrativen Verteilungsmechanismus, der die Schäden individuell in den Blick nimmt, eher lohnen, da der Kompensationsgedanke in den Vordergrund rückt und eine genauere Schadensbestimmung in Form der Individualbetrachtung den Geschädigten am ehesten gerecht wird. Letztendlich müssen die gefundenen Lösungen von den Geschädigten akzeptiert werden. Eine differenzierte und individuelle Betrachtungsweise wird bei großvolumigeren Schäden von den Betroffenen eher erwartet als bei Bagatellschäden, die ein höheres rationales Desinteresse der Geschädigten erwarten lassen.

B. Gesamtschadensbeurteilung

Die Geschädigten könnten auch als homogene Masse betrachtet werden, der am Ende des Verfahrens eine Gesamtsumme zugewiesen wird. In einem zweiten Schritt könnte diese Gesamtsumme unter den Geschädigten verteilt werden. Die Gesamtschadensbeurteilung wird bei Massenverfahren insbesondere in den USA angewandt, weshalb im Folgenden immer wieder beispielhaft auf Fälle aus dem US-amerikanischen Rechtskreis Bezug genommen wird. Bei der class action kann im Rahmen der Berechnung des Schadensersatzes zum einen – wie im deutschen Recht – der Vermögensverlust jedes einzelnen Geschädigten zugrunde gelegt werden, zum anderen aber auch der vom Schädiger verursachte Gesamtschaden.[613] Die class action wird oftmals mit negativen Entwicklungen und Erfahrungen assoziiert. Man spricht in diesem Zusammenhang oftmals von den „amerikanischen Verhältnissen",[614] die man im europäischen und deutschen Rechtsraum zu verhindern versucht. Elemente wie die Zahlung des Strafschadensersatz („punitive damages"), die vorprozessuale Beweisbeschaffung („pretrial discovery"), Verhandlungen vor Geschworenengerichte („jury trial"), das

613 *Zirngibl*, Kollektiver Rechtsschutz im Zivilprozess in den USA und Deutschland, 2006, S. 81.

614 *Janssen*, Auf dem Weg zu einer europäischen Sammelklage?, in: Casper/Janssen/Pohlmann u.a., Auf dem Weg zu einer europäischen Sammelklage?, 3, der auf Tagungen mit Vertretern des BDI und des DIHK verweist; *Merkt/Zimmermann*, VuR 2018, 363, 366; *Schmidt-Kessel*, Stellungnahme zum Entwurf eines Gesetzes zur Einführung einer zivilprozessualen Musterfeststellungsklage zur Anhörung im Rechtsausschuß am 8.6.2018, 2018, S. 4.

Prinzip, dass jede Partei ihre eigenen Anwaltskosten trägt („american rule of cost“) oder die hohen Erfolgshonorare für Klägervertreter führen zu einer oft beschriebenen gefährlichen Mischung verschiedener negativer Elemente für die auf dem US-amerikanischen Markt tätigen Unternehmen. Die Literatur und Vertreter der Wirtschaft umschreiben diese Gemengelage oftmals mit negativer Konnotation als „toxic cocktail“.[615]

Ausgehend von der Unterschiedlichkeit der Funktion des Schadensersatzes und der anderen Grundausrichtung des common law, erscheint eine Gesamtschadensbetrachtung in den USA im Grunde nachvollziehbarer als in Deutschland. Der Schadensersatz hat in den USA eine ausgeprägte Steuerungs- und Straffunktion, weshalb dort etwa die Zahlung von punitive damages möglich ist. Der geschädigten Person ist hierbei über den tatsächlich erlittenen Schaden hinaus eine Geldbuße zu bezahlen.[616] Der Strafschadensersatz betrachtet bei der Bestimmung der Schadenssumme somit auch die Wirtschaftskraft des Schädigers und verfolgt das Ziel, eine vergleichbare Handlung für die Zukunft zu verhindern.[617] In den USA gab es historisch bedingt schon immer eine Abneigung gegen behördliche Kontrolle und Überregulierung. Die Bewährung der Rechtsordnung wird in die Hände der Bürger gelegt, wodurch die private Rechtsdurchsetzung Aufgaben übernehmen soll, die über das bloße Prozessrechtsverhältnis hinausgehen.[618] Die Möglichkeit der Gesamtschadensbetrachtung ist eine Konsequenz aus dieser Form der Rechtsdurchsetzung.

In den Rechtsordnungen des civil law, bzw. des römisch-germanischen Rechtskreises, sind überkompensierender Schadensersatzzahlungen zur Prävention meist systemfremd und die Kompensation orientiert sich nur an den effektiven Verlusten der Geschädigten.[619] Die §§ 249 ff. BGB stellen die Ausgleichsfunktion in den Vordergrund. Hauptziel ist es, dass das verletzte Interesse des Geschädigten durch Wiedergutmachung wieder dem vorherigen Zustand

---

615 *Koch*, DZWir 2016, 351, 357; *Hodges*, ERA Forum 2012, 11, 17; *Janssen*, Auf dem Weg zu einer europäischen Sammelklage?, in: Casper/Janssen/Pohlmann u.a., Auf dem Weg zu einer europäischen Sammelklage?, 3 f., der auf Tagungen mit Vertretern des BDI und den DIHK verweist.

616 *Eichholtz*, Die US-amerikanische class action und ihre deutschen Funktionsäquivalente, 2002, S. 182.

617 *Dobbs/Roberts*, Law of remedies, 2018, S. 215.

618 *Stadler*, Class actions in den USA als Vorbild für Europa?, in: Brömmelmeyer, Die EU-Sammelklage, 91, 93 f.

619 *Amaro/Azar Baud/Corneloup u.a.*, Collective Redress in the Member States of the European Union, 2018, S. 75.

angenähert werden soll. Der Ausgleich darf den Geschädigten also nicht besserstellen als er vorher stand.[620] Für die Verurteilung des Schädigers zur Zahlung einer Gesamtsumme ohne Einzelnachweise der jeweiligen Geschädigten könnte es im deutschen Recht gar an einer Rechtsgrundlage fehlen.[621] Dem zivilrechtlichen Schadensersatz wird daher keine pönale Funktion zuerkannt, die den Schädiger bestrafen soll.[622] Die Präventionsfunktion wird in Deutschland eher als ein Nebenprodukt der Ausgleichsfunktion angesehen. Eine eigenständige Bedeutung wie in den USA kommt ihr nicht zu.[623] Zu möglichen Strafschadensersatzzahlungen („punitive damages") stellte der BGH fest, dass „die moderne deutsche Zivilrechtsordnung […] als Rechtsfolge einer unerlaubten Handlung nur den Schadensausgleich (§§ 249 ff. BGB), nicht aber eine Bereicherung des Geschädigten vor(sieht) […] Die Bestrafung und – im Rahmen des Schuldangemessenen – Abschreckung sind mögliche Ziele der Kriminalstrafe (§§ 46 f. StGB), die als Geldstrafe an den Staat fließt, nicht des Zivilrechts."[624] Dementsprechend knüpft das Haftungsrecht an die individuelle Verantwortlichkeit an.[625] Einzig beim Schmerzensgeld nach § 253 BGB spielt auch die Genugtuungsfunktion eine Rolle und ist zusätzlicher Maßstab für die Schadensbemessung.[626] In Deutschland sieht *Canaris* ruinöse und katastrophal hohe Schadensersatzpflichten sogar als nicht mit dem verfassungsrechtlichen Übermaßverbot vereinbar an,[627] während den Gerichten in den USA bei der bei der Bestimmung der Schadenshöhe eine größere Flexibilität zugebilligt wird.

In den USA findet die Art der gerichtlichen Schadensbetrachtung damit regelmäßig auch Eingang in die Bestimmung der Höhe der Ausgleichszahlungen in einem Vergleich. Dementsprechend spielt bei der Bemessung der Vergleichssumme auch die Wirtschaftskraft des Schädigers eine Rolle. Bei den teilweise sehr großvolumigen Vergleichsabschlüssen verwundert es nicht, dass die Mehrheit der class actions durch einen Vergleich beendet wird.[628] Ein Verfahren

---

620 *Magnus*, in: Dauner-Lieb/Langen, BGB - Schuldrecht, 2016, vor § 249 Rn. 8.

621 *Lutz*, Stellungnahme zum aktuellen Entwurf des Bundesministeriums der Justiz und für Verbraucherschutz für ein Gesetz zur Einführung einer Musterfeststellungsklage, 8.6.2018, S. 13.

622 *Magnus*, in: Dauner-Lieb/Langen, BGB - Schuldrecht, 2016, vor § 249 Rn. 15.

623 *Ders.*, in: Dauner-Lieb/Langen, BGB - Schuldrecht, 2016, vor § 249 Rn. 11.

624 BGH, Urteil v. 4.6.1992 – IX ZR 149/91 = ZIP 1992, 1256, 1266.

625 *Müller*, VersR 1998, 1181.

626 *Magnus*, in: Dauner-Lieb/Langen, BGB - Schuldrecht, 2016, vor § 249 Rn. 14.

627 *Canaris*, JZ 1987, 993, 995.

628 *Magnus*, NJW 2019, 3177, 3178.

wird häufig auch nur deshalb angestrengt, um einen im Vorfeld ausgehandelten Vergleich durch das Gericht genehmigen zu lassen (sog. „settlement class action").[629] Der Vergleich bedarf aufgrund seiner Bindungswirkung nach Rule 23 (e) der Federal Rules of Civil Procedure (FRCP) die Genehmigung durch das Gericht. Dieses prüft ob der Vergleich fair, vernünftig und angemessen ist.[630] Zweckmäßigerweise beziehen die Parteien bei den Verhandlungen auch die gerichtliche Schadensbetrachtung mit ein. Problematisch wird die Bestimmung einer Gesamtschadenssumme allerdings, wenn hinsichtlich der Ansprüche noch keine Verjährung eingetreten ist oder sich die Schäden teilweise noch nicht konkret gezeigt haben. Unsicherheiten bestehen auch dann, wenn die Zahl künftiger Klagen ungewiss ist oder es größere Unsicherheiten bei den individuellen Schadenshöhen gibt.[631] Diese besondere Problematik verdeutlichen aktuell die Entwicklungen um den Vergleich der Bayer AG mit Klägern in den USA im Hinblick auf die Glyphosat-Streitigkeiten. Der zuständige Richter *Vince Chhabria* lehnte den Vergleich ab, weil Bayer die künftigen Klagen nicht ausreichend bei seinem Vergleichsvorschlag berücksichtigte.[632]

I. Typischer Ablauf des Gesamtschadenssystems

Sowohl bei Abschluss eines Vergleichs als auch in einem Urteil ist das Gesamtschadenssystem meist zweistufig ausgestaltet. Auf erster Stufe wird die Gesamtentschädigungssumme („common fund") berechnet. Auf zweiter Stufe schließt sich typischerweise das Verteilungsverfahren an.[633]

1. Erste Stufe: Berechnung der Gesamtentschädigungssumme

Es gibt verschiedene Wege um zu einer Gesamtsumme zu gelangen. Zunächst müssen die potentiellen Ansprüche gesammelt werden. In den USA geschieht dies in Massenschadensfällen meist anhand verschiedener Techniken, wie etwa durch die multidistrict litigation (MDL)[634], die class action oder im Falle einer

---

629 *Stadler,* Class actions in den USA als Vorbild für Europa?, in: Brömmelmeyer, Die EU-Sammelklage, 91, 93.

630 *Scholl,* ZfPW 2019, 317, 324.

631 *Feinberg,* 53 L & Contemp Probs 79, 89 (1990).

632 *Salz,* Wirtschaftswoche 25.02.2021.

633 *Eichholtz,* Die US-amerikanische class action und ihre deutschen Funktionsäquivalente, 2002, S. 183.

634 Bei der gerichtsbezirksübergreifenden Sammelklage (multidistrict litigation) werden Klagen, die bei allen möglichen Bundesgerichten (federal courts) des Landes in einem Massenschadens-Fall eingereicht werden, an ein einziges Bundesgericht überwiesen.

Insolvenz des beklagten Unternehmens im Rahmen des Restrukturierungsverfahrens nach Chapter 11 des bankruptcy code, welches dem Insolvenzgericht viel Macht zur Abwicklung der Ansprüche gegen das Unternehmen einräumt.[635] Bei der Bestimmung der Höhe des common fund ist auch die Anzahl der Unternehmen und Stellen, die den common fund finanzieren, sowie deren Solvenz entscheidend. Auf Beklagtenseite können (genauso wie im Musterfeststelllungsverfahren[636]) theoretisch auch mehrere Parteien verklagt werden. Bei einem Vergleich mit mehreren Beklagten müsste somit auch festgelegt werden, wer zu einer Gesamtsumme wieviel beiträgt oder beitragen kann.[637] Unabhängig von der Anzahl der Beklagten kann das Volumen des common fund im Vorfeld anhand verschiedener Methoden bestimmt werden:

Bei diesem werden die Verfahren im Ganzen vorgerichtlichen koordiniert. Im Jahr 2017 waren ein Drittel aller bei einem Bundesgericht anhängigen Zivilverfahren Teil einer MDL. In der Theorie sollen die einzelnen Verfahren nach der vorgerichtlichen Koordinierung wieder an die Ausgangsgerichte zurückverwiesen werden. Das tatsächliche Ziel der MDL ist allerdings der Abschluss eines Massenvergleichs. Da der Supreme Court den class actions mittlerweile kritisch gegenübersteht, ist MDL aktuell der bevorzugte Mechanismus zur Bewältigung von Massenschäden in den USA (*Bradt/Rave*, 105 Calif. L. Rev. 1259, 1260 (2017) f.).

635 *Feinberg*, 53 L & Contemp Probs 79, 84 ff. (1990).

636 So jedenfalls die herrschende Meinung in der Literatur: Etwas anderes ergebe sich auch nicht aus dem Wortlaut, der in § 606 Abs. 1 S. 1 ZPO den Singular bei „Unternehmer“ als Beklagten und den Plural bei „Verbrauchern“ als Kläger verwendet. Der Gebrauch des Singulars entspreche den allgemeinen Begrifflichkeiten der ZPO und bei Verbrauchern es werde nur deswegen der Plural verwendet, weil in der Musterfeststellungsklage nie nur ein einziger Verbraucher beteiligt sein könne (HK-MfkG/*Röthemeyer*, § 606 Rn. 60); es sei somit nicht ausgeschlossen, dass die Regelungen der Streitgenossenschaft gem. §§ 59, 60 ZPO Anwendung finden. Es müsste sich allerdings bei der Klage gegen jeden Beklagten um die gleichen Feststellungsziele und den gleichen Lebenssachverhalt handeln (Nordholtz/Mekat/*Heigl/Normann*, § 2 Rn. 31).

637 In den USA gibt es hier verschiedene Ansatzpunkte. So könnte die anteilige Haftung bei Produkthaftungsfällen anhand des Marktanteils („market share“), der Stellung des jeweiligen Unternehmens in der Absatzkette oder anhand der gegen das jeweilige Unternehmen erhobenen Einzelklagen oder der Summe der bereits gezahlten Vergleichszahlungen („litigation share“) vorgenommen werden (*Feinberg*, 53 L & Contemp Probs 79, 90 (1990)).

a) Hypothetischer Durchschnittsschaden

Eine Methode ist die Bildung eines hypothetischen Durchschnittsschadens multipliziert mit der Anzahl der potentiellen Fälle. Dies könnte pro Kopf zu jeweils gleichen Zahlungen führen.[638] Bei dieser Methode müssen die Ansprüche sehr ähnlicher Natur sein und die Anzahl der Geschädigten ungefähr bekannt sein. Dies könnte letztendlich dazu führen, dass einige Geschädigte überkompensiert und andere unterkompensiert werden.[639] Um die Transaktionskosten niedrig zu halten, wäre es bei dieser Methode auch möglich auf Einzelnachweise zu verzichten und generelle Feststellungen für die Betroffenheit der Gruppe als Einheit verbunden mit einer Verteilungsformel („aggregate assessment") zuzulassen.[640] Diese Methode bietet sich vor allem bei Streuschäden an. Bei diesen übersteigt der administrative Aufwand des Fonds oftmals die tatsächliche Schadenshöhe und es profitieren wegen des relativ hohen Verwaltungsaufwands letztendlich nur diejenigen, die den Fonds verwalten und die Mittel verteilen sollen. Hinzu kommt, dass bei geringen Schäden viele Geschädigte ihre Ansprüche nicht anmelden oder zumindest auch geringe Anforderungen an den Nachweis oft als zu aufwendig empfinden.[641]

b) Analyse des Inhalts vergangener und anhängiger Klagen

Eine weitere Methode ist die umfassende Analyse aller vergangenen und anhängigen Klagen, um anschließend eine qualifizierte Gesamtsumme zu bestimmen. Diese Methode eignet sich besonders bei Fällen, wo der individuelle Schaden schwer zu quantifizieren ist und wenig Informationen seitens der Geschädigten zur Verfügung stehen. Sie wurde bei den Dalkon-Shields-Fällen angewendet, wo die Schwere der Schädigungen sehr unterschiedlich und die Anzahl der tatsächlich Geschädigten unklar war.[642]

c) Bestimmung einer (willkürlichen) Gesamtsumme

Es kann aber auch – wie in den Agent Orange-Fällen[643] – eine willkürliche Gesamtsumme bestimmt werden, die in einem Vergleichsfonds einzuzahlen ist.

---

638 *Gibbons*, C.J.Q. 27, 208, 233.

639 *Falla*, The role of the Court in Collective Redress Litigation, 2014, S. 186 f.

640 *Dies.*, The role of the Court in Collective Redress Litigation, 2014, S. 187.

641 *Stadler*, Class actions in den USA als Vorbild für Europa?, in: Brömmelmeyer, Die EU-Sammelklage, 91, 99.

642 Siehe näheres zu dem Ablauf bei den Dalkon-Shields-Fällen 2. Kapitel:§ 2 A.

643 Gegenstand der Agent Orange-Fälle war ein Pflanzenschutzmittel, das vom US-amerikanischen Militär während des Vietnamkriegs dazu eingesetzt wurde, Wälder

Erst nach der Bestimmung der Gesamtsumme wird ein System zur Verteilung entwickelt, welches sich an der bereits ausgehandelten Gesamthöhe orientiert.[644] Diese Methode ist vor allem dann in Betracht zu ziehen, wenn mit dem Vergleich auch gruppenbezogene oder überindividuelle Zwecke und nicht nur die bloße Kompensation der Geschädigten bezweckt werden soll. Bei der Bestimmung einer Gesamtsumme können nämlich auch Summen miteinberechnet werden, die den Geschädigten nur indirekt zugutekommen und einen überindividuellen Zweck verfolgen.[645] Grundsätzlich bezieht ein Kollektivvergleich - anders als in einem Zweiparteienprozess - oftmals auch gruppenbezogene Angelegenheiten mit ein.[646] Dies zeigte sich auch an dem Vergleich der VW AG in den USA mit den Aufsichtsbehörden und privaten Klägern in Rahmen der Diesel-Thematik.

---

zu lichten, um den Feind ausfindig zu machen. In der Folge wurden mehrere hunderttausend Soldaten durch den Einsatz mit Dioxin belastet. Dies führte dazu, dass ab 1978 erste Klagen von Vietnamveteranen gegen die Hersteller von Agent Orange erhoben wurden. Die Kläger behaupteten, durch den Einsatz des Pflanzenschutzmittels in ihrer Gesundheit beeinträchtigt worden zu sein. Viele Fälle wurden schließlich beim Eastern District Court of New York zu einem Fall unter dem Namen "in Re Agent Organe Product Liability Litigation" konsolidiert (*Duve*, Mediation und Vergleich im Prozess, 1999, S. 122 f.); nach langen Verhandlungen und großen Zweifeln hinsichtlich der Kausalität zwischen den Erkrankungen der Klägern und dem Pflanzenschmutzmittel einigten sich die Prozessvertreter und der zuständige Richter Weinstein auf einen Vergleich, der eine Zahlung der Beklagten in Höhe von US$ 170 Mio. an das Agent Orange Veteran Payment Program und US$ 45 Mio. in einen Fonds zur sonstigen Unterstützung von Veteranen und deren Kindern vorsah (*Berman*, 53 L & Contemp Probs 49, 50 (1990)).

644 *Duve*, Mediation und Vergleich im Prozess, 1999, S. 170.

645 Ein prominentes, nicht näher bezeichnetes Fortune 500 Unternehmen verpflichtet sich in einem Verfahren, das die Diskriminierung schwarzer Mitarbeiter zum Gegenstand hatte, nicht nur zur Auflegung eines Fonds in Höhe von US$ 160 Mio., sondern auch dazu seine eigene Policies zu ändern, zwei Coaches zur Fortbildung schwarzer Mitarbeiter einzustellen und einen zusätzlichen „Diversity Fund" zu gründen, der jährlich mit US$ 1 Mio. finanziert werden soll und gezielt der Ausbildung schwarze Mitarbeiter und Frauen zugutekommen soll. Auch hat das Unternehmen in dem Vergleich zugesichert bei jeder offenen Führungsposition mindestens einen „diversen" Kandidaten einzuladen. Auch verpflichtete sich das Unternehmen dazu, bei Klagen wegen Diskriminierung nicht mehr zwingend ein Schiedsverfahren führen zu wollen (*Cohn*, Cardozo J. Conflict Resol., 699, 703).

646 *McGovern*, 57 Stan. L. Rev. 1361, 1388 (2005).

Neben der Auflegung eines Rückkaufprogramms vereinbarten die Parteien zusätzlich die Zahlung in Höhe von US$ 2,7 Mrd. in einen Umweltfonds.[647]

Eine weitere Form dieser Methode ist die Einigung mit politischen Akteuren auf eine (vorläufige) Gesamtsumme. Von besonderer politischer Brisanz war etwa die Explosion der Öl-Plattform Deepwater Horizon im Golf von Mexiko, wo sich die Vertreter des Betreibers der Öl-Plattform nach einem Gespräch mit dem damaligen US-Präsidenten Barack Obama auf einen Entschädigungsfonds in Höhe von US$ 20 Mrd. einigten. Diese Summe diente dazu, Geschädigte möglich schnell und unbürokratisch zu entschädigen und so zukünftige Klagen gegen das Unternehmen zu minimieren. Auch wurden aus diesem Fonds Klagen aus einem späteren class action-Verfahren vergleichsweise beigelegt.[648]

2. *Zweite Stufe: Verteilungsverfahren*

Nachdem die zu zahlende Gesamtsumme bestimmt wurde (oder auch schon währenddessen), muss ein Mechanismus gefunden werden, wie der Betrag unter den Geschädigten verteilt wird. Teilweise muss dieser Mechanismus hunderte oder gar tausende Geschädigte miteinbeziehen. Der Kern eines Verteilungsmechanismus sind seine Richtlinien zur Verteilung der Gesamtsumme. Bei Schadensersatzansprüchen spielt die Festlegung von Kriterien zur Höhe der Entschädigung, die zu erbringenden Nachweise und die Kausalität eine

---

647 *EPA - United States Environmental Protection Agency*, Volkswagen Clean Air Act Civil Settlement, 2019.

648 Am 20. April 2010 kam es bei der Explorations-Ölplattform Deepwater Horizon, die von dem Unternehmen British Petroleum (BP) im Golf von Mexiko betrieben wurde, zu einem Blowout. Das ausströmende Öl hatte eine schwere Ölpest in der Golfregion zur Folge. Nach einem Treffen mit Barack Obama, dem damaligen US-Präsidenten, sicherten Vetreter von BP die Einrichtung eines Entschädigungsfonds in Höhe von US$ 20 Mrd. zu. Zur Verteilung der Summe wurde die Gulf Coast Claims Facility (GCCF) gegründet. Diese wurde von Kenneth Feinberg als Claims Administrator geführt. Feinberg war in den USA in vielen großvolumigen Fällen für die Verteilung von Entschädigungen, wie beispielsweise nach den Attacken vom 11. September 2001 oder den Agent Orange-Fällen zuständig (*Cruden/O'Rourke/Himmelhoch*, 6 Mich. J. Envtl. & Admin. L. 65, 95 (2016)); aus dem Fonds wurden direkt US$ 6 Mrd. an über 200.000 geschädigte Einzelpersonen und Unternehmen als Soforthilfen gezahlt. Im Juni 2012 wurde der GCCF nach einem Class-Action-Vergleich in ein gerichtlich-überwachtes Vergleichsprogramm umgewandelt und somit weitere Zahlungen in einer Gesamthöhe von US$ 7,8 Mrd. an Kläger aus dem Fonds vereinbart (*Schwartz*, The New York Times 2.3.2012).

entscheidende Rolle.[649] Dabei sind Effizienz und Einzelfallgerechtigkeit zwei Punkte, die bei der Gestaltung eines Vergleichs stets Berücksichtigung finden sollten. Die Verringerung von administrativen Kosten führt fast zwangsläufig zu einer Abkehr von wesentlichen Prinzipien des Zivilprozesses wie der individuellen Bestimmung eines Vermögensschadens im Zweiparteienprozess. Eine höhere Effizienz bei der Bewältigung von Massenschäden geht stets zu Lasten der Individualität und umgekehrt.[650]

Die Komplexität des Verteilungsverfahrens orientiert sich oftmals an dem Ausmaß der durch die Geschädigten zu erbringenden Nachweisen. Das Verteilungsverfahren kann einfacher ausgestaltet sein, etwa wenn die Geschädigten bestimmte Unterlagen einreichen und in der Folge einen festen Betrag angeboten bekommen. Denkbar ist aber auch eine kompliziertere Ausgestaltung, wo jeder Fall individuell beurteilt wird und jeder Geschädigte ein jeweils individuell angepasstes Vergleichsangebot erhält. Die konkrete Ausgestaltung der Nachweiserbringung hängt davon ab, wie stark die zugrundeliegenden Ansprüche von individuellen Charakteristiken abhängen.[651] Auch muss bestimmt werden, wer den Entschädigungsfonds verwaltet. Dafür kommen jeweils die Anwälte der Kläger oder Beklagten (oder beide gemeinsam) in Frage, eine durch das Gericht ernannte (und möglicherweise überwachte) externe Institution oder eine gänzlich unabhängige Einrichtung.[652]

Bei den Entschädigungsfonds in den USA kommt es nicht selten vor, dass die erstrittene Gesamtsumme nicht komplett verteilt wird und ein Restbetrag verbleibt.[653] Daher müsste bei der Gesamtschadensbetrachtung eine Lösung für den Umgang mit nicht ausgezahlten Beträgen gefunden werden. Gerade bei Streuschäden melden viele Geschädigte aufgrund von rationalem Desinteresse ihre Schäden nicht an, die aber in die Gesamtsumme miteinberechnet wurden. Für derartige Fälle haben sich vor allem in den USA[654] in der Praxis sog. cy-près-Lösungen etabliert, wonach der überschüssige Betrag für den nächstbesten Zweck zu verwenden ist und nicht an das Unternehmen zurückfließt.[655]

---

649 *Feinberg*, 53 L & Contemp Probs 79, 95 (1990).

650 *Cohn*, Cardozo J. Conflict Resol., 699.

651 *Feinberg*, 53 L & Contemp Probs 79, 94 (1990).

652 *Ders.*, 53 L & Contemp Probs 79, 97 (1990).

653 *Stadler*, Class actions in den USA als Vorbild für Europa?, in: Brömmelmeyer, Die EU-Sammelklage, 91, 99.

654 *Mulheron*, The modern cy-pres doctrine: Applications and implications, 2006, S. 253 ff.

655 *Stadler*, VuR 2018, 83, 85; für den überschüssigen Betrag haben sich vier mögliche Verwendungsformen herausgebildet: (1) Die Überkompensation der angemeldeten

Die Zulässigkeit der cy-près-Lösung ist in den USA – zumindest außerhalb von Vergleichen – umstritten.[656]

Ein weiterer Punkt bei der Ausarbeitung eines Verteilungsmechanismus ist die Bestimmung des Verfahrensablaufs zur Verteilung der Mittel. Der Ablauf erfolgt typischerweise vierstufig. Zuerst werden die Gruppenmitglieder benachrichtigt. Diese melden in einem zweiten Schritt ihren individuellen Schaden an, der daraufhin überprüft wird. Schließlich erfolgt die finale Auszahlung.[657]

Die Verteilungsmechanismen sehen sich seither großer Kritik ausgesetzt. Derartige administrative Verteilungssysteme werden teilweise gar als entmenschlichend angesehen, auch würden sie gegen fundamentale Prinzipien des Zivilprozesses verstoßen. Wenn das Gericht ein derartiges Verteilungsverfahren genehmige, werde den Klägern das Recht auf ein individuelles Verfahren, genommen. Zugunsten der Effizienz und Schnelligkeit bei der Bearbeitung des Anspruchs opfere man andere fundamentale Verfahrensprinzipien.[658] Auch würden derartige Systeme zur Überkompensation von Geschädigten, deren Klagen schwache Erfolgsaussichten hätten und zur Unterkompensation von solchen mit hohen Erfolgsaussichten führen.[659] Dem hält *Feinberg* entgegen, dass eine schnelle Zahlung ganz im Sinne der Kläger sei und ein gut ausgearbeitetes administratives Verteilungsverfahren gegenüber der Durchführung von tausenden Individualklagen stets vorzugswürdig sei.[660]

Ein weiteres Argument gegen administrative Verteilungsverfahren ist, dass die Gefahr der Kollusion zwischen Klägeranwälten und der Beklagten bestehe. Diese könnten einen Vergleich aushandeln, der für die Kläger geringwertiger, aber für die sie vertretenen Anwälte dafür umso höherwertiger sei.[661] Ein aktueller Fall des Supreme Court[662] verdeutlicht die Missbrauchsgefahren bei der

---

Geschädigten, (2) Überweisung an die Staatskasse, (3) Überweisung an eine Stiftung, die einen bestimmten schadensrelevanten Zweck verfolgt, (4) Auskehr durch Gutscheine oder Preisreduktionen (*Eichholtz*, Die US-amerikanische class action und ihre deutschen Funktionsäquivalente, 2002, S. 189 ff.).

656 *Zirngibl*, Kollektiver Rechtsschutz im Zivilprozess in den USA und Deutschland, 2006, S. 83 m.w.N.

657 *Eichholtz*, Die US-amerikanische class action und ihre deutschen Funktionsäquivalente, 2002, S. 188.

658 *Peterson/Selvin*, Resolution of mass torts, 1988, S. 9 f.

659 *Novey*, 27 J Soc Sci & Med 1071, 1081 (1988).

660 *Feinberg*, 53 L & Contemp Probs 79, 93 (1990).

661 *Van den Bergh/Keske*, Rechtsökonomische Aspekte der Sammelklage, in: Casper/Janssen/Pohlmann u.a., Auf dem Weg zu einer europäischen Sammelklage?, 17, 30.

662 *Frank v. Gaos*, 586 U.S. ___ (2019).

Umsetzung der Gesamtschadensbetrachtung. In diesem class action-Verfahren gegen Google wurde ein Vergleich geschlossen, der den Klägeranwälten US$ 2 Mio. und einigen namentlich genannten Klägern je US$ 5.000 zubilligen sollte. Die übrigen 129 Millionen Gruppenmitglieder erhielten keinerlei Entschädigungszahlung. Stattdessen sollten ausgewählte Datenschutzorganisationen, der cy-près-Doktrin folgend, insgesamt US$ 6 Mio. erhalten. Diese Organisationen waren teilweise an den ehemaligen Universitäten der Klägeranwälte angesiedelt oder wurden bereits im Vorfeld von der Beklagten unterstützt. Der Vergleich wurde vom Ausgangs-[663] und Berufungsgericht[664] gebilligt, während der Supreme Court die Entscheidung schließlich aufhob. Die Aufhebung erfolgte allerdings – anders als man erwarten würde – nur weil die Kläger keinen konkreten Schaden nachgewiesen haben sollen.[665]

II. Die Gesamtschadensbeurteilung nach Musterfeststellungsurteil?

Die Bildung eines Gesamtschadens wäre zwar für die beklagten Unternehmen vorteilhaft, weist aber sonst einige Probleme praktischer Natur auf und gestaltet sich in Deutschland in einem Vergleich eines Massenschadensfalls nach Musterfeststellungsurteil als rechtlich schwierig. Für die beklagten Unternehmen wäre der Vergleich insbesondere vorteilhaft, weil in etwa der zu zahlende Betrag feststünde und die Unternehmen ihren Fokus nach Ausarbeitung eines Verteilungsmechanismus wieder auf die eigenen Geschäftsabläufe richten könnten. Auch für Aktionäre, Gesellschafter oder potentielle Kaufinteressen des Unternehmens bestünde größere Sicherheit bei der Bewertung des Risikopotentials als bei einer Vielzahl laufender und ungewisser Individualstreitigkeiten. In der Praxis dürften sich allerdings Probleme ergeben, wenn Geschädigte, Verbände und Repräsentanten um die Verteilung der auszuzahlenden Gesamtsumme konkurrieren. Die dargestellten Interessenkonflikte[666] zwischen den Beteiligten können dadurch zusätzlich verstärkt werden. Es ist zu erwarten, dass sich die Vergleichsparteien bei dem Abschluss eines Vergleichs stets an den drohenden Urteilen und den in diesen möglicherweise zuzusprechenden Schadenshöhen orientieren. In Deutschland steht das Ausgleichsprinzip im Vordergrund, weshalb die Gesamtschadensbetrachtung weniger relevant sein dürfte als etwa den USA. Dort weist die private Rechtsdurchsetzung in Form der punitive damages

---

663 In re Google Referrer Header Privacy Litig., 87 F. Supp. 3d1122 (N.D. Cal. 2015).

664 In re Google Referrer Header Privacy Litig., 869 F.3d737 (9th Cir. 2017).

665 *Scholl*, ZfPW 2019, 317, 331.

666 Siehe zu den Interessenkonflikten im Musterfeststellungsverfahren 1. Kapitel:§ 4.

auch einen pönalen Charakter auf. Die amerikanische Gesamtschadensbetrachtung erlaubt ein deutlich freieres Vorgehen als in Deutschland. Bei einem Vergleich unter Annahme der Gesamtschadensbetrachtung ist zu erwarten, dass die beklagten Unternehmen hierzulande stets die Möglichkeit der Überkompensation der Kläger kritisch in den Blick nehmen, während in den USA jederzeit deutlich überkompensierende Schadensersatzzahlungen mit Sanktionscharakter drohen können.

Auch rechtlich dürfte die Bildung einer (abschließenden) Gesamtsumme nach einem Musterfeststellungsurteil kaum möglich sein. Der individuelle Rechtsschutz hierzulande ist in der Regel präzise und folgt der Individualschadensbetrachtung. Durch das Erfordernis der gerichtlichen Genehmigung entfaltet der Vergleich im US-amerikanischen System Bindungswirkung, was überhaupt erst die Bestimmung der Gesamtsumme ermöglicht. Eine gerichtliche Genehmigung wäre an sich auch bei einem gerichtlichen Vergleich im Musterfeststellungsverfahren möglich. Nach einem positiven Musterfeststellungsurteil gilt § 611 ZPO nicht mehr, weshalb hierzulande nach diesem allenfalls ein außergerichtlicher Vergleich ohne Bindungswirkung für die Anmelder möglich wäre. Bei diesem müssen die Beteiligten stets die Gefahren des Abschlusses eines unzulässigen Vertrags zu Lasten Dritter in den Blick nehmen,[667] weshalb im Endeffekt nur der Abschluss eines Eckpunktevergleichs mit nachgelagerten individuellen Einzelvergleichen verbleiben würde. Die zu bestimmende Gesamtschadenssumme hätte damit nur einen unverbindlichen Charakter und der Vorteil der Rechtssicherheit für die beklagten Unternehmen wäre zumindest in geringerem Ausmaß gegeben.

C. Schadenspauschalisierung

Einen Mittelweg zwischen Gesamt- und Individualschadensbetrachtung stellt die Schadenspauschalisierung dar. Zum einen kann überhaupt nur ein Gesamtschaden gebildet werden, indem man individuelle Schäden pauschalisiert betrachtet und addiert, zum anderen individualisiert man Schäden auch durch eine abgestufte Pauschalisierung. Zur Beschreibung dieses Modells soll zunächst ein Blick „über den Tellerrand" des deutschen Rechts gewagt werden. In einem Exkurs wird sich mit dem Modell des „damage scheduling" des niederländischen WCAM auseinandergesetzt (hierzu I.), bevor der Ablauf der Masseverteilung im Insolvenzverfahren (hierzu II.) näher untersucht wird.

---

667 Siehe zu dem Vertrag zu Lasten Dritter 1. Kapitel:§ 2 B.II.1.

I. Exkurs: Das „damage scheduling“ des niederländischen WCAM

In den Niederlanden ist die Kategorisierung von Geschädigten und die Pauschalisierung von Schäden in Kollektivvergleichen bereits gesetzlich verankert und wird praktiziert. Das niederländische Gesetz über die kollektive Abwicklung von Massenschäden (Wet collectieve afwikkeling van massaschades, kurz WCAM) hat international einige Bedeutung erlangt und stellt eines der am ausdifferenziertes Verfahren zum Umgang mit Massenschäden auf dem europäischen Kontinent dar.[668] Das Gesetz zur kollektiven Abwicklung von Massenschäden wurde 2005 eingeführt und verteilt sich auf Regelungen im Bürgerliches Gesetzbuch der Niederlande (Burgerlijk Wetboek; Art. 7:907-910 BW) und der niederländische Zivilprozessordnung (Wetboek van Burgerlijke Rechtsvordering; Art. 1013-1018 Rv).[669] Es handelt sich nicht um ein kontradiktorisches Verfahren, sondern um ein Gesetz zur vergleichsweisen Beilegung eines Massenschadensereignisses. Der Vergleich wird dabei zwischen einer Organisation geschlossen, welche die Geschädigten vertritt und der Partei, die (als potentieller Schädiger) die Kompensation gewährt. Sobald der Vergleich ausgehandelt wurde, können die Verhandlungspartner sich diesen durch das Gericht genehmigen lassen. Im Falle einer Genehmigung ist die Vereinbarung verbindlich für alle in dem Vergleich genannten Gruppenmitglieder.[670] Der Vergleich kann dabei nur von einem zuständigen Gericht, dem Amsterdam Court of Appeal, genehmigt werden und es liegt ein Opt-Out-Mechanismus zugrunde, d.h. Geschädigte, die mit der Vereinbarung nicht einverstanden sind, müssen innerhalb einer Frist ihren Austritt erklären. Tun sie dies nicht, sind sie an den Inhalt des Vergleichs gebunden. Die Vergleichsparteien sind verpflichtet, die ihnen bekannten Begünstigten über den Vergleichsschluss zu informieren und zur Informationen der ihnen unbekannten Geschädigten entsprechende Werbeanzeigen zu schalten. Der Vergleichsschluss kann auf eine Kollektivklage folgen, aber theoretisch auch im Vorfeld stattfinden, um ein späteres Massenverfahren präventiv zu verhindern.[671] Die Geschädigten können während des Vergleichsverfahrens durch einen Verband

668 *Tzankova/Kramer*, From injunction and settlement to action: Collective redress and funding in the netherlands, in: Uzelac/Voet, Class actions in europe, 97.

669 *Kramer*, Enforcing mass settlements in the European Judicial Area: EU policy and the strange case of Dutch collective settlements (WCAM), in: Hodges/Stadler, Resolving mass disputes, 63, 75.

670 *Krans*, Global Business & Development Law Journal 27 (2014), 281.

671 *Tzankova/Hensler*, Collective settlements in the Netherlands: Some empirical observations, in: Hodges/Stadler, Resolving mass disputes, 91, 94 ff.

oder eine Stiftung vertreten werden, die laut ihrer Satzung den Zweck verfolgen, die Interessen der Geschädigten zu vertreten. Diese Voraussetzung wird regelmäßig von Verbraucherverbänden erfüllt. Zugelassen sind auch ad hoc für diesen Anlass gegründete Verbände oder Stiftungen.[672] Ergänzt wird das Gesetz seit April 2019 durch eine Kollektivklage zur streitigen Durchsetzung von Ansprüchen ("Wet afwikkeling massaschade in collectieve actie").[673]

Ein Blick auf das WCAM eignet sich auch deswegen besonders, weil die Geschädigten, wie bei der Musterfeststellungsklage, gem. Art. 7:907 Abs. 1 S. 1 BW auch von einer Interessenorganisation repräsentiert werden und damit von solchen, die selbst nicht von dem maßgeblichen Schadensereignis betroffen sind. Im Fall des WCAM durch einen Verein mit voller Rechtsfähigkeit („verenigingen met volledige Rechtsbevoegdheid") oder eine Stiftung („stichtingen").[674] Es wird nicht wie im KapMuG oder der class action ein einzelner Geschädigter als Repräsentant der anderen Geschädigten tätig. Man orientierte sich an der Vergleichspraxis der US-amerikanischen class action, wo ebenfalls eine Einteilung nach Schadenskategorien im Rahmen des Vergleichs vorgesehen ist.[675] Zur Zeit der Einführung des WCAM ging man davon aus, dass es sich bei dem Gesetz um eine „Eintagsfliege" handeln könnte, das speziell für die DES-Fälle[676] geschaffen wurde. Mittlerweile wurden bislang acht große Massenschadensfälle durch das WCAM gelöst.[677] Sieht man von den DES-Fällen ab, handelte es sich überwiegend um Fälle mit einem kapitalmarktrechtlichen Hintergrund.[678]

---

672 *Weber/van Boom*, VuR 2017, 290, 293.

673 *Tzankova/Kramer*, From injunction and settlement to action: Collective redress and funding in the netherlands, in: Uzelac/Voet, Class actions in europe, 97.

674 *Mom*, Kollektiver Rechtsschutz in den Niederlanden, 2011, S. 335.

675 *Ders.*, Kollektiver Rechtsschutz in den Niederlanden, 2011, S. 332.

676 Gerechtshof Amsterdam, beschikking v. 1.06.2006, ECLI:NL:GHAMS:2006:AX6440 (DES); Diethylstilbestrol (DES) war ein synthetisches Östrogen, das ab 1948 zur Vermeidung von Fehlgeburten von Müttern eingenommen wurde. Später erkrankten vor allem die Töchter, der Frauen, die DES einnahmen, an Krebs. Die genaue Zahl der Geschädigten ist bis heute unbekannt (näheres bei *ders.*, Kollektiver Rechtsschutz in den Niederlanden, 2011, S. 322).

677 *Tzankova/Hensler*, Collective settlements in the Netherlands: Some empirical observations, in: Hodges/Stadler, Resolving mass disputes, 91 f.; *Mom*, Kollektiver Rechtsschutz in den Niederlanden, 2011, S. 330.

678 U. a.: Dexia Bank (2007), Vedior (2009), Royal Dutch Shell (2009), Vie D'Or (2009), Randstad (2009), Converium (2010), Scor Holding (2012) (*Krans*, Global Business & Development Law Journal 27 (2014), 281, 282 m. w. N.; *Jelsma/Cordewener*, Int. Law Q 13, 15 (2011)).

1. *Die Funktionsweise*

Das Gesetz lässt eine Einteilung der Geschädigten in Schadenskategorien zu („damage scheduling"). Die dem Gericht zur Genehmigung vorgelegte Vergleichsvereinbarung muss nach Art. 7:907 Abs. 2 lit. a, c und d BW neben Angaben zu dem zugrundeliegenden Ereignis und Angaben zu der Gruppe auch solche zu der Art und Schwere der Verletzungen enthalten.[679] Weiterhin müssen die Bedingungen genannt sein, die erfüllt werden müssen, damit die Leistung aus dem Vergleich gewährt wird. Die Einteilung in eine Schadenskategorie findet anhand bestimmter Faktoren statt und die Geschädigten erhalten dann – je nach Zugehörigkeit zu einer Kategorie – einen Pauschalbetrag.[680] Möglich ist auch eine Härtefall-Klausel, die besonders geschädigten Individuen nach einer Prüfung des Einzelfalls eine großzügigere Entschädigung zukommen lassen kann.[681]

Unweigerlich wird durch diese Art der Pauschalisierung die Einzelfallgerechtigkeit zugunsten der Effizienz beeinträchtigt. Allerdings macht gerade diese Standardisierung den Vergleich für ein Unternehmen aufgrund der Kalkulierbarkeit und der niedrigeren Transaktionskosten besonders interessant.[682] Auch die Geschädigten profitieren von einer schnelleren Entschädigung. Ihnen verbleibt durch einen Austritt aus dem Vergleich sogar die Möglichkeit, in Form eines Prozesses Individualklage zu erheben und Einzelfallgerechtigkeit herzustellen.[683] Der Abschluss eines außergerichtlichen Vergleichs nach dem WCAM bleibt somit freiwillig. Es liegt an den Verhandlungspartnern, einen möglichst attraktiven Vergleich zu gestalten, der die Geschädigten von einem Opt-Out abhält und gerichtliche Folgeverfahren vermeidet. Die Abstufung nach Schadenskategorien birgt allerdings Konfliktpotential. Um bei den Geschädigten

---

679 *Mom*, Kollektiver Rechtsschutz in den Niederlanden, 2011, S. 350.

680 *Krans*, Global Business & Development Law Journal 27 (2014), 281, 285; in den Fällen um die Wertpapiere des niederländisch-britischen Öl-Konzerns Royal Dutch Shell ging es um unzureichende Informationen der Anleger über das Ausmaß der erschlossenen Öl-Vorkommen. In dem Vergleich wurden etwa 500.000 Ansprüche geregelt und insgesamt US$ 350 Mio. ausgezahlt. Die betroffenen Aktionäre wurden in drei Gruppen unterteilt. Die Höhe der Kompensation richtete sich schließlich danach, zu welchem Zeitpunkt die Aktien gekauft oder verkauft wurden (*Tzankova/Hensler*, Collective settlements in the Netherlands: Some empirical observations, in: Hodges/ Stadler, Resolving mass disputes, 91, 97).

681 *Krans*, Global Business & Development Law Journal 27 (2014), 281, 286.

682 *Kowollik*, Europäische Kollektivklage, 2018, S. 230.

683 *Weber/van Boom*, VuR 2017, 290, 293.

entsprechende Akzeptanz zu erfahren, bedürfte eine Kategorisierung einer nachvollziehbaren Begründung. Eine Schadenspauschalisierung wäre bei einem außergerichtlichen Kollektivvergleich auch in Deutschland jederzeit möglich. Die niederländische Besonderheit, die einen Vergleichsschluss für Unternehmen besonders attraktiv macht, ist die Verbindung der Genehmigung durch das Gericht mit einem Opt-Out-Mechanismus. Dadurch wird ein größtmöglicher Erledigungsumfang hergestellt und die Unternehmen müssen keine Masse an individuellen Einzelverfahren fürchten.

2. *„Damage scheduling" im deutschen Recht?*

Im Laufe der Ausführungen zur Individualschadensbetrachtung wurde festgestellt, dass das deutsche Schadens- und Haftungssystem grundsätzlich sehr präzise ist. Im Zuge der Diskussion über den kollektiven Rechtsschutz in Deutschland rückt zunehmend auch das deutsche Schadensrecht als solches in den Blick: Nach Ansicht von *Heese* sei der kollektive Rechtsschutz nur wirksam, wenn nicht streng auf den Prinzipien des Schadensrechts beharrt und sich mehr für eine Schadenspauschalisierung geöffnet werde.[684] Das geltende Prozessrecht kenne diese Art der Schadensbestimmung längst in Form der Schätzung durch den Richter (§§ 287 ZPO, 33a Abs. 3 GWB) und auch die ausgeprägte Vergleichskultur vor deutschen Gerichten spreche vor allem in der Leistungsphase nach dem Musterfeststellungsurteil für einen derartigen Ansatz.[685] Es gibt aber auch durchaus Bedenken in Bezug auf einen derartigen weitreichenden Ansatz. So sei nach *Röthemeyer* fraglich, ob das Ziel bloßer Effizienzgewinne in Kollektivverfahren tradierte Prinzipien des deutschen Schadensrechts in Fragen stellen sollte. Selbst wenn das deutsche Schadensrecht bei kollektiven Rechtsschutzinstrumenten wie ein Hemmschuh wirke und zu unnötigen und ineffektiven Scheingenauigkeiten führe, so könne ein Eingriff in das Schadensrecht nur mit Bedacht vorgenommen werden, da dieses weiterhin kohärent sein müsse. Hinzu komme, dass die Fälle der Musterfeststellungsklage aufgrund des weiten Anwendungsbereichs eine gewisse Heterogenität aufweisen und daher nicht in jedem Fall eine Pauschalisierung Sinn ergeben würde.[686] Besser geeignet sei ein prozessrechtlicher Ansatz. Spätestens wenn ein auf Leistung gerichtetes kollektives Rechtsschutzinstrument diskutiert werde, müsste zur Verhinderung endloser Verfahren eine Pauschalisierung oder einer Erweiterung der Schadensschätzung

---

684 *Heese*, JZ 2019, 429, 439.
685 *Ders.*, JZ 2019, 429, 437.
686 *Röthemeyer*, VuR 2019, 87, 92 f.

nach § 287 ZPO ermöglicht werden.[687] Es lohne sich daher ein Blick auf die Gedanken des § 33a Abs. 3 S. 2 GWB im Kartell- und Wettbewerbsrecht. Dieser verweist bei der Bestimmung der Schadenshöhe auf § 287 ZPO, wobei bei der Schadensschätzung der anteilige Gewinn des Schädigers berücksichtigt werden kann.[688] Bei einem Schadensersatzanspruch aufgrund von Kartellrechtsverletzungen gem. §§ 33, 33a GWB besteht dieser grundsätzlich auf Ersatz des vollständigen Schadens und die Schadenshöhe bemisst sich anhand der Differenzhypothese. Hierfür tragen die Anspruchsinhaber die Darlegungs- und Beweislast. Allerdings müssen die Mitgliedstaaten nach Art. 17 Abs. 2 S. 2 der EU-Kartellschadensrichtlinie gewährleisten, dass die Gerichte befugt sind, die Höhe des Schadens zu schätzen, wenn erwiesen ist, dass ein Kläger einen Schaden erlitten hat, es jedoch praktisch unmöglich oder übermäßig schwierig ist, die Höhe des erlittenen Schadens aufgrund der vorhandenen Beweismittel genau zu beziffern.[689] Bei der Bemessung des Schadensersatzes können die Gerichte unter Ausschöpfung des in § 287 ZPO vorgesehenen Spielraums einen Mindestschaden festsetzen, wenngleich sie auch nach Beweislastgrundsätzen zu Lasten des Klägers entscheiden können, sofern sie keine hinreichende Grundlage für die Bemessung eines Schadens sehen.[690]

Auch wenn aus der Diskussion zu Schadenspauschalisierungen in Urteilen Rückschlüsse auf die Möglichkeiten in Vergleichen geschlossen werden können, so erfolgt sie dennoch unabhängig von einem Vergleichsschluss. Die Schadenspauschalisierung und -Kategorisierung nach niederländischem Vorbild ließe sich grundsätzlich im Rahmen eines außergerichtlichen Vergleichs im Anschluss an ein Musterfeststellungsurteil durchführen. Den Vergleichsberechtigten steht es letztendlich frei ein Vergleichsangebot abzulehnen.

II. Das Insolvenzmodell

Ein Grundproblem von Massenschäden ist die Tatsache, dass Schäden grundsätzlich individuell vorliegen. Obwohl sich die einzelnen Fälle bei Massenschäden oftmals auf dasselbe Ereignis zurückzuführen lassen, so unterscheiden sie sich die individuellen Schäden oft im Detail. Um Effizienzsteigerungen in Massenverfahren erzielen zu können, kann in rechtstechnischer Hinsicht sowohl auf verfahrens- als auch auf materiell-rechtlicher Ebene angesetzt werden. Beide

---

687 *Scholl*, ZfPW 2019, 317, 338.
688 *Röthemeyer*, VuR 2019, 87, 93.
689 Immenga/Mestmäcker/*Franck*, GWB, § 33a Rn. 95.
690 Immenga/Mestmäcker/*dass.*, GWB, § 33a Rn. 97.

Ansätze führen zu Ungenauigkeiten. Bei der insolvenzrechtlichen Gesamtvollstreckung ohne Prioritätsgrundsatz erhält nicht jeder einzelne Geschädigte das ihm exakt Zustehende, sondern es wird auf materiell-rechtlicher Ebene eine Pauschalisierung der auszuzahlenden Summe für alle Geschädigten vorgenommen.[691] Obwohl es nicht unserem Rechtssystem entspricht, wird hierbei das Recht des Einzelnen zugunsten der Masse an Gläubigern eingeschränkt.[692] Bei der Einzelzwangsvollstreckung ist der einzelne Gläubiger noch „Herr des Zwangsvollstreckungsverfahrens" und kann bestimmen in welche Gegenstände des Schuldnervermögens vollstreckt werden soll. Hierbei gilt unter mehreren Gläubigern bei parallelen Zwangsvollstreckungsmaßnahmen das Prioritätsprinzip. Ziel ist es, den anderen Gläubigern möglichst zuvorzukommen, um aus dem Schuldnervermögen bestenfalls gänzlich befriedigt zu werden.[693] Nach Eröffnung des Insolvenzverfahrens beendet der Gesetzgeber den „Kampf aller gegen alle", und zwar dann wenn das Schuldnervermögen nicht mehr zur Befriedigung aller ausreicht und der Gläubiger zahlungsunfähig ist. Das Vermögen des Schuldners wird nun zugunsten aller Gläubiger verwertet und die Gesamtvollstreckung tritt an die Stelle der Einzelvollstreckung.[694] Die gleichmäßige Befriedigung der Gläubiger („par conditio creditorum") ist der Zweck des Insolvenzverfahrens und damit oberster Verfahrensgrundsatz.[695] Nach § 87 InsO können die Insolvenzgläubiger ab diesem Zeitpunkt ihre Forderungen nur noch nach den Vorschriften über das Insolvenzverfahren verfolgen und das Prioritätsprinzip gilt nicht mehr.[696] Die Vorschrift dient damit im Kern dem Grundsatz der Gleichbehandlung der Gläubiger aus § 1 S. 1 InsO.[697] Das Insolvenzverfahren zieht alle betroffenen Akteure ein und spannt auf Grundlage eines Zwangskollektivs einen festen rechtlichen Rahmen, dem sich die betroffenen Gläubiger nicht entziehen können.[698]

---

691 *Paulus*, Das Insolvenzmodell, in: Koch/Koch-Willingmann, Modernes Schadensmanagement bei Großschäden, 118.

692 *Koch*, DZWir 2016, 351, 357 f.

693 *Uhlenbruck*, in: Pape/Voigt-Salus/Uhlenbruck, Insolvenzrecht, 2010, Kapitel 10 Rn. 3.

694 *Ders.*, in: Pape/Voigt-Salus/Uhlenbruck, Insolvenzrecht, 2010, Kapitel 10 Rn. 4.

695 MüKoInsO/*Stürner*, Einleitung Rn. 62.

696 *Uhlenbruck*, in: Pape/Voigt-Salus/Uhlenbruck, Insolvenzrecht, 2010, Kapitel 10 Rn. 4.

697 MüKoInsO/*Flöther*, InsO § 87 Rn. 1; dies gilt im Übrigen auch für Ansprüche der Insolvenzgläubiger aus §§ 823 ff. BGB oder aus Gefährdungshaftung, sofern der Schuldner die unerlaubte Handlung vor Eröffnung des Insolvenzverfahren begangen hat (MüKoInsO/*Behme*, InsO § 38 Rn. 32).

698 *Hänel*, Gläubigerautonomie und das Insolvenzplanverfahren, 2000, S. 63 ff.

1. Die Masseverteilung im Insolvenzverfahren

Mit der Eröffnung des Insolvenzverfahrens wird das vollstreckungsbefangene Vermögen des Schuldners beschlagnahmt. Das Insolvenzverfahren erfasst damit gem. § 35 Abs. 1 InsO das gesamte Vermögen, das dem Schuldner zur Zeit der Eröffnung des Verfahrens gehört und das er während des Verfahrens erlangt (sog. Insolvenzmasse).[699] Aus dieser ist der Gläubiger zu befriedigen. Die Arbeit des Insolvenzverwalters besteht nun darin, aus der zunächst vorgefundenen „Ist-Masse" die „Soll-Masse" zu bilden, die am Ende an die Insolvenzgläubiger zu verteilen ist. Die Teilungsmasse des Verfahrens besteht aus der „Ist-Masse" abzüglich der ausgesonderten und zuzüglich der hinzugewonnenen Gegenstände.[700] Nach § 53 InsO sind zudem die Kosten des Insolvenzverfahrens und die sonstigen Masseverbindlichkeiten vorweg zu berichtigen. Die Verwaltung der Masse selbst benötigt Mittel und damit den Abschluss von Rechtsgeschäften. Zur ordnungsgemäßen Abwicklung eines Insolvenzverfahrens kommt es daher nur, wenn Masseverbindlichkeiten gesetzlich privilegiert sind und Massegläubiger nicht quotenmäßig befriedigt werden wie die sonstigen Insolvenzgläubiger. Die Kosten zur Durchführung des Verfahrens, wie solche des Verwalters oder des Gerichts werden somit voll aus der Insolvenzmasse befriedigt und von der Insolvenzmasse abgezogen.[701]

Bei dem Ablauf der Befriedigung der Gläubiger unterscheidet das Gesetz grundsätzlich zwischen dem Prüfungs- und Feststellungsverfahren (§§ 174 ff. InsO; hierzu a)), und dem Verteilungsverfahren (§§ 187 ff. InsO, hierzu b)). Während bei Ersterem ermittelt wird, ob, in welchem Umfang und Rang eine Forderung der Gläubiger besteht, wird im Verteilungsverfahren der Anteil der Gläubigerbefriedigung (sog. Insolvenzquote) festgelegt.[702]

a) Das Prüfungs- und Feststellungsverfahren

Der Mechanismus der Forderungsdurchsetzung im Insolvenzrecht ist klar strukturiert und hält sich zur Verringerung der Verwaltungskosten an einen festen Ablauf:

Bei der Verteilung der Insolvenzmasse sollen nur Forderungen Berücksichtigung finden, die im entsprechenden Verteilungsverzeichnis gem. § 188 InsO aufgeführt sind. Die Aufnahme ins Verzeichnis setzt sowohl die Anmeldung

---

699 *Voigt-Salus*, in: Pape/Voigt-Salus/Uhlenbruck, Insolvenzrecht, 2010, Kapitel 22 Rn. 1.
700 *Ders.*, in: Pape/Voigt-Salus/Uhlenbruck, Insolvenzrecht, 2010, Kapitel 22 Rn. 1.
701 MüKoInsO/*Hefermehl*, InsO § 53 Rn. 1.
702 BeckOK InsO/*Nicht*, InsO § 187 Rn. 1.

als auch die Feststellung der Forderung zur Insolvenztabelle voraus.[703] In dem Eröffnungsbeschluss wird eine Anmeldefrist bestimmt. Die Länge liegt im pflichtgemäßen Ermessen des Gerichts und bewegt sich meist zwischen zwei Wochen und drei Monaten. Der Ablauf der Frist wird durch ein festes Kalenderdatum bestimmt.[704] Zunächst haben die Insolvenzgläubiger ihre Forderungen gem. § 174 Abs. 1 InsO schriftlich beim Insolvenzverwalter anzumelden. Bei der Anmeldung sind gem. § 174 Abs. 2 InsO Grund und Betrag der Forderung anzugeben.[705] Die Forderungsfeststellung durch das Gericht nach § 178 Abs. 3 InsO wirkt wie ein rechtskräftiges Urteil, weshalb eine eindeutige Konkretisierbarkeit der Forderung gefordert wird. Die Angaben zum Lebenssachverhalt müssen zusammen mit den beigefügten Unterlagen schlüssig erscheinen.[706] Erscheint die Forderungsanmeldung – auch nach möglichem Nachreichen von Unterlagen – unbegründet, weil sie nicht den Mindestanforderungen einer ordnungsgemäßen Anmeldung entspricht, wird die Forderungsanmeldung vom Insolvenzverwalter gem. § 178 Abs. 1 S. 1 InsO bestritten.[707]

Bei der Anmeldefrist handelt es sich nicht um eine Ausschlussfrist.[708] Im allgemeinen Prüfungstermin können gem. § 177 Abs. 1 Satz 1 InsO auch Forderungen geprüft werden, die nach dem Ablauf der Anmeldefrist angemeldet worden sind. Sofern weder der Insolvenzverwalter noch ein Insolvenzgläubiger der Prüfung widersprechen, hat das Insolvenzgericht auf Kosten des Säumigen gem. § 177 Abs. 1 Satz 2 InsO einen besonderen Prüfungstermin zu bestimmen oder die Prüfung im schriftlichen Verfahren anzuordnen.

Der Insolvenzverwalter tritt in der Regelinsolvenz als Amtswalter der Interessen aller Beteiligter auf und ist bei Vorliegen der Voraussetzungen zum Widerspruch nicht nur berechtigt, sondern auch verpflichtet.[709] Zwar sind auch die anderen Insolvenzgläubiger berechtigt, allerdings verfügt nur der Verwalter über die notwendigen Informationen und Zugriffsmöglichkeiten, weshalb seinem Widerspruch in der Praxis große Bedeutung beigemessen wird.[710] Der Widerspruch muss nicht begründet werden. Erst in einem späteren Prozess, welcher

---

703 MüKoInsO/*Riedel*, InsO § 174 Rn. 1.

704 MüKoInsO/*Busch*, InsO § 27 Rn. 48.

705 *Voigt-Salus*, in: Pape/Voigt-Salus/Uhlenbruck, Insolvenzrecht, 2010, Kapitel 28 Rn. 4.

706 BGH, Urteil v. 22.1.2009 – IX ZR 3/08 = NZI 2009, 242, 243.

707 *Voigt-Salus*, in: Pape/Voigt-Salus/Uhlenbruck, Insolvenzrecht, 2010, Kapitel 28 Rn. 8.

708 MüKoInsO/*Riedel*, InsO § 177 Rn. 1.

709 MüKoInsO/*Schumacher*, InsO § 178 Rn. 18 m. w. N.

710 *Eckardt*, Die Feststellung und Befriedigung des Insolvenzgläubigerrechts, in: Fuchs, Kölner Schrift zur Insolvenzordnung, Rn. 22.

die bestrittene Forderung zum Gegenstand hat, muss eine substantiierte Darlegung erfolgen.[711] Der Prüfungstermin stellt die letzte Gelegenheit für einen Widerspruch dar.[712] Im Falle eines Widerspruchs findet eine Einzelerörterung gem. § 176 S. 2 InsO statt. Eine restlose Aufklärung ist nicht geboten. Falls der Widersprechende nicht einlenkt, wird der nicht beseitigte Widerspruch in der Tabelle vermerkt.[713]

Wird eine Forderung im Prüfungstermin bestritten, so ist die Feststellung der Forderung im ordentlichen Verfahren durch Klageerhebung zu betreiben. Die Klageberechtigung macht der Gesetzgeber davon abhängig, ob die Forderung bereits tituliert ist oder nicht.[714] Bei titulierten Forderungen des Gläubigers ist es Sache des Bestreitenden, seinen Widerspruch im Klagewege zu verfolgen. Dafür stehen ihm die Vollstreckungsgegenklagen gem. § 767 ZPO oder die Wiederaufnahme des Verfahrens nach den §§ 578 ff. ZPO zur Verfügung.[715] Bei nichttitulierten Forderungen gilt § 179 Abs. 1 InsO, wonach es dem Gläubiger, dessen Forderung bestritten wurde, überlassen bleibt, die Feststellung gegen den Bestreitenden zu betreiben. Die besondere Feststellungsklage richtet sich gegen den Bestreitenden auf Feststellung der Forderung zur Insolvenztabelle.[716] War zur Zeit der Eröffnung des Insolvenzverfahrens bereits ein Rechtsstreit über die Forderung anhängig, so ist die Feststellung gem. § 180 Abs. 2 InsO durch Aufnahme dieses Verfahren zu betreiben. Ist ein Streit über die Forderung anhängig, wird die hierauf entfallende Quote bei einer etwaigen Verteilung gem. § 189 Abs. 2 InsO analog zunächst zurückbehalten.[717] Die Erhebung der Feststellungsklage ist innerhalb von zwei Wochen nach der öffentlichen Bekanntmachung des Verzeichnisses nachzuweisen. Unterlässt der Gläubiger die Erhebung einer Feststellungsklage bleibt er bei der Verteilung unberücksichtigt gem. § 189 Abs. 3 InsO.[718]

711 Nerlich/Römermann/*Becker*, InsO § 176 Rn. 20.

712 Nerlich/Römermann/*ders.*, InsO § 176 Rn. 21.

713 Nerlich/Römermann/*ders.*, InsO § 176 Rn. 26.

714 *Voigt-Salus*, in: Pape/Voigt-Salus/Uhlenbruck, Insolvenzrecht, 2010, Kapitel 28 Rn. 23.

715 *Eckardt*, Die Feststellung und Befriedigung des Insolvenzgläubigerrechts, in: Fuchs, Kölner Schrift zur Insolvenzordnung, Rn. 45.

716 Nerlich/Römermann/*Becker*, InsO § 179 Rn. 18.

717 *Eckardt*, Die Feststellung und Befriedigung des Insolvenzgläubigerrechts, in: Fuchs, Kölner Schrift zur Insolvenzordnung, Rn. 64.

718 *Voigt-Salus*, in: Pape/Voigt-Salus/Uhlenbruck, Insolvenzrecht, 2010, Kapitel 28 Rn. 31.

b) Das Verteilungsverfahren

Das anschließende Verteilungsverfahren ist in §§ 187 ff. InsO geregelt und sieht – je nach Phase des Insolvenzverfahrens – verschiedene Verteilungsarten vor.[719] Bei der Abschlagsverteilung bestimmt, auf Vorschlag des Insolvenzverwalters, der Gläubigerausschuss – und falls dieser nicht bestellt ist – der Insolvenzverwalter selbst, den an die Gläubiger zu zahlenden Bruchteil (§ 195 Abs. 1 InsO). Die Berechnungsformel zur Bestimmung des zu zahlenden Bruchteils lautet: Vorhandener Barbestand dividiert durch die Summe der Forderungen.[720] Sämtliche Insolvenzgläubiger des Schuldners werden gemeinschaftlich aus dem Schuldnervermögen befriedigt. Die anteilige Befriedigung ist die Verwirklichung des Prinzips der Gläubigergleichbehandlung.[721] Die Schlussverteilung findet statt, sobald das verwertbare Vermögen in Geld umgesetzt wurde und umfasst die verteilungsfähige Insolvenzmasse mit Ausnahme der Beträge, die nach §§ 189, 191 ,198 InsO zurückzubehalten worden sind.[722] Der Insolvenzverwalter hat für die Schlussverteilung gem. § 188 S. 1 InsO ein Verzeichnis der Forderungen aufzustellen, die bei der Verteilung zu berücksichtigen sind. Dieses gibt unter anderem Auskunft über die Insolvenzquote und die zurückzubehaltenden Beträge. Die Durchführung der Schlussverteilung hängt schließlich von der Zustimmung des Insolvenzgerichts gem. § 196 Abs. 2 InsO ab.[723] Bei der

719 Das Gesetz kennt die Abschlags-, Schluss- oder Nachtragsverteilung. Die Abschlagsverteilung gem. § 187 Abs.2 InsO findet während des laufenden Verfahrens statt, kann mehrmals erfolgen und soll den Gläubigern möglichst zeitnah Mittel zukommen lassen, da sich das Insolvenzverfahren - je nach Größe des Verfahrens - bis zur Schlussverteilung über mehrere Jahre erstrecken kann. Die Schlussverteilung gem. § 196 InsO findet statt, wenn die Verwertung des Schuldnervermögens abgeschlossen ist. Werden nach dem Schlusstermin noch Barmittel und Vermögensgegenstände ermittelt, findet die Nachtragsverteilung gem. § 203 InsO statt (MüKoInsO/*Kebekus/Schwarzer*, InsO § 185 Rn. 2 ff.).

720 Beispiel: Barbestand (100.000). /. Summe der Forderungen (1.500.000) = 0,06. Jede einzelne Forderung wird somit zu einem Anteil von 0,06 befriedigt. Bei einer Forderung eines einzelnen Gläubigers in Höhe von 750.000 werden diesem der Quote entsprechend EUR 50.000 ausgezahlt (*Meller-Hannich*, in: Gerhardt/Meller-Hannich/Henckel u.a., Jäger Insolvenzordnung, 2010, InsO § 195 Rn. 22).

721 *Pape*, in: Pape/Voigt-Salus/Uhlenbruck, Insolvenzrecht, 2010, Kapitel 12 Rn. 10.

722 Zurückbehalten werden mangels Auszahlungsreife die Quoten für bestrittene nichttitulierte Forderungen, Absonderungspositionen und aufschiebend bedingte Forderungen. Die Zurückbehaltungsfälle sind gem. § 198 InsO entsprechend zu hinterlegen (BeckOK InsO/*Nicht*, InsO § 187 Rn. 6).

723 MüKoInsO/*Kebekus/Schwarzer*, InsO § 196 Rn. 14.

Schlussverteilung wird die gesamte noch vorhandene Teilungsmasse ausgeschüttet und nach Vollzug der Schlussverteilung wird das Insolvenzverfahren gem. § 200 InsO durch Beschluss förmlich aufgehoben.[724] Die Nachtragsverteilung findet schließlich auf Antrag des Insolvenzverwalters, eines Insolvenzgläubigers oder von Amts wegen statt, wenn nach dem Schlusstermin Beträge, die zunächst zurückbehalten wurden, frei werden, bereits gezahlte Beträge zurückfließen oder nachträglich Gegenstände ermittelt werden (§ 203 InsO).[725] Gerade bei sehr geringfügigen Beträgen kann wegen eines inadäquaten Kosten-Nutzen-Verhältnisses von der Nachtragsverteilung abgesehen werden. Das Gericht kann in diesem Fall gem. § 203 Abs. 3 ZPO von der Anordnung absehen und den Betrag dem Schuldner überlassen, wenn dies angemessen erscheint.[726]

2. *Die Übertragung des Insolvenzmodells auf die Abwicklung von Massenschäden*

Die Verteilung der Masse im Insolvenzverfahren kann mit der eines Gesamtschadens bei Massenschadensfällen verglichen werden. Im Insolvenzverfahren handelt es sich aus Sicht der Gläubiger um eine finale Summe, die in dieser Form wegen der begrenzten Ressourcen akzeptiert wird. Das Insolvenzmodell könne nach *Paulus* erst dann als Verteilungsmodell für Massenschäden herangezogen werden, wenn der Schädiger festgestellt worden sei und eine feste Summe als „common fund“ feststehe. Man benötige allerdings einen neutralen Dritten, der die Feststellungen der Forderungen ähnlich wie der Insolvenzverwalter koordiniere und leite. Die Verteilung könne zur Vertrauensbildung unter gerichtlicher Aufsicht stattfinden.[727] Im Insolvenzverfahren funktioniert der Verfahrensablauf nur, weil es sich um eine die Privatautonomie einschränkende gesetzliche Zwangsgemeinschaft handelt. Solange das beklagte Unternehmen in einem Massenschadensfall nicht insolvent ist, würde das System nur bei einem freiwilligen Zusammenschluss aller Beteiligten mithilfe einer vertraglichen Vereinbarung funktionieren. Das Unternehmen müsste mit Anreizen arbeiten und den Geschädigten beispielsweise für eine Schadenspauschalisierung eine

724 MüKoInsO/*Hintzen*, InsO § 203 Rn. 6.
725 BeckOK InsO/*Nicht*, InsO § 187 Rn. 7.
726 MüKoInsO/*Hintzen*, InsO § 203 Rn. 25.
727 So auch *Paulus*, Das Insolvenzmodell, in: Koch/Koch-Willingmann, Modernes Schadensmanagement bei Großschäden, 123, der von Großschäden und einem "common pool" spricht.

eingeschränkte Nachweisprüfung anbieten.[728] Die Gesamtvollstreckung im Insolvenzverfahren könnte im Rahmen eines Eckpunktevergleichs als Vorbild für ein effizientes Forderungsmanagements in ausgewählten Großverfahren dienen. Die quotale Befriedigung in Kombination mit einer Prüfungs- und Feststellungsphase würde einen hinreichenden Kontrollmechanismus gepaart mit geringerem Verwaltungsaufwand bedeuten. Besonders relevant wäre das Insolvenzmodell in Verfahren, wo das Unternehmen durch den Massenschadensfall in die Insolvenz geraten könnte und zur Abwendung dieser nur eine bestimmte Summe gezahlt werden kann. Auch wäre das Modell von Relevanz für Fälle bei denen die Schäden gut kollektiviert werden könnten und sich die individuellen Unterschiede bei der Schadenshöhe in Grenzen halten. Sogar der gerichtliche Vergleich im Musterfeststellungsverfahren würde grundsätzlich pauschalisierte Leistungsbeträge oder die Bildung von Clustern zulassen,[729] wenngleich nach einem Musterfeststellungsurteil nur noch ein außergerichtlicher Vergleich geschlossen werden kann.

D. Zwischenergebnis

Ausgehend von der Diskussion zum Schadensrecht rückt die Schadenspauschalisierung als Kompromiss zwischen Gesamt- und Individualschadensbetrachtung im Rahmen eines außergerichtlichen Vergleichs in das Blickfeld. Während die Individualschadensbeurteilung den Prinzipien des deutschen Schadensrechts am ehesten gerecht wird, würde sie einen Vergleich um die notwendige Effizienz berauben. Bei der Gesamtschadensbetrachtung ist es genau umgekehrt. Die Ermittlung eines Gesamtschadens, wie sie oftmals in US-amerikanischen Massenschadensfällen praktiziert wird, passt nicht zum deutschen Schadensrecht. Der Blick auf das niederländische „damage scheduling" zeigt, dass im europäischen Rechtsraum bereits praktikabel mit dem Instrument der Schadenspauschalisierung umgegangen wird. Auch das Insolvenzrecht bietet einen guten Anhaltspunkt wie ein Forderungsmanagement effizient praktiziert werden kann. Das Insolvenzmodell eignet sich als Verteilungsmechanismus, wenn eine Gesamtsumme ausgehandelt wurde und die individuellen Schäden keine (zu) großen Unterschiede aufweisen.

---

728 *Ders.*, Das Insolvenzmodell, in: Koch/Koch-Willingmann, Modernes Schadensmanagement bei Großschäden, 124.

729 HK-MfkG/*Röthemeyer*, § 611 Rn. 14.

§ 2 Entschädigungs- und Verteilungsmechanismen bei Massenschäden in der Praxis

Im Folgenden sollen beispielhaft die Arbeitsweisen und Abläufe von drei verschiedenartigen Entschädigungs- und Verteilungsmechanismen dargestellt werden. Einerseits soll anhand des „Dalkon Shield Claimants Trust" ein typischer Fall zum Umgang mit Massenschadensfällen in den USA dargestellt werden (hierzu I.). Auch in Deutschland gab es in der jüngeren und älteren Vergangenheit bekannte Massenschadensfälle. So wird die Einrichtung der Contergan-Stiftung sowie deren Ablauf näher erläutert (hierzu II.). Auch im Laufe eines Musterfeststellungsverfahren wurde bereits ein Vergleich geschlossen. Daher wird der Ablauf und der Mechanismus des Vergleichs in dem Musterverfahren der VW AG gegen den vzbv vor dem OLG Braunschweig beschrieben (hierzu III.).

A. Dalkon Shield Claimants Trust

Ein Beispiel für den Umgang mit der Gesamtschadensbetrachtung und Schadenspauschalisierung stellt der Schadenskomplex rund um das Verhütungsinstrument „Dalkon Shield" dar.

I. Sachverhalt

Als in den späten 1960er Jahren die Nebenwirkungen der Anti-Baby-Pille bekannt wurden, suchten Mediziner nach nicht-chemischen Verhütungsmethoden. Eine neuartige Methode war der sog. Intrauterinpessar („IUD"), umgangssprachlich als Spirale bezeichnet. In den 1970er Jahren vertrieb das US-amerikanische Unternehmen A.H. Robins das Produkt „Dalkon-Shield". Von diesem wurden in den USA etwa 2,8 Mio. und im Ausland 1,7 Mio. Exemplare verkauft. Aufgrund spezifischer Konstruktionsmängel kam es in der Folge bei vielen Frauen zu Entzündung und Beschwerden. Auch waren viele Frauen in der Folge unfruchtbar geworden oder verstarben. Daraus resultierten schließlich mehr als 300.000 Einzelklagen. Nachdem die Anzahl der Klagen erdrückend groß wurde, meldete das Unternehmen A.H. Robins Insolvenz an.[730] Im Rahmen des Sanierungsplans nach *Chapter 11* des Bankcruptcy Code wurde durch das Gericht und die Gläubiger zur Behandlung der anhängigen Klagen beschlossen den „Dalkon Shield Claimants Trust" gegründet.[731]

---

730 *Vairo*, 61 Fordham L. Rev. 617, 624 ff. (1992).

731 *Vairo*, 31 Loy. L.A. L. Rev. 79, 123 (1997); in den USA wird den Insolvenzgerichten - anders als in Kontinentaleuropa - ein weites Ermessen und größere Flexibilitat bei

II. Entschädigungsmechanismus

Das Gericht musste zunächst, zur Prüfung der Durchführbarkeit des Restrukturierungsplans, das Ausmaß der gegen A.H. Robins bestehenden Ansprüche abschätzen und eine Gesamtsumme zur Befriedigung aller Ansprüche bestimmen. Vorteilhaft war hierbei, dass durch das Sanierungsverfahren eine Zentralisierung bei dem Insolvenzgericht stattfand und so die Erstellung eines angemessenen Abwicklungsplans erleichtert wurde.[732] Zur Ermittlung der Anzahl der potentiell Geschädigten setzte das Gericht zunächst eine Frist innerhalb derer potentielle Klägerinnen ihre Ansprüche anmelden konnten („bar date") und A.H. Robins schaltete für mehrere Millionen US-Dollar Anzeigen, die Geschädigte zur Anmeldung ihrer Ansprüche aufriefen.[733] Zusätzlich ernannte das Gericht *Francis E. McGovern,* Professor an der Duke University und erfahren in der Abwicklung von Massenschadensfällen, als unabhängigen Experten, um aus den zur Verfügung stehenden Informationen sowohl eine Gesamtsumme zu bestimmen als auch um Richtlinien zu deren Verteilung zu entwerfen.[734] Es meldeten schließlich 300.000 potentiell Geschädigte aus den USA und 35.000 aus dem Ausland ihre Ansprüche an.[735] Nach Ablauf des bar date wurden diesen zur Bestimmung der Gesamtsumme kurze und einfache Fragebögen zugeschickt, um mehr Informationen über das Ausmaß und die Höhe der Ansprüche zu erhalten. Nachdem viele Kläger den einfachen Fragebogen nicht zurücksandten, schickte das Gericht einen zweiten Fragebogen nach. Mehr als 100.000 Kläger sandten auch den zweiten Fragebogen nicht zurück und blieben folglich bei den Berechnungen des Gerichts und des beauftragten externen Experten außen vor. Das Gericht ging schließlich in der Summe von etwa

---

der Restrukturierung eines Unternehmens eingeräumt (*Brinkmann,* Mass tort telated insolvency proceedings: Choice of jurisdiction, treatment and discharge of tort claims, in: van Boom/Wagner, Mass torts in europe, 245, 257).

732 *Feinberg,* 53 L & Contemp Probs 79, 87 f. (1990); die USA verfolgen das Prinzip der vis attractiva concursus, wonach die mit Konkurs zusammenhängenden Zivilprozesse vor das Konkursgericht gehören. In Deutschland wäre gem. § 180 InsO ausschließlich das Amtsgericht des Bezirks, in dem das Insolvenzverfahren anhängig ist, zuständig (*Brinkmann,* Mass tort telated insolvency proceedings: Choice of jurisdiction, treatment and discharge of tort claims, in: van Boom/Wagner, Mass torts in europe, 245, 251 f.).

733 *Feinberg,* 53 L & Contemp Probs 79, 101 (1990).

734 *Ders.,* 53 L & Contemp Probs 79, 101 f. (1990).

735 *Vairo,* 61 Fordham L. Rev. 617, 628 (1992).

197.000 aktiven Ansprüchen aus.[736] Im Anschluss schickte man einen detaillierter und ausführlicheren Fragebogen an 9.000 ausgewählte Kläger um den durchschnittlichen Forderungsinhalt besser bestimmen zu können. Hierdurch versuchte das Gericht nähere Informationen zur Art der Nutzung des Dalkon Shield, zur Krankengeschichte, typischen Folgeerkrankungen und möglicher sonstiger Schäden der Nutzerinnen zu erhalten. Auch analysierte man das Profil bereits anhängiger Klagen. Diese Datenlage konnten die externen Experten, das Gericht und die Parteien nun nutzen, um den Umfang der Gesamtsumme zur Befriedigung der Klagen und die Verwaltungskosten zur entsprechenden Verteilung abschätzen zu können.[737]

Die Schätzungen beliefen sich auf Summen zwischen US$ 700 Mio. (durch die Experten des Unternehmens A.H. Robins), US$ 2,2 Mrd. (durch Aetna, den Versicherer des Unternehmens) und US$ 7 Mrd. (durch die Klägervertreter). Das Gericht setzte das Volumen des Trusts schließlich nach Anhörungen der Beteiligten auf US$ 2,475 Mrd. fest.[738] Der Prozess der Sammlung, Durchsicht und Bewertung der Ansprüche dauerte insgesamt etwa ein Jahr.[739]

Im Laufe des Gesamtverfahrens wurde nicht nur das Unternehmen selbst, sondern es wurden auch Mitglieder der Eigentümerfamilie, die Versicherung des Unternehmens, einzelne Führungskräfte, Ärzte und Krankenhäuser verklagt. Das Fondsvolumen setzte sich daher aus Mitteln von verschiedenen Quellen zusammen. Der Versicherer Aetna steuerte US$ 500 Mio. bei.[740] Der Großteil des Kapital für den Trust kam allerdings von American Home Products, die A.H. Robins für mehr als 3 Mrd. US$ aufkauften. Von dem Kaufpreis gelangten US$ 2,25 Mrd. in den Fonds. Die Eigentümerfamilie von A.H. Robins beteiligte sich mit weiteren US$ 5 Mio.[741] Alle Ansprüche wegen Verletzung des Körpers und der Gesundheit, die sich aus dem Einsatz, die Nutzung oder die Entfernung des Dalkon Shield ergeben, sollten schließlich gegen den Trust gerichtet werden. Der Plan sah die Ernennung von fünf Verwaltern („trustees") durch das Gericht vor. Diese sollten eine claims resolution facility (CRF) zur Abwicklung der Ansprüche gründen.[742]

---

736 *Dies.*, 61 Fordham L. Rev. 617, 628 (1992).
737 *Feinberg*, 53 L & Contemp Probs 79, 102 (1990).
738 *Vairo*, 61 Fordham L. Rev. 617, 628 (1992).
739 *Feinberg*, 53 L & Contemp Probs 79, 102 (1990).
740 *Vairo*, 31 Loy. L.A. L. Rev. 79, 127 (1997).
741 *Feinberg*, 53 L & Contemp Probs 79, 104 (1990).
742 *Vairo*, 61 Fordham L. Rev. 617, 628 ff. (1992); der Begriff „claims resolution facility" (CRF) beschreibt ein weites Feld von Einrichtungen, die Ansprüche gegen eine

In den Richtlinien des Trusts wurden zudem Vorgaben zur Verteilung der Gelder festgeschrieben. Die Anspruchstellerinnen (weit überwiegend weiblich) hatten ausweislich der Richtlinien die Wahl zwischen drei möglichen Entschädigungsoptionen. Jede Option forderte einen anderen Grad an Nachweisen und legte, von der Zahlung einer moderaten Pauschalsumme bis zu einer intensiven individuellen Bestimmung der Höhe, eine jeweils andere Form der Berechnung der individuellen Entschädigung zugrunde.[743] Durch das Angebot verschiedener Optionen sollte eine Mischung zwischen Geschwindigkeit bei der Abarbeitung der Fälle und Einzelfallgerechtigkeit hergestellt werden. Sollte nach der Verteilung noch ein Restbetrag des Trusts übrigbleiben, so sahen die Richtlinien vor, dass dieser entweder anteilig an die Anspruchstellerinnen, die sich erst nach dem bar date meldeten („late claims"), oder an die bereits entschädigten verteilt werden soll.[744] Nicht nur der Ablauf des Verfahrens, sondern auch die unterschiedlichen Optionen wurden im Wesentlichen von *Kenneth Feinberg*[745] *und Georgene M. Vairo*[746], zwei der fünf ernannten Trustees des Dalkon Shield Claimants Trust detailliert geschildert:

Option 1 sah eine schnelle Zahlung bei leichten Verletzungen oder für Fälle vor, wo die Nutzung des Dalkon Shield nicht (medizinisch) nachgewiesen werden konnte. Es musste nur eine eidesstattliche Erklärung abgeben werden, dass das Produkt genutzt wurde und man (zumindest) davon ausgeht, dass man durch eben dieses verletzt wurde. Nutzerinnen, die angaben direkt durch das Produkt verletzt worden zu sein, erhielten pauschal US$ 725; Dritte (meist Ehemänner), die eine derivative Verletzung schilderten, erhielten US$ 300; Nutzerinnen, die zusätzlich angaben, dass sie den Dalkon Shield (neben anderen IUDs) nutzten,

---

Finanzierungsquelle der CRF abarbeiten und klären. CRF können flexibel ausgestaltet und dem besonderen Fall exakt angepasst werden. Sie können durch einen Vergleichsschluss im Kollektivverfahren, aufgrund eines Gesetzes, einer Verwaltungsvorschrift oder aufgrund eines einseitigen Angebots des potentiellen Schädigers als eine Art (präventiver) Vorläufer zu Gerichtsverfahren entstehen. CRFs wurden bislang in den USA bei den verschiedensten Sachverhalten eingesetzt: Bei Kriegsentschädigungszahlungen, Umweltkatastrophen, sozialer Wohlfahrt, deliktsrechtlichen und vertraglichen Ansprüche. Die CRFs sollen dabei entweder die Gesamtsumme der Entschädigungszahlungen festlegen und verteilen oder nur eine vorher festgelegte Summe verteilen (*McGovern*, 57 Stan. L. Rev. 1361, 1361 ff. (2005)).

743 *Feinberg*, 53 L & Contemp Probs 79, 105 (1990) f.

744 *Vairo*, 61 Fordham L. Rev. 617, 631 (1992).

745 *Feinberg*, 53 L & Contemp Probs 79, 106 (1990) ff.

746 *Vairo*, 31 Loy. L.A. L. Rev. 79, 133 (1997) ff.

erhielten US$ 125. Insgesamt wählten 132.000 Anspruchstellerinnen Option 1 und es wurden in dieser Kategorie insgesamt US$ 90 Mio. ausgezahlt.

Option 2 sah schließlich Zahlungen für Nutzerinnen vor, die gute medizinische Nachweise für eine Verletzung und die Nutzung des Dalkon Shield hatten, deren Nachweise aber hinsichtlich der Ursache der Verletzungen auch zahlreiche alternative Kausalitäten zuließen. Der CRF lag eine Liste von Verletzungen vor, die man grundsätzlich auf den Dalkon Shield zurückführen konnte. Wurde eine dieser Verletzungen medizinisch nachgewiesen, autorisierte der CRF eine Zahlung im Rahmen von Option 2. Die Zahlungen variierten zwischen US$ 400 und US$ 5.500, je nach Schwere der Verletzung. Das Ziel von Option 2 war die Zahlung von moderaten und standardisierten Summen an Nutzerinnen mit leichten Verletzungen und Beweisproblemen im Zusammenhang mit der Kausalität. Schließlich entschieden sich 18.000 Anspruchstellerinnen für diese Auswahlmöglichkeit.

Bei Option 3 mussten die Anspruchstellerinnen schließlich detaillierte medizinische Nachweise sowohl für die Nutzung des Dalkon Shield als auch für die aus der Nutzung resultierenden Verletzungen erbringen. Jeder Schadensfall wurde individuell gewürdigt und der prozessuale Ablauf von Option 3 wurde wiederum in verschiedene Phasen unterteilt. In einer ersten Phase legte die CRF ein Profil des Anspruchs anhand verschiedener Kriterien (Art und Schwere der Verletzung, Qualität des medizinischen Nachweises, Möglichkeiten alternativer Kausalitäten, vergangene Zeit seit der Verletzung) an und verglich dieses mit ähnlichen Ansprüchen der Vergangenheit. Daraufhin wurde der Fall kategorisiert und in ein Cluster eingeordnet. Anschließend wurde der Geschädigten ein individuelles Vergleichsangebot versehen mit einer detaillierten Begründung unterbreitet. Lehnte sie dieses Angebot ab, wurde der Anspruch einer erneuten vertieften Prüfung durch die CRF unterzogen. Gleichzeitig lud man die Anspruchstellerin zur Beilegung der Differenzen zu einer Vergleichsverhandlung (sog. „settlement conference") ein. Dabei konnten sowohl die Anspruchstellerin als auch der Trust anwaltlich vertreten sein und beide Seiten hatten die Möglichkeit innerhalb von 60 Tagen ein erneutes schriftliches Angebot abzugeben, das wiederum eine Gültigkeit von 90 Tage Gültigkeit besaß. Sollten sich die Parteien wiederum nicht geeinigt haben, folgte entweder ein Schiedsverfahren, bei dem durch die Parteien ein neutraler Dritter zum Schiedsrichter bestimmt wird oder es konnte der Weg eines ordentlichen Gerichtsverfahrens mit einer Jury („jury trial") beschritten werden.

Um eine möglichst hohe Annahmequote im Rahmen von Option 3 zu erhalten, lehnte die CRF jede Form von Verhandlung („no negotiation") ab und verfolgte bereits in Phase 1 eine Strategie des besten und letzten Angebots („best and final offer").[747] Die settlement conferences wurden lediglich herangezogen, um die Höhe des Angebots ausführlicher zu begründen und um möglicherweise tatsächlich gemachte Fehler zu identifizieren. Auch sollte den Geschädigten die Möglichkeit gegeben werden, ihr Anliegen vor dem Trust mündlich zu schildern und über das Erlebte zu sprechen. Im Laufe der Schieds- oder Gerichtsverfahren unterbreitete der Trust nach eigener Angabe keine Vergleichsangebote.[748] Die Führung der Gerichtsverfahren wurde durch den CRF zentralisiert und man bestimmte Anwälte, die in ihrem regionalen Zuständigkeitsbereich alle Verfahren führen sollten. Bei der Verteidigung fokussierten sich die Anwälte aus Gründen der Effizienz ausschließlich auf die Kausalitätsfrage. Die Prozesse sollten ohne Verzögerungen und möglichst zügig geführt werden.[749] Ungefähr 49.000 Anspruchstellerinnen wählten Option 3 und die Zahlungen bewegten sich je nach Einzelfall zwischen US$ 125 und US$ 2 Mio. Von denen, die Option 3 wählten, akzeptierten 83 % das erste Angebot der CRF. Nur 7000 Anspruchstellerinnen wählten den Weg des Schieds- oder Gerichtsverfahrens und sorgten in der Folge für den Löwenanteil der administrativen Kosten.[750] Die meisten Urteile zugunsten der Anspruchstellerinnen bewegten sich ungefähr im Rahmen des anfänglichen Angebots von Option 3 und befanden sich weit unter der beantragten Summe.[751]

Nach den Richtlinien des Trusts musste die CRF auch late claims zulassen, wenn bis zu einem bestimmten Tag nicht alle Mittel verteilt werden konnten. Bis Juni 1994 erreichten den Trust 74.000 dieser late claims, wovon 43.000 nach Angaben des Trusts als betrügerisch identifiziert wurden, während der Rest nach dem vorher beschriebenen Schema abgearbeitet wurde. Die im Anschluss weiterhin verbliebenen Mittel wurden schließlich pro rata und stufenweise auf die bereits entschädigten Anspruchstellerinnen verteilt.[752] Aufgrund der

---

747 *Dies.*, 31 Loy. L.A. L. Rev. 79, 133 (1997).

748 *Dies.*, 31 Loy. L.A. L. Rev. 79, 138 f. (1997).

749 *Dies.*, 31 Loy. L.A. L. Rev. 79, 142 ff. (1997).

750 *Dies.*, 31 Loy. L.A. L. Rev. 79, 137 (1997); die administrativen Kosten betrugen pro Fall durchschnittlich US$ 700 (*Dies.*, 31 Loy. L.A. L. Rev. 79, 153 (1997)).

751 Das durchschnittliche Angebot an eine Anspruchstellerinnen, die später ein Gerichts- oder Schiedsverfahren durchführte, betrug US$ 28.311; die durchschnittlich durch Gericht oder Schiedsgericht erstrittene Summe betrug US$ 53.585, während die klägerische Forderung durchschnittlich US$ 600.000 umfasste (*dies.*, 31 Loy. L.A. L. Rev. 79, 145 (1997)) Bei diesen Zahlen muss auch die Tatsache berücksichtigt werden, dass jeder Kläger in den USA seine Prozesskosten selbst trägt (american rule of costs), was die Höhe der durchschnittlich erstrittenen Summe schließlich relativiert.

752 *Dies.*, 31 Loy. L.A. L. Rev. 79, 150 f. (1997).

unbürokratischen Pauschalzahlungen unter Option 1 konnten die vorher veranschlagten Verwaltungskosten des Trusts enorm gesenkt werden. Anfänglich kalkulierte man, dass lediglich 28 % diese Option wählen würden, letztendlich waren es über 60 % aller Anspruchstellerinnen. Dies ist der Grund, weshalb am Ende ein größerer Restbetrag ausgezahlt werden konnte.[753] Die Beliebtheit von Option 1 mag auch damit zusammenhängen, dass die Zahlungen von Option 2 nicht signifikant höher waren als bei Option 1, obwohl die Anspruchsstellerinnen deutlich mehr Nachweise erbringen mussten. Daher wurde Option 2 als Mittelweg relativ wenig gewählt.[754] Es ist zudem davon auszugehen, dass sich die Strategie der no negotiation und final and best offer unter den Anspruchstellerinnen (oder zumindest deren Anwälten) herumsprach und so deutlich weniger Verfahren geführt werden mussten. Auch die Einführung der settlement conferences überzeugt, da den Geschädigten gerade bei einer derart sensiblen Angelegenheit die Möglichkeit eingeräumt wurde, das Erlebte zu schildern und „gehört zu werden". Auch dies dürfte für viele eine Form der Genugtuung dargestellt haben, weshalb sie schließlich das Angebot des CRF annahmen und von einer Beschreitung des Klagewegs absahen.

B. Die Contergan-Fälle und die Stiftungslösung

Der wahrscheinlich bekannteste und erschütterndste Massenschadensfall hierzulande ereignete sich in den 1960er Jahren. Bei den Contergan-Fällen wurde kein Vergleich im klassischen Sinne geschlossen, vielmehr schritt die Bundesrepublik ein und gründete mit einer Mischung aus öffentlichen Geldern und solchen des Schädigers eine Art Nationalstiftung. Die zivilrechtlichen Ansprüche gegen das Unternehmen, seine Leiter und Angestellten erloschen und die geschädigten Kinder erhielten einen Rechtsanspruch gegen die Stiftung auf Entschädigungszahlungen und Rente.[755]

I. Sachverhalt

Seit dem 1. Oktober 1957 wurde der Wirkstoff Thalidomid in der Bundesrepublik Deutschland durch die Firma Chemie Grünenthal[756] als Contergan angeboten und avancierte schnell zum beliebtesten Schlaf- und Beruhigungsmittel der

753 *Dies.*, 31 Loy. L.A. L. Rev. 79, 134 (1997).
754 *Feinberg*, 53 L & Contemp Probs 79, 106 (1990).
755 BT-Drs. IV/926.
756 Im Folgenden nur „Grünenthal".

Deutschen.[757] Der anfängliche Erfolg des Präparats basierte vor allem auf der Rezeptfreiheit und der umfangreichen Werbung durch den Hersteller Grünenthal, der das Arzneimittel als „völlig ungiftig" und „gefahrlos" anpries.[758]

Seit 1959 erfuhr die Herstellerfirma immer wieder von nervenschädigenden Nebenwirkungen, passte in der Folge entsprechend den Beipackzettel an und stellte das Präparat in Deutschland unter Rezeptpflicht.[759] Im Juni 1961 stellte der Rechtsanwalt *Karl-Hermann Schulte-Hillen* Fehlbildungen bei der Geburt seines Sohnes fest und bat den Arzt *Widukind Lenz* darum, den Grund für die Fehlbildungen herauszufinden. *Schulte-Hillen* recherchierte akribisch mehrere Fälle mit ähnlichen Fehlbildungen, während *Lenz* den Fall aus medizinischer Sicht näher untersuchte.[760] *Lenz* stellte einen Zusammenhang zwischen der Einnahme des thalidomidhaltigen Arzneimittels in der Frühschwangerschaft und Kindesfehlbildungen, insbesondere der Gliedmaßen her. Nach der Publikation seiner wissenschaftlichen Erkenntnisse, zog Grünenthal am 27. November 1961 das Präparat vom Arzneimittelmarkt zurück.[761] Trotz der Rücknahme des Präparats vom Arzneimittelmarkt: Bei den Opfern blieben nicht unerhebliche Schäden zurück. Es wurde eine Zunahme von Kindesfehlbildungen in diesen Jahren festgestellt und den betroffenen Kindern fehlten oftmals Gliedmaßen.[762] In Deutschland schätzte man die Anzahl der durch Thalidomid fehlgebildeten Kinder auf ca. 2.600, weltweit geht man von 5.000 bis 10.000 Fällen aus.[763] Am 5. Januar 1962 wurde schließlich eine Interessengemeinschaft für Contergan-Geschädigte gegründet. Sie diente zunächst dazu, potentiell Geschädigte zu erfassen und Krankheitssymptome zu klassifizieren. Aber es sollte auch wissenschaftliches Beweismaterial für etwaige Schadensersatzprozesse gesammelt werden.[764] Kurz nach der Rücknahme des Arzneimittels leitete die Staatsanwaltschaft Aachen ein Ermittlungsverfahren gegen leitende Angestellte der

---

757 *Friedrich*, Contergan - zur Geschichte einer Arzneimittelkatastrophe, in: Rauschmann/Zichner/Thomann, Die Conterganktastrophe, 3.

758 *Beyer*, Grenzen der Arzneimittelhaftung, 1989, S. 2.

759 *Ders.*, Grenzen der Arzneimittelhaftung, 1989, S. 2 f.

760 *Friedrich*, Contergan - zur Geschichte einer Arzneimittelkatastrophe, in: Rauschmann/Zichner/Thomann, Die Conterganktastrophe, 3, 7.

761 *Ders.*, Contergan - zur Geschichte einer Arzneimittelkatastrophe, in: Rauschmann/Zichner/Thomann, Die Conterganktastrophe, 3, 5 f.

762 *Ders.*, Contergan - zur Geschichte einer Arzneimittelkatastrophe, in: Rauschmann/Zichner/Thomann, Die Conterganktastrophe, 3, 6.

763 *Beyer*, Grenzen der Arzneimittelhaftung, 1989, S. 4.

764 *Ders.*, Grenzen der Arzneimittelhaftung, 1989, S. 5.

Herstellerfirma ein.[765] Die umfangreichen Ermittlungen mündeten schließlich am 13. März 1967 in der Erhebung der Anklage und einem 283 Sitzungstage langen Strafverfahren an dem viele geschädigte Kinder als Nebenkläger auftraten.[766] Das Verfahren wurde 1970 nach § 153 Abs. 3 StPO eingestellt.[767] Trotz der enormen Schädigungen kam es nur zu relativ wenigen zivilrechtlichen Schadensersatzklagen. Dies liegt zum einen daran, dass die Zivilverfahren während des laufenden Strafverfahrens ausgesetzt wurden und es am 10. April 1970 zu einem umfassenden Vergleich zwischen Grünenthal und den Geschädigten kam, der im Wesentlichen durch *Schulte-Hillen* und den Nebenkläger-Anwalt *Rupert Schreiber* ausgehandelt wurde.[768] Nach Gründung des Bundesverbands körpergeschädigter Kinder e.V. – Contergankinder-Hilfswerk am 16. März 1963 und nach Einstellung des Strafverfahrens gegen Vertreter der Herstellerfirma wurde die Interessengemeinschaft schließlich aufgelöst.[769]

II. Entschädigungsmechanismus

Der durch die Rechsanwälte *Schulte-Hillen* und *Schreiber* ausgehandelte Vergleich sah Zahlungen in Höhe von insgesamt DM 100 Mio. vor, wovon DM 50 Mio. zwei Monate nach Vertragsschluss, die restlichen DM 50 Mio. bis spätestens zum 30. Juni 1973 auf ein Treuhandkonto zu zahlen waren. § 7 des Vergleichsvertrags sah zunächst vor, dass das Geld durch ein Treuhändergremium aufgrund der Feststellungen eines Zulassungs- und eines Bewilligungsausschusses nach dem Bewertungsmaßstab der Gerichte für die Bemessung eines Schmerzensgeldes verteilt werden sollten, sofern die Geschädigten auf alle weiteren Ansprüche verzichteten.[770]

Da die Bundesregierung Umsetzungsschwierigkeiten bei dem Vergleich sah und die Eingliederung der geschädigten Kinder auf ein besseres Fundament stellen wollte, verabschiedete der Deutsche Bundestag im Jahr 1971 ein Gesetz über die Errichtung einer Stiftung „Hilfswerk für behinderte Kinder“[771]. In diese

765 Staatsanwaltschaft Aachen, Az. 4 Js 987/61.

766 *Beyer*, Grenzen der Arzneimittelhaftung, 1989, S. 6 f.

767 LG Aachen, Beschl. v. 18.12.1970 – 4 KMs 1/68, 15 – 115/67 = JZ 1971, 507.

768 *Beyer*, Grenzen der Arzneimittelhaftung, 1989, S. 7.

769 *Ders.*, Grenzen der Arzneimittelhaftung, 1989, S. 5.

770 Sachverhalt (Rn. 3) in BVerfG, Urteil v. 8.7.1976 – 1 BvL 19/75, 1 BvL 20/75, 1 BvR 148/75.

771 Im Folgenden BehKiStiftG. Im Jahr 2005 wurde die Stiftung in „Conterganstiftung für behinderte Menschen“ umbenannt.

Stiftung sollten zwar die durch Grünenthal bereitgestellten DM 100 Mio. (mit-) eingebracht werden. Der Mechanismus des ursprünglich durch *Schulte-Hillen* und *Schreiber* ausgehandelten Vergleichs wurde allerdings nie umgesetzt.[772] Die Verfassungsmäßigkeit des BehKiStiftG beschäftigte sowohl den BGH als auch BVerfG, die das Gesetz in der Folge für verfassungsgemäß erklärten.[773] Obwohl deliktische Schadensersatzansprüche gegen der Contergangeschädigten bestanden hätten,[774] sah § 23 BehKiStiftG das Erlöschen etwa bestehender Ansprüche gegen das Unternehmen, deren Gesellschafter, Geschäftsführer und Angestellter vor.

Das Vermögen der Stiftung setzte sich gem. § 4 des BehKiStiftG aus DM 100 Mio., die der Bund zur Verfügung stellte, und DM 100 Mio. zuzüglich Zinsen der Firma Grünenthal GmbH und Spenden zusammen. Die Leistungen der Stiftung unterteilen sich in konkrete (finanzielle) Entschädigungszahlungen an thalidomid-geschädigte Kinder und deren Erben (Teil II des Gesetzes) sowie Leistungen zur allgemeinen Förderung und Betreuung geschädigter Kinder (Teil III des Gesetzes).

DM 150 Mio. sollten für Leistungsansprüche der Geschädigten verwendet werden. Das Gesetz regelte wer (§ 13) und in welchem Umfang (§§ 14 ff.) leistungsberechtigt war. Im Wesentlichen stand den thalidomid-geschädigten Kinder eine Kapitalentschädigung sowie eine lebenslängliche Rente zu. Das Gesetz regelte Mindest- und Höchstbeträge.[775] In leichten Fällen sollten die Leistungen auf Kapitalentschädigungen beschränkt werden.[776] Der Gang des Verfahrens wurde in § 19 BehKiStiftG geregelt. Demnach werden die Leistungen auf Antrag gewährt und eine aus fünf Mitgliedern bestehende Kommission entschied, ob ein Fall von dem Gesetz erfasst war und bewertete den Schaden nach Maßgabe dieser Richtlinie. Der Vorsitzende der Kommission musste die Befähigung zum Richteramt haben, während sich die übrigen Mitglieder aus medizinischen Sachverständigen zusammensetzt.[777] Der Stiftungsvorstand setzt aufgrund der Feststellungen der Kommission die konkreten Leistungen fest und erteilte dem Antragsteller einen mit einer Rechtsbehelfsbelehrung versehenen

772 BT-Drs. VI/926.

773 BVerfG, Urteil v. 8.7.1976 – 1 BvL 19/75, 1 BvL 20/75, 1 BvR 148/75; BGH, Urteil v. 13.2.1975 – VI ZR 44/74 = NJW 1975, 1457.

774 So die Auffassung des Wissenschaftlichen Dienstes des Deutschen Bundestags (Sachstand zu Gerichtsverfahren im Contergan-Fall, 2017, Az. WD 7-3000-150/17).

775 § 14 Abs. 2 Satz 2 BehKiStiftG.

776 § 14 Abs. 2 Satz 3 BehKiStiftG.

777 § 19 Abs. 3 BehKiStiftG.

Bescheid.[778] Gegen diesen Bescheid konnten die Antragssteller nach § 20 BehKiStiftG Widerspruch einlegen und gegen den begründeten Widerspruchsbescheid Klage vor dem zuständigen Landgericht erheben.

Die Geschädigten sollten mithin auch im Kollektiv gefördert werden. In Teil III des Gesetzes bestimmte man, dass die weiteren DM 50 Mio. speziellen Fördermaßnahmen zugutekommen sollten. Nach § 26 BehKiStiftG sollten mit dem Geld Einrichtungen, zur ärztlichen Behandlungen, Ausbildung und Betreuung Behinderter dienen (Nr. 1). Weiterhin sollten Einzelvorhaben der wissenschaftlichen Forschung oder der Erprobung von neuzeitlichen Behandlungsmethoden gefördert (Nr. 2) und die Erforschung, Erprobung und Durchführung von Maßnahmen zur Verhütung und Früherkennung von Behinderungen gefördert werden (Nr. 3).

Das Gesetz ist im Jahr 2005 durch das Gesetz über die Conterganstiftung für behinderte Menschen (ContStiftG) ersetzt worden und die Stiftung wird bis heute durch den Bund und die Firma Grünenthal finanziell unterstützt.[779] Auf ganz ähnliche Weise wurde auf die HIV-Fälle rund um den Blutspendeskandal der frühen 1980er in Deutschland reagiert.[780] Bei den HIV-Schäden beteiligte sich auch der Blutspendedienst des Deutschen Roten Kreuzes sowie der Bund und pharmazeutische Unternehmen an dem Stiftungsvermögen.[781]

C. Das Musterfeststellungsverfahren gegen die Volkswagen AG

I. Sachverhalt

Nachdem Ende 2015 bekannt wurde, dass die VW AG in ihren Dieselfahrzeugen mit dem Motor des Typs EA189 EU 5 und EU 6 eine Abschalteinrichtung verwandte, forderten zahlreiche Verbraucher Schadensersatz in Form einer Rückabwicklung der Kaufverträge. Zu diesem Zeitpunkt ging man in Deutschland von etwa 2,5 Mio und weltweit von annähernd 11 Mio. betroffenen Fahrzeugen aus.[782] Eine Vielzahl der Ansprüche drohte mit Ablauf des 31. Dezember 2018 zu verjähren. Am Tag des Inkrafttretens der Musterfeststellungsklagen, dem 1. November 2018, erhob die vzbv vor dem zuständigen OLG Braunschweig gem.

---

778 § 19 Abs. 6 BehKiStiftG.

779 Gesetz über die Conterganstiftung für behinderte Menschen (Conterganstiftungsgesetz - ContStifG).

780 *Schaub*, JZ 2011, 13, 15.

781 Gesetz über die humanitäre Hilfe für durch Blutprodukte HIV-infizierte Personen (HIV-Hilfegesetz - HIVHG).

782 *Hirsch*, VuR 2020, 454.

§ 119 Abs. 3 GVG i. V. m. § 32c ZPO eine Musterfeststellungsklage gegen die VW AG (Az. 4 MK 1/18). In den Folgemonaten meldeten etwa 410.000 Verbraucher ihre Ansprüche zur Eintragung in das Klageregister an, wovon etwa 78.000 ihre Anmeldung bis zum Ende des ersten Termins der mündlichen Verhandlung am 30. September 2019 zurücknahmen. Nachdem das OLG Braunschweig den Parteien in den beiden Terminen deutlich machte, dass sie ernsthafte Vergleichsgespräche aufnehmen sollten, traten die Parteien in Vergleichsverhandlungen ein. Am 28. Februar 2020 schlossen die Parteien schließlich eine sog. "Rahmenvereinbarung".[783] Dabei entschieden sie sich bewusst für einen außergerichtlichen und gegen den Abschluss eines gerichtlichen Vergleichs aus § 611 ZPO.[784]

II. Entschädigungsmechanismus

Die Rahmenvereinbarung bestimmte die wesentlichen Eckpunkte unter denen eine Abwicklung der Schadensfälle stattfinden sollte (hierzu 1.). Sie sah vor, dass die Abwicklung in einem ersten Schritt durch die VW AG selbst durchgeführt werden sollte (hierzu 2.). Zusätzlich wurde eine Ombudsstelle eingerichtet, die sich besonderer Streitfälle zwischen angemeldeten Verbrauchern und der VW AG als Beklagte annehmen sollte (hierzu 3.).

1. Die Rahmenvereinbarung

In einer Rahmenvereinbarung räumte die Beklagte den angemeldeten Verbrauchern, die bestimmte Voraussetzungen erfüllen (sog. „qualifizierten Anmeldern"),[785] die Möglichkeit ein, mit der VW AG gerichtliche Einzelvergleiche abzuschließen. Diese Einzelvergleiche sollen den „qualifizierten Anmeldern" in einem zweiten Schritt individuell angeboten werden. Um einen Einzelvergleich

783 *Gurkmann/Jahn*, VuR 2020, 243.

784 Man entschied sich zum einen wegen der hohen Komplexität und der Verfahrensdauer gegen einen gerichtlichen Vergleich aus § 611 ZPO. Insbesondere sah man Probleme bei der Zustellung und der Feststellung des Quorums durch das Gericht. Zum anderen wollten beide Seiten einen Vergleich vor dem 5. Mai 2020, dem Termin der mündlichen Verhandlung vor dem BGH in einem Individualverfahren, schließen. Dies hätte zeitlich bei Abschluss eines gerichtlichen Vergleichs nicht funktioniert (*dies.*, VuR 2020, 243, 246).

785 Verbrauchern wird laut Vorbemerkungen der Rahmenvereinbarung im Wesentlichen dann ein Einzelvergleich angeboten, wenn sie ein betroffenen Fahrzeug vor dem 1. Januar 2016 erwarben und zum Zeitpunkt des Erwerbs ihren Wohnsitz in Deutschland hatten (*Verbraucherzentrale Bundesverband*, Rahmenvereinbarung zwischen der Verbraucherzentrale Bundesverband und der Volkswagen AG, 2020).

abschließen zu können, mussten die qualifizierten Anmelder bestimmte Zusicherungen abgeben.[786] Dazu gehörte etwa, dass das Fahrzeug nicht weiterveräußert worden ist. Die Einzelvergleiche sahen zudem „eine weitreichende Abgeltung etwaiger Ansprüche im Hinblick auf den Erwerb der betroffenen Fahrzeuge“ vor. Der Verband verpflichtete sich im Gegenzug, die Musterfeststellungsklage vollständig im Sinne der §§ 610 Abs. 5 S. 1, 269 ZPO zurückzunehmen. Diese Pflicht galt unabhängig davon, wie viele Anmelder die Einzelvergleiche annehmen.[787]

Der erste große Vergleich in einem Musterfeststellungsverfahren scheiterte Medienberichten zufolge zunächst an der Frage, wer die Abwicklung des Vergleichs zu welchem Honorar übernehmen sollte. Anfangs sollten die Rechtsanwälte des vzbv die Abwicklung der geschätzten 265.000 Einzelvergleiche[788] für eine Festvergütung von EUR 50 Mio. übernehmen. Laut Beklagter kam es nicht zu einer Einigung, weil sich die Rechtsanwälte des Verbands weigerten, ihre Gebührenforderung unabhängig rechtlich überprüfen zu lassen.[789] Auch wenn EUR 50 Mio. nach einer gewaltigen Summe klingt, so hätte die Abwicklung der Vergleiche von 265.000 Anspruchsberechtigten „nur“ ein Honorar von EUR 188,00 zur Prüfung eines Einzelfalls bedeutet. Selbst die Zahlung eines vergleichsweise hohen Honorars wie EUR 50 Mio. hätte – um kosteneffizient zu arbeiten – auch unter Inanspruchnahme von IT-basierten Portalen nur eine Prüfung nach sehr groben Mustern zugelassen.[790] Nach den ersten gescheiterten Verhandlungen lud die Beklagte zunächst im Alleingang eine Online-Plattform hoch, wo die qualifizierten Anmelder zu den mit der Klägerin ausgehandelten Konditionen einen Direktvergleich mit der Beklagten schließen konnten. Eine Kontrolle oder Überwachung durch die Klägerin oder einen neutralen Dritten sah diese Direktvergleichslösung nicht vor.[791] Daraufhin einigten sich die Parteien einvernehmlich auf Anraten des zuständigen OLG-Senats, eine

---

786 § 1.2 der Rahmenvereinbarung.

787 § 3 der Rahmenvereinbarung.

788 Obwohl sich etwa 410.000 Personen (von denen 78.000 ihre Anmeldung zurückzogen) mit ihren Ansprüchen im Musterfeststellungsverfahren anmeldeten, erfüllten letztendlich nur 265.000 Verbraucher die Voraussetzungen für die von den Parteien vorgesehenen Einzelvergleiche. Dies lag u.a. auch daran, dass es mehr als 30.000 doppelte Eintragungen gab. Den Personen, die die Voraussetzungen der Rahmenvereinbarung nicht erfüllten, verblieb nur die individuelle Durchsetzung ihrer Ansprüche (*Gurkmann/Jahn*, VuR 2020, 243).

789 *Votsmeier/Menzel/Drost*, Handelsblatt 14.02.2020.

790 *Langheid*, VersR 2020, 789, 793 f.

791 *Gavrilis*, Deutschlandfunk 17.02.2020.

Güteverhandlung durchzuführen. Die Verhandlungsführung übernahm der Präsident des OLG Braunschweig *Wolfgang Scheibel*.[792] Daraufhin gelang den Parteien der Durchbruch in den Verhandlungen und sie einigten sich in § 2 der Rahmenvereinbarung vom 28. Februar 2018 auf die Einrichtung einer Ombudsstelle, die in Streitfragen zwischen den Anmeldern und der Beklagten vermitteln sollte. Da die Rahmenvereinbarung weder Feststellungen zum Sachverhalt traf noch strittige Rechtsfragen klärte, war eine Instanz, die entsprechende Streitfragen klären sollte, auch notwendig.[793] Diese bestand aus unabhängigen Wirtschafprüfern und honorigen Juristen.[794] Neben der Ernennung einer neutralen Ombudsstelle wäre theoretisch auch die Durchführung der Abwicklung durch eine der Prozessparteien in Betracht gekommen, die ggf. von einem neutralen Dritten oder der anderen Partei beaufsichtigt wird.[795] Man entschied sich allerdings für eine gänzlich neutrale Ombudsstelle.

Weiterhin räumte man den Anmeldern die Möglichkeit ein, sich vor einem Einzelvergleichsabschluss durch einen unabhängigen Rechtsanwalt außergerichtlich beraten zu lassen. Die Kosten wurden denjenigen, die den Einzelvergleich auch annehmen, bis zu einer Höhe von EUR 190,00 (netto) von der Beklagten ersetzt.[796] Zudem ernannte die vzbv eine Wirtschaftsprüfungsgesellschaft, die berechtigt war, die Abwicklung der Einzelvergleiche „in Form von Stichproben" zu überprüfen.[797] Ausweislich einiger Medienberichte erhielten die Prozessbevollmächtigten des klagenden Verbands nun statt EUR 50 Mio. ein Honorar i. H. v. EUR 500.000 (ohne die Abwicklung der Vergleiche übernehmen zu müssen).[798]

2. *Die Abwicklung durch die Volkswagen AG*

Nach Festlegung der Richtlinien erfolgte die Abwicklung der einzelnen Fälle. Dies geschah vorwiegend über eine Online-Plattform. Die im Klageregister angemeldeten Verbraucher erhielten ab Mitte März von der VW AG ein Schreiben,

---

792 *Votsmeier*, Handelsblatt 20.02.2020.

793 *Hirsch*, VuR 2020, 454, 455.

794 Die Ombudsstelle wurde von Brigitte Zypries (Bundesministerin a.D.), Peter Schaar (Bundesdatenschutzbeauftragter a.D.) und Prof. Dr. Günther Hirsch (bis 2008 Präsident des Bundesgerichtshofs und bis 2019 Versicherungsombudsmann) geleitet.

795 Prütting/Gehrlein/*Halfmeier*, ZPO, § 611 Rn. 6.

796 § 1.5 der Rahmenvereinbarung.

797 § 1.6 der Rahmenvereinbarung.

798 *Chmielewski*, JUVE 29.02.2020; *Lorenz*, Einigung im Abgasskandal: Was die Hoheit VW kostet, 2020.

das sie über das Vorliegen eines Angebots informierte. Um den genauen Betrag zu erfahren, sollten sich die Verbraucher unter Eingabe einer in dem Schreiben genannten persönlichen Identifikationsnummer (PIN) auf einer gesondert eingerichteten Online-Plattform anmelden. Nach Eingabe der Fahrzeugidentifikationsnummer (FIN) und weitere Informationen (wie etwa dem Kaufdatum des Fahrzeugs), wurde den Verbraucher die Höhe des Angebots angezeigt. Der Vergleich konnte dann bis zum 30. April 2020 direkt über die Plattform oder das gesondert eingerichtete Call-Center abgeschlossen werden.[799] Der Grund für die Begrenzung der Vergleichsphase, war die Entscheidung des BGH am 5. Mai 2020 in einem Einzelverfahren, welche Grundsatzfragen der Diesel-Thematik klären sollte.[800] Die Höhe des Angebots hing von dem Modell und dem Modelljahr des Fahrzeugs ab. So erhielten beispielsweise Käufer eines VW Polo (Modelljahr 2008) eine Einmalzahlung in Höhe von EUR 1.350,00, während Käufer eines Audi A6 (Modelljahr 2016) EUR 6.257,00 erhielten.[801] Im Mittel zahlte die VW AG damit 14,9 % des Kaufpreises und es stand eine Gesamtsumme von EUR 830 Mio. bereit. Diese Gesamtsumme war hingegen nicht abschließend und würde nur ausreichen, wenn möglichst viele das Angebot des Konzerns annehmen.[802]

3. *Die Ombudsstelle*

Sollten die Anmelder kein Angebot erhalten oder mit der Höhe des Angebots unzufrieden sein, bestand die Möglichkeit sich in Streitfällen an die gesondert eingerichtete Ombudsstelle zu wenden. Die Ombudsleute waren verpflichtet, die entsprechenden Verfahren unparteiisch und fair zu führen. Zudem wurde ihnen ein Mitspracherecht bei der Auswahl und Beauftragung des „Unterbaus", also der weiteren Angestellten, eingeräumt.[803] Weder die Angestellten noch die Ombudsleute unterlagen den Weisungen der Parteien. Entschied die Ombudsstelle allerdings zu Lasten der Beklagten, so war diese verpflichtet, einen Einzelvergleich mit dem Kläger abzuschließen. Das Gleiche galt, wenn das erste Angebot der Beklagten einen entsprechenden Fehlbetrag enthielt und die Ombudsstelle dies feststellte.[804]

---

799 *Verbraucherzentrale Bundesverband*, Fragen & Antworten (FAQ) zum Vergleich gegen VW, 2020.

800 *Hirsch*, VuR 2020, 454, 455.

801 *Verbraucherzentrale Bundesverband*, VW Vergleich - Höhe der Einmalzahlungen, 2020.

802 *Votsmeier/Menzel*, Handelsblatt 28.02.2020.

803 § 2 der Rahmenvereinbarung.

804 § 2 der Rahmenvereinbarung.

Die Ombudsleute gaben sich eine Verfahrens- und Geschäftsordnung (VerfGO), worin sich diese als Entscheidungsgrundlage auf die Rahmenvereinbarung verpflichtete und festgeschrieben wurde, dass sich die Entscheidungen am geltenden Recht orientieren sollen.[805] Die neutralen Dritten der zu schaffenden Ombudsstelle kündigten in der Presse an, dass man in Streitfällen „wohlwollend" prüfen werde, ob dem Anmelder ein Vergleichsangebot unterbreitet werden könne.[806] Das Verfahren war rein schriftlich konzipiert und die Ombudsleute konnten einen strittigen Sachverhalt nicht durch Beweisaufnahme klären. Unterstützt wurden die Ombudsleute durch eine Geschäftsstelle, welche aus Mitarbeitern einer renommierten Anwaltskanzlei bestand.[807] Zu den wesentlichen Aufgaben der Stelle gehörte es, den Verbrauchern bei einem ablehnenden Bescheid darzulegen und zu erklären, warum dieser abgelehnt wurde.[808]

Die Kosten der Ombudsstelle übernahm vollständig und ergebnisunabhängig die Beklagte.[809] Diese wurde für die Dauer vom 20. April 2020 bis einschließlich 31. August 2020 eingerichtet, wenngleich bereits eingeleitete Verfahren auch nach diesem Datum beigelegt werden durften, sofern sie nicht erledigt werden konnten.[810] Bis zum 30. April 2020 schlossen 230.000 Personen und damit fast 90 % der qualifizierten Anmelder einen Vergleich mit der VW AG.[811] Die Ombudsstelle entschied in über 1.300 Beschwerdefällen und in etwa der Hälfte der Fälle wurde eine Entscheidung zugunsten der Verbraucher getroffen. Der Grund lag meistens nicht in unterschiedlichen Rechtsauffassungen, sondern darin, dass die Verbraucher die entscheidenden Nachweise erst auf dieser Stufe vorlegten.[812]

---

805 *Hirsch*, VuR 2020, 454, 456.

806 *Lorenz*, Legal Tribune Online 28.02.2020.

807 *Hirsch*, VuR 2020, 454, 456.

808 So stieß es etwa auf Unverständnis, dass der 1. Januar 2016 als Stichtag zur Beschränkung des Entschädigungsanspruchs gewählt wurde, obwohl es zu diesem Zeitpunkt bereits Medienberichterstattung über die Diesel-Thematik gab (*ders.*, VuR 2020, 454, 457).

809 § 2 der Rahmenvereinbarung.

810 § 2 der Rahmenvereinbarung.

811 *Gurkmann/Jahn*, VuR 2020, 243.

812 *Hirsch*, VuR 2020, 454, 456.

D. Zwischenergebnis

Es zeigen sich sowohl in der Durchführung als auch bei der hohen Akzeptanz durch die Geschädigten deutliche Parallelen zwischen den Dalkon Shields-Fällen und den Diesel-Fällen. Der in den Diesel-Verfahren abgeschlossene Vergleich pauschalisierte und kategorisierte die Schäden in ähnlicher Form wie in den Dalkon Shields-Fällen. Der Unterschied liegt indessen darin, dass bei Dalkon Shields eine deutlichere Kategorisierung hinsichtlich der Nachweispflichten stattfand. Dies war gewiss auch der deutlich höheren Anforderungen an die Nachweiserbringung bei einer Schädigung des Lebens und der Gesundheit geschuldet. Der hohe Grad an systematischer Transparenz führte sowohl bei den Diesel- auch bei den Dalkon Shields-Fällen zu einer großen Akzeptanz der Geschädigten. Die Kombination aus Kategorisierung und Pauschalisierung führt offenbar dazu, dass sich viele Geschädigte individuell gewürdigt sehen.

Die Contergan-Fälle zeigen, dass in Form der Lösung über eine zu gründende Stiftung eine Prozesswelle verhindert werden kann. Der evidente Nachteil dieses Systems liegt gleichwohl darin, dass den Geschädigten jeder Möglichkeit der gerichtlichen Aufarbeitung des eigenen Schicksals verwehrt bleibt. Da den Geschädigten keine andere Wahl bleibt, lässt sich eine Akzeptanzquote nicht messen. Es gilt zu bedenken, dass der individuelle Schaden bei Contergan in Form einer lebenslangen Behinderung immens ist. Die Idee der Gründung einer Nationalstiftung ist bei einer großen gesamtgesellschaftlichen Relevanz nachvollziehbar. Die Unterstützung durch den Staat macht vor allem dann Sinn, wenn die Gefahr besteht, dass die Opfer im Falle einer Insolvenz des schädigenden Unternehmens ihr Leben lang schutzlos wären. Die eingerichtete Kommission entschied bei Contergan bereits auf erster Stufe über die Höhe der Entschädigung. Der Schädiger hatte – im Gegensatz zu den VW-Fällen – kein Mitspracherecht.

§ 3 Die Informationen über den Inhalt der Ansprüche im Musterfeststellungsverfahren

Die Bestimmung der Schadenshöhe und des Vergleichsgegenstands hängt im Wesentlichen davon ab, wie viele Informationen, anhand derer man eine Einschätzung zur Anspruchsberechtigung und Höhe des Schadens vornehmen kann, über die Anmelder im Laufe des Verfahrens zur Verfügung stehen. Da die Parteien nur auf solche Informationen zurückgreifen können, die der Verband im Vorfeld „sammelt" oder solche, die durch die Anmelder gem. § 608 Abs. 2 ZPO eingereicht wurden (hierzu A.), dürfte das Aushandeln eines Vergleichs auch aus dieser Perspektive ein hohes Maß an Komplexität mit sich bringen. Hinzu kommt, dass die ungeprüfte Anmeldung durchaus missbräuchlich erfolgen kann, was ggf. weitere Kontrollmechanismen erfordert (hierzu B.).

A. Informationen bei Klageerhebung und Anmeldung der Ansprüche

In einem ersten Schritt erhält die Beklagte Informationen über die Anmelder durch die eingereichte Klageschrift. Die von der der qualifizierten Einrichtung eingereichte Klageschrift muss gem. § 606 Abs. 2 S. 1 Nr. 2 ZPO Angaben und Nachweise dazu enthalten, dass die Ansprüche oder Rechtsverhältnisse von mindestens zehn Verbrauchern von den Feststellungszielen abhängen. Die Klägerin wird diese Fälle regelmäßig aus ihrer Beratungspraxis kennen oder durch entsprechende Ausschreibung auf ihrer Website in Erfahrung bringen. Obwohl die Darstellung der einzelnen Fälle ohne Mitwirkung der zehn Musteranmelder nur schwer möglich erscheint, so bedarf es de facto nicht einmal eines gesonderten Einverständnisses dieser.[813] Eine Glaubhaftmachung der Ansprüche reicht dabei gem. § 606 Abs. 3 Nr. 2 i.V.m. § 294 ZPO grundsätzlich aus. Wie konkret diese Musterfälle in der Klageschrift darzulegen sind und mit welcher Intensität das Gericht die beizubringenden Angaben und Nachweise prüfen soll, war zunächst unklar.[814] Der Umfang der Darlegungslast soll ausweislich der Gesetzesbegründung von der Rechtsprechung im Einzelfall unter Berücksichtigung der jeweiligen Umstände bestimmt werden und ist abhängig von den konkreten Feststellungszielen.[815] Der BGH bezog bereits dahingehend Stellung, dass jedes Feststellungsziel einen eigenen Streitgegenstand bildet und dementsprechend die Voraussetzungen des § 606 Abs. 2 S. 1 Nr. 2, Abs. 3 Nr. 2 ZPO für jedes einzelne Feststellungsziel erfüllt sein müssen.[816]

In einem zweiten Schritt müssen sich nach öffentlicher Bekanntmachung der Musterfeststellungsklage nun mindestens 50 Verbraucher innerhalb von zwei Monaten durch Eintragung in das Klageregister anmelden (§ 606 Abs. 3 Nr. 3 ZPO). Die zehn Musterkläger aus der Klageschrift werden

---

813 Musielak/Voit/*Stadler*, ZPO, § 606 Rn. 15.

814 Nordholtz/Mekat/*Boese/Bleckwenn*, § 4 Rn. 28; Musielak/Voit/*Stadler*, ZPO, § 606 Rn. 15.

815 BT-Drs. 19/2439, 24.

816 BGH, Beschl. v. 30.7.2019 – VI ZB 59/18 = NJW 2020, 341, 342; mit der Nachweispflicht sind die Anforderungen beim Musterfeststellungsverfahren anspruchsvoller als bei der Parallelvorschrift im KapMuG, wo gem. § 2 Abs. 3 S. 2 die Ansprüche bloß dargelegt werden müssen (Nordholtz/Mekat/*Boese/Bleckwenn*, § 4 Rn. 24).

nicht dazugezählt und müssen sich ebenfalls noch selbst anmelden.[817] Es können gem. § 608 Abs. 1 ZPO nur Ansprüche angemeldet werden, die „von den Feststellungszielen abhängen". Die Ansprüche oder Rechtsverhältnisse müssen dabei nicht von allen Feststellungszielen abhängen, sondern es reicht aus, wenn diese auch von den zu klärenden Feststellungszielen abhängen.[818] Begründet wird dies damit, dass in Anbetracht der Formulierung des Hemmungstatbestands in § 204 Nr. 1 lit. a BGB davon auszugehen sei, dass es ausreicht, wenn den angemeldeten Ansprüchen derselbe Lebenssachverhalt zugrunde liegt wie den Feststellungszielen der Musterfeststellungsklage.[819] Würde die Klägerin, und bei der öffentlichen Bekanntmachung das Gericht, den Lebenssachverhalt nicht so verständlich und einfach darstellen, wie vom Gesetzgeber gewünscht,[820] wäre es für die Anmelder schwer abzuschätzen, ob ihre potentiellen Ansprüche von dem Lebenssachverhalt der Musterfeststellungsklage umfasst sind. Dennoch kann es aus Sicht der Beklagten sein, dass zwar zehn Ansprüche glaubhaft gemacht wurden, sich hingegen mehrere 1000 Verbraucher ohne nähere Angaben relativ einfach im Klageregister anmelden. Und selbst bei diesen zehn Musteranmeldern ist nicht zwingend bekannt, wer diese sind und, ob sie ggf. die einzigen Anmelder mit überzeugenden Behauptungen und Nachweisen sind. Es ist nicht auszuschließen, dass die Klägerin hier lediglich die „best cases" beschreibt, um dann im Anschluss mit den Anmeldungen eine derart hohe Breitenwirkung zu schaffen, dass die Beklagte öffentlichkeitswirksam unter Vergleichsdruck gerät.

I. Beschreibung von Gegenstand und Grund

Nach § 608 Abs. 2 S. 1 Nr. 4 ZPO müssen bei der Anmeldung Gegenstand und Grund des Anspruchs oder des Rechtsverhältnisses bezeichnet werden. Der hinreichenden Konkretisierung und Individualisierung kommt bei einem Vergleichsschluss im Laufe des Verfahrens eine herausgehobene Bedeutung zu. Es muss bestimmt werden können, welche konkreten Ansprüche des Verbrauchers durch den Vergleich abgegolten werden. Auch entscheidet sich durch die Angabe von Gegenstand und Grund, ob die eingetragenen Ansprüche und Rechtsverhältnisse von den Feststellungszielen abhängen und damit die Verjährungshemmung gem. § 204 Abs. 1 Nr. 1 lit. a BGB und die Bindungswirkung

---

817 *Beckmann/Waßmuth*, WM 2019, 45, 49; Musielak/Voit/*Stadler*, ZPO, § 606 Rn. 15.
818 Nordholtz/Mekat/*Boese/Bleckwenn*, § 5 Rn. 12.
819 Nordholtz/Mekat/*dies.*, § 5 Rn. 13.
820 BT-Drs. 19/2439, 23.

gem. § 613 ZPO eintritt.[821] Die Hemmung der Verjährung tritt nur ein, wenn Kongruenz der angemeldeten Ansprüche mit den Feststellungszielen vorliegt.[822] Auch wenn die Übereinstimmung freilich erst im Rahmen der individuellen Folgeverfahren geprüft werden kann,[823] müssen Gegenstand und Grund jedenfalls hinreichend bestimmt werden. Es besteht die Möglichkeit, dass die Verbraucher hinsichtlich der nicht angemeldeten möglichen Ansprüche in eine „Verjährungsfalle" tappen.[824] Dies kann nur durch deutliche Hinweise der Klägerin oder eine anwaltliche Beratung der Verbraucher verhindert werden.

Fraglich ist, welche konkreten Anforderungen an die Bestimmtheit der Angaben zu stellen sind. Ausweislich des Gesetzgebers entsprechen die Anforderung an die hinreichende Bestimmung denjenigen an eine Klageschrift gem. § 253 Abs. 2 ZPO.[825] Anzugeben wären der Lebenssachverhalt und diejenigen Tatsachen, die den Streit unverwechselbar festlegen.[826] Im Schrifttum wird auch die Ansicht vertreten, dass es sachgerechter sei, sich an der Parallelvorschrift des § 10 Abs. 3 Nr. 4 KapMuG zu orientieren,[827] wo die Individualisierungsanforderungen bei der Beantragung eines Mahnbescheids als Maßstab heranzuziehen sind.[828] Dieser Ansicht folgend, müsse der Anspruch demnach von anderen Ansprüche so unterscheidbar und abgrenzbar sein, dass er Grundlage eines der materiellen Rechtskraft fähigen Vollstreckungstitels sein könne. Dem Schuldner müsse es möglich sein, zu beurteilen, ob er sich gegen den Anspruch zur Wehr setzen will oder nicht.[829] Diese Ansicht überzeugt allerdings nicht, da sich die Beklage nicht – wie beim Mahnbescheid – innerhalb kurzer Zeit entscheiden muss, ob sie sich zur Wehr setzt. Die Anmeldung selbst kann aufgrund des Feststellungscharakters jedenfalls keine Grundlage für einen der materiellen Rechtskraft fähigen Vollstreckungstitel bilden. Es sind daher geringere Anforderungen als beim Mahnbescheid zu stellen.[830] Insgesamt muss

---

821 BT-Drs. 19/2701, 9.

822 *Weinland*, Die neue Musterfeststellungsklage: Einführung, 2019, 104a.

823 Nordholtz/Mekat/*Boese/Bleckwenn*, § 5 Rn. 39; *Beckmann/Waßmuth*, WM 2019, 45, 49.

824 *Schneider*, BB 2018, 1986, 1997.

825 BT-Drs. 19/2439, 25.

826 Musielak/Voit/*Foerste*, ZPO, § 253 Rn. 25.

827 Nordholtz/Mekat/*Boese/Bleckwenn*, § 5 Rn. 23.

828 *Reuschle*, in: Hess/Kruis/Reuschle, Kölner Kommentar zum KapMuG, 2014, § 10 Rn. 21 f.

829 BGH, Urteil v. 23.1.2008 – VIII ZR 46/07 = NJW 2008, 1220; BGH, Urteil v. 23.9.2008 – XI ZR 253/07 = NJW-RR 2009, 544.

830 Wieczorek/Schütze/*Kruis*, § 10 KapMuG Rn. 70.

die Anmeldung einen Interessenausgleich zwischen dem Anmelder und der Beklagten schaffen. Die Beklagte erfährt meist erstmals bei der Anmeldung von den Ansprüchen des Anmelders. Damit diese abschätzen kann, ob sie sich verteidigt, vergleicht oder den Anspruch direkt erfüllt, muss sie zunächst den Umfang der potentiellen Ansprüche kennen.[831] Ausgehend von dem Wortlaut in § 608 Abs. 2 S. 1 Nr. 4 ZPO, der bis auf das Wort „bestimmt" dem in § 253 Abs. 2 Nr. 2 ZPO entspricht, sei davon auszugehen, dass sich bei den Anforderungen zwar an denen einer Klageschrift zu orientieren sei, aber im Ergebnis niedrigere Anforderungen zu stellen seien.[832] Dieser Ansicht ist zu folgen. Fest steht, dass sich die Ausführungen der Anmelder zu Gegenstand und Grund auf maximal 2.500 Zeichen beschränken sollen.[833] Bei lebensnaher Betrachtung kann davon ausgegangen werden, dass ein Laie Gegenstand und Grund jedenfalls nicht so präzise formulieren kann wie ein anwaltlich vertretener Verbraucher im Rahmen einer Klageschrift. Vor allem wenn man bedenkt, dass sich Probleme schon bei der Angabe von Namen und Anschrift des Anspruchsberechtigten ergeben können. Das Auseinanderfallen von Besitz und Eigentum ist für einen juristischen Laien für gewöhnlich alles andere als eine Selbstverständlichkeit. So erhielten beispielsweise bei den VW-Fällen diejenigen kein Vergleichsangebot, die das betroffene Fahrzeug nicht selbst vor dem 01. Januar 2016 „erworben" hatten. Bei fehlender Personenidentität zwischen Anmelder und Erwerber, habe etwa der Vater, der das Fahrzeug kaufte, seiner Tochter schenkte und diese sich schließlich anmeldete, kein Vergleichsangebot erhalten. Noch komplizierter sei es geworden, wenn der nachgewiesene Käufer das Fahrzeug in der Zulassungsbescheinigung Teil II, die nach § 1.2 der Rahmenvereinbarung als Nachweis galt, nicht auf sich zugelassen habe.[834] Bei außervertraglichen Ansprüchen kommt normalerweise erschwerend hinzu, dass zwischen der Beklagten und dem

---

831 Nordholtz/Mekat/*Boese/Bleckwenn*, § 5 Rn. 23.

832 *Rotter*, VuR 2019, 283, 292.

833 *Bundesamt für Justiz,* Ausfüllanleitung zum Formular für die Anmeldung von Ansprüchen oder Rechtsverhältnissen eines Verbrauchers zu einer im Klageregister des Bundesamts für Justiz öffentlich bekannt gemachten Musterfeststellungsklage gemäß § 608 ZPO,; sowie § 3 Abs. 2 S. 2 MFKRegV.

834 Bei fehlender Personenidentität zwischen Käufer und Halter hatte im Ergebnis derjenige den Anspruch, der sich zur Musterfeststellungsklage anmeldete. Bei Erbschaft und Schenkung ging der Entschädigungsanspruch über. Bei einem Erwerb des Fahrzeugs in der Ehe behandelte die Ombudsstelle das Fahrzeug als Haushaltsgegenstand und argumentierte, dass das Fahrzeug in derartigen Fällen beiden Ehepartner "gehört" (*Hirsch*, VuR 2020, 454, 458).

Anmelder vor der Anspruchsanmeldung keine Geschäftsverbindung oder eine schriftliche Korrespondenz bestand, auf die der Anmelder bei der Angabe von Gegenstand und Grund verweisen könnte. Es ist im Hinblick auf die umfangreiche Rechtsprechung zu Mahnbescheiden nicht zu erwarten, dass Gerichte in den Folgeverfahren bei der Beurteilung der Verjährungshemmung über jede unbestimmte Angabe großzügig hinwegsehen werden.[835] Dies wäre auch im Interesse der Beklagten. Unzureichende Angaben zu Gegenstand und Grund erschweren dieser sowohl die Verfahrensführung als auch den Vergleichsschluss. Eine fehlende anwaltliche Vertretung sollte nicht zur Absenkung der Anforderungen zu Lasten der Beklagten führen. Die Anmelder entscheiden sich mit der Anmeldung zum Musterverfahren bewusst für einen risikoreicheren Weg bei dem sie vorläufig kein Prozesskostenrisiko tragen. Das Risiko besteht in dem Verlust des Anspruchs aufgrund Nicht-Eintritts der Verjährungshemmung durch unbestimmte Angaben zu Gegenstand und Grund ohne anwaltliche Vertretung.

II. Angaben zur Höhe der konkreten Forderungen

Die individuelle Höhe der Forderungen ist oftmals nicht bekannt, da die Angaben zum Betrag der angemeldeten Forderung im Musterverfahren nicht zwingend sind. Nach § 608 Abs. 2 S. 2 ZPO soll die Anmeldung Angaben zum Betrag der Forderung enthalten. Im Gesetzesentwurf wurde die Angabe zur Forderungshöhe noch als zwingende Voraussetzung angesehen.[836] Dies hätte auch der Ausgestaltung im KapMuG entsprochen, wo in § 10 Abs. 3 Nr. 4 die zwingenden Angaben zur Höhe des Anspruchs gefordert wird. Folge der Ausgestaltung im KapMuG ist, dass jedenfalls über den in der Anmeldung genannten Betrag hinaus keine Verjährungshemmung eintritt.[837] Der Rechtsausschuss argumentierte in seiner Beschlussempfehlung für das Musterfeststellungsverfahren zutreffend, dass es auch (Muster-)Verfahren geben könne, mit denen gar keine Geldleistung angestrebt werde, sondern beispielsweise die Rückabwicklung von Verträgen oder die Unwirksamkeit einzelner Vertragsbestimmungen. Eine Ausgestaltung als Pflichtangabe mache keinen Sinn.[838] Gegen die Ausgestaltung als Pflichtangabe wird auch argumentiert, dass die Angabe einer juristische Wertung bedürfe und die Anmeldung durch einen Laien und nicht von einer rechtskundigen

835 *Rotter*, VuR 2019, 283, 293 m. w. N. zur Rechtsprechung zu gescheiterter Verjährungshemmung bei Mahnanträgen.

836 *Beckmann/Waßmuth*, WM 2019, 89, 94; vgl. hierzu BT-Drs. 19/2439, 25.

837 Wieczorek/Schütze/*Kruis*, § 10 KapMuG Rn. 67.

838 BT-Drs. 19/2741, 25.

Person vorgenommen werde.[839] Die Betragsangabe sei von vornherein fehlerträchtig und schaffe nur zahlreiche Streitpunkte für die Folgeverfahren.[840] Eine zwingende Forderung könne dazu führen, dass Verbraucher abgeschreckt werden. Im Versicherungssektor sei beispielsweise die exakte Berechnung des Betrages einer Forderung oft gar nicht möglich.[841] Auch würden durch die Angabe des Forderungsbetrages unnötige Zweifelsfragen im Hinblick auf Verjährungshemmung und Bindungswirkung im Rahmen der Folgeverfahren aufgeworfen.[842]

Dem lässt sich entgegensetzen, dass sich die Individualisierung des Anspruchs ohne Angabe eines Forderungsbetrages schwierig gestaltet. Vor allem im Hinblick auf Vergleichsverhandlungen könne die Beklagte nicht verlässlich das Volumen der möglichen Ansprüche beurteilen. Diese erschwere man dadurch enorm.[843] Gerade weil die einvernehmliche Einigung zu einem der wesentlichen Ziele des Gesetzgebers gehöre, sollte man die Angabe einer Forderungshöhe zumindest immer da verlangen, wo Zahlungsansprüche angemeldet werden. Zumal davon auszugehen sei, dass Zahlungsansprüche den Löwenanteil bei den Musterfeststellungsklagen und folglich bei den Anmeldungen ausmachen werden.[844] Die gesetzliche Formulierung „Angaben zum Betrag der Forderung" ließe auch Spannen oder Angaben ohne konkrete Zahlen zu. Schon derartig abgeschwächte Angaben würde den Parteien die wirtschaftliche Einordnung der Ansprüche vereinfachen.[845] Die derzeitige Ausgestaltung als „Soll-Angabe" erschwert den Parteien die Bildung eines Vergleichsgegenstands, erscheint aber mit Blick auf die Vielfalt der Anwendungsmöglichkeiten des Musterfeststellungsverfahrens nachvollziehbar.

III. Einflussfaktoren auf die Qualität der Anmeldung

Während des Musterfeststellungsverfahren und auch im Anschluss daran sind die Angaben der Anmelder im Verzeichnis des BfJ die wichtigste Informationsquelle

---

839 *Weinland*, Die neue Musterfeststellungsklage: Einführung, 2019, Rn. 102.

840 *Lutz*, Stellungnahme zum aktuellen Entwurf des Bundesministeriums der Justiz und für Verbraucherschutz für ein Gesetz zur Einführung einer Musterfeststellungsklage, 8.6.2018, S. 11.

841 *Bund der Versicherten e.V.* 2018, 3.

842 *Weinland*, Die neue Musterfeststellungsklage: Einführung, 2019, Rn. 102; Saenger-ZPO/*Rathmann*, § 608 Rn. 4; Musielak/Voit/*Stadler*, ZPO, § 608 Rn. 3.

843 Nordholtz/Mekat/*Boese/Bleckwenn*, § 5 Rn. 26.

844 Nordholtz/Mekat/*dies.*, § 5 Rn. 27.

845 HK-MfkG/*Röthemeyer*, § 608 Rn. 10.

für die Vergleichsparteien. Der Vergleichsgegenstand wird wesentlich von den zugrundeliegenden Informationen und deren Qualität beeinflusst. Der Wert dieser Informationen seitens der Anmelder wird im Wesentlichen von drei Faktoren beeinflusst:

1. *Kein Anwaltszwang*

Bei der Vornahme der Anmeldung besteht kein Anwaltszwang.[846] Die Anmelder sind nicht Partei, weshalb § 78 ZPO nicht anwendbar ist.[847] Die Beauftragung eines Anwalts ist freilich dennoch statthaft und auch, je nach Art der Beauftragung, gebührenauslösend.[848] Das Risiko, den Anforderungen an den notwendigen Inhalt gem. § 609 Abs. 2 ZPO gerecht zu werden, trägt der Anmelder ohne anwaltliche Vertretung selbst.[849] Es besteht zwar formell kein Anwaltszwang, wegen der rechtlich nicht unproblematischen Folgen der Anmeldung, wird teilweise allerdings von einem faktischen Anwaltszwang ausgegangen.[850] Letztlich hängt es vom Einzelfall und der Unterstützung durch den Verband ab,

846 Anders im KapMuG-Verfahren (§ 10 Abs. 2 S. 3 KapMuG).

847 HK-MfkG/*Röthemeyer*, § 608 Rn. 12.

848 So kann die Prozesssituation bestehen, dass der Anmelder durch seinen Rechtsanwalt bereits Individualklage eingereicht hat und später eben dieser die Meldung zum Klageregister vornimmt. In diesem Fall wäre das Individualverfahren gem. § 613 Abs. 2 ZPO auszusetzen und die Anmeldung wäre durch die im Individualverfahren bereits angefallene Verfahrensgebühr mit abgegolten. Dies folgt aus dem neu geschaffenen § 19 Abs. 1 S. 2 Nr. 1 a RVG. Davon ist auch der umgekehrte Fall umfasst, dass der Auftrag, ein Individualverfahren durchzuführen, durch den Anmelder bereits erteilt wurde, die Klage jedoch noch nicht eingereicht wurde. Es wurde also lediglich die Anmeldung zum Klageregister durch den Anwalt vorgenommen. Besteht hingegen nur ein anwaltlicher Auftrag den Anmelder außergerichtlich zu vertreten, so ist insoweit bereits eine Geschäftsgebühr nach Nr. 2300 VV RVG angefallen. Die (anwaltliche) Anmeldung zum Klageregister löst grundsätzlich keine gesonderte Gebühr aus, bzw. ist bereits von der Gebühr für die außergerichtliche Tätigkeit in zivilrechtlichen Angelegenheiten umfasst (*Schneider*, DAR-Extra 2018, 741 f.).

849 Nordholtz/Mekat/*Boese/Bleckwenn*, § 5 Rn. 34.

850 *Merkt/Zimmermann*, VuR 2018, 363, 372; *Lutz* forderte in ihrer Stellungnahme zu Gesetzentwurf wegen der nicht unproblematischen Folgen einen Anwaltszwang, der in das Ermessen des Gerichts gestellt wird (*Lutz*, Stellungnahme zum aktuellen Entwurf des Bundesministeriums der Justiz und für Verbraucherschutz für ein Gesetz zur Einführung einer Musterfeststellungsklage, 8.6.2018, S. 10).

ob das Hinzuziehen eines Anwalts bereits bei der Anmeldung erforderlich ist.[851] Gerade bei der Anmeldung können sich rechtliche Fragen stellen, die von einem Laien nicht einfach zu beantworten sind, wie zum Beispiel die Abgrenzung zwischen Kleinunternehmer und Verbraucher. Wenn ein Kleinunternehmer ein Fahrzeug für sein Geschäft erwirbt und es (auch) privat nutzt, so könnte er mit einer Anmeldung zur Musterfeststellungsklage und einem (laienhaften) Vertrauen auf die Verjährungshemmung seine evtl. materiell-rechtlich bestehenden Ansprüche in einem Folgeverfahren nicht mehr durchsetzen.

2. *Fehlende inhaltliche Prüfung der Anmeldedaten*

Da eine inhaltliche Kontrolle der Angaben der Anmeldung während des Musterfeststellungsverfahrens nicht stattfindet, bleibt bis zur entsprechenden Prüfung in einem anschließenden Individualprozess unklar, wie viele Verbraucher sich tatsächlich wirksam angemeldet haben.[852] Eine inhaltliche Prüfung der Anmeldedaten wird weder vom BfJ noch von dem zuständigen Oberlandesgericht vorgenommen. Eine Korrektur von Amts wegen durch das Bundesamt für Justiz findet nicht statt.[853] Da von Seiten der Anmelder keine Anspruchsbegründung stattfinden muss, können somit auch unschlüssige, verjährte oder nicht durchsetzbare Forderungen angemeldet werden.[854]

Nach § 608 Abs. 2 S. 3 ZPO werden die Angaben der Anmeldung ohne inhaltliche Prüfung in das Klageregister eingetragen. Anders als beim KapMuG[855] wird die Anmeldung nicht gegenüber dem jeweiligen Oberlandesgericht, sondern im Klageregister des BfJ vorgenommen.[856] Theoretisch würde somit zwar eine weitere mögliche Prüfinstanz hinzu treten, allerdings nimmt das BfJ nur eine Vollständigkeits- und Plausibilitätskontrolle und damit eine „nicht-inhaltliche“ Prüfung vor. Insbesondere wird nicht überprüft, ob es sich bei den Anmeldern tatsächlich um Verbraucher handelt oder ob über die Ansprüche und Rechtsverhältnisse bereits rechtskräftig im Rahmen eines Individualverfahrens entschieden

851 In dem VW-Fall stellte der vzbv als klagender Verband ein Diagnosetool zur Verfügung, mit dessen Hilfe man prüfen konnte, ob man ein betroffenes Fahrzeug hat (HK-MfkG/*Röthemeyer*, § 608 Rn. 12).

852 *Lühmann*, NJW 2020, 1706, 1707.

853 Nordholtz/Mekat/*Mekat*, § 7 Rn. 15.

854 *Weinland*, Die neue Musterfeststellungsklage: Einführung, 2019, Rn. 101; *Balke/Liebscher/Steinbrück*, ZIP 2018, 1321, 1328.

855 Vgl. § 10 Abs. 2 S. 1 KapMuG.

856 Saenger-ZPO/*Rathmann*, § 608 Rn. 2.

wurde.[857] Dem zuständigen Oberlandesgericht ist auf dessen Aufforderung gem. § 609 Abs. 5 S. 1 ZPO ein Auszug aller im Klageregister zur Musterfeststellungsklage erfassten Angaben über die Personen zu überlassen. Dieses prüft zwar die Wirksamkeit der ersten 50 Anmeldungen im Rahmen der Zulässigkeitsprüfung, allerdings nicht deren Inhalt. Es kontrolliert nur, ob diese von den Feststellungszielen abhangen und damit das Quorum gem. § 606 Abs. 3 Nr. 3 ZPO erreicht ist.[858] Bei der gerichtlichen Prüfung des Quorums sollen offenkundige Doppel- und Scheineintragungen und solche, die evident nicht von Verbrauchern stammen, unberücksichtigt bleiben.[859] Die Prüfung erfolgt nur anhand der übermittelten Angaben im Klageregister. Das Gericht kann weitergehende Ermittlungen etwa durch Anforderung von Beweismitteln oder einer sonstigen näheren Darlegung nur durchführen, wenn ernsthafte Zweifel und begründeten Anhaltspunkten von Missbrauch vorliegen.[860]

Die Nicht-Vornahme der inhaltlichen Prüfung lädt zu bloß vorsorglichen und unpräzisen Angaben ein. Es liegt somit an den Parteien die Anspruchsberechtigung gründlich zu prüfen. Diesen wird gem. § 609 Abs. 5 S. 2 ZPO formlos eine Abschrift des Auszugs der Anmeldedaten übermittelt. Eine Prüfung der Anmeldedaten seitens der Parteien stellt einen großen Aufwand dar, der sich angesichts der spärlichen Angaben zu Gegenstand und Grund und den generellen Zweifeln an der Richtigkeit der Angaben nur bedingt lohnt. Die ungeprüften Angaben stellen im Hinblick auf Vergleichsverhandlungen ein schwer zu kalkulierenden Faktor dar. Es erscheint zweifelhaft, ob sich die Beklagte angesichts nicht näher begründeter Ansprüche bereits im Laufe des Musterverfahrens auf eine Vergleichslösung einlässt. Die Erfolgschancen der angemeldeten Ansprüche lassen sich nur bei einem substantiierten und schlüssigen Vortrag zu Kausalität und Schaden seriös einschätzen.[861] Dies gilt besonders für Fälle in denen die Anmelder über kein Vertragsverhältnis mit der Beklagten verfügen und Ansprüche aus gesetzlichen Schuldverhältnissen geltend gemacht werden, was bei Massenschäden üblich ist.

857 HK-MfkG/*Röthemeyer*, § 608 Rn. 15.
858 Musielak/Voit/*Stadler*, ZPO, § 608 Rn. 3.
859 Zöller/*Vollkommer*, ZPO, § 606 Rn. 25.
860 BeckOK ZPO 2019/*Lutz*, ZPO, § 606 Rn. 55.
861 *Balke/Liebscher/Steinbrück*, ZIP 2018, 1321, 1325.

3. *Informationspolitik der Klägerin*

Ausweislich der Gesetzesbegründung dient die öffentliche Bekanntmachung der Musterfeststellungsklage nach § 607 ZPO schon der Information der Verbraucher.[862] Es ist nicht zu erwarten, dass Verbraucher stets im Klageregister nachsehen, ob eine Klage für sie in Frage kommt. Die Bundesregierung geht davon aus, dass die qualifizierten Einrichtungen im Vorfeld über die von ihr beabsichtigte Klage und mögliche Rechtsfolgen informieren werden.[863] Grundsätzlich fällt die Information der Anmelder im Vorfeld der Klage nicht in den staatlichen Aufgabenbereich, sondern ist Sache der Medienpolitik der Verbraucherverbände.[864] Der Klägerin kommt daher im Vorfeld des Verfahrens eine besonders herausgehobene Bedeutung zu. Eine zu offensive Informationspolitik könnte dazu führen, dass Anmelder Ansprüche anmelden, die nicht von der Bindungs- und Verjährungswirkung erfasst sind, während eine defensive Informationspolitik zu weniger Anmeldungen führen könnte.[865] Die Klägerin muss den Lebenssachverhalt, den die Klageschrift enthalten soll, den potentiellen Anmeldern möglichst einfach und verständlich vermitteln.[866] Für den klagenden Verband stellt dies eine schwierige Gratwanderung zwischen juristischer Präzision und Verständlichkeit für den Laien dar. Eine missratende Prozessführung des klagenden Verbands kann im schlechtesten Fall dazu führen, dass tatsächlich bestehende Ansprüche mangels Verjährungshemmung im anschließenden Individualverfahren nicht mehr durchsetzbar sind.[867] Schwierig dürfte sich zudem das Ausfindig machen von potentiell geschädigten Verbrauchern vor allem bei sensiblen Thematiken wie beispielsweise dem Brustimplantate-Fall[868] gestalten, da Geschädigte ungern über die entsprechenden Schäden oder Verletzungen sprechen. Die Öffentlichkeitsarbeit im Vorfeld findet gleichfalls in diesem schwierigen Spannungsverhältnis statt und beeinflusst die Qualität und Menge der Anmeldungen in erheblichem Maße. Da die Anmelder im Vorfeld oftmals keinen Rechtsrat in

862 BT-Drs. 19/2439, 24.

863 BT-Drs. 19/2710, 5.

864 HK-MfkG/*Röthemeyer*, § 607 Rn. 2; Nordholtz/Mekat/*Boese/Bleckwenn*, § 4 Rn. 6.

865 HK-MfkG/*Röthemeyer*, § 608 Rn. 26; Nordholtz/Mekat/*Boese/Bleckwenn*, § 5 Rn. 38.

866 BT-Drs. 19/2439, 23.

867 HK-MfkG/*Röthemeyer*, § 608 Rn. 26.

868 Das französische Unternehmen Poly Implant Prothèse (PIP) verwendete zur Herstellung von Brustimplantaten teilweise minderwertiges Industriesilikon. Die Brustimplante wurden weltweit etwa 400.000 Frauen jährlich eingesetzt. Nachdem PIP im Jahr 2011 frühzeitig zahlungsunfähig wurde, verlangten Kläger vom TÜV Rheinland als Prüfbehörde Schmerzensgeld (*Balmer*, Neue Zürcher Zeitung (NZZ) 11.10.2018).

Anspruch nehmen, ist davon auszugehen, dass den Informationen und Aussagen des klagenden Verbands auch ein besonderes Vertrauen entgegengebracht wird. Um klageberechtigt zu sein, müssen qualifizierte Einrichtungen gem. § 606 Abs. 1 S. 2 Nr. 4 ZPO in Erfüllung ihrer satzungsmäßigen Aufgaben Verbraucherinteressen weitgehend durch nicht gewerbsmäßige aufklärende oder beratende Tätigkeiten wahrnehmen. Damit soll ausweislich des Gesetzgebers nur sichergestellt werden, dass der Verband nicht hauptsächlich Musterfeststellungsklagen erhebt.[869] Es verpflichtet die qualifizierten Einrichtungen jedenfalls nicht vor oder während des Musterfeststellungsverfahrens beratend tätig zu sein. Nach ersten Erfahrungen haben klagende Verbände Telefonhotlines geschaltet, um Verbraucher beim Ausfüllen des Formulars zu unterstützen.[870] Auch bieten die Verbände einen sog. „Klage-Check" an, wo Verbraucher sich durch einen digitalen Fragenkatalog klicken und prüfen können, ob ihre Klage zu den Feststellungszielen der Musterfeststellungsklage passt.[871]

B. Missbrauchsgefahr und Trittbrettfahrerverhalten

Die Konzeption mit einem Anmeldeformular stellt zwar eine formal niedrige Hürde dar, birgt aber die Gefahr, dass Anmelder nicht nur unwissentlich falsche Angaben machen, sondern auch, dass sich mancher absichtlich oder wenigstens fahrlässig falsch einträgt. Schon der Bundesrat merkte im Gesetzgebungsverfahren an, dass die Entwicklung einer missbräuchlichen Anmeldepraxis möglich sei.[872] Anmelder könnten versuchen, evident nicht bestehende Ansprüche geltend zu machen oder sich unter mehreren (fiktiven) Identitäten eintragen.[873] Gerade bei Verfahren mit einer hohen Medienpräsenz ist zu erwarten, dass viele Trittbrettfahrer ihr Glück versuchen und abwegige Forderungen einklagen. Auch könnte es viele Anmelder geben, die versuchen anderweitig erlittene Schäden zu liquidieren, die nicht auf das in Frage stehende Schadensereignis

---

869 BT-Drs. 19/2439, 23.

870 *Röthemeyer*, VuR 2019, 87, 88, der insoweit auf https://www.musterfeststellungsklagen.de/klage-check und https://www.sfbev.de/aktuelles/detail/news/musterfeststellungsklage-1/ verweist.

871 Beispiel: Die Klage der Verbraucherzentrale Bundesverband (vzbv) gegen den Insolvenzverwalter der BEV (*Verbraucherzentrale Bundesverband,* Musterfeststellungsklage gegen BEV, 20.05.2020).

872 BR-Drs. 176/1/18, 9.

873 Musielak/Voit/*Stadler*, ZPO, § 608 Rn. 5; *Weinland*, Die neue Musterfeststellungsklage: Einführung, 2019, Rn. 97.

zurückzuführen sind.[874] Durch die einfache Anmeldung besteht die Möglichkeit, für nicht-betroffene Anmelder Vorteile zu erlangen ohne Kosten oder Konsequenzen tragen zu müssen. Im Rahmen des Musterfeststellungsverfahrens gegen die VW AG vor dem OLG Braunschweig[875] habe es ausweislich der Beklagtenvertreter Anmelder gegeben, die sich mit einem Comic-Figur-Namen, einem Fahrzeug der Mercedes-Benz Group AG oder einem Fahrzeug mit Benzinmotor angemeldet haben.[876] Und auch im Rahmen der Musterfeststellungsklage gegen die Mercedes-Bank vor dem OLG Stuttgart[877] wegen vermeintlich unwirksamer Klauseln in Kreditverträgen, hat das Gericht zahlreiche Doppeleintragungen und Anmeldungen von Fahrern, die keinen Mercedes, sondern einen Volkswagen gekauft haben, festgestellt. Ein Kreditvertrag mit der Mercedes-Bank bestand bei diesen Anmeldern nicht und viele Anmelder wollten lediglich ihrem Unmut Luft machen. Zu Gegenstand und Grund sollen sie laut dem Vorsitzenden Richter mehr oder weniger geschrieben haben, dass der „Dieselskandal eine Sauerei“ sei. Von den 600 Anmeldern waren ganze 50 Volkswagen-Fahrer und der Senat habe letztendlich nur 140 wirksame Anmeldungen zählen können.[878] Das Verfahren gegen die Mercedes-Bank vor dem OLG Stuttgart zeigt, dass die einfache Anmeldung auch Leuten Tür und Tor öffnet, die, ähnlich wie bei einer Petition, ihrem Ärger über die Beklagte Luft verschaffen wollen.

Auch eine Form des Missbrauchs kann die Anmeldung von Ansprüchen zum Musterverfahren zur Verhinderung des Eintritts der Verjährung oder der rückwirkenden Hemmung darstellen. Dabei melden die meist anwaltlich vertretenen Verbraucher ihren Anspruch im Klageregister an, um lediglich die Verjährungshemmung gem. § 204 Abs. 1 Nr. 1 lit. a BGB auszulösen. Da die Anmeldung zum Musterverfahren nicht endgültig sein muss, kann diese gem. § 608 Abs. 3 ZPO bis zum Ablauf des Tages des Beginns der mündlichen Verhandlung zurückgenommen werden. Die Verjährungshemmung endet dann gem. § 204 Abs. 2 S. 2 BGB sechs Monate nach Rücknahme der Anmeldung und die Verbraucher hätten die Möglichkeit, deutlich verzögert unverjährt Individualklage zu erheben. Auch der Bundesrat merkte im Gesetzgebungsverfahren

---

874 *Balke/Liebscher/Steinbrück*, ZIP 2018, 1321, 1326.

875 Az. 4 MK 4/18.

876 *O.V.*, VW-Anwälte rechnen nicht mit baldigem Vergleich bei der Musterfeststellungsklage, 2019.

877 Az. 6 MK 1/18; das Urteil bestätigend BGH, Urteil v. 17.11.2020 – XI ZR 171/19 = BGHZ 227, 365.

878 *Stuttgarter Nachrichten*, Klage gegen Mercedes-Bank wackelt, 2019.

an, dass durch Anmeldung der Ansprüche „nach dem eigentlichen Ablauf der Verjährungsfrist […] – quasi rückwirkend – noch eine Hemmung der Verjährung des individuellen Anspruchs erreicht werden kann."[879] In Kombination mit der sechsmonatigen Nachfrist besteht die Möglichkeit, dass der Anspruch so zum „verjährungsrechtlichen Wiedergänger" wird.[880] Diese strategische Anmelderücknahme könne eine rechtsmissbräuchliche Ausnutzung i. S. d. § 242 BGB darstellen.[881] Zwar würde ein derartiges Verfahren zu einem Anstieg der angemeldeten Verbraucher bis zur mündlichen Verhandlung führen, hätte allerdings keine Auswirkungen auf die Bestimmung des Vergleichsgegenstandes während oder nach Abschluss des Musterverfahrens. Solch ein prozesstaktisches Vorgehen der Kläger erschwert der Beklagten lediglich die Abschätzung ihres Risikos bis zum Ablauf der mündlichen Verhandlung. Zumal der Abschluss eines gerichtlichen Vergleichs vor dem ersten Termin gem. § 611 Abs. 6 ZPO wäre sowieso unzulässig wäre.

Damit mit der Anmeldung gerade keine unlauteren Zwecke verfolgt werden ist sie gem. § 608 Abs. 2 S. 1 Nr. 5 ZPO nur wirksam, wenn die Vollständigkeit und Richtigkeit der Angaben versichert wird. Dies erfolgt durch das Setzen eines Häkchens. Sollten die Angaben dennoch falsch sein, drohen keine Sanktionen.[882] Mangels Versicherung an Eides statt besteht keine Strafbarkeit gem. § 156 StGB. Da kein Bewirken einer Beurkundung vorliegt, erfüllen falschen Angaben auch nicht den Tatbestand der mittelbaren Falschbeurkundung gem. § 271 StGB. In einem gerichtlichen Verfahren werden Angaben zur Sache nicht

879 BT-Drs. 19/2701, 7.

880 So *Mansel*, WM 2019, 1621, 1623.

881 So *Deiß/Graf/Salger*, BB 2019, 1674 ff. Demnach könne eine Parallele zur Rechtsprechung des BGH zur missbräuchlichen Ausnutzung eines Güteverfahrens gezogen werden (BGH, 28.10.2015 – IV ZR 526/14, NJW 2016, 233; BGH, 17.2.2016 – IV ZR 374/14, NJOZ 2016, 645). Damit sich die Beklagte auf die Grundsätze des BGH zum Güteverfahren berufen kann, müssten tatsächliche Anhaltspunkte nachgewiesen werden; So auch *Mansel*, WM 2019, 1621, 1624, der sich ebenfalls auf die Rechtsprechung zum Güteantrag beruft und von einem Rechtsmissbrauch ausgeht, "wenn das Gesamtbild besteht, dass der Verbraucher bereits bei der Anmeldung der Ansprüche zum Klageregister beabsichtigte, die Feststellungs- und Bindungswirkung des künftigen Musterfeststellungsurteils nutzen zu wollen, sondern die Anmeldung allein auf die Verjährungshemmung nach § 204 Abs. 2 S. 2 BGB zielte".

882 *Balke/Liebscher/Steinbrück*, ZIP 2018, 1321, 1329; Musielak/Voit/*Stadler*, ZPO, § 608 Rn. 5; nach *Lutz* hat die Vorschrift lediglich „Appellcharakter" (BeckOK ZPO/*Lutz*, ZPO § 608 Rn. 11.

beurkundet und auf die Wahrheitspflicht kommt es nicht an.[883] Hier fehlt es an der erforderlichen amtlichen Richtigkeitsprüfung, da das Bundesamt die Angaben gem. § 608 Abs. 2 S. 3 ZPO ohne inhaltliche Prüfung in das Klageregister einträgt.[884] In Frage käme ein Prozessbetrug gem. § 263 StGB. Von diesem kann allenfalls ausgegangen werden, wenn der Anmelder die Bindungswirkung des § 613 ZPO durch Täuschung erschleichen will. Die Angaben alleine führen hingegen nicht zur Begründung eines Anspruchs und auch nicht zur Verjährungshemmung. Die Anmeldung entscheidet im Rahmen der Zulässigkeit nur darüber, ob das Quorum gem. § 606 Abs. 3 Nr. 3 ZPO erreicht wird.[885] Täuschen würde der Anmelder allenfalls das Folgegericht, da sich das Gericht des Musterverfahrens nicht inhaltlich mit der Anmeldung auseinandersetzt.[886] Im individuellen Folgeverfahren läge nur dann eine Täuschung vor, wenn wissentlich eine nicht bestehende Verjährungshemmung behauptet wird.[887] Allerdings scheitere es in diesem Stadium am Vermögensschaden. Es sei davon auszugehen, dass dem Folgegericht evident falsche Angaben relativ schnell auffallen, weshalb selten von einer wirklichen Vermögensgefährdung ausgegangen werden könne.[888]

Es darf bezweifelt werden, dass die Versicherung der Vollständigkeit und Richtigkeit ohne jede Form der Sanktion wirksam vor Missbrauch schützen wird. Bei Verfahren mit relativ wenigen Anmeldern – wie etwa in dem Verfahren gegen die Mercedes Bank vor dem OLG Stuttgart – mag das Gericht des Musterverfahrens und die Beklagte noch in der Lage sein, sich die einzelnen Anmeldungen genauer anzuschauen und zu überprüfen, ob es zu Unregelmäßigkeiten gekommen ist. Schwieriger gestaltet sich das bei hohen Anmeldezahlen und ggf. vagen Formulierungen zu Gegenstand und Grund des Anspruchs. Ungeklärt ist auch die Frage wie sich missbräuchliche und fehlerhafte Anmeldungen auf das notwendige Quorum im Rahmen eines gerichtlichen Vergleichsschlusses gem. § 611 ZPO auswirken. Der ursprüngliche Diskussionsentwurf sah eine pauschale Anmeldegebühr von EUR 10 vor.[889] Bei Massenschäden wäre diese Anmeldeschwelle niedrig gewesen, aber hätte wahrscheinlich effektiver vor

883 MüKoStGB/*Freund*, § 271 Rn. 30.
884 Nordholtz/Mekat/*Boese/Bleckwenn*, § 5 Rn. 31.
885 HK-MfkG/*Röthemeyer*, § 608 Rn. 9.
886 Musielak/Voit/*Stadler*, ZPO, § 608 Rn. 5.
887 Nordholtz/Mekat/*Boese/Bleckwenn*, § 5 Rn. 31.
888 Musielak/Voit/*Stadler*, ZPO, § 608 Rn. 5.
889 § 15b JVKostG-E i. V. m. Nr. 1170 der Anlage zum JVKostG; Art. 5 des Diskussionsentwurfs des BMJV vom 31. Juli 2017.

missbräuchlichen Anmeldungen geschützt als die Versicherung der Vollständigkeit und Richtigkeit.

C. Zwischenergebnis

Es lässt sich festhalten, dass der Vergleichsgegenstand sowohl nach als während des Musterfeststellungsverfahrens mangels Informationen über die klägerischen Forderungen nur schwer bestimmbar ist. Die zunächst schnelle und einfache Anmeldung der Ansprüche hindert einen Vergleichsabschluss durch die Prozessparteien. Die Anmeldedaten müssen aufwendig gesichtet und bereinigt werden.[890] Hinsichtlich der Anforderungen bei der Angabe von Gegenstand und Grund wird sich an § 253 Abs. 2 Nr. 2 ZPO orientiert. Die Angaben dürfen maximal 2.500 Zeichen umfassen. Es ist fraglich, ob die Ansprüche in den Individualverfahren den Anforderungen an die Verjährungshemmung genügen oder, ob eine Vielzahl der angemeldeten Ansprüche verjährt ist. Deutlich erschwert wird die Bestimmung des Vergleichsgegenstands zudem durch die Ausgestaltung der Angaben zur Forderungshöhe gem. § 608 Abs. 2 S. 2 ZPO als bloße Soll-Vorschrift. Dies macht eine Einordnung der Ansprüche hinsichtlich der individuellen Schadenshöhe nahezu unmöglich.

Die Qualität der individuellen Anmeldung hängt mangels Anwaltszwanges und inhaltlicher Prüfung stark von der Informationspolitik des klagenden Verbands ab. Das BfJ prüft die Anmeldungen nur hinsichtlich Plausibilität und Vollständigkeit, während das Oberlandesgericht die Angaben dahingehend kontrolliert, ob das Quorum erreicht wurde und, ob die angemeldeten Ansprüche oder Rechtsverhältnisse von den Feststellungszielen abhängen. Es besteht eine hohe Missbrauchsgefahr. Die Vollständigkeit und Richtigkeit der Angaben ist zwar zu versichern, aber ein Verstoß dagegen bleibt ohne Konsequenzen. Ein Abschreckungspotential geht davon nicht aus.

§ 4 Der Vergleichsinhalt im Musterfeststellungsverfahren

Ein zentraler Punkt für den Abschluss eines Vergleichs im Musterfeststellungsverfahren ist die inhaltliche Ausgestaltung. Unabhängig davon, ob ein außergerichtlicher oder ein gerichtlicher Vergleich geschlossen wird, ist der Vergleichsinhalt zunächst dispositiv und kann theoretisch dem Einzelfall angepasst werden. Die gesetzlichen Anforderungen nach § 611 Abs. 2 ZPO geben nur grobe Leitlinien vor, die ein Vergleich möglichst berücksichtigen sollte (hierzu

890 *Stadler*, VuR 2020, 163, 165.

A.). Aus Gründen der Zweckmäßigkeit und Effektivität sind hingegen darüber hinausgehende Regelungen geboten (hierzu B.).

A. Die Anforderungen des § 611 Abs. 2 ZPO

Die inhaltlichen Vorgaben für den gerichtlichen Vergleich des Musterfeststellungsverfahrens in § 611 Abs. 2 ZPO stellen lediglich Soll-Vorschriften dar und gelten nach einem Musterfeststellungsurteil nicht mehr. Demnach soll der Vergleich, die auf die angemeldeten Verbraucher entfallenden Leistungen (Nr. 1), die zu erbringenden Nachweise (Nr. 2), die Fälligkeit der Leistungen (Nr. 3) und die Aufteilung der Kosten zwischen den Parteien (Nr. 4) regeln. Diese Regelungen können sowohl während des Verfahrens als auch im Anschluss daran, als Richtschnur dienen, an denen sich die Parteien bei Vergleichsverhandlungen orientieren können. Besonders relevant dürften die Soll-Vorschriften allerdings bei der Genehmigung des gerichtlichen Vergleichs im Rahmen der Prüfung der Angemessenheit durch das Gericht sein (siehe hierzu bereits 1. Kapitel:§ 2 A.I.1.).[891] Obwohl das Musterverfahren auf Feststellung gerichtet ist, setzen sich die Soll-Vorschriften Nr. 1 bis 3 mit der Bestimmung von Leistungspflichten auseinander und gehen damit über den eigentlichen Verfahrensgegenstand hinaus. Einzig die Regelung zur Verteilung der Prozesskosten (Nr. 4) betrifft das Verhältnis zwischen den Parteien des Musterverfahrens.[892] Dies verdeutlicht, dass der Vergleich tatsächlich die Rechtsverhältnisse zwischen den Anmeldern und der Beklagten regeln soll und den Rechtsfrieden zwischen diesen zum Ziel hat. Der Inhalt des Vergleichs soll über das Verhältnis der am Verfahren beteiligten Parteien hinausgehen. Aufgrund ihres Charakters als Soll-Vorschriften wird in § 611 Abs. 2 ZPO nicht zwingend die Vereinbarung von Leistungen vorgeschrieben. Grundsätzlich wäre auch ein Vergleich über Feststellungen möglich, um dann in der anschließenden Individualphase die weiteren Anspruchsvoraussetzungen zu klären.[893] Die Möglichkeiten zur Ausgestaltung des Vergleichs sind

891 Nordholtz/Mekat/*Mekat*, § 7 Rn. 13.

892 *Beckmann/Waßmuth*, WM 2019, 89, 91.

893 BeckOK ZPO/*Augenhofer*, ZPO § 611 Rn. 7; HK-MfkG/*Röthemeyer*, § 611 Rn. 13; *Beckmann/Waßmuth*, WM 2019, 89, 90; nach anderer Ansicht sei wegen § 611 Abs. 2 Nr. 1 ZPO nur ein auf Leistung gerichteter Vergleich möglich. Für alle anderen Vergleiche gelte § 611 ZPO nicht, sondern die allgemeinen Regelungen der ZPO (Merkt/Zimmermann, VuR 2018, 363, 370). Diese Ansicht verkennt den nicht zwingenden Charakter der Anforderungen des § 611 Abs. 2 ZPO. *Augenhofer* argumentiert zutreffend mit § 611 Abs. 3 S. 2 ZPO, wonach das Gericht einen Vergleich

vielfältig und machen den Vergleichsschluss komplexer als in einem Prozess bei dem die Streit- und Vergleichsparteien identisch sind. Die Verschiedenheit zwischen dem Gegenstand des Musterfeststellungsverfahrens und dem Vergleich dürfte sowohl die Verhandlungsparteien als auch das Gericht bei der Genehmigung des Vergleichs vor große Herausforderungen stellen.[894]

Die durch die Anmelder zu erbringenden Nachweise gem. § 611 Abs. 2 Nr. 3 ZPO dürfen nicht so komplex ausgestaltet sein, dass diese nur unter Zuhilfenahme eines Rechtsanwalts erbracht werden können.[895] Dies ist in Fällen möglich bei denen die individuelle Betroffenheit und der Schaden bloß durch einen Vertrag, eine Rechnung oder ein Sachverständigengutachten nachweisbar sind. Problematisch wird es bei komplexeren Schadensfällen. Hier müssten die zu erbringenden Nachweise in dem Vergleich genauestens definiert werden, ggf. abhängig von der jeweiligen Situation und abgestuft nach Art der Betroffenheit, unterteilt in unterschiedliche Klassen.[896] Auch soll ein Vergleich § 611 Abs. 2 Nr. 2 ZPO Regelungen zur Fälligkeit der Leistungen beinhalten. Eine sofortige Fälligkeit könnte zur Liquiditätsproblemen auf Seiten der Beklagten führen, weshalb der Vergleich gerade bei vielen Fällen und hohen Schäden auch einen abgestuften Fälligkeitsplan enthalten sollte. Zweckmäßig wären auch Regelungen zum Umgang mit einer eventuellen Nicht-Erfüllung.[897] Bei der Verteilung der Vergleichskosten zwischen den Parteien gem. § 611 Abs. 2 Nr. 4 ZPO könnte sich an der Kostenverteilung des § 98 ZPO orientiert werden. Möglich wäre aber auch ein Mechanismus bei dem die Gerichts- und Verfahrenskosten durch anteilige Kürzungen mittelbar auf die von dem Vergleich profitierenden Anmelder umgelegt werden.[898] Hinsichtlich der Prozess- und Verfahrenskosten erscheint eine Regelung hinsichtlich der Kostenverteilung von ausgesetzten Individualverfahren von angemeldeten Verbrauchern (§ 613 Abs. 2 ZPO) oder Unternehmern (148 Abs. 2 ZPO) angebracht.

auch dann genehmigt, wenn der Vergleich Ungewissheit über die angemeldeten Ansprüche oder Rechtsverhältnisse beseitigt.

894 Näheres zur Genehmigung durch das Gerichts 1. Kapitel:§ 2 A.I.1.

895 Nordholtz/Mekat/*Mekat*, § 7 Rn. 20.

896 *Schlingmann/Thiery*, Der Betrieb 2018, 2550, 2553.

897 Nordholtz/Mekat/*Mekat*, § 7 Rn. 22 f.

898 Nordholtz/Mekat/*Mekat*, § 7 Rn. 24 f.; HK-MfkG/*Röthemeyer*, § 611 Rn. 19.

B. Zweckmäßige Vergleichsinhalte

Die knappen Regelungen in § 611 Abs. 2 ZPO führen dazu, dass viele Vorgaben, die an sich zweckmäßig wären, gesetzlich nicht geregelt sind. Was zweckmäßig ist, kann je nach Fallkonstellation variieren und die Komplexität des Vergleichsinhalts weiter erhöhen. Im Folgenden sollen daher nur besonders elementare und gänzlich ungeregelte Vergleichsinhalte beleuchtet werden. Ein wesentliches Element, das näherer Untersuchung bedarf und in engem Zusammenhang mit § 611 Abs. 2 Nr. 4 ZPO steht, ist die Berücksichtigung der anwaltlichen Vergütung in dem Vergleich (hierzu I.). Hinzu kommen weitere Vergleichselemente, die je nach Fallkonstellation, aber zumindest in den meisten Vergleichen von Massenschadensfällen relevant sein dürften (hierzu II.).

I. Die Rolle der Anwaltschaft und deren Vergütung als Vergleichsgegenstand

1. Während des Musterfeststellungsverfahrens

a) Anwaltskosten der Verbraucher

Wenn ein Rechtsstreit durch Vergleich beendet wird, stellt sich die Frage wer für die Vergütung der Anwälte aufkommt. Entscheidend ist dabei an welchen Stellen die Rechtsanwälte im Laufe des zweistufigen Musterfeststellungsverfahrens zum Einsatz kommen müssen oder zumindest sollten. Aktuell ist weder bei der Anmeldung noch bei Rücknahme der Anmeldung (als actus contrarius) eine anwaltliche Vertretung erforderlich.[899] Die Hinzuziehung eines Rechtsanwalts bereits bei der Anmeldung erscheint gerade bei Fällen, die Massenschäden zum Gegenstand haben, mehr als sinnvoll.[900] Für Laien ist es oft sogar schwierig, den richtigen Anspruchsteller zu identifizieren. Bei den Diesel-Fällen stellten sich teilweise juristisch komplizierten Fragen wie sich Schenkung, Gemeinschaftskäufe, Weiterverkäufe, Vererbung oder der Kauf durch eine GbR oder GmbH auf die Anspruchsberechtigung eines Fahrzeugkäufers auswirken.[901] Eine inhaltliche Prüfung ihrer angemeldeten Ansprüche fand weder durch das BfJ noch

---

899 *Weinland*, Die neue Musterfeststellungsklage: Einführung, 2019, Rn. 106.

900 Schon bei der Anmeldung besteht die Gefahr, dass die Verbraucher als juristische Laien nicht alle potentiellen Ansprüche anmelden und die Ansprüche sich später als verjährt herausstellen; siehe zu den Anforderungen an die Beschreibung von Gegenstand und Grund 2. Kapitel:§ 3 A.I.

901 *Reiter/Methner/Schenkel*, DAR-Extra 2018, 733, 734.

durch das OLG statt.[902] Die Verbraucher können aufgrund ihres irrtümlichen Glaubens an eine wirksame Anmeldung große Rechtsverluste erleiden.

Die Anmeldung von Ansprüchen zum Klageregister und der entsprechende Beratungsbedarf werden aktuell in § 19 Abs. 1 S. 2 Nr. 1a RVG als gebührenrechtliche Nebengeschäfte eingestuft, was laut *Waclawik* im Verhältnis zur Schwierigkeit dieser Erklärung in keinem Verhältnis stehe.[903] Auch von Seiten der Richterschaft gibt es Kritik. *Lutz* empfindet den Verzicht von Rechtsanwälten bei der Anmeldung gar bedenklich und fordert zumindest je nach Sachverhaltskonstellation eine Anordnung des Anwaltszwangs im Ermessen des Gerichts.[904] *Lüblinghoff* hält es für unverantwortlich die komplexe Materie der Bestimmung des Streitgegenstandes und des Streitverhältnisses allein den Verbrauchern zu überlassen.[905] Gerade bei komplexen Massenschäden, die oftmals mit einer Verletzung von Körper und Gesundheit einhergehen, sei es unverantwortlich, die Geschädigten bei der Anmeldung sich selbst zu überlassen.[906] *Woopen* fordert eine gesonderte Gebühr für Massenverfahren, die aber unterhalb der Gebühr für eine Individualklage liegen könne. Die Qualitätssicherung des Kollektivverfahrens erfordere eine stärkere Einbindung der Rechtsanwaltschaft in das Verfahren. Auch könne so einem Verfahrensmissbrauch vorgebeugt werden.[907] Gerade bei der Rücknahme der Anmeldung sei nach *Röthemeyer* eine sachlich fundierte rechtliche Beratung notwendig. Die Anmeldung kann gem. § 608 Abs. 3 ZPO bis zum Ablauf des Tages des Beginns der mündlichen Verhandlung in erster Instanz zurückgenommen werden. Das Erfordernis der anwaltlichen Beratung gelte wegen dieser knapp bemessenen Reaktionszeit umso mehr.[908] Die aktuelle Ausgestaltung des Anmeldeprozesses im Kollektivverfahren ist im Vergleich zur individuellen Rechtsdurchsetzung mit erheblichen Risiken verbunden, die der Verbraucher im Zweifel erst in der Leistungsphase bemerkt. Es sei in den meisten Verfahren ratsam, trotz des fehlenden Anwaltszwangs, zumindest einen

---

902 Siehe zur inhaltlichen Prüfung des Ansprüche 2. Kapitel:§ 3 A.III.2.

903 *Waclawik*, NJW 2018, 2921, 2925.

904 *Lutz*, Stellungnahme zum aktuellen Entwurf des Bundesministeriums der Justiz und für Verbraucherschutz für ein Gesetz zur Einführung einer Musterfeststellungsklage, 8.6.2018, S. 10.

905 *Lüblinghoff*, Impulsreferat zum kollektiven Rechtsschutz aus richterlicher Praxis, in: Schäfer, Der Gesetzesentwurf zur "Musterfeststellungsklage", 33, 44 f.

906 *Ders.*, Impulsreferat zum kollektiven Rechtsschutz aus richterlicher Praxis, in: Schäfer, Der Gesetzesentwurf zur "Musterfeststellungsklage", 33, 40.

907 *Woopen*, NJW 2018, 133, 136.

908 HK-MfkG/*Röthemeyer*, § 608 Rn. 42.

Rechtsanwalt bei der Anmeldung einzubinden.[909] Den Stimmen, die sich für eine stärkere Beteiligung der Anwaltschaft aussprechen, kann entgegen gehalten werden, dass sich durch die niedrigschwellige Anmeldung eben die Verbraucher anmelden, die es unter Tragung eines Prozesskostenrisikos gerade nicht getan hätten. Das niedrigschwellige und kostenlose Anmeldesystem könne das rationale Desinteresse überwinden und sei gerade deswegen eine Stärkung der Rechtsdurchsetzung.[910] Die Einführung einer Gebühr für die Anmeldung zum Musterverfahren würde auch den vorgebrachten Bedenken entgegentreten, dass Anwälte über die Möglichkeit der kostenfreien Anmeldung zu einem Musterverfahren nicht ordnungsgemäß beraten würden.[911] Sollte den Verbrauchern im Laufe des Verfahrens ein gerichtlicher Vergleich angeboten werden, können diese den Austritt unter Zuhilfenahme eines Rechtsanwalts erklären. Ein Anwaltszwang gem. § 78 ZPO besteht bei der Austrittserklärung nicht.[912] Wenn der Anwalt bereits eine Individualklage eingereicht hat oder mit der außergerichtlichen Vertretung beauftragt war, würde für die Vornahme der Austrittserklärung gem. § 19 Abs. 1 S. 2 Nr. 1a RVG keine gesonderte Gebühr anfallen. Wird der Rechtsanwalt nur zur Vornahme des Austritts mandatiert, fällt eine 0,8-fache Verfahrensgebühr oder eine Geschäftsgebühr an. Bei einer Beratung über den Vergleich ohne vorheriges Tätigwerden entsteht eine Gebühr gem. § 34 RVG.[913] Da für den Austritt aus dem Vergleich höhere Formerfordernisse als für die Anmeldung gelten[914] und der gerichtliche Vergleich ausweislich des Wortlauts von § 611 Abs. 1 ZPO auch Regelungen zu Lasten der Verbraucher regeln kann, erscheint die Hinzuziehung eines Rechtsanwalts auch an diesem Verfahrenspunkt sinnvoll und ratsam. Die Belehrung des Gerichts bei der Zustellung beschränkt sich nur auf die Wirkung des Vergleichs und stellt natürlich keine individuelle Belehrung dar.[915]

---

909 *Nordholtz/Mekat*, NJW 2019, 411, 413 f.

910 *Weinland*, Die neue Musterfeststellungsklage: Einführung, 2019, Rn. 90.

911 *Heese*, JZ 2019, 429, 437, der unter Parallelziehung zu Erfahrungen mit der Verbraucherstreitbeilegung davon ausgeht, dass Rechtsanwälte aufgrund eigener Verdienstinteressen nicht über die Möglichkeit der Anmeldung zum Musterfeststellungsverfahren aufklären würden. Seines Erachtens sei eine Anmeldegebühr nicht die Lösung des Problems, vielmehr fordert er eine erhöhte Dokumentationspflicht im anwaltlichen Berufsrecht.

912 Nordholtz/Mekat/*Mekat*, § 7 Rn. 60.

913 HK-MfkG/*Röthemeyer*, § 611 Rn. 65.

914 Siehe zum Austritt aus dem Vergleich 1. Kapitel:§ 2 A.I.3.

915 *Weinland*, Die neue Musterfeststellungsklage: Einführung, 2019, Rn. 178.

Dementsprechend ist auch nicht davon auszugehen, dass die beteiligten Rechtsschutzversicherungen die geschädigten Verbraucher direkt zu einer Anmeldung zum Musterfeststellungsverfahren ohne Hinzuziehung eines Rechtsanwalts bewegen werden. Bereits vor der Anmeldung zum Musterfeststellungsverfahren ist davon auszugehen, dass sich ein Großteil der Verbraucher zunächst an ihre Rechtsschutzversicherung wendet. Da die Rechtsschutzversicherungen selbst im Wettbewerb stehen, verstehen sie sich vielfach nicht nur als reiner Kostenerstatter, sondern als eigenständiger Rechtsdienstleister, der seinen Kunden einen umfassenden Service und Leistung anbieten will.[916] Sie übernehmen eine Art Lotsenfunktion bei der Konfliktbehandlung und werden dem Verbraucher ggf. zu einem weiteren Vorgehen raten.[917] Dabei befindet sich die Versicherung in einem Zielkonflikt zwischen notwendiger Leistung im Versicherungsfall und der eigenen Gewinnmaximierung im Sinne der Gestaltung eines für die Versicherung günstigen Angebots.[918] Eine serviceorientierte Versicherung wird den Verbraucher auf die rechtlichen Folgeprobleme bei der Anmeldung zum Musterfeststellungsverfahren hinweisen (müssen) und zunächst an einen Rechtsanwalt verweisen.

Auch dürften viele angemeldete Verbraucher ein paralleles Individualverfahren mit einem eigenen Rechtsanwalt betreiben. Diese Verfahren sind dann gem. § 613 Abs. 2 ZPO bis zur rechtskräftigen Entscheidung oder sonstigen Erledigung der Musterfeststellungsklage auszusetzen und werden nach einem Musterfeststellungsurteil entsprechend fortgesetzt. Mithin können in einen Vergleich auch Geschädigte einbezogen werden, die nicht Verbraucher sind und deren Verfahren gem. § 148 Abs. 2 ZPO auf Antrag ausgesetzt wurde.

Die aktuelle Ausgestaltung des Anmeldesystems und der entsprechenden Austritte/Rücknahmen ist – wenn überhaupt – nur für Streuschäden und rechtlich einfach gelagerte Fälle geeignet. Die Verbände dürften in der Regel nicht über die entsprechenden personellen Kapazitäten verfügen, um eine angemessene Beratung für den Einzelfall leisten zu können. Die Konzeption der Musterfeststellungsklage leidet an diesem Punkt vor allem im Hinblick auf Massenschadenereignisse an einem schweren Webfehler, der die Behandlung des gesamten Schadenskomplexes erheblich erschwert. Zur Lösung des Problems kann auf die Ausgestaltung im KapMuG verwiesen werden. Dort besteht gem. § 10 Abs. 2 S. 3 KapMuG Anwaltszwang bei der Anmeldung, wenngleich

916 *Tögel Rainer/Rohlff*, ZRP 2009, 209.
917 *Dies.*, ZRP 2009, 209, 212.
918 *Engel*, NJW 2015, 1633, 1636.

die Kosten für die Anmelder niedrig sind. Es fällt eine 0,5-fache Gerichtsgebühr (Nr. 1902 GKG-KV) sowie eine 0,8-fache Verfahrensgebühr (Nr. 3338 RVG-VV) an.[919] Da in der Gesetzesbegründung zum Musterfeststellungsurteil mehrfach das rationale Desinteresse Erwähnung findet und somit die besondere Bedeutung des Verfahrens für Streuschäden zum Ausdruck gebracht wird, könnte der Anwaltszwang auch in das Ermessen des Gerichts gestellt werden. In der Praxis ist davon auszugehen, dass bei Massenschäden viele Verbraucher die Anmeldung unter Zuhilfenahme eines Rechtsanwalts vornehmen werden, auch wenn es nicht gesetzlich verpflichtend ist. Die Verbraucher dürften damit weniger vergleichsbereit sein, wenn sie diese Kosten nicht ersetzt bekommen.

b) Anwaltskosten der Parteien

Während des Musterfeststellungsverfahren verfügen beide Parteien über Prozessbevollmächtigte, deren Kosten im Sinne des § 611 Abs. 2 Nr. 4 ZPO zwischen den Parteien aufgeteilt werden sollten. Diese Kosten müssten in einem Vergleich nach Musterfeststellungsurteil ebenfalls Berücksichtigung finden.

2. Nach einem Musterfeststellungsurteil

Es ist damit zu rechnen, dass angemeldete Verbraucher bei einem Massenschaden für eine Leistungsklage im Anschluss an das Musterfeststellungsverfahren einen Rechtsanwalt mandatieren, um ihren Anspruch gerichtlich durchzusetzen. Der Gesamtverband der deutschen Versicherungswirtschaft (GDV) schlug in diesem Zusammenhang unter Verweis auf das rationale Desinteresse und eine typische Aufwandsreduktion eine Absenkung der Rechtsanwaltsgebühren für die individuellen Folgeverfahren vor. Die Erleichterungen bei Umfang und Schwierigkeit durch die bereits verbindlich festgestellten Tatsachen- und Rechtsfragen sollte gebührenmindernd berücksichtigt werden.[920] Dem Vorschlag des GDV lässt sich entgegenhalten, dass in dem Musterverfahren nicht notwendig alle Anspruchsvoraussetzungen geklärt sein müssen.[921] Eine generelle Minderung der Gebühren lässt sich vor dem Hintergrund mangelnder Typizität verminderten Aufwands gerade nicht rechtfertigen. Bei einer vergleichsweisen

---

919 *Liebscher*, AG 2020, 35, 38 f.

920 *Gesamtverband der Deutschen Versicherungswirtschaft e. V.*, Stellungnahme zum aktuellen Entwurf des Bundesministeriums der Justiz und für Verbraucherschutz für ein Gesetz zur Einführung einer Musterfeststellungsklage, 16.03.2018, S. 7.

921 siehe zur Musterverfahrensfähigkeit 1. Kapitel:§ 2 B.III.1.

Beilegung des Konflikts in der Leistungsphase müssten die Kosten für die Mandatierung der Anwälte entsprechend berücksichtigt werden.

Es ist möglich, dass in dem Vergleich eine Gesamtsumme steht, die die Beklagte an alle Geschädigten zu zahlen hat und die zwischen den Anmeldern, dem Verband und den beteiligten Rechtsanwälten aufgeteilt werden muss. Dies erscheint vor allem dann möglich, wenn das Unternehmen – um etwa eine Insolvenz abzuwenden – nur einen Maximalbetrag leisten kann. In solchen Fällen wird im Rahmen der class action entweder die percentage fee- oder die lodestar-Methode angewandt. Bei der ersten Methode erhalten die Anwälte einen prozentualen Anteil der Vergleichssumme. Bei der Zweiten wird die Vergütung anhand der aufgewendeten Arbeitszeit berechnet. Bei einem common fund wird meist die percentage fee-Methode angewandt, während der lodestar-Methode nur eine Kontrollfunktion zukommt.[922] Abgesehen davon, dass die Gesamtschadensmethode bei einem Vergleichsschluss in Deutschland nur in sehr wenigen Ausnahmefällen zum Einsatz kommen dürfte,[923] steht zu befürchten, dass durch dieses Nullsummenspiel die bereits aufgezeigten Interessenkonflikte[924] zwischen den Beteiligten verstärkt werden.

Erfahrungen mit Massenschädensfällen zeigen, dass die Geschädigten, die einen Anwalt zur Rate ziehen wollten, ihn im Laufe eines Vergleichsschlusses auch bezahlt bekommen. In dem Deepwater Horizon-Fall[925] erstattete die Gulf Coast Claims Facility die Kosten für Anwälte und Buchhalter, die im Zusammenhang mit der Geltendmachung von Ansprüchen anfielen.[926] In dem Vergleich zwischen dem vzbv und VW sicherte die Beklagte in § 1.5 zu, die Rechtsanwaltskosten zu einer Höhe von EUR 190,00 (netto) zu ersetzen, wenn sich die Anmelder, die ein individuelles Vergleichsangebot erhalten, außergerichtlich beraten lassen wollen.[927] Als konsensuale Beilegung eines Konflikts erfordert ein Vergleichsschluss das Vertrauen der Geschädigten. Gerade weil der Vergleich oftmals mit der Abgeltung von Ansprüchen einhergeht, wird sich das Vertrauen der Geschädigten meist nicht durch ein Lippenbekenntnis des Schädigers herstellen lassen. Die aktive Beteiligung von Rechtsanwälten, die ein Vergleichsangebot

---

922 *Eggers*, Gerichtliche Kontrolle von Vergleichen im kollektiven Rechtsschutz, 2019, S. 128 f.

923 Siehe zur Gesamtschadensmethode 2. Kapitel:§ 1 B.

924 Siehe zu den Interessenkonflikten im Musterverfahren 1. Kapitel:§ 4.

925 Siehe zum Sachverhalt Fn. 648.

926 *Feinberg*, Who gets what, 2012, S. 162.

927 *Verbraucherzentrale Bundesverband*, Rahmenvereinbarung zwischen der Verbraucherzentrale Bundesverband und der Volkswagen AG, 2020.

individuell im Hinblick auf die Bedürfnisse der Geschädigten prüfen, würde dieses Vertrauen schaffen. Es verwundert nicht, dass die Kosten von Rechtsanwälten bei einem Vergleich in Massenschädenfällen üblicherweise ersetzt werden.

II. Sonstige zweckmäßige Vergleichsinhalte

Im Sinne einer abschließenden Einigung[928] könnte es zweckmäßig sein, auch die Leistungsansprüche nicht-angemeldeter Verbraucher oder unternehmerischer Kunden in dem Vergleich zu berücksichtigen.[929] Bei Klagen von Unternehmen kann das Individualverfahren gem. § 148 Abs. 2 ZPO auf Antrag des Klägers ausgesetzt werden. Zur endgültigen Beilegung der Streitigkeit bestünde auch die Möglichkeit, den nachträglichen Beitritt bislang nicht angemeldeter Verbraucher zu regeln. Eine derartige Möglichkeit sieht das Gesetz nicht vor. Die nicht-angemeldeten Verbraucher könnten unter Beachtung der allgemeinen Regeln des Vertrags zugunsten Dritter aus § 328 BGB mittelbar einbezogen werden. Möglich und zweckmäßig erscheint insbesondere eine Selbstverpflichtung des Unternehmens, den nicht-angemeldeten Verbrauchern und Unternehmern einen Vergleich zu gleichen Konditionen wie den Anmeldern anzubieten.[930] Gerade wenn die Ansprüche der nicht-angemeldeten Geschädigten noch nicht verjährt sein sollten, wäre ein derartiger Gesamtvergleich für die Beklagte erheblich interessanter. So bestünde die Chance, mit möglichst vielen Geschädigten eine abschließende Regelung erzielen zu können.[931] Es wäre eine derart umfassende Regelung notwendig, dass Folgeverfahren möglichst vermieden werden.

Die ZPO gibt nicht vor, wie ein späteres Verteilungsverfahren ausgestaltet sein müsste, auch wenn § 611 Abs. 2 Nr. 2 ZPO Anforderungen an die Erbringung von Nachweisen regelt, denen die Anmelder nachkommen müssten, um Leistungen aus dem Vergleich zu erhalten.[932] Realistisch wäre bei einer hohen Anzahl von Anmeldern und Rechtsverhältnissen und ohne Kenntnis der Forderungshöhen allenfalls ein Eckpunktevergleich, der die Befriedigung der Ansprüche abstrakt regelt und die individuelle Anspruchsprüfung einem Verteilungsverfahren überlasst. Dessen Ausgestaltung müsste ebenfalls Bestandteil

---

928 Siehe zum Interesse der Beklagten an einer umfassenden Erledigung 1. Kapitel:§ 4 A. III.

929 Zöller/*Vollkommer*, ZPO, § 611 Rn. 3.

930 HK-MfkG/*Röthemeyer*, § 611 Rn. 12.

931 Musielak/Voit/*Stadler*, ZPO, § 611 Rn. 5.

932 Nordholtz/Mekat/*Mekat*, § 7 Rn. 19.

des Vergleichs sein und unterliegt der Disposition der Parteien.[933] Folglich ist auch nicht geregelt, wer die Verteilung der ausgehandelten Summe vornehmen würde. In Frage kämen theoretisch das Gericht, die qualifizierte Einrichtung, die Anwälte des Beklagten oder der qualifizierten Einrichtung oder eine gänzlich unabhängige Stelle. Letztendlich würde auch diese Stelle entscheiden, wer im Einzelfall die Kriterien erfüllt und aus dem Vergleich tatsächlich berechtigt ist. Nach § 30 Abs. 1 Nr. 2 VSBG führt die Universalschlichtungsstelle auf Antrag eines Verbrauchers im Anschluss an ein rechtkräftiges Musterfeststellungsurteil oder einem Vergleich nach § 611 Abs. 1 ZPO ein Verfahren zur außergerichtlichen Beilegung durch. Die Reform des VSBG führte dazu, dass der Gesetzgeber für die Einzelfallprüfung das „kostengünstige, schnelle und ressourcenschonende" Schlichtungsverfahren als Alternative bevorzugt.[934] Da die Angaben und Nachweise der Verbraucher im Anmeldeverfahren nur sehr geringfügig sind und eine Missbrauchsgefahr besteht, würde dieser Prüfung der Einzelnachweise eine besondere Bedeutung zukommen.[935]

Schließlich erscheinen noch kleinere Regelungen zweckmäßig, welche die Durchführung des Vergleichs erleichtern würden. Auch kann ein höheres Sonderquorum gem. § 611 Abs. 5 ZPO vereinbart werden, um eine höhere Akzeptanz bei den Anmeldern sicherzustellen.[936] Es könnte geregelt werden, wie sich die Rechtsnachfolge im Falle eines Todes des Anmelders auf die im Vergleich vorgesehenen Rechte auswirkt.[937] In einem Eckpunktevergleich könnte dem beklagten Unternehmen ein Rücktrittsrecht eingeräumt werden. Dies könnte den Sorgen der Beklagten dahingehend Rechnung tragen, dass der ausgehandelte Vergleich nur eine geringe Akzeptanz durch die Kläger erfährt. Diese Bedenken würde man ausräumen, wenn man ihr ein opt-out Rücktrittsrecht einräumt, sofern eine bestimmte Anzahl von Klägern den Abschluss eines Individualvergleichs ablehnt.[938]

933 Musielak/Voit/*Stadler*, ZPO, § 611 Rn. 6.

934 BT-Drs. 19/10348, 1.

935 Siehe zur Informationen über die Anmelder 2. Kapitel:§ 3.

936 Nordholtz/Mekat/*Mekat*, § 7 Rn. 30.

937 Zöller/*Vollkommer*, ZPO, § 611 Rn. 3.

938 Mit einer derartigen Klausel versuchten die Verhandlungsführer, den Bedenken der beklagten Unternehmen in den Agent-Orange-Fällen entgegenzukommen (*Duve*, Mediation und Vergleich im Prozess, 1999, S. 157).

C. Zwischenergebnis

Das Gesetz äußert sich in Form des § 611 Abs. 2 ZPO zum Vergleichsinhalt. Die Soll-Vorschrift gilt grundsätzlich nur während des Musterfeststellungsverfahren und macht nur wenige Vorgaben. Die Parteien genießen bei der Ausgestaltung des Vergleichs ein hohes Maß an Flexibilität. Im Anschluss an einen Musterentscheid ist vor allem bei Massenschäden zu erwarten, dass Verbraucher zur Durchsetzung ihrer Ansprüche einen Rechtsanwalt beauftragen. Die Kosten der beauftragten Anwälte dürften einen Vergleichsschluss weiter verkomplizieren. Gerade weil die Sachverhaltskonstellationen sehr mannigfaltig sein können, kommen eine Vielzahl weiterer zweckmäßiger Regelungsinhalte in Frage. Vor allem der Einbezug nicht-angemeldeter Verbraucher und Unternehmer erscheint für eine ganzheitliche Erledigung des Schadensfalls sinnvoll. Auch die Regelung eines administrativen Verteilungsverfahrens entspricht mit Blick auf die zuvor dargestellten Entschädigungs- und Verteilungsmechanismen samt Praxisbeispielen eher dem Standard als der Ausnahme.

§ 5 Anforderungen an AS-Verfahren

Ausgehend von diesen Feststellungen ergeben sich Anforderungen für die Alternative Streitbeilegung im Anschluss an das Musterfeststellungsurteil:

a) Die Individualschadensbetrachtung in Kombination mit der Schadenspauschalisierung nach niederländischem Vorbild erscheint als vorzugswürdige Methode für eine konsensuale Streitbeilegung im Anschluss an ein Musterfeststellungsurteil. Hinsichtlich der Methoden zur Berechnung des Schadensersatzes lässt sich festhalten, dass eine Gesamtschadensbetrachtung, wie sie etwa in den USA praktiziert wird, bei Massenschadensfällen in Deutschland wegen der unterschiedlichen Grundkonzeption des Schadensrechts nicht zweckmäßig ist. Der Abschluss eines Vergleichs wird sich an dem drohenden Urteil orientieren und in Deutschland gilt – unabhängig von der (individuellen oder kollektiven) prozessualen Durchsetzung des Anspruchs – das Zweiparteien- und das Ausgleichsprinzip. Strafzahlungen wie punitive damages sind systemfremd. Gerade die punitive damages führen in den USA dazu, dass den Parteien und Gerichten bei der Bestimmung der Gesamtsumme mehr Spielraum eingeräumt wird. Die Individualbetrachtung entspräche dem deutschen Rechtssystem am ehesten. Diese ist besonders geeignet bei hohen Einzelschäden und einer geringen Anzahl an Geschädigten. Die Individualschadensbetrachtung weist Defizite hinsichtlich der Effizienz auf. Die Bestimmung des (individuellen) Schadens erzeugt hohe Transaktionskosten.

b) In der Praxis ist eine vorgelagerte Rahmenvereinbarung, in welcher ein Verteilungsverfahren geregelt wird, üblich. Alle dargestellten Praxisbeispiele eint, dass zuerst eine übergeordnete Regelung im Sinne einer Rahmenvereinbarung getroffen wird, welche auch den Verteilungsmechanismus regelt. Dies gilt sowohl für die Dalkon-Shields-Verfahren als auch für die Rahmenvereinbarung in den Diesel-Verfahren. Diese beiden Anwendungsbeispiele sowie die Ausgestaltung des niederländischen WCAM zeigen, dass Schadenspauschalisierung und -kategorisierung zu einer hohen Akzeptanzquote bei den Geschädigten führen. Der Contergan-Fall verdeutlicht die politische Bedeutung eines Massenschadensfalls. Die Tatsache, dass kaum zivilrechtliche Streitigkeiten geführt wurden und der Sonderweg der Stiftungslösung beschritten wurde, zeigt wie vielfältig mit Massenschadensfällen in der Praxis umgegangen werden kann.
c) Das AS-Verfahren muss in der Lage sein, eine Vielzahl von Informationen über die Anmelder zu sammeln und einzuordnen. Über die Anmelder gibt es im Laufe des Verfahrens nur unzureichende Informationen, was im Wesentlichen mit dem Anmeldeprozess selbst zusammenhängt. Der Kreis der Anspruchsberechtigten ist im Laufe des Musterfeststellungsverfahrens für beide Parteien schwer bestimmbar. Die laienhafte Beschreibung von Gegenstand und Grund in Form von 2.500 Zeichen erschwert den Vergleichsschluss genauso wie der fehlende Anwaltszwang bei der Anmeldung.
d) Ein wesentliches Ziel von AS-Verfahren muss es sein, die Breite der Informationen über die Anmelder zu vergrößern und evident aussichtlose oder gar missbräuchliche Ansprüche zu identifizieren. Die geringfügige inhaltliche Prüfung der Angaben der Anmelder durch das BfJ und das zuständige Oberlandesgericht ist hinderlich auf dem Weg zur Bestimmung des Vergleichsinhalts. Das gilt umso mehr für die lediglich freiwilligen Angaben zur Forderungshöhe und das große Missbrauchspotential bei den Anmeldungen.
e) Bei der inhaltlichen Ausgestaltung des Vergleichs sind die Parteien flexibel. Bei den Anforderungen der § 611 Abs. 2 ZPO handelt es sich um Soll-Vorschriften, die nur für gerichtliche Vergleiche während des laufenden Musterfeststellungsverfahrens gelten. Bei einem Vergleich, der durch einen Repräsentanten der Verbraucher mit dem Beklagten ausgehandelt wurde, stellt die größte Gefahr der Abschluss eines unzulässigen Vertrages zu Lasten Dritter dar.

3. Kapitel: Die Alternative Streitbeilegung nach einem Musterfeststellungsurteil

Die Musterfeststellungsklage ist auf Feststellung gerichtet und führt auch im Erfolgsfall nicht unmittelbar zu vollstreckbaren Ansprüchen. Der erfolgreiche Musterentscheid stellt für die Verbraucher auf dem Weg zur Durchsetzung des individuellen Rechts nur einen Etappensieg dar.[939] Nach der Vorstellung des Gesetzgebers soll durch die Entscheidung wesentlicher Tatsachen- und Rechtsfragen die Grundlage für eine einvernehmliche Lösung der Parteien geschaffen und die außergerichtliche Streitschlichtung gestärkt werden.[940] Der Gesetzesentwurf selbst enthält keine Vorgaben für die Verfahrensführung oder das Verfahrensmanagement in der anschließenden Leistungsphase. Auf zweiter Stufe ist es Sache des Verbrauchers, seinen Anspruch individuell durchzusetzen. AS-Verfahren stellen hierbei nur eine Möglichkeit von vielen dar. Um die Mechanismen der Alternativen Streitbeilegung in Bezug auf Massenschäden besser hinsichtlich ihrer Geeignetheit evaluieren zu können, muss zunächst geklärt werden mit welchen prozessualen Möglichkeiten sie konkurrieren. Das vorliegende Kapitel ordnet die verschiedenen Mechanismen der Alternativen Streitbeilegung zunächst in das System der Handlungsoptionen nach Musterfeststellungsurteil ein (hierzu § 1). Der Fokus der vorliegenden Untersuchung liegt indessen auf den Instrumenten, die das Ziel einer außergerichtlichen Einigung verfolgen und daher am ehesten der Intention des Gesetzgebers gerecht werden. Die Instrumente der Alternativen Streitbeilegung werden somit im Lichte der Bedeutung des Musterfeststellungsurteils dargestellt und anhand der in Kapitel 1 und 2 herausgearbeiteten Kriterien und Anforderungen in Bezug auf ihre Geeignetheit evaluiert und in Abgrenzung zu den sonstigen Handlungsoptionen abgegrenzt (hierzu § 2).

§ 1 Die Alternative Streitbeilegung im System weiterer Handlungsoptionen

In Abgrenzung zur Alternativen Streitbeilegung handelt es sich bei den weiteren Handlungsoptionen vornehmlich um Mechanismen zur gerichtlichen

---

939 *Heese*, JZ 2019, 429, 433.

940 BT-Drs. 19/2439, 16.

Geltendmachung von Ansprüchen. Der klassische Weg zur Durchsetzung des Anspruchs stellt die Durchführung eines Individualprozesses dar (hierzu A.). Auch besteht die Möglichkeit der Durchführung eines Mahnverfahrens nach einem Musterfeststellungsurteil (hierzu B.). Prozessuale Bündelungsmöglichkeiten bieten die Einziehungsklage durch den Verband nach § 79 Abs. 2 S. 2 Nr. 3 ZPO (hierzu C.) und die Forderungseinziehung durch private Inkassodienstleister (hierzu D.). Es kämen theoretisch auch weitere Bündelungsmöglichkeiten in Frage, die allerdings eher in Konkurrenz zu der Musterfeststellungsklage auf erster Stufe stehen und in der Praxis für die Leistungsphase nicht zur Anwendung gelangen dürften (hierzu E.).

A. Individualprozess

Die vormals angemeldeten Verbraucher können ihre Ansprüche im Anschluss an ein positives rechtskräftiges Musterfeststellungsurteil individuell vor einem staatlichen Gericht durchsetzen. Das rechtskräftige Musterfeststellungsurteil bindet gem. § 613 Abs. 1 S. 1 ZPO das (im Folgeprozess) zur Entscheidung berufene Gericht. Dabei kommt den angemeldeten Verbrauchern die Verjährungshemmung gem. § 204 Abs. 1 Nr. 1a BGB zugute. Diese endet gem. § 204 Abs. 2 S. 1 ZPO sechs Monate nach der rechtskräftigen Entscheidung im Musterverfahren oder bei Beendigung des Verfahrens durch gerichtlichen Vergleich („anderweitige Beendigung") gem. § 611 Abs. 4 S. 2 ZPO sechs Monate nach Ablauf der Frist für den Austritt aus dem Vergleich.[941] Ab Beendigung der Rechtshängigkeitssperre gem. § 610 Abs. 3 ZPO können die vormals angemeldeten Verbraucher ihre Ansprüche individuell geltend machen, während sie hinsichtlich der festgestellten Tatsachen- und Rechtsfragen gem. § 613 Abs. 1 S. 1 ZPO der Bindungswirkung unterliegen.[942] Aufgrund der Bindungswirkung sollte der Prozessstoff in den individuellen Folgeprozesse reduziert sein, wenngleich wesentliche Anspruchsvoraussetzungen wie Kausalität und Schaden weiter offen sein dürften.[943]

941 MüKoBGB/*Grothe*, BGB § 204 Rn. 85a.

942 In der ursprünglichen Entwurfsfassung sollten die angemeldeten Verbraucher die Möglichkeit haben, sich nach einem Musterfeststellungsurteil einseitig auf die Feststellungen berufen zu können. Aus Gründen der Waffengleichheit wurde daraus in § 613 Abs. 1 S. 1 ZPO letztendlich eine grundsätzliche Bindungswirkung (Musielak/Voit/*Stadler*, ZPO, § 613 Rn. 1).

943 Siehe zur Musterverfahrensfähigkeit 1. Kapitel:§ 2 B.III.1.

Aus Anwaltssicht erscheinen Mandate der Individualphase deshalb besonders attraktiv. Da bereits viele Rechts- und Tatsachenfragen im Musterverfahren geklärt wurden, sollte der Arbeitsaufwand vergleichsweise geringer sein als bei „normalen" Individualverfahren, während der Gebührenanspruch nach dem Rechtsanwaltsvergütungsgesetz (RVG) gleich bleibt.[944] Die Verbindung des Musterfeststellungsverfahrens mit einer anschließenden Einzeldurchsetzung könnte somit aus Anwaltssicht ein plausiblen und effizienten strategischen Ansatz darstellen.[945] Zur Stärkung des Konzepts der Individualverfahren, sprach sich der Gesamtverband der Deutschen Versicherungswirtschaft e.V. (GDV) im Gesetzgebungsverfahren dafür aus, eine gesonderte Kostenregelung in das RVG aufzunehmen. Da im Musterverfahren bereits Tatsachen verbindlich festgestellt worden seien und Rechtsfragen nicht erneut verhandelt werden müssten, könne man diese typische Aufwandsreduktion gebührenmindernd berücksichtigen.[946] Ausweislich der Ausführungen zur Musterverfahrensfähigkeit können wichtige Anspruchsvoraussetzungen wie die Kausalität oder die Höhe des Schadens mit hoher Wahrscheinlichkeit nicht verbindlich festgestellt werden.[947] Dies spricht – zumindest bei deliktischen Massenschäden – gegen das Argument der Aufwandsreduktion.

Für Unternehmen stellen eine Vielzahl von Einzelverfahren der Verbraucher ein enormes Risiko dar, da die unterliegende Partei die Kosten des Rechtsstreits zu tragen hat. Bei einem Erfolg der Musterklage und zahlreichen späteren Individualklagen, drohen den Unternehmen neben der Erfüllung der Ansprüche hohe Transaktionskosten. Aus Unternehmenssicht erscheint es dennoch – auch wenn nur wenige Tatbestandsmerkmale für alle Geschädigten gemeinsam entschieden werden konnten – risikoreich, ohne einen Alternativplan auf das rationale Desinteresse der Verbraucher im Rahmen der Leistungsphase zu setzen. Immerhin wurde den angemeldeten Verbraucher auch in dem Musterfeststellungsurteil das Gefühl vermittelt, gewonnen zu haben, was eine besonders ausgeprägte überoptimistische Einschätzung der Prozessaussichten zur Folge haben könnte.[948]

---

944 HK-MfkG/*Röthemeyer*, Einleitung Rn. 115.

945 HK-MfkG/*ders.*, Einleitung Rn. 108.

946 *Gesamtverband der Deutschen Versicherungswirtschaft e.V.*, Stellungnahme zum aktuellen Entwurf des Bundesministeriums der Justiz und für Verbraucherschutz für ein Gesetz zur Einführung einer Musterfeststellungsklage, 16.03.2018, S. 7.

947 Siehe zur Musterverfahrensfähigkeit 1. Kapitel:§ 2 B.III.1.

948 Siehe zur überoptimistischen Einschätzung 1. Kapitel:§ 3 A.

Auf Verbraucherseite steht zu befürchten, dass sich die Prozesslänge und der Weg zu einer Entschädigung verzögert, da die Einzeldurchsetzung durch mehrere Instanzen führen kann. Die eingeschränkte Musterverfahrensfähigkeit führt – trotz positivem Musterentscheid – zu einem nicht unerheblichen Prozesskostenrisiko auf beiden Seiten. Mithin ist der Verbraucher auf eine kostenpflichtige anwaltliche Beratung und Vertretung angewiesen, was gerade für nicht rechtsschutzversicherte Verbraucher eine psychologische und finanzielle Hürde darstellt.[949] Hinzu kommt, dass durch eine Vielzahl von Einzelklagen nach einem Musterfeststellungsurteil keine Entlastung der Justiz stattfindet.[950] Es droht vielmehr eine Klagewelle, weil sich mehr Verbraucher durch das positive Musterfeststellungsurteil ermutigt sehen, den Anspruch tatsächlich durchzusetzen.

B. Mahnverfahren

Die Durchführung eines Mahnverfahrens nach §§ 688 ff. ZPO ist theoretisch möglich, dürfte aber in der Praxis nur eine untergeordnete Rolle spielen. Es käme nur dann in Betracht, wenn das Urteil präzise Beträge ausweist.[951] Der Vollstreckungsbescheid ergeht gem. § 699 Abs. 1 S. 1 ZPO auf Grundlage des Mahnbescheids und stellt gem. § 794 Abs. 1 Nr. 4 ZPO einen Titel dar aus dem vollstreckt werden könnte. Bei Einspruch gegen den Vollstreckungsbescheid oder Widerspruch gegen den Mahnbescheid müsste ein streitiges Verfahren an dem nach allgemeinen Regeln zuständigen Gericht durchgeführt werden. Bei Massenschäden stützen sich die meisten Klagen (zumindest auch) auf deliktische Anspruchsgrundlagen,[952] weshalb gem. § 32 ZPO das Gericht zuständig wäre an dem die unerlaubte Handlung begangen wurde.

Röthemeyer befürchtet, dass es zu einer starken Zersplitterung der Verfahren kommen dürfte und die beklagten Unternehmen dadurch zu einer Vereinzelungsstrategie eingeladen werde. Er schlägt vor, das Musterfeststellungsgericht im Anschluss an einen Musterentscheid zum Mahngericht zu bestimmen. Auch fordert er die Möglichkeit der Durchführung eines gebündelten und einheitlichen Mahnverfahrens.[953] Direkt im Anschluss an einem Musterentscheid dürfte das Mahnverfahren nicht zum Einsatz kommen. Vor allem wegen der

949 Siehe zum rationalen Desinteresse Einleitung § 5 A.

950 Siehe zum rationalen Desinteresse Einleitung § 5 C.

951 *Lell* in der öffentlichen Anhörung zur Musterfeststellungsklage im Ausschuss für Recht und Verbraucherschutz (Nr. 19/15), S. 35; *Röthemeyer*, MDR 2019, 1421, 1423 f.

952 Siehe zu Massenschäden Einleitung § 4 B.I.

953 *Röthemeyer*, MDR 2019, 1421, 1423 f.

Ausgestaltung als feststellendes Urteil werden in den seltensten Fällen Leistungen an die Verbraucher betragsmäßig beziffert werden können. Dies gilt vor allem für Massenschäden, die meist ein höheres Komplexitätsniveau aufweisen und wichtige Tatbestandselemente wie Höhe des Schadens und Kausalität erst in den individuellen Folgeverfahren bestimmt werden können.[954]

C. Einziehungsklage durch den Verband (§ 79 Abs. 2 S. 2 Nr. 3 ZPO)

Verbraucherzentralen und andere mit öffentlichen Mitteln geförderte Verbraucherverbände können Forderungen von Verbrauchern gem. § 79 Abs. 2 S. 2 Nr. 3 ZPO im Rahmen ihres Aufgabenbereichs einziehen. Die Ausnahme vom Parteiprozess ergänzt die den Verbraucherzentralen eingeräumte Erlaubnis zur Rechtsberatung aus § 8 Abs. 1 Nr. 4 Rechtsdienstleistungsgesetz (RDG).[955] Die Verbände lassen sich die Forderungen von Verbrauchern fiduziarisch abtreten oder sich zur Einziehung ermächtigen.[956] Die Ansprüche machen sie anschließend gebündelt im eigenen Namen gerichtlich geltend.[957] § 79 Abs. 2 S. 2 Nr. 3 ZPO verleiht den Verbänden eine eigenständige Prozessführungsbefugnis und Prozesspartei ist nur der Verband.[958] Die Einziehungsklage kann als „opt-in Verbandsgruppenklage“ bezeichnet werden.[959] Im öffentlichen Interesse am Verbraucherschutz soll durch diese Klagemöglichkeit dem rationalen Desinteresse der Verbraucher entgegengewirkt werden.[960] Die Verbrauchereinziehungsklage gilt grundsätzlich auch für deliktische Ansprüchen,[961] die bei Massenschäden besonders relevant sind.

Die Einziehungsklage ist für die Geltendmachung der individuellen Ansprüche in der Leistungsphase nach einem Musterentscheid kaum geeignet. Der

---

954 Siehe zur Musterverfahrensfähigkeit 1. Kapitel:§ 2 B.III.1.

955 *Gurkmann*, Anmerkungen zu Lücken im kollektiven Rechtsschutz und dem Gesetzentwurf des BMJV zur Einführung der MFK, in: Schäfer, Der Gesetzesentwurf zur “Musterfeststellungsklage”, 46, 59.

956 HK-MfkG/*Röthemeyer*, Einleitung Rn. 35.

957 *Oechsler/Ricard*, NZKart 2019, 308, 310.

958 *Rott*, Kollektive Klagen von Verbraucherorganisationen in Deutschland, in: Casper/Janssen/Pohlmann u.a., Auf dem Weg zu einer europäischen Sammelklage?, 259, 267.

959 So *Fiedler*, Class actions zur Durchsetzung des europäischen Kartellrechts, 2010, S. 115.

960 *Meller-Hannich*, Effektivität kollektiver Rechtsschutzinstrumente, in: Brömmelmeyer, Die EU-Sammelklage, 33, 37 f.

961 *Merkt/Zimmermann*, VuR 2018, 363.

Vorteil der Einziehungsklage, dass auf Klägerseite nur eine Partei aktiv werden muss, wird dadurch aufgehoben, dass das zuständige Gericht durch die einzelnen Verfahren erheblich belastet wird. Der Streitgegenstand umfasst sämtliche individuell abgetretenen Forderungen mit entsprechenden Details, die jeweils individuell geprüft werden müssten.[962] Für die Einziehungsklage sprechen die degressiven Anwalts- und Gerichtskosten und damit geringeren Transaktionskosten.[963] Der im Musterfeststellungsverfahren klagende Verband hat gem. § 609 Abs. 6 ZPO einfachen Zugang zu den Angaben der Anmelder nach § 608 Abs. 2 S. 1 ZPO. Aufgrund der zeitlichen Unbeschränktheit[964] des Zugangs könnte sich der Verband diese Konzentration an Information zunutze machen und ein Gesamtkonzept zur Geltendmachung der Ansprüche anzubieten, um in der Folge den Gesamtaufwand in der Feststellungs- und Leistungsphase insgesamt zu senken.[965] *Röthemeyer* schlägt diesbezüglich den Abschluss einer Rahmenvereinbarung mit den Verbrauchern vor, die sowohl die Prozessführung im Musterverfahren als auch die Durchsetzungsphase umfasst.[966] Für die Verbraucher klingt das grundsätzlich nach einem risikolosen Angebot. Der Nutzen für den klagenden Verband erschließt sich allerdings nicht. An diesem Punkt würde das Konzept mit hoher Wahrscheinlichkeit scheitern. Die Koordinierung der Einzelansprüche ist für die Verbände bei der Einziehungsklage grundsätzlich schon mit einem Aufwand verbunden, der sie an die Grenzen der Leistungsfähigkeit bringt.[967] Für die Vorbereitung der Einziehungsklage nach Musterfeststellungsurteil dürfte nichts anderes gelten. Zumal diese innerhalb

---

962 *Gurkmann,* Anmerkungen zu Lücken im kollektiven Rechtsschutz und dem Gesetzentwurf des BMJV zur Einführung der MFK, in: Schäfer, Der Gesetzesentwurf zur "Musterfeststellungsklage", 46, 59 f.

963 Klagt der Verbraucher nach Abschluss des Musterverfahrens eine Forderung in Höhe von EUR 1.000,00 ein, so fallen für ihn Anwaltskosten in Höhe von EUR 261,80 und Gerichtskosten in Höhe von EUR 159,00, insgesamt somit EUR 420,80 an. Im Falle des Unterliegens muss er zusätzlich die gegnerischen Anwaltskosten tragen. Klagt der Verband beispielsweise 300 Ansprüche gebündelt ein, belaufen sich die Anwaltskosten auf EUR 7.440,48 und die Gerichtskosten auf EUR 7.386,00, insgesamt also auf EUR 14.826,48. Gerechnet auf den Einzelfall wären das EUR 49,42. Diese Beispielsrechnung orientiert sich an *Rott,* Kollektive Klagen von Verbraucherorganisationen in Deutschland, in: Casper/Janssen/Pohlmann u.a., Auf dem Weg zu einer europäischen Sammelklage?, 259, 265.

964 HK-MfkG/*Röthemeyer*, § 609 Rn. 16.

965 *Ders.*, VuR 2019, 87, 89.

966 HK-MfkG/*ders.*, Einleitung Rn. 116.

967 BT-Drs. 19/2439, 15.

der Verjährungsfrist von sechs Monaten nach rechtskräftiger Beendigung des Verfahrens eingereicht werden müsste.[968] Auch würden sich die Verbände so freiwillig in eine Haftung begeben, die bislang selbst für die Feststellungsphase noch streitig ist.[969] Gegen die gesteigerte Inanspruchnahme der Einziehungsklage durch die Verbände spricht auch der Umgang mit dem Klageinstrument in der Vergangenheit. Unabhängig von der Musterfeststellungsklage gab es kaum Einziehungsklagen.[970] Die Verbände verfügen schlichtweg nicht über die organisatorischen, technischen und finanziellen Mittel zur Organisation und Durchführung von Einziehungsklagen.[971] Auch berichten Verbände von Prozesstrennungen durch die Gerichte.[972] Dies mag damit zusammenhängen, dass die ZPO auf diese Art von Anspruchsbündelungen nicht eingerichtet ist und keine Vorschriften enthält, die eine prozessökonomische Bewältigung derartiger materiell-rechtliche gebündelter Massenklagen erlauben würde.[973] Bei Einziehungsklagen gilt, genauso wie bei Individualklagen, dass die unterlegene Partei die Kosten zu tragen hat. Die Verbände würden sich daher einem Prozesskostenrisiko aussetzen, obwohl sie keine Einkünfte aus der Klage erhalten.[974]

Auch die Hinzuziehung eines Prozessfinanzierers dürfte mit Blick auf die Rechtsprechung des BGH zur Zulässigkeit der Prozessfinanzierung bei der Gewinnabschöpfungsklage eines Verbraucherverbands[975] rechtswidrig sein.

---

968 *Krausbeck*, DAR 2017, 567, 570.

969 Siehe zur Haftung des Verbands 1. Kapitel:§ 4 B.III1.

970 Bei einer Befragung der klagebefugten Verbände stellte sich heraus, dass in dem Zeitraum 2006 bis 2009 die Verbände im Median nur 5 Einziehungsklage erhoben, während die Bedeutung von Klagen nach § 1 UKlaG (Median: 9), § 2 UKlaG (10), § 8 UWG (35) und § 10 UWG (11) deutlich ausgeprägter war (*Meller-Hannich*, Effektivität kollektiver Rechtsschutzinstrumente, in: Brömmelmeyer, Die EU-Sammelklage, 33, 40 ff.).

971 *Meller-Hannich*, Sammelklagen, Gruppenklagen, Verbandsklagen - Bedarf es neuer Instrumente des kollektiven Rechtsschutzes im Zivilprozess?, in: Verhandlungen des 72. Deutschen Juristentages, A 64; Nordholtz/Mekat/*Nordholtz*, § 1 Rn. 72.

972 *Meller-Hannich*, Effektivität kollektiver Rechtsschutzinstrumente, in: Brömmelmeyer, Die EU-Sammelklage, 33, 43.

973 *Gsell*, WuM 2018, 537, 540.

974 *Geiger*, Kollektiver Rechtsschutz im Zivilprozess, 2015, S. 55.

975 Sachverhalt: Der Kläger, ein gemeinnütziger Verbraucherverband, der in die Liste qualifizierter Einrichtungen gem. § 4 UKlaG eingetragen war, erhob eine Gewinnabschöpfungsklage nach § 10 UWG gegen ein Telekommunikationsunternehmen. Zur Finanzierung des Prozesses schaltete der Kläger einen Prozessfinanzierer ein, der den Kläger im Falle des Unterliegens von den Kosten freistellen und im Obsiegensfall am

Demnach ist die Gewinnabschöpfungsklage eines Verbraucherverbands, die von einem Prozessfinanzierer finanziert wird, wegen eines Verstoßes gegen Treu und Glauben gem. § 242 BGB rechtsmissbräuchlich. Die Einschaltung eines Prozessfinanzierers unter Beteiligung des Gewinns widerspricht dem Zweck der gesetzlichen Regelung des § 10 UWG. Nach der Begründung zum Regierungsentwurf[976] soll durch den § 10 UWG eine Anspruchsgeltendmachung aus sachfremden Motiven (wie Einnahmeerzielung) verhindert werden. Diesem Ziel wird widersprochen, „wenn die Führung von Gewinnabschöpfungsprozessen von der Entscheidung eines Prozessfinanzierers abhängig gemacht wird, dem für den Erfolgsfall eine Beteiligung am abgeschöpften Gewinn zugesagt wird. Der klagende Verband entscheidet dann letztlich nicht selbst darüber, welche Gewinnabschöpfungsklagen angestrengt werden; vielmehr werden nur solche Prozesse geführt, für die der Prozessfinanzierer eine Finanzierungszusage erteilt hat. Diese Zusage ist von einer Kosten-Nutzen-Analyse des Prozessfinanzierers abhängig. Damit wird der Anspruch aus dem – nach Ansicht des Gesetzgebers als sachfremd anzusehenden – Motiv des Prozessfinanzierers, Einnahmen aus dem abgeschöpften Gewinn zu erzielen, geltend gemacht; die Interessen der geschädigten Verbraucherinnen und Verbraucher spielen letztlich keine, zumindest keine entscheidende Rolle mehr.“[977]

Die Rechtsprechung zur Gewinnabschöpfungsklage lässt sich auch auf die Eiziehungsklage im Anschluss an ein Musterfeststellungsurteil übertragen. Bei der Musterfeststellungsklage werden sogar höhere Anforderungen an die Klagebefugnis gestellt werden als bei anderen Verbandsklagen. Bei der Gewinnabschöpfungsklage wird hinsichtlich der Klageberechtigung in § 8 Abs. 3 Nr. 3 UWG ohne weitere Anforderungen auf die Liste der qualifizierten Einrichtungen nach § 4 UKlaG verwiesen, wohingegen der Gesetzgeber bei der Musterfeststellungsklage in § 606 Abs. 1 S. 2 ZPO zusätzliche Anforderungen stellt und damit die Klagebefugnis über § 4 UKlaG weiter einschränkt. Die gesetzgeberische Absicht bei der Übertragung der Klagebefugnis auf eine qualifizierte Einrichtung sollte den Gebrauch der Musterfeststellungsklage als Vehikel zur Gewinnerzielung gerade verhindern (§ 606 Abs. 1 S. 2 Nr. 4 ZPO.)[978] Die Zulassung eines Prozessfinanzierers im Rahmen der Folgeverfahren würde diese

abgeschöpften Gewinn beteiligt werden sollte (BGH, Urteil v. 13.9.2018 – I ZR 26/17 = NVwZ-RR 2019, 36).

976 BT-Drs. 15/1487, 25 und 43.

977 BGH, NVwZ-RR 2019, 36, 40 f.

978 Nordholtz/Mekat/*Nordholtz*, § 1 Rn. 23.

Intention konterkarieren. Die Trennung zwischen den Interessen des Prozessfinanzierers und denen des Verbands ist auch bei der Musterfeststellungsklage nur schwer möglich, da der Fremdfinanzierer das finanzielle Risiko trägt und dementsprechend Einfluss nehmen will. Mit Eintritt des Prozessfinanzierers spielen nicht mehr primär die Interessen der Verbraucher eine Rolle, sondern – genauso wie bei der Gewinnabschöpfungsklage aus § 10 UWG – im Wesentlichen die Kosten-Nutzen-Analyse des Prozessfinanzierers. Dies wird auch mit Blick auf die USA klar, wo class actions nicht nur von hochspezialisierten Anwaltskanzleien geführt, sondern auch teilweise von Hedge-Fonds finanziert werden.[979] In der Begründung des Regierungsentwurfs wird betont, „dass Musterfeststellungsklagen ohne Gewinnerzielungsabsicht und nur im Interesse betroffener Verbraucherinnen und Verbraucher [...] erhoben werden können" und nur von Organisationen, die „keine Anhaltspunkte für Missbrauch bieten".[980]

Die Folge ist, dass die Einziehungsklagen de lege lata kein brauchbares Instrument zur Bewältigung der Folgeverfahren darstellen. Ohne Fremdfinanzierung trägt der Verband ein hohes Kostenrisiko und es bestünde keine prozessuale Waffengleichheit: Die finanziellen Möglichkeiten der beklagten Unternehmen, deren Prozessbevollmächtigte meist über RVG hinaus und pro Stunde vergütet werden, übersteigen die des Verbands bei weitem. Ohne die zugrundeliegende Rechtsprechung zu bewerten, kann man sagen, dass den Verbänden durch den Ausschluss der Fremdfinanzierung eine Chance genommen wird, mit den beklagten Unternehmen finanziell gleichzuziehen.[981]

D. Forderungseinziehung durch einen Inkassodienstleister

Die kollektive Durchsetzung von Massenschäden erfolgt mittlerweile auch in Deutschland durch private Legal Tech-Geschäftsmodelle, die vor allem aus den USA bekannt sind.[982] Die Plattformen werben meist damit, dass für die Geschädigten im Falle des Unterliegens weder Gerichts- noch Rechtsanwaltskosten entstehen. Der Auftraggeber schuldet ausschließlich die Erfolgsprovision und muss sonst nicht aktiv werden.[983] Die Financialright GmbH (besser bekannt als „myRight") ließ sich etwa 45.000 Ansprüche von Diesel-Fahrern gegen die VW AG abtreten und machte diese Schadensersatzansprüche im Wege der

979 Nordholtz/Mekat/*ders.*, § 1 Rn. 63.
980 BT-Drs. 19/2439, 16.
981 vgl. BGH NJW 2018, 3581, 3586 (Anm. Flegler, Wolf).
982 *Schneider*, BB 2018, 1986, 1988.
983 *Henssler*, NJW 2019, 545.

objektiven Klagehäufung gebündelt gerichtlich geltend. Vertreten und beraten wurde myRight von der aus den USA bekannten Prozesskanzlei Hausfeld.[984] Die Erfolgsprovision umfasste nach Angaben von myRight 35 % des Gewinns.[985] Rechtsanwälten waren zum gleichen Zeitpunkt vergleichbare Angebote und Leistungen wegen des grundsätzlichen Verbots von Erfolgshonoraren und der Freistellung von Kosten im Falle eines Misserfolgs wegen § 49b Abs. 2 S. 1 BRAO (a. F.) in Verbindung mit § 4a RVG untersagt. Die als Inkassounternehmen im Sinne des § 10 Abs. 1 S. 1 Nr. 1 i. V. m. § 2 Abs. 2 S. 1 RDG agierenden kommerziellen Rechtsdienstleister waren faktisch klar im Vorteil. Das Gesetz zur Förderung verbrauchergerechter Angebote im Rechtsdienstleistungsmarkt[986] erweitert die Möglichkeiten des Erfolgshonorars für Rechtsanwälte, womit sie den Inkassodienstleistern im Bereich der außergerichtlichen Forderungseinziehung gleichgestellt werden sollen.[987] Es ist weiterhin sehr wahrscheinlich, dass sich die Legal Tech-Plattformen nach einem erfolgreichen Musterentscheid darum bemühen werden, sich Ansprüche gegen die Beklagte abtreten zu lassen, um diese – ähnlich wie bei myRight in den VW-Fällen – gebündelt geltend zu machen.

I. Vereinbarkeit mit dem Rechtsdienstleistungsgesetz

In der ersten größeren Entscheidung zu dieser Thematik, welche die Vereinbarkeit des Portals „wenigermiete.de“ des Unternehmens Lex-Fox mit dem RDG zum Gegenstand hatte, stellte der BGH erste Leitlinien zum Umgang mit Legal Tech-Plattformen auf.[988] Sowohl die

---

984 De la Motte, Laura, in: Handelsblatt vom 19. Februar 2019.

985 *Financialright GmbH,* Was kostet MyRight?, 2019; die Provision hat sich nunmehr auf 25 % reduziert (*Financialright GmbH,* Unsere Sammelklage gegen den VW Konzern, 2021).

986 Im Folgenden „Legal Tech-Gesetz“.

987 BT-Drs. 19/27673, 1 f; nach § 49b Abs. 2 Satz 1 BRAO (n. F.) darf ein Erfolgshonorar vereinbart werden, wenn sich der Auftrag auf eine Geldforderung von höchstens EUR 2.000,00 bezieht, eine Inkassodienstleistung außergerichtlich oder in einem der § 79 Abs. 2 Satz 2 Nr. 4 ZPO genannten Verfahren erbracht wird oder der Auftraggeber ohne die Vereinbarung eines Erfolgshonorars von der Rechtsverfolgung abgehalten würde.

988 Die Klägerin machte in dem vorliegenden Fall als Inkassodienstleisterin aus abgetretenem Recht des Wohnraummieters gegenüber der beklagten Vermieterin wegen eines behaupteten Verstoßes gegen die „Mietpreisbremse“ aus § 556 d BGB Auskunfts- und Rückzahlungsansprüche geltend. Die Hauptforderung betrug EUR 23,46. Hinzu kamen vorgerichtliche Rechtsverfolgungskosten i. H. v. EUR 166,90. Auf ihrer Website bietet die Klägerin einen „Mietpreisrechner“ an, über welchen nach Eingabe

Vorinstanz[989] als auch Teile der Literatur[990] sahen die Plattformen aus mehreren Gründen als nicht mit dem RDG vereinbar an. Diese Bedenken teilte der BGH in seiner Entscheidung schlussendlich nicht und erklärte das Portal für mit dem RDG vereinbar. Kritiker der Plattformen führen immer wieder das Argument an, dass die Plattformen eine Zweckentfremdung der Inkassoerlaubnis seien, was zur Folge hätte, dass eine Rechtsdienstleistung erbracht werde, die nicht von § 10 Abs. 1 S. 1 Nr. 1 RDG gedeckt sei.[991] Diesem engen Verständnis setzt der BGH entgegen, dass „aufgrund der […] Entstehungsgeschichte des RDG und vor allem im Hinblick auf die von dem Gesetzgeber mit diesem Gesetz verfolgte Zielsetzung einer Liberalisierung des Berufsrechts und einer Öffnung des Rechtsdienstleistungsrechts für künftige Entwicklung sowohl im gesellschaftlichen Bereich als auch auf dem Gebiet der Dienstleistungsberufe […] die für die rechtliche Beurteilung im Streitfall maßgeblichen Vorschriften der § 2 II 1, § 10 I 1 Nr. 1 RDG dahin auszulegen (sind), dass der darin enthaltene Begriff der Inkassodienstleistung nicht in einem zu engen Sinne verstanden werden darf".[992] Es lassen sich zur Beurteilung, ob eine Tätigkeit eines registrierten Inkassodienstleisters sich innerhalb der Befugnis gem. § 10 Abs. 1 S. 1 Nr. 1 RDG hält, keine allgemeingültigen Maßstäbe aufstellen, vielmehr ist eine „Würdigung der Umstände des Einzelfalls" geboten.[993] In ähnlicher Weise argumentiert der BGH hinsichtlich der Auswirkungen eines möglichen Verstoßes gegen § 3 RDG mit der Folge der Nichtigkeit der Forderungsabtretung gem. § 134 BGB, wo sich „keine allgemeingültigen Maßstäbe aufstellen" ließen.[994] Zur Nichtigkeit der Forderungsabtretung kommt es jedenfalls nicht bei geringfügigen, sondern nur bei eindeutigen Überschreitungen der Inkassodienstleistungsbefugnis.[995] Auch auf Bedenken der Literatur, welche

---

der Wohnungsdaten die ortsübliche Vergleichsmiete nach dem Mietspiegel ermittelt werden konnte. Sollte die eigene Miete die zulässige Miete übersteigen, konnte der Anwender die Klägerin direkt mit der Anspruchsdurchsetzung beauftragen (BGH, Urteil vom 27. November 2019 – VIII ZR 285/18 = NJW 2020, 208).

989 Das LG Berlin als Vorinstanz in dem BGH-Fall erklärte die zugrundeliegende Forderungsabtretung wegen eines Verstoßes gegen das gesetzliche Verbot zur Erbringung unerlaubter Rechtsdienstleistungen gem. § 134 BGB i. V. m. §§ 2 Abs. 1, 3, 5, 10 RDG für nichtig (LG Berlin, Urteil vom 28. August 2018, Az. 63 S 1/18).

990 So *Henssler*, NJW 2019, 545 ff.; *Valdini*, BB 2017, 1609; *Kluth*, VuR 2018, 403 ff.; *Greger*, MDR 2018, 897 ff.; a.A. *Römermann/Günther*, NJW 2019, 551 ff.

991 *Henssler*, NJW 2019, 545, 546 f.

992 BGH, NJW 2020, 208, 225.

993 BGH, NJW 2020, 208, 225.

994 BGH, NJW 2020, 208, 221.

995 BGH, NJW 2020, 208, 218 f.

sich gänzlich gegen die Anwendung von § 134 BGB ausgesprochen haben, geht der BGH in dem Urteil explizit ein.[996]

Der BGH geht nicht von einem pauschalen Verstoß gegen die Wertungen der §§ 4, 12 Abs. 1 RDG aus. Er sieht im konkreten Fall von wenigermiete.de gleichlaufende Interessen, da die Vereinbarung eines Erfolgshonorars „ein beträchtliches eigenes Interesse der Klägerin an einer möglichst erfolgreichen Durchsetzung der Ansprüche des Mieters (bewirkt)".[997] Er macht aber deutlich, dass die Entscheidung zur Interessenkollision je nach Fallgestaltung auch anders ausfallen kann.[998] Der BGH bekräftigte schließlich in einer späteren Entscheidung seine Rechtsprechung zu Legal Tech-Inkassodienstleistern.[999]

Mittlerweile reagierte der Gesetzgeber in Form des Legal Tech-Gesetzes, welches den Legal Tech-Plattformen erweiterte Informationspflichten gegenüber

---

996 Durch den Rückgriff auf § 3 RVG i. V. m. § 134 BGB werde ein differenziertes System aus Registrierung und Untersagung oder Widerruf unterlaufen (*Hartung*, AnwBl 2019, 353-361, 360); die Inkassounternehmen verfügen über die Erlaubnis nach § 10 Abs. 1 S. 1 Nr. 1 RDG und dementsprechend sollten sie auch agieren können. Es sei ein verwaltungsrechtliches Problem, wenn der Erlaubnisinhaber den gesetzlichen Rahmen überschreite und kein zivilrechtliches. Der Erlaubnisinhaber riskiere bei einer Gratwanderung stets den Entzug der Inkassolizenz durch die zuständige Behörde (*Römermann/Günther*, NJW 2019, 551, 553); diesen Literaturansichten hält der BGH entgegen, dass durch den behördlichen Verwaltungsakt zur Erteilung der Inkassoerlaubnis nicht konkret bestimmt sei, welche Tätigkeiten im Einzelnen zu den erlaubten Rechtsdienstleistungen gehören. Deshalb sei die Zulässigkeit des Verhaltens der Inkassodienstleister nicht einer Nachprüfung durch die Zivilgerichte entzogen. Die Anwendung von § 134 BGB könne nicht grundsätzlich ausgeschlossen werden (BGH, NJW 2020, 208, 217).

997 BGH, NJW 2020, 208, 232.

998 Diese Schlussfolgerung lassen die Ausführungen in Rn. 213 zu (BGH, NJW 2020, 208 234). Dort führt der BGH aus, dass „es […] hier keiner Entscheidung (bedarf), ob es Fälle geben kann, in denen zum Schutz des Rechtsverkehrs und der rechtsuchenden Kunden des Inkassodienstleisters eine erweiternde Auslegung oder analoge Anwendung der – hinsichtlich ihres Tatbestandes aus den oben genannten Gründen grundsätzlich eher eng ausgestalteten – Vorschrift des § 4 RDG geboten sein kann, wenn zwar deren Tatbestandsvoraussetzungen – insbesondere weil es sich bei der in einem möglichen Konflikt mit der Rechtsdienstleistung stehenden Handlungsweise oder Verpflichtung des Inkassodienstleisters nicht um eine „andere Leistungspflicht" handelt – nicht erfüllt sind, gleichwohl aber eine Interessenkollision besteht".

999 BGH, Urteil vom 8. April 2020 – VIII ZR 130/19 = NJW-RR 2020, 779 („Lexfox II").

den Verbrauchern auferlegt[1000] und Rechtsanwälten die Möglichkeit eines Erfolgshonorars zubilligt[1001]. Das Legal Tech-Gesetz führt dazu, dass Verbraucher bei Forderungen bis zu EUR 2.000,00 künftig die Wahl haben, ob sie unter Vereinbarung eines Erfolgshonorars ihre Forderung mit einer Legal Tech-Plattform oder einem Rechtsanwalt durchsetzen wollen.[1002] Es bleibt abzuwarten, ob das Gesetz in dieser Form bestehen bleibt und, ob die Liberalisierung des Anwaltsmarktes weiter vorangetrieben wird. *Prütting* gibt zu bedenken, dass die Sonderstellung des Anwalts gerade zum Schutz des Bürgers bestehe und das RDG ein Verbraucherschutzgesetz sei.[1003] Zielführender erscheint mit Blick auf diese wichtige gesellschaftliche Stellung des Rechtsanwalts (außerhalb der großen Wirtschaftskanzleien) eine Regulierung der Legal Tech-Dienstleister und weniger eine Liberalisierung der Anwaltschaft. Es hätte auch die Möglichkeit des Verbots von Erfolgshonoraren für Inkassodienstleister bestanden.

II. Konkurrenz zur Musterfeststellungsklage

Die Durchsetzung von Ansprüchen mittels Musterfeststellungsklage existiert grundsätzlich neben den Legal Tech-Plattformen. Die Verbraucher können sich von Anfang an entscheiden, ob sie sich zur Musterfeststellungsklage anmelden, individuell klagen oder ihre Ansprüche bei einer einschlägigen Legal Tech-Plattform anmelden. Bei einigen Plattformen (wie beispielsweise flightright, wenigermiete.de) handelt es sich weniger um eine Form des kollektiven Rechtsschutzes, sondern vielmehr um eine erleichterte und vermeintlich risikolose Form der individuellen Rechtsdurchsetzung. Die gebündelte Geltendmachung von deliktischen Ansprüchen in Form einer Klagehäufung (wie beispielsweise in den Diesel-Fällen von myRight) ähnelt dem kollektiven Rechtsschutz sehr. Im Gegensatz zur Musterfeststellungsklage bestehen allerdings durchaus Risiken, die für Verbraucher auf den ersten Blick meist nicht ersichtlich sind. Die Kläger müssen ihre Ansprüche abtreten und tragen in der Folge das Bonitätsrisiko des Rechtsdienstleisters. Zudem verzichten sie, anders als bei der Musterfeststellungsklage oder der individuellen Rechtsdurchsetzung, von vornherein auf einen nicht unerheblichen Anteil ihres Anspruchs. Dieser Verzicht dürfte aus Verbrauchersicht bei Massenschadensfällen stärker ins Gewicht fallen als bei

1000 Nach § 13f RDG bestehen nunmehr vorvertragliche Informationspflichten des Rechtsdienstleisters (BR-Drs. 58/21, 4).

1001 Siehe hierzu Fn. 987.

1002 *Stadler*, VuR 2021, 123, 128.

1003 *Prütting*, ZIP 2020, 197.

Streuschäden. Bei kleineren Schäden sind die Legal Tech-Plattformen gegenüber dem zweistufigen System der Musterfeststellungsklage, bestehend aus Feststellungs- und Leistungsphase, im Vorteil. Die Rechtsdurchsetzung mittels der Plattformen ist direkt auf Leistung gerichtet und damit effektiver.[1004]

III. Durchsetzung der Ansprüche nach Musterfeststellungsurteil

Die Plattformen eignen sich vor allem für einfach strukturierte Fälle und wenig komplexe Lebenssachverhalte und Rechtslagen. Dies zeigt sich insbesondere am Erfolg der Legal-Tech-Angebote im Bereich der Fluggastrechte.[1005] Die Phase nach einem Musterfeststellungsurteil könnte sich für derartige Plattformen als Geschäftsmodell durchaus eignen. Der Aufwand für die Dienstleister hängt von Umfang und Reichweite des Urteils im Musterverfahren ab.[1006] Hier kann zwischen Streu- und Massenschäden differenziert werden. Massenschädensfälle weisen oftmals einen höheren Grad an Komplexität auf. Die haftungsbegründende Kausalität und Höhe des Schadens können teilweise nur in einem Individualverfahren ggf. mit höherem Beweisaufwand geklärt werden.[1007] Bei Streuschäden, wo es meist nur noch um Details zur Schadenshöhe geht, was eine Algorithmusgestützte Bearbeitung begünstigt, könnte zwischen den Dienstleistern sogar ein Wettbewerbsdruck herrschen, der zum Absinken der Erfolgsprovision führt.[1008] Es bleibt abzuwarten, ob Legal Tech-Plattformen die Zusammenarbeit mit dem Verband oder den Prozessbevollmächtigten im Musterfeststellungsverfahren suchen werden. Die Kenntnis der Anmeldedaten würde den Plattformen jedenfalls eine skalierbare Bearbeitung und Zugang zu einer hohen Anzahl potentieller Kunden ermöglichen.[1009]

E. Sonstige Bündelungsmöglichkeiten

Theoretisch kämen weitere Bündelungsmöglichkeiten in Frage. Diese stehen allerdings hauptsächlich in Konkurrenz zu Musterfeststellungsklage und dürften in der Praxis nicht zur Anwendung kommen.

1004 *Schneider*, BB 2018, 1986, 1987.

1005 Beispiele: Flightright GmbH (www.flightright.de), EUflight.de GmbH (www.euflight.de), FP Passenger Service GmbH (www.fairplane.de), Yource GmbH (www.flug-verspaetet.de).

1006 *Röthemeyer*, VuR 2019, 87, 89.

1007 Siehe zur Musterverfahrensfähigkeit 1. Kapitel:§ 2 B.III.1.

1008 *Röthemeyer*, VuR 2019, 87, 89 f.

1009 So Nordholtz/Mekat/*Nordholtz*, § 1 Rn. 76.

So könnte man an die streitgenössische Klage gem. § 59 ff. ZPO oder die Verfahrensverbindung gem. § 147 ZPO im Anschluss an ein Musterfeststellungsurteil denken. Der Sinn und Zweck dieser Mechanismen beruht auf der prozessökonomischen Bewältigung von Fällen, die auf einem im Wesentlichen gleichartigen tatsächlichen oder rechtliche Grund beruhen. Es sollen bei einheitlichen Sachverhalten Wiederholungen in den Sachverhaltsermittlungen und der Beweisaufnahme und widersprüchliche Entscheidungen vermieden werden.[1010] Die verallgemeinerungsfähigen und gleichartigen Tatbestandsvoraussetzungen wurden bereits im Musterverfahren geklärt, weshalb die Vorteile der Streitgenossenschaft und Prozessverbindung im Anschluss an ein Musterfeststellungsurteil nicht mehr zum Tragen kommen. Ähnliches gilt für die Aussetzung wegen Vorgreiflichkeit gem. § 148 ZPO wo die Einheitlichkeit gerichtlicher Entscheidungen im Vordergrund steht.[1011] Die Parallele zur Musterfeststellungsklage verdeutlicht § 148 Abs. 2 ZPO, wonach das Gericht auf Antrag des Klägers, der nicht Verbraucher ist, anordnen kann, dass die Verhandlung bis zur Erledigung des Musterfeststellungsverfahrens auszusetzen sei. Mithilfe dieser Regelung sollen auch KMUs von einem Musterfeststellungsurteil profitieren.[1012]

Auch die freiwillige Musterprozessabrede zielt auf Prozessökonomie und Einheitlichkeit von Entscheidungen ab. Hierbei wird von den Geschädigten und dem Schädiger ein „Modellfall" ausgewählt, der als prozessuales Exempel für weitere Fälle dienen soll. Die Präjudizwirkung wird meist zusammen mit klagebeschränkenden Vereinbarungen und Verjährungsverlängerungen vertraglich vereinbart.[1013] Der Sinn und Zweck der Musterprozessabreden besteht in der Schaffung eines vertraglich vereinbarten Musterfeststellungsverfahrens, das durch den Gesetzgeber in Form der Musterfeststellungsklage bereits institutionalisiert wurde. Ein erneuter Musterprozess im Anschluss an ein Urteil wäre nicht zielführend.

1010 Musielak/Voit/*Weth*, ZPO, § 60 Rn. 2; Musielak/Voit/*Stadler*, ZPO, § 147 Rn. 1.

1011 Musielak/Voit/*Stadler*, ZPO, § 148 Rn. 1.

1012 Musielak/Voit/*dies.*, ZPO, § 148 Rn. 9a.

1013 *Bar*, Empfehlen sich gesetzgeberische Maßnahmen zur rechtlichen Bewältigung der Haftung für Massenschäden?, in: Deutscher Juristentag e.V., Verhandlungen des 62. Deutschen Juristentages Bremen - Band I - Gutachten, A 81 ff.; der Einsatz einer Musterprozessabrede wird von *Lüblinghoff* beispielhaft anhand des "Essener Brustkrebsskandals" Mitte der 1990 und des Vorgehens des OLG Hamm geschildert (*Lüblinghoff*, Impulsreferat zum kollektiven Rechtsschutz aus richterlicher Praxis, in: Schäfer, Der Gesetzesentwurf zur "Musterfeststellungsklage", 33, 36).

F. Zwischenergebnis

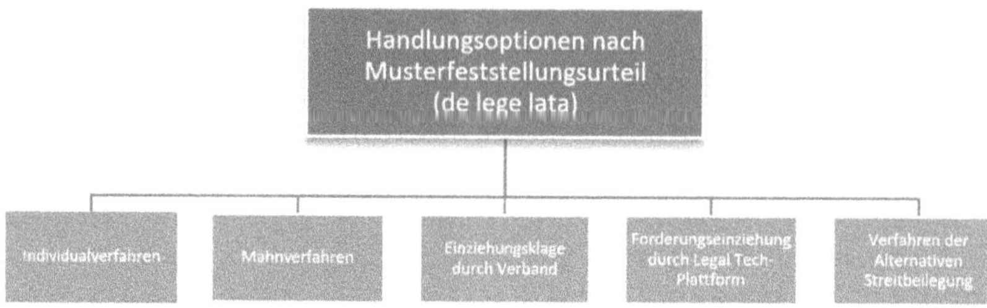

Abbildung 6: Die Alternative Streitbeilegung im System der Handlungsoptionen nach Musterfeststellungsurteil

Es zeigt sich, dass es bislang nach geltendem Recht neben der Alternativen Streitbeilegung jedenfalls nicht „das" Verfahren gibt, das sich im Anschluss an ein Musterfeststellungsurteil als am besten geeignet darstellt.

Die Durchführung von Individualverfahren würde zu enormen Transaktionskosten und zur Prüfung sämtlicher strittiger Detailfragen führen. Der Schadensumfang, die Kausalität und ggf. das Mitverschulden sind Fragen, die noch zu einem beträchtlichen Prozessrisiken für die Verbraucher führen können.[1014] Das Mahnverfahren wird mangels Bezifferung der Forderungen im Musterentscheid vor allem bei Massenschäden eine rein theoretische Option bleiben. Bei der Einziehungsklage durch den Verband dämpfen die mangelnden finanziellen Anreize und das gleichzeitige Verlustrisiko die Bereitschaft der Verbände, für eine Vielzahl von Verbrauchern Ansprüche einzuklagen, erheblich. Der Verband würde für eine hohe Zahl von Individualschäden das Prozessrisiko übernehmen und müsste dies aus rein altruistischen Motiven ohne Möglichkeiten der Fremdfinanzierung durchführen. Diese Klageart dürfte auch in Zukunft nicht weit oben auf der Prioritätenliste der Verbände stehen.

Es verbleibt die Forderungseinziehung durch Inkassodienstleister. Wichtig erscheint in diesem Zusammenhang die Klarstellung des BGH, dass in der Überschreitung der Inkassodienstleistungsbefugnis ein Verstoß gegen § 3 RDG gesehen werden kann, welcher - sofern er nicht geringfügig ist - die Nichtigkeit der Forderungsabtretung nach § 134 BGB zur Folge haben kann. Ein entsprechender Rechtsverlust kann sich für Verbraucher sehr nachteilig auswirken,

1014 Siehe zur Musterverfahrensfähigkeit 1. Kapitel:§ 2 B.III.1.

da ihm am Ende nur ein Schadensersatzanspruch gegen den Rechtsdienstleister verbleiben könnte. Die Auswirkungen des Gesetzes zur Förderung verbrauchergerechter Angebote im Rechtsdienstleistungsmarkt bleiben abzuwarten. Aus Verbrauchersicht erscheint diese Form der Rechtsdurchsetzung (de lege lata) als Alternative zu AS-Verfahrens als am besten geeignet und kann als Maßstab für eben diese gelten.

§ 2 Die Eignung der jeweiligen Instrumente der Alternativen Streitbeilegung für die Leistungsphase

Entscheidend für eine effiziente Konfliktbewältigung ist eine zielorientierte Verfahrensauswahl.[1015] Die Alternative Streitbeilegung ist als Gesamtsystem zu verstehen, das den Parteien eine Vielzahl von Methoden und Verfahren zur Verfügung stellt, mit denen sie einen Konflikt außerhalb der staatlichen Gerichtsbarkeit lösen können.[1016] Da im Laufe der vorliegenden Arbeit ein AS-Verfahren zur Überwindung von Vergleichshindernissen im Rahmen der Musterfeststellungsklage entworfen oder ausgewählt werden soll, müssen die möglicherweise heranzuziehenden einzelnen AS-Verfahren begrifflich und funktional voneinander abgegrenzt werden. Eine trennscharfe Abgrenzung der einzelnen Verfahren erscheint aufgrund der gesetzgeberischen Zersplitterung und Uneinheitlichkeit schwierig. Eine gesetzliche Bestimmung gibt es nur zu den Begriffen Mediation und Schiedsverfahren.[1017] Die Tatsache, dass die Regelungen zu den einzelnen AS-Verfahren nur punktuell erfolgen, ist letztlich eine Konsequenz daraus, dass eine ausführliche „Regulierung der Selbstregulierung" den Zweck der freien Verfahrensgestaltung konterkarieren würde.[1018]

Das Mediationsgesetz (MediationsG) trat im Jahr 2012 als Art. 1 des Gesetzes zur Förderung der Mediation und anderer Verfahren der außergerichtlichen Konfliktbeilegung in Kraft. Der zweite Teil des Titels („und anderer Verfahren der außergerichtlichen Konfliktbeilegung") stellte sich retrospektiv als „inhaltsleerer Platzhalter" dar; auf eine Definition der „anderen Verfahren" wartet man in den weiteren Artikeln des Gesetzes vergeblich. Das später in Kraft getretene

1015 *Haaß*, § 7, in: Haft/Schlieffen, Handbuch Mediation, Rn. 3.

1016 *Greger*, in: Greger/Unberath/Steffek, Recht der alternativen Konfliktlösung, 2016, D. Rn. 3.

1017 *Ders.*, in: Greger/Unberath/Steffek, Recht der alternativen Konfliktlösung, 2016, D. Rn. 3 f.

1018 *Köhler/Müller*, Alternative Streitbeilegung und Schiedsverfahren, in: Leible/Terhechte, Europäisches Rechtsschutz- und Verfahrensrecht, Rn. 4.

VSBG gibt sich in Art. 1 Abs. 1 S. 1 bewusst verfahrensoffen, indem es „unabhängig von dem angewendeten Konfliktbeilegungsverfahren" gilt. Es werden somit die Anbieter von AS-Verfahren in den Mittelpunkt gestellt und nicht deren Ausgestaltung.[1019] Bei der Darstellung der einzelnen AS-Verfahren wird im Folgenden der funktionalen Abgrenzung der ADR-Richtlinie gefolgt. Nach Art. 2 Abs. 1 wird zwischen AS-Stellen[1020] unterschieden, die die Parteien mit dem Ziel zusammenbringen, sie zu einer gütlichen Einigung zu veranlassen (hierzu A.) und solchen, die eine Lösung vorschlagen (hierzu B.) oder auferlegen (hierzu C.). Zusätzlich sollen Verfahren vorgestellt werden, die verschiedene Elemente miteinander kombinieren (hierzu D.).

A. Einigungsverfahren

Bei Einigungsverfahren steht die Parteiautonomie im Mittelpunkt. Die Konfliktparteien versuchen grundsätzlich selbst eine außergerichtliche Lösung für Ihren Konflikt herbeizuführen.[1021] Dabei kann zwischen Formen der einvernehmlichen Konfliktlösung ohne und unter Einschaltung eines (neutralen) Dritten unterschieden werden.[1022]

I. Einigungsverfahren ohne Einschaltung eines neutralen Dritten

1. Verhandlung

Die Alternative Streitbeilegung beginnt genau genommen bei außergerichtlich geführten Verhandlungen. Die Verhandlung ist meist der erste Schritt auf dem Weg zu einer Einigung und bietet die Möglichkeit frühzeitig zu einer Einigung zu gelangen.[1023] Unter dem Stichwort lassen sich Gesprächsrunden mit mehreren Personen und sämtliche Formen der Erörterung, Beratung oder Verhandlung

---

1019 *Steffek*, ZKM 2017, 183–185.

1020 Dies sind Stellen, die Verfahren der Alternativen Streitbeilegung anbieten. Ich folgenden wird der Bezeichnung der ADR-Richtlinie gefolgt und „AS-Stellen" benutzt. „Verbraucherschlichtungsstellen" sind private AS-Stellen, die nach dem VSBG anerkannt wurden, oder behördliche AS-Stellen, die nach dem VSBG eingerichtet wurden (Art. 1 Abs. 1 VSBG).

1021 *Berlin/Braun*, ZKM 2014, 149, 150.

1022 *Greger*, in: Greger/Unberath/Steffek, Recht der alternativen Konfliktlösung, 2016, D. Rn. 4.

1023 *Klowait/Gläßer*, in: Klowait/Gläßer/Berlin, Mediationsgesetz, 2018, Einleitung Rn. 29.

ohne festes Verfahren und ohne neutrale Person verstehen.[1024] Unterschieden werden kann zwischen kompetitiver und kooperativer Verhandlung.[1025]

a) Kompetitive (positionsorientierte) Verhandlung

Bei der kompetitiven Verhandlung gehen die Parteien mit einer Mindest- und einer Maximalposition in die Verhandlung und versuchen im Wege der Annäherung zu einer Einigung zu gelangen. Zu dieser kommt es meist nur, wenn sich zwischen den beiden Positionen ein sich überschneidender Bereich ergibt.[1026] Spieltheoretisch ausgedrückt handelt sich dabei um ein Nullsummenspiel, bei dem die eine Seite genau das gewinnt, was die andere Seite verliert.[1027] Das bereits dargestellte Einigungshindernis der Nullsummenannahme tritt bei dieser Verhandlungsform besonders hervor.[1028] Die Verhandlungspartner beharren oft auf ihren Positionen und die wechselseitigen Interessen treten in den Hintergrund.[1029] Da sich die Verhandlungspartner als Konkurrenten sehen, kommen auch oft Verhandlungsstrategien zum Einsatz, die die Beziehung belasten und das Vertrauen beschädigen (z.B. übertreiben, drohen, unter Druck setzen, lügen, misstrauen, etc.).[1030]

b) Kooperative (interessenorientierte) Verhandlung

Das kooperative Verhandeln ist im Wesentlichen an das sog. „Harvard-Konzept“[1031] angelehnt. Dabei versuchen sich die Parteien weniger auf ihre Positionen zu versteifen, sondern Entscheidungsmöglichkeiten zu beiderseitigen Vorteil mit dem Ziel einer „Win-Win-Lösung“ herauszuarbeiten.[1032] Ziel ist es,

---

1024 *Prütting*, AnwBl 2000, 273, 274.

1025 *Greger/Münchhausen*, Verhandlungs- und Konfliktmanagement für Anwälte, 2010, Rn. 189 f.

1026 *Dies.*, Verhandlungs- und Konfliktmanagement für Anwälte, 2010, Rn. 194.

1027 *Schwartz*, 2.8 Verhandeln, in: Trenczek/Berning/Lenz, Mediation und Konfliktmanagement, Rn. 8.

1028 Siehe zur Nullsummenannahme 1. Kapitel:§ 3 C.

1029 *Duve/Eidenmüller/Hacke*, Mediation in der Wirtschaft, 2019, S. 51.

1030 *Schwartz*, 2.8 Verhandeln, in: Trenczek/Berning/Lenz, Mediation und Konfliktmanagement, Rn. 8.

1031 Das Harvard-Konzept ist eine Form des sachbezogenen Verhandelns und wurde von *Roger Fisher* und *William Ury* an der Harvard Law School entwickelt (*Fisher/Ury/Patton*, Getting to yes, 1981; (dt.:*Fisher/Ury/Patton*, Das Harvard-Konzept, 2019)).

1032 *Greger/Münchhausen*, Verhandlungs- und Konfliktmanagement für Anwälte, 2010, Rn. 190.

den Raum für Lösungen zu erweitern, womit statt Verteilung die Wertschöpfung im Vordergrund steht.[1033] Die Herausforderung besteht für die Verhandlungspartner darin, die wechselseitigen Interessen herauszuarbeiten, um dann im nächsten Schritt nach Möglichkeiten zu ihrer Befriedigung zu suchen.[1034] Auch sollten die Parteien auf die Anwendung neutraler Beurteilungskriterien zur Bewertung und Durchführung der Lösungen bestehen. Das Zustandekommen eines Preises muss auf einem objektiven Kriterium basieren. Ein weiterer Grundpfeiler des Harvard-Konzepts ist es somit, dass sich die Parteien gemeinsam auf die Suche begeben, dieses Kriterium oder diese Kriterien zu finden und nicht um den Preis zu feilschen.[1035] Dem Harvard-Konzept entsprechend, sollten die Parteien, nachdem die Einigungsoptionen feststehen, nach ihrem persönlichen BATNA („best alternative to a negotiated agreement") und damit ihrer besten Alternative zu einer Verhandlungslösung suchen.[1036] Je besser die eigene Alternativen sind, umso stärker ist die eigene Verhandlungsposition. Beim kooperativen Verhandeln hängt für den Verhandlungserfolg vieles davon ab, wie attraktiv für beide die Option ist, keine Einigung zu erzielen.[1037]

2. *Kooperatives Anwaltsverfahren*

Das Kooperative Anwaltsverfahren hat – wie so viele AS-Verfahren – seinen Ursprung in den USA und wurde 1990 von dem Anwalt *Stuart G. Webb* unter dem Stichwort „Collaborative Law" erfunden.[1038] Da im Deutschen das Wort „Kollaboration" geschichtlich negativ besetzt ist, gab es Schwierigkeiten bei der Eindeutschung des Begriffs.[1039] Die vorliegende Arbeit benutzt die Bezeichnung „Kooperatives Anwaltsverfahren", da sowohl der US-amerikanische Ursprung als auch die Kooperation zwischen den Parteien als wesentlichen Element hervorgehoben wird.[1040]

1033 *Schwartz,* 2.8 Verhandeln, in: Trenczek/Berning/Lenz, Mediation und Konfliktmanagement, Rn. 9.

1034 *Ders.,* 2.8 Verhandeln, in: Trenczek/Berning/Lenz, Mediation und Konfliktmanagement, Rn. 9.

1035 *Fisher/Ury/Patton*, Das Harvard-Konzept, 2019, S. 126 ff.

1036 *Duve/Eidenmüller/Hacke*, Mediation in der Wirtschaft, 2019, S. 58.

1037 *Fisher/Ury/Patton*, Das Harvard-Konzept, 2019, S. 154.

1038 *Mähler/Mähler*, ZKM 2009, 70.

1039 *Dies.*, ZKM 2009, 70, 72.

1040 So auch *Fritz*, in: Fritz/Pielsticker, Handbuch zum Mediationsgesetz, 2020, Teil 6 - A. Rn. 13; in Teilen des Schrifttums wird es auch „Kooperative Praxis" oder „Kokon-Verfahren" genannt. Zur Nomenklatur, vgl. ausführlich *Engel*, ZKM 2010, 112, 115.

In seiner Grundform findet das Verfahren in einem Vierergespräch mit den beiden Streitparteien und ihren Anwälten statt. Das Mandat der Anwälte beschränkt sich allerdings auf die außergerichtliche Verhandlung.[1041] Das Kooperative Anwaltsverfahren orientiert sich im Wesentlichen an den Prinzipien der Mediation mit dem Unterschied, dass die Leitung nicht durch einen neutralen Mediator, sondern durch die Parteianwälte übernommen wird („Mediation ohne Mediator").[1042] Nach Ansicht des Erfinders *Webb* sei eine Verhandlung zwischen Anwälten ohne die Drohung „dann ziehen wir eben vor Gericht" fördernder im Hinblick auf eine vergleichsweise Einigung. Das Ziel der Viererverhandlung sei der Abschluss eines Vergleichs, ohne für die Anwälte eine bloße Zwischenetappe auf dem Weg zu einem Gerichtsverfahren darzustellen.[1043] Berufsrechtlich erscheint die Kooperative Praxis in Bezug auf das Verbot widerstreitender Interessen gem. § 43a Abs. 1, 4 BRAO und § 3 BORA problematisch, sofern die Anwälte nicht nur das kooperative Anwaltsverfahren, sondern auch das anschließende Gerichtsverfahren leiten sollen. Es müsste nach *Engel* zwischen der Vertretung im kooperativen Anwaltsverfahren und der in einem Gerichtsverfahren trennscharf unterschieden werden, damit es nicht zu einem anwaltlichen Interessenkonflikt komme.[1044]

3. *Eignung für die Leistungsphase*

Um nach einem Musterfeststellungsurteil mit einer einfachen Verhandlung zu einem Ergebnis zu kommen, fehlt auf Seiten der Geschädigten bereits ein zentraler Ansprechpartner, der legitimiert wäre im Namen der Verbraucher zu verhandeln.[1045] Die Verhandlung mit jedem einzelnen Geschädigten wäre zwar eine Möglichkeit, aber wenig effizient und zielführend. Und selbst wenn ein zentraler Ansprechpartner auf Seiten der Geschädigten gefunden werden sollte, so erfordern die kooperative und kompetitive Verhandlung jeweils unterschiedliche Herangehensweisen. Insbesondere bei der Verhandlungen über die bei Massenschäden besonders relevanten Schadensersatzzahlungen neigen die Parteien zu einer positionsorientierten Verhandlungsweise.[1046] Um überhaupt

1041 *Duve/Eidenmüller/Hacke*, Mediation in der Wirtschaft, 2019, S. 70.
1042 *Engel*, ZKM 2013, 170, 171.
1043 *Webb/Ousky*, 49 Family Court Review 213, 214 (2011).
1044 *Engel*, Collaborative Law, 2010, S. 207.
1045 Siehe zum fehlenden Repräsentationsrecht des Verbands 1. Kapitel:§ 2 B.III.2.
1046 *Greger/Münchhausen*, Verhandlungs- und Konfliktmanagement für Anwälte, 2010, Rn. 191.

interessenorientiert im Sinne des Harvard-Konzepts verhandeln zu können, bedürfen die vielfältigen Interessen des Musterfeststellungsverfahrens[1047] einer Einordnung. Es ist davon auszugehen, dass die Verbraucher oder deren Anwälte mit Blick auf mögliche Individualverfahren aus strategischen Gründen nicht freimütig ihre Interessen gegenüber der Beklagten offenbaren. Sofern die Verbraucher einen Rechtsanwalt mandatiert haben, bestünde bei einer Befragung für die Rechtsanwälte der Beklagtenseite die Gefahr der Umgehung des Gegenanwalts gem. § 12 BORA.

Die Durchführung eines kooperative Anwaltsverfahren wird mit hoher Wahrscheinlichkeit an dem Verbot widerstreitender Interessen scheitern, da die geschädigten Verbraucher ihre Anwälte in der Regel auch für die Durchführung eines streitigen Verfahrens mandatieren dürften. Auch hinsichtlich der praktischen Durchführbarkeit erscheint ein kooperatives Anwaltsverfahren für ein Massenverfahren kaum geeignet. Die Beauftragung von jeweils zwei verschiedenen Anwaltsteams wäre zumindest dahingehend ineffizient, da sich beide vollständig in den Fall einarbeiten müssten.

II. Einigungsverfahren unter Einschaltung eines neutralen Dritten

1. Konfliktmoderation

Bei der Konfliktmoderation[1048] werden die Parteien von einem neutralen Dritten in dem Versuch unterstützt, durch Verhandlung zu einer einvernehmlichen Konfliktlösung zu gelangen. Der Moderator strukturiert und versachlicht die Verhandlung.[1049] Er wirkt bei einem engen Verständnis ausschließlich verfahrensorientiert und nimmt inhaltlich keinen Einfluss.[1050] Sein Tätigkeitsbereich umfasst dabei die Einführung zweckdienlicher Arbeitstechniken, die Versachlichung der Diskussion und die Strukturierung und Dokumentation von Zwischenergebnissen.[1051] Versteht man die Moderation hingegen weit und geht von einem größeren (inhaltlichen) Einfluss des Vermittlers aus, so kann dieser auch Lösungsoptionen analysieren, Gedankenprozesse anstoßen und die

---

1047 Siehe zu den Interessenkonflikten im Musterverfahren 1. Kapitel:§ 4.

1048 Lat.: „moderare" = mäßigen, regeln.

1049 *Greger*, in: Greger/Unberath/Steffek, Recht der alternativen Konfliktlösung, 2016, D. Rn. 15.

1050 *Trenczek,* 1.1 Außergerichtliches Konfliktmanagement (ADR) und Mediation - Verfahren, Prinzipien und Modelle, in: Trenczek/Berning/Lenz, Mediation und Konfliktmanagement, Rn. 5.

1051 *Fritz*, in: Fritz/Pielsticker, Handbuch zum Mediationsgesetz, 2020, Teil 6 - A. Rn. 7.

Umsetzbarkeit von Lösungen andiskutieren.[1052] Es kann hingegen nicht mehr von einer bloßen Vermitteln ausgegangen werden, wenn der Vermittler am Ende des Verfahrens einen konkreten Lösungs- oder Vergleichsvorschlag unterbreitet oder gar eine Entscheidung trifft.[1053] Die Parteien entscheiden über die Auswahl des Moderators und bestimmen den Ablauf des Verfahrens.[1054]

2. *Mediation*

a) Die Aufgabe des Mediators in Abgrenzung zur Konfliktmoderation

Der Begriff leitet sich von dem lateinischen „mediatio, -onis" her, weshalb das Wort etymologisch schon deutlich macht, dass es sich, genauso wie bei der Konfliktmoderation, um eine „Vermittlung" handelt.[1055] Wie bei dieser sollen Kommunikationsprozesse mit dem Ziel einer autonomen und einvernehmlichen Lösung gefördert werden.[1056] Zu einer Mediation wird die Konfliktmoderation erst, wenn der Dritte bestimmte fachlich-methodische Standards einhält.[1057] Die Mediation zielt strukturell stärker auf eine Entscheidungsfindung der Beteiligten ab.[1058] Ein Ziel der Mediation ist es, bestehende Barrieren, die einer Einigung entgegenstehen, möglichst effizient zu beseitigen.[1059] Für einen Mediator ist es unerlässlich, sich mit den kognitiven Einigungsbarrieren eines Konflikts auseinanderzusetzen,[1060] um die Parteien bei der Überwindung eben dieser zu unterstützen.[1061] Sie sollen den Konflikt nicht mehr als Nullsummenspiel[1062] sehen.[1063] Der Mediator kann dabei den Verhandlungsgegenstand erweitern

1052 *Haaß*, § 7, in: Haft/Schlieffen, Handbuch Mediation, Rn. 35.

1053 *Prütting*, AnwBl 2000, 273, 275.

1054 *Haaß*, § 7, in: Haft/Schlieffen, Handbuch Mediation, Rn. 35.

1055 *Hehn/Rüssel*, ZKM 2001, 62, 65.

1056 *Haaß*, § 7, in: Haft/Schlieffen, Handbuch Mediation, Rn. 36.

1057 *Trenczek*, 1.1 Außergerichtliches Konfliktmanagement (ADR) und Mediation - Verfahren, Prinzipien und Modelle, in: Trenczek/Berning/Lenz, Mediation und Konfliktmanagement, Rn. 47.

1058 *Klowait/Gläßer*, in: Klowait/Gläßer/Berlin, Mediationsgesetz, 2018, Einleitung Rn. 49.

1059 *Breidenbach* und *Gläßer* beschreiben etwa das "Service-Delivery-Project", welches darin besteht Einigungsbarrieren abzubauen (*Breidenbach/Gläßer*, KON:SENS 1999, 207 ff.).

1060 *Risse*, § 35 - Mediation im Wirtschaftsrecht, in: Haft/Schlieffen, Handbuch Mediation, Rn. 92.

1061 *Mnookin*, 8 Ohio St. J. on Disp. Resol. 235, 248 (1993).

1062 Siehe zur Nullsummenannahme 1. Kapitel:§ 3 C.

1063 *Breidenbach*, Mediation, 1995, S. 86.

(„enlarging the pie") und mögliche Win-Win-Lösungen schaffen.[1064] Zudem soll er der überoptimistischen Einschätzung der Parteien[1065] entgegenwirken und ihnen eine realistische Sicht auf ihre Positionen vermitteln.[1066] Das methodische Vorgehen des Dritten zielt strukturell stärker auf eine Entscheidungsfindung der Parteien ab.[1067] Die Schlüsselfunktion des Mediators besteht in dem Auflösen kompetitiver Verhaltensweisen und der Beeinflussung der Sichtweise der Parteien, um diesen dadurch Kooperationsgewinne aufzeigen zu können.[1068] In Einzeltreffen (sog. „caucus") kann der Mediator von den Parteien vertrauliche Informationen erlangen, ohne dass sich die Parteien dadurch nach außen angreifbar machen. In der Folge besteht die Möglichkeit einen für beide Seiten vorteilhaften Handel, der zunächst aus strategischen Gründen verdeckt blieb, als eigenen Vorschlag zu unterbreiten.[1069] Mithin trägt er durch Einzelgespräche zum Abbau reaktiver Kommunikationsmuster bei.[1070] Die Mediation kann die Parteien einerseits in spieltheoretischer und ökonomischer Hinsicht bei einer Verhandlung i. S. d. „Harvard-Konzepts" unterstützen, andererseits aber auch einen transformativen Ansatz zur Veränderung der Beziehung der Beteiligten verfolgen.[1071]

b) Mediation als Rechtsbegriff

Mit Schaffung des Mediationsgesetzes wurde die Mediation zu einem Rechtsbegriff und wird – in Anlehnung an § 3 lit. a MedRL[1072] – in § 1 Abs. 1 MediationsG definiert als „ein vertrauliches und strukturiertes Verfahren, bei dem Parteien mithilfe eines oder mehrerer Mediatoren freiwillig und eigenverantwortlich eine

---

1064 *Ders.*, Mediation, 1995, S. 87 f.

1065 Siehe zur überoptimistischen Einschätzung 1. Kapitel:§ 3 A.

1066 *Susskind/Cruikshank*, Breaking the impasse, 1987, S. 84.

1067 *Klowait/Gläßer*, in: Klowait/Gläßer/Berlin, Mediationsgesetz, 2018, Einleitung Rn. 49.

1068 *Risse,* § 35 - Mediation im Wirtschaftsrecht, in: Haft/Schlieffen, Handbuch Mediation, Rn. 90 f.

1069 *Breidenbach*, Mediation, 1995, S. 98 f.; *Mnookin*, 8 Ohio St. J. on Disp. Resol. 235, 248 (1993).

1070 *Breidenbach*, Mediation, 1995, S. 89.

1071 *Trenczek*, 1.1 Außergerichtliches Konfliktmanagement (ADR) und Mediation - Verfahren, Prinzipien und Modelle, in: Trenczek/Berning/Lenz, Mediation und Konfliktmanagement, Rn. 14.

1072 Richtlinie 2008/52/EG über bestimmte Aspekte der Mediation in Zivil- und Handelssachen.

einvernehmliche Beilegung ihres Konflikts anstreben".[1073] Der korrekte Sammelbegriff für eine neutrale Vermittlung ist daher nicht mehr Mediation, sondern Moderation.[1074] Im Rahmen eines Zirkelschlusses wird das Mediationsverfahren auch durch den „Mediator" als Streitmittler definiert.[1075] Dieser ist gem. § 1 Abs. 2 MediationsG „eine unabhängige und neutrale Person ohne Entscheidungsbefugnis, die die Parteien durch die Mediation führt". In der vorliegenden Arbeit wird der weite Mediationsbegriff angewendet, wonach alle Bemühungen der Konfliktparteien, die in einem strukturierten Verfahren mit Hilfe eines neutralen Dritten freiwillig und eigenverantwortlich eine einvernehmliche Lösung anstreben, unter den Mediationsbegriff zu subsumieren sind.[1076] Legt man den Begriff eng aus, wäre das MediationsG nur anwendbar, wenn die Konfliktparteien einen Mediator engagieren, der ein Mediationsverfahren durchführt:[1077] Begründet wird der enge Mediationsbegriff mit Eg. 11 der MedRL, wo ausdrücklich klargestellt werde, dass sie für Schlichtungs-, Schiedsverfahren und -gutachten nicht gelten solle. Der Fehlgebrauch des Begriffs könne schließlich wettbewerbs-, berufs- und haftungsrechtliche Folgen haben. Wer keine Mediation durchführen wolle, solle schließlich den Oberbegriff Moderation verwenden.[1078] Dem engen Begriffsverständnis wird die dynamische Entwicklung der Mediation entgegengehalten. *Fritz* verweist dabei auf die Intention des Gesetzgebers. Die Mediation sei ein Verfahren, das noch in der Entwicklung begriffen und nur im Rahmen des Erforderlichen eingegrenzt und beschränkt werden solle.[1079] Hinzu kommt, dass das Gesetz keine konkreten Anforderungen an

---

1073 MüKoZPO/*Ulrici*, MediationsG Rn. 17.

1074 *Greger*, ZKM 2015, 172, 175 f.

1075 *Röthemeyer*, in: Roder/Röthemeyer/Braun, Verbraucherstreitbeilegungsgesetz, 2017, § 2 Rn. 9.

1076 *Fritz*, in: Fritz/Pielsticker, Handbuch zum Mediationsgesetz, 2020, § 1 MediationsG Rn. 4; im Ergebnis ebenso *Hagel*, in: Klowait/Gläßer/Berlin, Mediationsgesetz, 2018, § 1 MediationsG Rn. 4.

1077 So *Greger*, in: Greger/Unberath/Steffek, Recht der alternativen Konfliktlösung, 2016, § 1 MediationsG Rn. 6.

1078 *Ders.*, ZKM 2015, 172, 176.

1079 *Fritz/Krabbe*, ZKM 2016, 103; ausweislich der Gesetzesbegründung soll die außergerichtliche Streitbeilegung stärker in dem Bewusstsein der Bevölkerung und der in der Rechtspflege tätigen Personen verankert werden, vgl. BT-Drs. 17/5335, 1 und 11; nach *Fritz* korrespondiere nur der weite Mediationsbegriff mit dieser Zielbestimmung (*Fritz*, in: Fritz/Pielsticker, Handbuch zum Mediationsgesetz, 2020, § 1 MediationsG Rn. 6).

die Person des Mediators stellt. Es handelt sich nicht um ein klar umgrenztes Berufsbild.[1080]

Die Mediation kann (als Verfahren) in der Praxis auch gerichtsintern durch einen Güterichter angewendet werden.[1081] Der Güterichter kann nach § 278 Abs. 5 S. 2 ZPO alle Methoden der Konfliktbeilegung einschließlich der Mediation einsetzen. In den Anwendungsbereich des MediationsG fällt die gerichtsinterne Mediation hingegen nicht. Der Gesetzestitel macht schon deutlich, dass es sich um ein rein außergerichtliches AS-Verfahren handelt. Um diese Abgrenzung zu verdeutlichen firmiert der ehemalige gerichtliche Mediator nun gem. § 9 Abs. 1 MediationsG unter dem Begriff des Güterichters.[1082] Die Mediation kann damit außergerichtlich während eines anhängigen Gerichtsverfahrens (gerichtsparallele Mediation) oder unabhängig von einem solchen (eigenständige Mediation) stattfinden.[1083]

c) Ablauf der Mediation (Phasenmodell)

Nach § 1 Abs. 1 MediationsG ist die Strukturiertheit des Verfahrens ein wesentliches Definitionsmerkmal. Der Ablauf des Mediationsverfahrens wird typischerweise in Phasen beschrieben. In der deutschen Literatur existieren eine Vielzahl von Phasenmodellen, die mehrheitlich zwischen fünf und sechs Phasen schwanken, aber im Prinzip der gleichen Logik folgen.[1084] Bei der Mediation handelt es sich um kein Verfahren, das im Sinne eines „one size fits for all" auf alle Anwendungsfelder übertragbar ist, vielmehr variiert der Ablauf je nach Einsatzfeld.[1085] So unterscheidet sich eine Mediation im Familienrecht, bei der

---

1080 MüKoZPO/*Ulrici*, MediationsG Rn. 20; näheres zum Aus- und Fortbildungssystem von Mediatoren *Carl*, ZKM 2010, 177, 178.

1081 § 278 Abs. 5 S. 2 ZPO, § 36 Abs. 5 S. 2 FamFG und § 54 Abs. 6 S. 2 ArbGG stellen klar, dass der Güterichter die Mediation als Verfahren einsetzen kann.

1082 *Steffek*, ZKM 2017, 183; *Prütting*, MDR 2016, 965.

1083 *Hagel*, in: Klowait/Gläßer/Berlin, Mediationsgesetz, 2018, § 1 MediationsG Rn. 2.

1084 Fünf Phasen (*Mähler/Mähler*, § 48, in: Heussen/Hamm, Beck'sches Rechtsanwalts-Handbuch, Rn. 65; *Trenczek*, 3.2. Ablauf und Phasen einer Mediation - Mediationsleitfaden, in: Trenczek/Berning/Lenz, Mediation und Konfliktmanagement, Rn. 3 ff.; *Diez/Krabbe/Thomsen*, Familien-Mediation und Kinder, 2002, S. 41 ff.; *Risse*, Wirtschaftsmediation, 2011, S. 147 ff.); sechs Phasen (*Kessen/Troja*, § 14 - Ablauf und Phasen der Mediation, in: Haft/Schlieffen, Handbuch Mediation, Rn. 5 ff.; *Hagel*, in: Klowait/Gläßer/Berlin, Mediationsgesetz, 2018, § 1 MediationsG Rn. 10; *Greger/Münchhausen*, Verhandlungs- und Konfliktmanagement für Anwälte, 2010, Rn. 436 ff.).

1085 *Wagner*, ZKM 2010, 172, 175.

wenige(r) Parteien beteiligt sind und es stark um die Beziehung der Beteiligten zueinander geht, von einer Mediation im Bereich des Wirtschaftsrechts.[1086] Da es grundsätzlich nicht die Aufgabe des Mediators ist, eine Sache zu entscheiden oder einen fairen Lösungsvorschlag zu unterbreiten, ist er bei der Durchführung des Mediationsverfahrens nicht an starre Regeln der Sachverhaltsermittlung wie im Erkenntnisverfahren gebunden. Stattdessen gilt das Prinzip der Selbstverantwortung der Parteien.[1087] Der Erfolg der Mediation beruht gerade auf der flexiblen Anpassung an den jeweiligen Anwendungsfall.[1088] Unabhängig von der Anzahl der Phasen erscheint der Ablauf bei allen Mediationsmodellen ähnlich.[1089] Das vorherrschende[1090] fünf Phasen-Modell beginnt mit der Erarbeitung eines formalen Verfahrensablaufs.

Nachdem die Parteien von der Durchführung eines Mediationsverfahrens überzeugt wurden, muss zunächst zusammen mit den Parteien ein formaler Verfahrensablauf erarbeitet werden. In einem Verhandlungsvertrag sollte beispielsweise geklärt werden, ob der Mediator Einzelgespräche führen darf.[1091] Auch kann die Anzahl der beteiligenden Gruppen und Personen analysiert werden und sich auf Repräsentanten geeinigt werden, die an den Verhandlungen teilnehmen.[1092]

In der zweiten Phase der Mediation findet eine Bestandsaufnahme statt. Hierbei erörtern die Parteien zusammen mit dem Mediator die Verhandlungsthemen. Um sich einen Überblick zur aktuellen Sach- und (ggf.) Rechtslage zu verschaffen, kann den Parteien Gelegenheit gegeben werden, einen vollständigen Sachvortrag zu leisten.[1093]

1086 *Fritz*, in: Fritz/Pielsticker, Handbuch zum Mediationsgesetz, 2020, § 1 MediationsG Rn. 13.

1087 *Unberath*, ZKM 2011, 44, 46.

1088 *Hopt/Steffek* (Hrsg.), Mediation, 2008, S. 42.

1089 *Kessen/Troja*, § 14 - Ablauf und Phasen der Mediation, in: Haft/Schlieffen, Handbuch Mediation, Rn. 4.

1090 *Risse*, Wirtschaftsmediation, 2011, S. 148 ff.; *Duve/Eidenmüller/Hacke*, Mediation in der Wirtschaft, 2019, S. 79 ff.; *Kessen/Troja* teilen das Verfahren in sechs Phasen auf. Einziger Unterschied ist indessen, dass sie Phase 4 in zwei getrennte Schritte unterteilen (*Kessen/Troja*, § 14 - Ablauf und Phasen der Mediation, in: Haft/Schlieffen, Handbuch Mediation, Rn. 10).

1091 *Risse*, Wirtschaftsmediation, 2011, S. 148.

1092 *Kessen/Troja*, § 14 - Ablauf und Phasen der Mediation, in: Haft/Schlieffen, Handbuch Mediation, Rn. 10.

1093 *Risse*, Wirtschaftsmediation, 2011, S. 148 f.

In der dritten Phase verlagert sich der Fokus auf die Interessen der Parteien und es gilt für den Mediator herauszufinden, welche tatsächlichen Bedürfnisse sich hinter den Positionen der Parteien verbergen.[1094] Der Mediator kann die Parteien dabei unterstützen, die eigenen Interessen zu erkennen und entsprechend zu artikulieren.[1095]

Die vierte Phase ist im Prinzip zweigeteilt. Zunächst tragen die Parteien mit Hilfe des Mediators alle möglichen Modelle und Möglichkeiten zur Lösung des Konflikts zusammen. Dabei kann der Mediator in einem Brainstorming-Prozess Ideen zur Lösung des Konflikts sammeln. Die Sammlung muss unverbindlich und ohne Diskussionen über deren Realisierbarkeit oder gar Bewertung der einzelnen Lösungsmöglichkeiten stattfinden.[1096] Dies dient der Erweiterung des Verhandlungsspielraums.[1097] In einem zweiten Schritt prüfen die Parteien die Realisierbarkeit der einzelnen Lösungsoptionen. Dabei besteht auch die Möglichkeit, Modelle zu modifizieren und miteinander zu kombinieren.[1098]

Am Ende müssen die gefundenen Ergebnisse in einem verbindlichen Vergleichsvertrag fixiert werden. Diese sollte von den Parteien jeweils rechtlich durch Rechtsanwälte geprüft und ggf. notariell beurkundet werden.[1099]

d) Der Anwendungsbereich der Mediation und die Besonderheiten der Gruppen- und Massenmediation

Der Anwendungsbereich der Mediation ist sehr weit und das Verfahren kann in verschiedenen Streitfällen zum Einsatz kommen. Das Mediationsgesetz verzichtet in ungewöhnlicher Gesetzestechnik auf die Bestimmung des Anwendungsbereichs und definiert dafür in § 1 MediationsG den Begriff der Mediation.[1100] Die Mediation ist regelmäßig aufgrund des intensiven Kommunikationsprozesses aufwendiger als ein Schlichtungsverfahren. Als Verfahren zur Beilegung von

---

1094 *Duve/Eidenmüller/Hacke*, Mediation in der Wirtschaft, 2019, S. 81 f.

1095 *Kessen/Troja*, § 14 - Ablauf und Phasen der Mediation, in: Haft/Schlieffen, Handbuch Mediation, Rn. 10.

1096 *Duve/Eidenmüller/Hacke*, Mediation in der Wirtschaft, 2019, S. 82.

1097 *Kessen/Troja*, § 14 - Ablauf und Phasen der Mediation, in: Haft/Schlieffen, Handbuch Mediation, Rn. 10.

1098 *Risse*, Wirtschaftsmediation, 2011, S. 149.

1099 *Ders.*, Wirtschaftsmediation, 2011, S. 150.

1100 *Greger*, in: Greger/Unberath/Steffek, Recht der alternativen Konfliktlösung, 2016, § 1 MediationsG Rn. 1.

verbraucherrechtlichen Streitigkeiten kommt es daher kaum zum Einsatz.[1101] Besondere Bedeutung kommt der Mediation in Bereichen zu, wo die persönlichen Beziehungen der Parteien eine besondere Rolle spielen: So etwa bei erb- oder familienrechtlichen Konflikten, bei Auseinandersetzungen im Schul- und Gesundheitswesen, aber auch über das Zivilrecht hinaus, etwa im Rahmen des strafrechtlichen Täter-Opfer-Ausgleichs.[1102]

Die Mediation kann als Verfahren auch bei einer hohen Zahl von Beteiligten und Betroffenen eingesetzt werden. Nach § 1 MediationsG ist die Mediation ein vertrauliches und strukturiertes Verfahren, bei dem „die Parteien" mithilfe eines oder mehrere Mediatoren freiwillig und eigenverantwortlich eine einvernehmliche Beilegung eines Konflikts anstreben. Der Parteibegriff wird hierbei untechnisch gebraucht und die Anzahl der Parteien wird offengelassen.[1103] Da der Begriff „die Parteien" im MediationsG ausschließlich im Plural verwendet wird, kann nur gefolgert werden, dass mindestens zwei Parteien beteiligt sein müssen.[1104] Es handelt sich nicht um einen formalen Parteibegriff wie in der ZPO, vielmehr liegt die Bestimmung des Kreises der Verfahrensbeteiligten in den Händen der Konfliktparteien.[1105]

Im Anschluss an ein Musterfeststellungsverfahren könnten die Anmelder als tatsächlich Betroffene an dem Verfahren beteiligt werden. Bei einer hohen Zahl würde dies zu praktischen Problemen führen, die man mit den Techniken der Gruppen- und Massenmediation lösen könnte.[1106] Dabei kann man eine Parallele zur Mediation bei Großprojekten ziehen. Hierbei müssen nicht nur die Vertreter aus Wirtschaft, Politik und Verwaltung beteiligt werden, sondern auch zahlreiche Bürger, in deren Lebenswirklichkeit ein großes Bauvorhaben eingreift.[1107] Der Ausbau eines Flughafens, eines Bahnhofs oder einer Fernstraße genießen eine große öffentliche Aufmerksamkeit. Dementsprechend werden auch die Konflikte stärker in der Öffentlichkeit ausgetragen.[1108] Die Sichtweisen

---

1101 *Berlin*, § 24a, in: Tamm/Tonner/Brönneke, Verbraucherrecht, Rn. 92; *Berlin*, in: Klowait/Gläßer/Berlin, Mediationsgesetz, 2018, VSBG Rn. 126.

1102 Wieczorek/Schütze/*Hufschmidt*, MediationsG - Einleitung Rn. 46.

1103 Wieczorek/Schütze/*Hufschmidt*, § 1 MediationsG Rn. 2; *Fritz*, in: Fritz/Pielsticker, Handbuch zum Mediationsgesetz, 2020, § 1 MediationsG Rn. 10.

1104 *Hagel*, in: Klowait/Gläßer/Berlin, Mediationsgesetz, 2018, § 1 MediationsG Rn. 12.

1105 *Greger*, in: Greger/Unberath/Steffek, Recht der alternativen Konfliktlösung, 2016, § 1 MediationsG Rn. 25 f.

1106 *Röthemeyer*, MDR 2019, 1421, 1427.

1107 *Kessen/Voskamp/Zillessen*, § 20 - Mediation bei Großprojekten, in: Haft/Schlieffen, Handbuch Mediation, Rn. 1.

1108 *Guckelberger*, NVwZ 2011, 390, 393.

der Bürger können durch ein Mediationsverfahren in den Entscheidungsprozess miteinbezogen werden, woraus sich neue Lösungsmöglichkeiten für einen Interessenausgleich erkunden lassen.[1109] Durch die Beteiligung der Bürger wird die Kommunikation gefördert und die Transparenz weiter erhöht. Entsprechend steigt die Zustimmungsfähigkeit des Ergebnisses.[1110] Die Durchführung eines effizienten Mediationsverfahrens wird in verwaltungsrechtlichen Großverfahren bis zu einer Gruppengröße von 30 Personen als möglich angesehen.[1111] Die heterogenen Interessen der beteiligten Bürger werden bei umstrittenen umweltrechtlichen Planungsvorhaben oftmals durch Repräsentanten in das Verfahren eingebracht.[1112] Bei Massenmediationen agiert meist nicht nur ein Mediator, sondern es wird ein Mediationsforum, das aus einem Mediationsteam besteht, gebildet.[1113] Der wesentliche Bestandteil des Verfahrensablaufs bei Großprojekten bildet die Herausarbeitung der Interessen der Beteiligten, woraus entsprechend ein Kriterienkatalog zur Entscheidungsfindung abgeleitet werden kann.[1114] Eine große Anzahl an Betroffenen kann durch eine öffentlich zugängliche Website über den Stand des Projekts und des Mediationsverfahrens jederzeit transparent informiert werden. Auch bieten sich öffentliche Veranstaltungen an, wo Bürger eine Plattform zur Schilderung ihrer Sichtweisen und Bedenken erhalten.[1115] Das Ziel eines Mediators in einem Großverfahren muss es sein, eine gemeinsame Sprache für alle Beteiligten zu finden. Diese muss die Befindlichkeiten von juristischen Laien, die ihre Sorgen oft in emotionaler und blumigen Worten zum Ausdruck bringen, mit dem Fachvokabular der anderen Seite zusammenbringen.[1116]

1109 *Kessen/Voskamp/Zillessen,* § 20 - Mediation bei Großprojekten, in: Haft/Schlieffen, Handbuch Mediation, Rn. 3.

1110 *Dies.,* § 20 - Mediation bei Großprojekten, in: Haft/Schlieffen, Handbuch Mediation, Rn. 3.

1111 *Rüssel,* Mediation in komplexen Verwaltungsverfahren, 2004, S. 110.

1112 *Dies.,* Mediation in komplexen Verwaltungsverfahren, 2004, S. 110 f.

1113 *Kessen/Voskamp/Zillessen,* § 20 - Mediation bei Großprojekten, in: Haft/Schlieffen, Handbuch Mediation, Rn. 4.

1114 *Dies.,* § 20 - Mediation bei Großprojekten, in: Haft/Schlieffen, Handbuch Mediation, Rn. 22.

1115 *Dies.,* § 20 - Mediation bei Großprojekten, in: Haft/Schlieffen, Handbuch Mediation, Rn. 12.

1116 *Dies.,* § 20 - Mediation bei Großprojekten, in: Haft/Schlieffen, Handbuch Mediation, Rn. 14.

Ein Blick ins Ausland zeigt, dass die Mediation auch in Massenschadensfällen wirksam eingesetzt werden kann. In den USA wird die „mass disaster mediation" vor allem zur Beilegung von Ansprüchen gegen Versicherungen nach Naturkatastrophen eingesetzt.[1117] In China werden Massenschadensfälle nicht selten durch Mediation und nicht durch Gerichtsentscheidungen gelöst.[1118] Das Mediationsverfahren verfügt in China über eine lange Tradition, da die chinesische Kultur zu konsensualen und weniger zu streitigen Entscheidungen neigt.[1119] Bei der Lösung derartiger Massenschadensfälle liegt der Fokus auf der Entschädigung und nicht auf der Feststellung von Recht oder Unrecht.[1120] Das Mediationsverfahren wird nicht durch einen neutralen Dritten, sondern im Sinne des staatlichen Ziels zur Wahrung sozialer Stabilität durch die chinesische Regierung geführt.[1121] Auch die aus dem Prozess entstehenden Kompensationsfonds werden nicht – wie beispielsweise (meist) in den USA – durch einen neutralen Dritten verwaltet, sondern ebenfalls durch den Staat als Regulierer.[1122] Es gilt indessen zu Bedenken, dass durch ein Mediationsverfahren, welches durch eine staatliche Behörde durchgeführt wird, der Willkür Tür und Tor geöffnet werden könnte. Es erlaubt zudem eine Lösung des Massenschadensfalls ohne konkrete Aufklärung.

e) *Exkurs: Der special settlement master in den USA*

Ein spezieller Anwendungsfall ist der „special master", der seit frühen Tagen der amerikanischen Republik von einem Richter mit verschiedenen Aufgaben betraut wird.[1123] Traditionell wurden special master in der Phase vor Beginn des eigentlichen Gerichtsverfahrens („pre-trial"), bei Beweisverfahren vor und teilweise während des Verfahrens („discovery") oder nach Abschluss des Verfahrens

1117 Das Programm wurde beispielsweise bereits nach dem Northridge-Erdbeben (1994), Hurrikan Katrina und Rita (2005) erfolgreich eingesetzt (*Murrill*, 7 Pepp. Disp. Resol. L. J. 401, 404 (2007)).

1118 *Ali*, 10 J. Comp. L. 142, 144 (2015).

1119 *Pissler*, Mediation in China, in: Hopt/Steffek, Mediation, 601-634, 602.

1120 *Ali*, 10 J. Comp. L. 142, 149 (2015).

1121 *Dies.*, 10 J. Comp. L. 142, 144 (2015).

1122 Wie beispielsweise im chinesischen Milchpulverskandal rund um das Unternehmen Sanlu im Jahr 2008 (*dies.*, 10 J. Comp. L. 142, 148 (2015)).

1123 So *Kaufman*, 58 Colum. L. Rev. 452, 562 (1958), der auf die Entscheidung Heckers v. Fowler, 69 U.S. (2 Wall.) 123, 128-29 (1864) des Supreme Court verweist. Demnach war dem Gericht die Übertragung von Aufgaben auf den special master bereits vor Kodifzierung der rule 53 möglich.

(„post-trial duties") etwa bei der administrativen Verteilung von Schadensersatzzahlungen eingesetzt.[1124] Die Tätigkeit des special master geht auf die Praxis des englisches Kanzleigericht (court of chancery) zurück und ist eine der ältesten Institutionen im anglo-amerikanischen Rechtsraum.[1125] Masters nahmen in der dem chancellor unterstellten chancery eigene Aufgaben war[1126] und diese entwickelte sich im Laufe der Zeit zu einem eigenen Gericht, das nach Billigkeitsgrundsätzen (equity law) entscheiden konnte und zeitweise die Regeln des common law ergänzte.[1127] Im Wesentlichen wird der special master wegen seiner Fachkenntnis in einem bestimmten Bereich, seinem professionellen Netzwerk und zur Wahrung der richterlichen Neutralität bei Vergleichsverhandlungen eingesetzt.[1128] Die gesetzliche Grundlage für die Ernennung eines special masters auf Bundesebene findet sich in rule 53 der federal rules of civil procedure.[1129] Auch in einigen Bundesstaaten finden sich Regelungen, die seinen Einsatz regeln.[1130] Meistens handelt es sich bei den special masters um erfahrene und bewährte Rechtsanwälte oder honorige Jura-Professoren.[1131]

Seit einiger Zeit agieren sie verstärkt auch als „special settlement masters" und unterstützen die Parteien zu jedem Zeitpunkt des Verfahrens bei Vergleichsverhandlungen.[1132] Der settlement master entlastet das Gericht vor allem bei der Aushandlung inhaltlicher Details eines Vergleichs.[1133] Weiterhin kann das Gericht durch die Unterstützung eines settlement masters die eigene Neutralität verdeutlichen. Er agiert als Dritter, der den Parteien die Schwachstellen einer Vergleichsvereinbarung aufzeigen kann und bei ihm besteht – im Gegensatz zum

---

1124 *Duve*, Mediation und Vergleich im Prozess, 1999, S. 10 ff.

1125 *Silberman*, 50 N.Y.U. L. Rev. 1297, 1321–1322 (1975) Fn. 149.

1126 *Kaufman* datiert das erste Auftreten der masters auf die Zeit von Henry VIII., der von 1509 bis 1547 regierte (*Kaufman*, 58 Colum. L. Rev., 452 (1958)); der chancellor galt seit dem frühen Mittelalter als "keeper of the king´s conscience" und er gewann aufgrund seiner starken Rolle im königlichen Apparat immer mehr Macht hinzu, sodass sich in der Folge das equity law der chancery etablieren konnte (*Friedman*, A history of american law, 1985, S. 26).

1127 *Friedman*, A history of american law, 1985, S. 26 f.

1128 *Scheindlin*, 58 DePaul L. Rev. 479, 481 (2009).

1129 *Dies.*, 58 DePaul L. Rev., 479 (2009).

1130 So beispielsweise in Texas (Tex. R. Civ. P. 171), Alabama (Ala. R. Civ. P. 53) oder Minnesota (Min. R. Civ. P. 53). In Kalifornien (Cal. Civ. Proc. Code §§ 638-639) ist für den Einsatz eines Mediators ein Einverständnis der Parteien erforderlich.

1131 *Feinberg*, 59 Alb. L. Rev. 881, 882 (1995).

1132 *Gring*, 6 Ohio St. J. on Disp. Resol., 21 (1990).

1133 *Dies.*, 6 Ohio St. J. on Disp. Resol. 21, 34 (1990).

Gericht – weniger die Gefahr, dass ihm bei späteren bindenden Entscheidungen die Unabhängigkeit oder Fairness durch Äußerungen im Rahmen der Verhandlungen abgesprochen werden kann.[1134] Bei einem settlement master spielt somit weniger die Expertise auf einem bestimmten Gebiet eine Rolle, sondern eher die Neutralität und Unparteilichkeit sowie die gute Kenntnis von Verhandlungs- und Mediationstechniken.[1135] Er findet während der Verhandlungen oftmals Lösungsmöglichkeiten, an welche die Parteien zuvor nicht dachten und kann diese aktiv einbringen.[1136] Dabei befindet er sich an der Schnittstelle zwischen den Parteien und dem Gericht und koordiniert die Vergleichsverhandlungen.[1137] Besonders geeignet für die Ernennung eines special settlement master, sind laut *Aspen* Fälle mit folgenden Charakteristiken: Fälle mit (1) langwierigen Hauptverhandlungen, (2) sich hinziehenden und erfolglose Vergleichsverhandlungen, (3) vielen notwendigen Reisen und Treffen außerhalb der eigenen Jurisdiktion und (4) solche, die kompliziertem technischen Sachverstand benötigen.[1138] Besonders wirksam erwies sich der Einsatz in komplexen und zeitintensiven Großverfahren mit zahlreichen Klägern und Beklagten.[1139] Gerade bei class actions oder mass tort claims kann ein neutraler Dritter das Gericht bei der Gestaltung eines mehrstufigen Prozesses zur Behandlung der Ansprüche, der Ermittlung des von der Beklagten zu zahlenden Gesamtbetrags oder bei der Entwicklung eines administrativen Verfahrens für die Zahlung von Schadensersatz unterstützen. Auch könnte er eine fachliche Einschätzung zu dem Fall abgeben oder auf persönlicher Ebene bei der Befriedung der Anwälte eingesetzt werden.[1140] In der Vergangenheit wurden special master bei großen Massenschadensfällen wie Asbest, DES, Agent Orange[1141] oder Dalkon Shields[1142] eingesetzt.[1143] Auch in neueren Fällen wird die Praxis genutzt. So wurde in den Diesel-Fällen der VW AG Robert S. Mueller von dem im Rahmen der MDL[1144] zuständigen Gericht

1134 *Scheindlin*, 58 DePaul L. Rev. 479, 485–486 (2009).
1135 *Feinberg*, 59 Alb. L. Rev. 881, 892 (1995).
1136 *Gring*, 6 Ohio St. J. on Disp. Resol. 21, 35 (1990).
1137 *Feinberg*, 59 Alb. L. Rev. 881, 884 (1995).
1138 *Aspen*, Special masters as mediators: Intensive ad hoc mediation, in: Fine/Plapinger, ADR and the courts, 225, 228.
1139 *Feinberg*, 59 Alb. L. Rev. 881, 884 (1995).
1140 *Niemic/Stienstra/Ravitz*, Guide to Judicial Management of Cases in ADR, 2001, S. 32.
1141 Siehe zum Sachverhalt und grob skizzierten Ablauf der Agent Orange-Prozesse Fn. 643.
1142 Siehe zum Ablauf des Dalkon Shield Claimats Trust 2. Kapitel:§ 2 A.
1143 *Feinberg*, 59 Alb. L. Rev. 881, 884 (1995).
1144 Siehe genaueres zur Multidistrict Litigation (MDL) Fn. 634.

als settlement master ernannt, um das Gericht bei den Vergleichsverhandlungen entsprechend zu unterstützen.[1145] Robert S. Mueller wurde seitens des Gerichts auch ermächtigt, gewisse Anordnungen zu treffen: So hatte er die Möglichkeit, nach seinem Ermessen Verhandlungen anzuordnen und zu entscheiden, wer an diesen teilnimmt sowie wann und wo diese stattfinden.[1146] Mass torts sind der derzeit wichtigste Anwendungsbereich von settlement masters. Viele Gruppenvergleiche kamen entsprechend unter Einsatz eines settlement masters zustande.[1147] Daneben kommt er auch zum Einsatz, wenn es um die Verteilung öffentlicher Ressourcen geht.[1148]

Der special master lässt sich nicht richtig einordnen in das System der Alternativen Streitbeilegung. Nach *Duve* handelt es sich bei dem Einsatz eines special masters um eine Person, die grundsätzlich verschiedene Techniken der Alternativen Streitbeilegung einsetzen kann, wenngleich sie überwiegend als Mediatoren tätig werden.[1149] Es besteht sogar die Möglichkeit, dass die Parteien den special master bitten, kleinere Streitfragen verbindlich zu entscheiden, womit er teilweise auch als Schiedsrichter tätig sein könnte.[1150] Dabei stehen dem special masters mehr Rechte als einem „normalen Mediator" zu: Während die Mediation ein gänzlich freiwilliges Verfahren ist, kann das Gericht – oder in dem Fall von VW, der settlement master selbst – das Erscheinen der Parteien vor dem settlement master teilweise sogar anordnen.[1151] Um eine Form der Mediation handelt es sich somit nicht. Vielmehr werden durch den settlement master die Möglichkeiten des Gerichts erweitert. Die Auswahl der Methode, wie er zu einem Vergleich kommt, steht dem settlement master dabei frei.

1145 In Re: Volkswagen „clean diesel" marketing, sales practices, and product liability litigation, pretrial order no. 6: Appointment of Robert S. Mueller III as settlement master. Ex-FBI-Chef *Mueller* wurde am 17. Mai 2017 auch zum Sonderermittler zur Aufklärung der potentiellen Verwicklungen des ehemaligen US-Präsident Donald Trump mit der russischen Administration ernannt.

1146 Nr. 3 lit. a der o.g. Pretrial Order No. 6.

1147 *Niemic/Stienstra/Ravitz*, Guide to Judicial Management of Cases in ADR, 2001, S. 33.

1148 *Kenneth Feinberg* wurde beispielsweise nach den Anschlägen vom 11. September 2001 bei der Verteilung des "september 11th victim compensation fund" eingesetzt (*Feinberg*, Who gets what, 2012, S. 41).

1149 *Duve*, Mediation und Vergleich im Prozess, 1999, S. 69.

1150 *Ders.*, Mediation und Vergleich im Prozess, 1999, S. 106, der auf die Schilderungen durch special master *Goldberg* verweist.

1151 *Susskind*, 1 Negot. J. 295, 297–298 (1985).

3. *Eignung für die Leistungsphase*

Ausweislich der Gesetzesbegründung zum Musterfeststellungsverfahren sei eine obligatorische Güterverhandlung, in der der Güterichter auch das Mediationsverfahren einsetzen kann, nicht „mit dem Charakter und der Funktion der Musterfeststellungsklage [...] vereinbar".[1152] Und tatsächlich sind die eigentlich anspruchsberechtigten Geschädigten während des Musterfeststellungsverfahrens nicht direkt an dem Verfahren beteiligt. Die Durchführung eines Mediationsverfahrens durch den Güterichter erscheint somit in diesem Verfahrensstadium schwierig. Umso erstaunlicher ist, dass der erste große Vergleich in einem Musterfeststellungsverfahren durch Unterstützung eines Güterichters zustande kam. In den Diesel-Verfahren gelang den Parteien vor dem OLG Braunschweig, unter Beteiligung des dortigen Gerichtspräsidenten als Güterichter, der entscheidende Durchbruch.[1153] Dies zeigte bereits wie geeignet eine drittunterstützte Verhandlung in einem Massenschadensfall in der Praxis sein kann.

Das Ziel der Verhandlungen zwischen dem Verband und der Beklagten sollte, wie in Kapitel 1 festgestellt, zunächst nur in einem Eckpunktevergleich liegen. Sowohl die Moderation als auch ein Mediationsverfahren könnten mit dem Ziel eines Eckpunktevergleichs (als Abschlussvereinbarung) geführt werden. Bei dem Inhalt des Eckpunktevergleichs müsste sich – dem Harvard-Prinzip folgend – nicht zwingend nur auf den Streitgegenstand und die geltend gemachten Ansprüche aus dem Musterverfahren beschränkt werden, vielmehr bietet ein komplexes Großverfahren auch viele Möglichkeiten zur Erweiterung des Verhandlungsgegenstands. Eine interessenorientierte Verhandlung bietet den Parteien mehr Möglichkeiten, sich zu vergleichen als eine positionsorientierte. Bei Massenverfahren steht die Analyse der verschiedenen Interessen gerade wegen der zahlreichen Beteiligten im Vordergrund.[1154] Die Interessen sind, wie bereits dargestellt, bei einem Musterfeststellungsverfahren, insbesondere durch Zwischenschaltung des Verbands, besonders vielschichtig.[1155] Hinzukommt, dass die Anmelder während des Verfahrens kaum beteiligt werden.[1156] Ein Mediator oder Moderator könnte sich in der Leistungsphase ein gutes Bild über die Interessen und Positionen der eigentlich Geschädigten verschaffen und diese

1152 Aus diesem Grund sind die § 278 Abs. 2 bis 5 gem. § 611 Abs. 5 S. 2 ZPO nicht anzuwenden; BT-Drs. 19/2439, 27.

1153 Siehe genauer zum Ablauf des Verfahrens unter 2. Kapitel:§ 2 C.

1154 *Sander/Goldberg*, 10 Negot. J. 49, 66 (1994).

1155 Siehe zu den Interessenkonflikten im Musterverfahren 1. Kapitel:§ 4.

1156 Siehe zur Beteiligung der Anmelder 1. Kapitel:§ 4 B.II.3.b).

zusammentragen. Die Mediation ist gerade wegen ihrer Strukturiertheit und Fixierung auf eine Entscheidungsfindung zielorientierter als eine bloße Moderation. Es ist nicht auszuschließen, dass die im Musterverfahren angemeldeten Ansprüche von den in einer späteren Leistungsphase geltend gemachten Ansprüchen abweichen. Das Mediationsverfahren ist nicht zur konkreten Beilegung der einzelnen Streitfälle geeignet. Es handelt sich nicht um ein standardisiertes Verfahren mit dem kostengünstig und schnell eine individuelle Lösung für die Geschädigten gefunden werden kann. Die Ansprüche und Interessen der vormaligen Anmelder können durch den Mediator lediglich im Großen und Ganzen analysiert und schematisiert werden, um schlussendlich Kriterien für eine Rahmenvereinbarung zu entwickeln.

Gegen die Anwendung der Mediation in der Leistungsphase spricht, dass bei Erfolgslosigkeit die gesamten Transaktionskosten des Verfahrens erhöht werden und das Verfahren grundsätzlich auch als Instrument zur weiteren Verzögerung eingesetzt werden könnte.[1157] Ein Blick auf die Möglichkeiten der Massenmediation bei Großprojekten sowie auf die mass desaster mediation und das Wirken des settlement master in den USA hat gezeigt, dass eine drittunterstützte Verhandlung in Massenschadensfällen in der Praxis zu guten Ergebnissen führen kann. Der Aufwand hat sich in der Vergangenheit somit durchaus gelohnt. Schließlich überwindet die Mediation von allen AS-Verfahren bestehende Vergleichs- und Einigungshindernisse in der Regel am besten.[1158] Dies gilt vor allem für kognitive Einigungshindernisse, die während des gesamten Musterverfahrens bestehen.[1159] Während der bereits dargestellten Agent Orange-Fälle[1160] bemühte sich der special master beispielsweise die überoptimistische Selbsteinschätzung der Parteien zu überwinden und stellt diesen in Form eines reality testing gezielte Fragen zu den eigenen Stärken und Schwächen.[1161] Die Mediation stellt als Verfahren eine Komplettierung des bestehenden Rechtsschutzsystems dar, bei dem die Interessen der Parteien und nicht Positionen und Rechtsfragen im Vordergrund stehen.[1162]

1157 *Sundermeier*, in: Fritz/Pielsticker, Handbuch zum Mediationsgesetz, 2020, Teil 6 - B. Rn. 44.

1158 *Sander/Goldberg*, 10 Negot. J. 49, 66 (1994).

1159 Siehe zu den kognitiven Einigungshindernisse im Musterfeststellungsverfahren 1. Kapitel:§ 3.

1160 Siehe zu den Agent Orange Fällen Fn. 643.

1161 *Duve*, Mediation und Vergleich im Prozess, 1999, S. 145.

1162 *Hirsch*, ZRP 2012, 189.

B. Vorschlagsverfahren – Schlichtung

Bei der Schlichtung als klassischem Vorschlagsverfahren ermittelt ein neutraler Dritter den Sachverhalt und legt den Parteien anschließend einen Schlichtungsvorschlag zur Annahme vor.[1163] Verbraucher können sich, nachdem sie eine Dienstleistung oder Warenlieferung erfolglos gerügt haben, an eine der aktuell 25 anerkannten Verbraucherschlichtungsstellen wenden.[1164] Der Ursprung der Schlichtungsstellen in Deutschland liegt bei den kommunalen Schiedsämtern und lässt sich bis in die erste Hälfte des 19. Jahrhunderts hinein belegen.[1165] Die modernen Schlichtungsstellen gehen auf die unternehmensinternen Beschwerdestellen zurück. Diese konnten allerdings im Gegensatz zu nicht in das Unternehmen eingegliederten Schlichtungsstellen keine Neutralität für sich beanspruchen.[1166] Die Schlichtung ist dann besonders relevant, wenn die Parteien von der objektiven Bewertung eines Dritten profitieren wollen und die Klärung streitiger Tatsachen- und/oder Rechtsfragen für die Lösung des Konflikts wichtig ist.[1167] Während der Dauer eines Verfahrens vor einer staatlichen oder staatlich anerkannten Streitbeilegungsstelle gilt die Verjährung gem. §§ 204 Abs. 1 Nr. 4 lit. a, Abs. 2 S. 1, 209 BGB als gehemmt.

I. Der Schlichtungsbegriff

Der Gesetzgeber hat den Schlichtungsbegriff nie bestimmt, weshalb dieser uneinheitlich verwendet wird.[1168] Dies ist darauf zurückzuführen, dass es bei Verabschiedung des VSBG bereits eine bestehende (verfahrensoffene) Schlichtungspraxis in Deutschland gab, die durch eine gesetzliche Bestimmung nicht beeinträchtigt werden sollte.[1169] Vorliegend wird dem engen Schlichtungsbegriff

---

1163 *Prütting*, AnwBl 2000, 273, 275.

1164 Eine gute Übersicht befindet sich im aktuellen Verbraucherschlichtungsbericht (*Bundesamt für Justiz,* Verbraucherschlichtungsbericht 2018, 2018, S. 32).

1165 *Röthemeyer*, in: Roder/Röthemeyer/Braun, Verbraucherstreitbeilegungsgesetz, 2017, § 1 Rn. 41; die kommunalen Schiedsämter gibt es in einigen Bundesländern immer noch. Die Schiedsmänner und Schiedsfrauen versuchen in einfach gelagerten Fällen wie im Nachbarschafts- und Ehrschutzrecht eine Streitlösung herbeizuführen (*Röthemeyer*, in: Borowski/Röthemeyer/Steike, VSBG, 2016, Einführung Rn. 75).

1166 *Basedow*, JZ 2018, 1, 10.

1167 *Greger*, in: Greger/Unberath/Steffek, Recht der alternativen Konfliktlösung, 2016, D. Rn. 58.

1168 *Röthemeyer*, in: Roder/Röthemeyer/Braun, Verbraucherstreitbeilegungsgesetz, 2017, § 1 Rn. 50; MüKoZPO/*Münch*, ZPO, vor § 1025 Rn. 28.

1169 Vgl. BR-Drs. 258/15, 47.

gefolgt. Die Schlichtung im engeren Sinne bezeichnet ein konkretes Verfahren, das vorliegt, wenn der Streitmittler nach der Verfahrensordnung verpflichtet ist, den Parteien einen Vorschlag zur gütlichen Beilegung der Streitigkeit zu unterbreiten.[1170] Der weite Schlichtungsbegriff bezieht sich entsprechend des Wortlauts aus § 1 Abs. 1 S. 1 VSBG allgemein auf die „außergerichtliche Beilegung von Streitigkeiten [...] unabhängig von dem angewendeten Konfliktbeilegungsverfahren" und dient als Oberbegriff für sämtliche AS-Verfahren.[1171] Dieses Verständnis zeige sich auch daran, dass der Gesetzgeber den Begriff sogar im Zusammenhang mit Entscheidungsverfahren verwende.[1172] Da bereits oben die „Alternative Streitbeilegung" als Oberbegriff identifiziert wurde[1173] und die vorliegende Untersuchung methodisch vorgenommen wird, ist die Verwendung des engen Schlichtungsbegriffs nur konsequent. Bei der Abgrenzung zu anderen AS-Verfahren kommt dem Schlichtungsvorschlag gem. § 19 VSBG besondere Bedeutung zu. Die meisten Streitbeilegungsstellen führen das Schlichtungsverfahren im engeren Sinne durch.[1174]

II. Abgrenzung zur evaluativen Mediation

Problematisch ist die Abgrenzung der Schlichtung zur sog. „evaluativen Mediation". Bei dieser besteht die Möglichkeit, dass der Mediator die Lösungssuche mit eigenen Vorschlägen fördert.[1175] Befürworter der evaluativen Mediation grenzen zur Schlichtung anhand des Zeitpunkts an dem die Parteien bestimmen, dass der Mediator einen Vorschlag unterbreiten darf, ab.[1176] Wünschen die Parteien, dass der Mediator am Schluss des Verfahrens einen Einigungsvorschlag unterbreitet, so handele es sich grundsätzlich weiterhin um eine Mediation. Der Mediator habe sich schließlich verpflichtet, die Parteien bei der Beilegung des Konflikts zu unterstützen. Er könne sich deshalb nicht dem Wunsch der Parteien verschließen, einen Schlichtungsvorschlag zu unterbreiten.[1177] Dem hält

1170 *Prütting*, AnwBl 2000, 273, 275; vgl. dazu auch BT-Drs. 258/15, 76.

1171 *Berlin*, § 24a, in: Tamm/Tonner/Brönneke, Verbraucherrecht, Rn. 13.

1172 *Prütting*, AnwBl 2000, 273, 275.

1173 Siehe zum Begriff der Alternativen Streitbeilegung Einleitung § 4 A.

1174 *Prütting*, AnwBl 2000, 273, 275.

1175 *Greger*, in: Greger/Unberath/Steffek, Recht der alternativen Konfliktlösung, 2016, § 1 MediationsG Rn. 5.

1176 *Risse*, § 35 - Mediation im Wirtschaftsrecht, in: Haft/Schlieffen, Handbuch Mediation, Rn. 93 f.

1177 *Ders.*, § 35 - Mediation im Wirtschaftsrecht, in: Haft/Schlieffen, Handbuch Mediation, Rn. 94.

eine andere Ansicht[1178] entgegen, dass die Grenzen zwischen den einzelnen AS-Verfahren komplett verwischen würden, wenn keine Umwandlung stattfände. Deshalb läge stets dann eine Schlichtung vor, sobald die Parteien vereinbaren, dass der „Mediator“ einen Einigungsvorschlag machen dürfe. Dieser differenzierenden Ansicht wird vorliegend gefolgt. Die Verfahren müssen für ein effektives Verfahrensdesign klar abgrenzbar sein. Da in Form des MediationsG ein konkretes Verfahren geregelt ist, erscheint es vorzugswürdig, ein rechtssicheres Abgrenzungskriterium in Form des Einigungsvorschlags gelten zu lassen. Dies gilt unabhängig von dem Zeitpunkt an dem die Parteien und der Streitmittler vereinbaren, dass ein solcher erfolgen soll. Eine Kombination aus beiden Verfahren wäre konsequenterweise weder eine reine Schlichtung noch eine reine (evaluative) Mediation, sondern ein hybrides AS-Verfahren, worauf später noch Bezug genommen wird.[1179]

III. Der Verfahrensablauf am Beispiel der Schlichtungsstelle für den öffentlichen Personenverkehr (söp)

Der Ablauf eines klassischen Schlichtungsverfahrens kann anhand der Vorgehensweise der Schlichtungsstelle für den öffentlichen Personenverkehr e.V. (söp) beschrieben werden. Diese hat sich zum Ziel gesetzt, individuelle Streitigkeiten zwischen Reisenden und Unternehmen unabhängig und neutral beizulegen. Alle 400 Unternehmen, die aktuell (Stand: Juli 2021) Mitglied im Trägerverein der söp sind, haben sich bereiterklärt an den AS-Verfahren mitzuwirken.[1180] Finanziert wird die Schlichtungsstelle durch die Mitgliedsunternehmen, weshalb die Schlichtungsangebote für die Reisenden kostenlos sind.[1181] Die Schilderung des Verfahrensablaufs erfolgt auf Grundlage der Verfahrensordnung der Schlichtungsstelle[1182] und anhand von Publikation des Leiters der Schlichtungsstelle:[1183]

1178 *May/May/Goltermann*, Schlichtung in der wirtschaftsrechtlichen Praxis, 2018, Rn. 28.

1179 Siehe zu Hybridverfahren 3. Kapitel:§ 2 D.

1180 *Schlichtungsstelle für den öffentlichen Personenverkehr e.V.* (söp), Das Schlichtungsverfahren, 2020.

1181 *Berlin*, Verfahrensspektrum und Praxisbeispiele von Verbraucher ADR, in: Althammer, Verbraucherstreitbeilegung, 43, 49.

1182 *Schlichtungsstelle für den öffentlichen Personenverkehr e.V.* (söp), Verfahrensordnung, 2018 (Stand 1/2018).

1183 *Berlin/Isermann*, Konfliktmanagement im Business-to-Consumer-Kontext am Beispiel der Schlichtungsstelle für den öffentlichen Personenverkehr (söp), in: Gläßer/Kirchhoff/Wendenburg, Konfliktmanagement in der Wirtschaft, 243 ff.; *Berlin*,

Nach § 2 Abs. 2 der Verfahrensordnung behandelt die söp ein Schlichtungsanliegen erst, wenn der Reisende sein Anliegen zuvor gegenüber dem Unternehmen geltend gemacht hat und dieses Gelegenheit hatte, in angemessener Zeit dazu Stellung zu nehmen. Die eigentliche Antragstellung erfolgt im Regelfall über ein Online-Formular. Direkt im Anschluss wird der Eingang des Antrags gem. § 3 Abs. 2 bestätigt und der Reisende wird über den weiteren Verfahrensgang informiert. Zunächst wird das Unternehmen als Beschwerdegegner über den Antrag informiert und erhält Gelegenheit zur Stellungnahme. Nach § 9 Abs. 3 kann der Beschwerdegegner die Forderung in diesem Stadium auch sofortig anerkennen, was in der Folge zur Beendigung des Verfahrens führen würde. Sollte der Antrag hingegen nach Ansicht des Fallbearbeiters bereits anhand der eingereichten Unterlagen der Schlichtungsstelle offensichtlich unbegründet sein, wird dies dem Reisenden in Form eines Kurzentscheids nach § 9 Abs. 4 erläutert und das Verfahren kann auch auf diese Weise enden. Ist beides nicht der Fall, so unterstützt die söp dem Verbraucher als Beschwerdeführer bei der Konkretisierung seines Antrags und die söp kann den Sachverhalt gem. § 6 Abs. 3 in jeder Lage des Verfahrens aufklären. Nach einer individuellen Einzelfallprüfung ergeht entsprechend § 20 Abs. 2 VSBG innerhalb von 90 Tagen „nach Vorlage aller dafür notwendigen Unterlagen" eine schriftliche Schlichtungsempfehlung an beide Parteien. Diese ist gem. § 10 Abs. 1 für beide Parteien unverbindlich. Eine Einigung findet erst durch beidseitige Annahme des Vorschlags statt.

IV. Eignung für die Leistungsphase

Das Schlichtungsverfahren ist im Gegensatz zur Mediation grundsätzlich besser geeignet für die Beilegung individueller Streitigkeiten zwischen einem Verbraucher und einem Unternehmen. Es ist vor allem dann als Verfahren sehr geeignet, je mehr Tatbestandsmerkmale in dem Musterfeststellungsverfahren verbindlich festgestellt werden konnten. Das Schlichtungsverfahren wäre gut geeignet, wenn im Anschluss an das Musterfeststellungsverfahren nur noch einzelne (individuelle) Tatsachenfragen wie etwa die Bemessung der Höhe einer Zahlungsverpflichtung festzustellen sind und auf Grundlage dessen einen (individuellen) Einigungsvorschlag abzugeben ist. *Gurkmann* empfände eine Arbeitsteilung zwischen dem Musterfeststellungsgericht und einer Schlichtungsstelle als gut. Das Gericht könne sich auf erster Stufe mit den für alle Verbraucher geltenden

---

Verfahrensspektrum und Praxisbeispiele von Verbraucher ADR, in: Althammer, Verbraucherstreitbeilegung, 43, 50 ff.

grundsätzlichen und zentralen Rechtsfragen beschäftigen, während die Schlichtungsstelle sich in der Leistungsphase der Prüfung individueller Nachweise annehmen könne.[1184] Insgesamt bietet ein Schlichtungsverfahren einige Vorteile im Vergleich zur Durchführung eines gerichtlichen Individualverfahrens: Sowohl für Verbraucher als auch für Unternehmen wäre das Kostenrisiko besser kalkulierbar. Das Verfahren müsste nicht mehrere Instanzen durchlaufen. Auch wäre das Schlichtungsverfahren für die meisten Verbraucher kostenfrei und sie kämen – wie an dem Beispiel der söp dargestellt und in § 20 Abs. 2 VSBG geregelt – grundsätzlich innerhalb von 90 Tagen nach Eingang der vollständige Beschwerdeakt zu einem konkreten Einigungsvorschlag. Die Schlichtung könnte damit für beide Seiten schneller und billiger als ein gerichtliches Individualverfahren sein.[1185] Gerichtsverfahren weisen zudem einen kontradiktorischen Charakter auf, der Konflikte auch in Situationen verschärfen könnte, wo die Parteien eigentlich an der Wiederherstellung der Beziehung interessiert sind.[1186] Bei Schlichtungsverfahren steht (genauso wie bei der Mediation) die Rechtsdurchsetzung im Hintergrund,[1187] wenngleich sich die Schlichtungsstelle bei ihrem Vorschlag an dem geltenden Recht zu orientieren hat.[1188]

Allerdings gibt es auch Gründe, die gegen eine wirksame Inanspruchnahme der Schlichtungsstellen im Anschluss an ein positives Musterfeststellungsurteil sprechen: Die Schlichtungsverfahren finden überwiegend schriftlich statt. Die Bürger müssen sich ohne Rechtsbeistand schriftlich ausdrücken können und einen möglichst verständlichen und geordneten Sachvortrag leisten. Der Vorschlag der Schlichtungsstelle kann zudem mangels Beweisaufnahme von einer Gerichtsentscheidung negativ abweichen.[1189] Aus diesem Grund wird teilweise von einem „Verbraucherschutz zweiter Klasse“[1190] oder der

---

1184 *Gurkmann*, Anmerkungen zu Lücken im kollektiven Rechtsschutz und dem Gesetzentwurf des BMJV zur Einführung der MFK, in: Schäfer, Der Gesetzesentwurf zur "Musterfeststellungsklage", 46, 74.

1185 *Meller-Hannich/Nöhre*, NJW 2019, 2522, 2525; da die amtlichen Statistiken zu Gerichtsverfahren bereits ab Eingang der Klage berechnet werden und die Vorlaufphase nicht erfasst wird, ist ein Vergleich der Verfahrensarten hinsichtlich der Dauer statistisch schwierig (*Röthemeyer*, in: Borowski/Röthemeyer/Steike, VSBG, 2016, Einführung Rn. 66); bei den Amtsgerichten wurde etwa die Hälfte der Verfahren innerhalb von 3 Monaten bearbeitet (*Statistisches Bundesamt* 2019, 26).

1186 *Basedow*, JZ 2018, 1, 7 f.

1187 *Ders.*, JZ 2018, 1, 11.

1188 Siehe zur Rolle des Rechts in der Schlichtung und Mediation 4. Kapitel:§ 1 B.III.1.

1189 *Limperg*, BRAK-Mitt. 2015, 225, 226.

1190 *Roth*, DRiZ 2015, 24 ff.

„Schlichtungsfalle“[1191] gesprochen. Es ist für viele Verbraucher nicht ersichtlich, welchen Einfluss der Träger der jeweiligen Schlichtungsstelle auf die Schlichtungstätigkeit nehmen kann und Entscheidungen werden – im Gegensatz zu einem gerichtlichen Verfahren – nicht veröffentlicht.[1192]

Die Schlichtungsstellen treten insbesondere zu den bereits angesprochenen Inkassodienstleistern in Konkurrenz.[1193] Es zeigte sich in der Vergangenheit, dass die Schlichtungsstellen im Vergleich zu diesen deutlich weniger in Anspruch genommen werden, obwohl die Plattformen teilweise bis zu 30 % des erstrittenen Betrags als Erfolgshonorar einbehalten, während die Schlichtungsstellen die Prüfung des Antrags meist kostenfrei anbieten.[1194] Dies verdeutlicht ein Vergleich zwischen der Anzahl der Nutzer der söp und der Flightright GmbH, einem (von vielen) Anbieter(n) zur Durchsetzung von Fluggastrechten.[1195] Dies hat damit zu tun, dass die Schlichtung in den Augen vieler Betroffener als Kompromiss wahrgenommen wird, während die Inkassodienstleister eine volle Rechtsdurchsetzung versprechen. Auch erfordert die komplette Delegation des Rechtsstreits durch das Ausfüllen eines Formulars bei einer Legal-Tech-Plattform weniger Eigeninitiative als bei Schlichtungsstellen, wo der Verbraucher grundsätzlich selbst Partei des Verfahrens bleibt.[1196] Weiterhin ist davon auszugehen, dass sich Verbraucher heutzutage bei einem Problem zunächst im Internet unter Eingabe der entsprechenden Suchbegriffe informieren. Kommerzielle Inkassodienstleister sind in den Suchmaschinen schlichtweg besser und werbewirksamer platziert als kostenfreie Schlichtungsstellen.[1197] Die Kombination aus Sichtbarkeit und Bequemlichkeit auf Seiten der Verbraucher verhilft den Inkassodienstleistern

---

1191 *Eidenmüller/Engel*, ZIP 2013, 1704 ff.

1192 *Limperg*, BRAK-Mitt. 2015, 225, 226.

1193 Siehe zur Forderungseinziehung durch Inkassodienstleister 3. Kapitel:§ 1 D.

1194 *Greger*, AnwBl 2017, 932.

1195 Die Legal Tech-Plattform gab im Jahr 2016 an, dass es seit seiner Gründung im Jahr 2010 etwa 2 Mio. Nutzern erfolgreich zu einer Entschädigung verholfen habe (*Flightright GmbH,* Die 4 spannendsten Flugfakten 2016, 06.12.2019); im Jahr 2016 sind bei der söp insgesamt 13.626 Anträge eingegangen, wovon 10.000 Fluggastrechte zum Gegenstand hatten. Die Schlichtungsquote betrug dabei 76,7 % (*Schlichtungsstelle für den öffentlichen Personenverkehr e.V.* (söp), Jahresbericht 2016, 2017); im Jahr 2015 gingen insgesamt 11.644 Anträge (davon 8.000 Fluggastrecht) bei einer Schlichtungsquote von 90,7 % ein (*Schlichtungsstelle für den öffentlichen Personenverkehr e.V.* (söp), Jahresbericht 2015, 2016).

1196 *Greger*, AnwBl 2017, 932, 933.

1197 *Hess*, JZ 70 (2015), 548, 552.

somit trotz eines vergleichsweise hohen Honoraranspruchs zu verhältnismäßig mehr Erfolg. Hinzukommt, dass die Legal Tech-Plattformen durch ihr konfrontatives – und damit für den Verbraucher erfolgversprechenderes – Auftreten eher die volle Rechtsdurchsetzung verkörpern, während bei beispielsweise bei der söp die Tatsache, dass sie durch die Unternehmen finanziert wird, gegen die letztendlich der Anspruch gerichtet sein soll, das gegenteilige Gefühl erzeugt wird.[1198] Es ist nicht auszuschließen, dass die Schlichtungsstellen bei einem entsprechenden Alternativ-Angebot durch einen Legal Tech-Dienstleister in den Augen der Verbraucher das Nachsehen haben.

Einige Stimmen aus der Literatur sind aus einem anderen Grund skeptisch was den Erfolg der Kombination von Musterfeststellungsklage und Schlichtung angeht: Es wird bezweifelt, dass die Unternehmen freiwillig an dem Verfahren teilnehmen werden.[1199] Die Teilnahme der Unternehmen ist grundsätzlich freiwillig und es steht den Unternehmen gem. § 15 Abs. 2 VSBG grundsätzlich frei, ob sie sich an einem solchen Verfahren beteiligen.[1200] Tatsächlich hängt der Erfolg der Schlichtung von der Teilnahmebereitschaft der Unternehmen ab und diese scheint bislang gering zu sein.[1201] Diese Bedenken sind auch nicht abstrakter, sondern sehr konkreter Natur. So verweigert eine große Zahl von Handelsunternehmen grundsätzlich die Teilnahme an einem Schlichtungsverfahren.[1202] Erfahrungen mit der Tätigkeit der Allgemeinen Verbraucherschlichtungsstelle in Kehl haben gezeigt, dass die einseitige Pflicht zur Gebührentragung durch die Unternehmen wesentlich für die Verweigerung der Teilnahme an dem

---

1198 So tritt die söp deutlich neutraler auf, während flightright mit konfrontativen Slogans wie „Die Airline zahlt nicht? Nicht mit uns!" wirbt. Zudem werden in jedem Bericht über das Flugjahr namentlich Airlines als „Die Verweigerer" oder „Die Zeitschinder" bezeichnet (*Flightright GmbH,* Die 4 spannendsten Flugfakten 2016, 06.12.2019).

1199 So etwa *Hirsch*, ZKM 2019, 67, 68; *Röthemeyer*, VuR 2019, 87, 89; *Augenhofer* in der öffentlichen Anhörung zur Musterfeststellungsklage im Ausschuss für Recht und Verbraucherschutz (Nr. 19/15), S. 37.

1200 *Hirsch*, ZKM 2019, 67, 68.

1201 Demnach lehnten in dem Untersuchungszeitraum zwischen 1. August 2017 und 31. Juli 2018 ganze 73 % der Unternehmen die Durchführung eines Schlichtungsverfahrens vor der Allgemeinen Verbraucherschlichtungsstelle ab (BT-Drs. 19/6890, 1).

1202 So verweigern nach einer Untersuchung der Stiftung Warentest aus dem Jahr 2017 18 der 19 untersuchten Handelsunternehmen die Teilnahme an einem Schlichtungsverfahren (*Stiftung Warentest,* Handel - Amazon, Otto & Co haben null Bock auf Schlichtung, 2017).

Schlichtung sei.[1203] Es ist auch nicht auszuschließen, dass sich viele Unternehmen deswegen nicht zur Durchführung eines Schlichtungsverfahrens bereit erklären, weil der aktive Wunsch, Vergleichsgespräche zu führen, als Schwäche ausgelegt werden könnte.[1204] Nicht nur die Verbraucher, sondern auch die beklagten Unternehmen müssten daher von der Teilnahme an einem Schlichtungsverfahren im Anschluss an ein Musterfeststellungsurteil überzeugt werden. Aus Unternehmenssicht dürfte auch der eingeschränkte Erledigungsumfang gegen eine Teilnahme sprechen. Die Schlichtung nimmt den Einzelfall und nicht das große Ganze in den Blick. Zur Lösung der Schlichtungsmüdigkeit der Unternehmen wird immer wieder die Einführung einer Teilnahmepflicht (im Anschluss an ein positives Musterfeststellungsurteil) diskutiert.[1205]

C. Entscheidungsverfahren – Das Verbraucherschiedsverfahren

I. Wesensmerkmale

Das bedeutendste Entscheidungsverfahren der Alternativen Streitbeilegung ist das Schiedsverfahren, welches im 10. Buch der ZPO geregelt ist.[1206] Bei diesem verzichten die Parteien durch eine Schiedsvereinbarung auf den nach Art. 101 GG verfassungsrechtlich garantierten gesetzlichen Richter und unterwerfen sich der verbindlichen Entscheidung durch ein privates Gericht.[1207] Die gesetzlichen Vorgaben bestimmen zwar die Rahmenbedingungen eines Schiedsverfahrens, den Konfliktparteien wird aber gem. § 1042 Abs. 3 ZPO die Möglichkeit eröffnet, die Person des Schiedsrichters und das Verfahren im Übrigen frei zu gestalten.[1208] Nach Vollstreckbarerklärung durch das Schiedsgericht kann gem. § 794 Abs. 1 Nr. 4a i. V. m. § 1060 f. ZPO auch tituliert die Zwangsvollstreckung betrieben werden.[1209] Schiedsgerichte ersetzen dabei staatliche Gerichte,

---

1203 Referentenentwurf des Bundesministeriums der Justiz und für Verbraucherschutz für eine Verordnung zur Regelung der Organisation, des Verfahrens und der Beendigung der Beleihung oder der Beauftragung der Universalschlichtungsstelle des Bundes (UnivSchlichtV), S. 14.

1204 Bezogen auf Schiedsverfahren: *Horvath*, SchiedsVZ 2005, 292, 296; *Bucher*, Bulletin de l'Association suisse de l'arbitrage (ASA) 1995, 568, 574.

1205 Siehe zur Teilnahmepflicht 4. Kapitel:§ 2 C.

1206 *Prütting*, AnwBl 2000, 273, 275.

1207 *Schütze*, Schiedsgericht und Schiedsverfahren, 2016, S. 2.

1208 *Ders.*, Schiedsgericht und Schiedsverfahren, 2016, S. 97.

1209 MüKoZPO/*Münch*, ZPO, vor § 1025 Rn. 8.

die nur in wenigen Ausnahmefällen tätig sein dürfen.[1210] Es kann zwischen institutionellen und ad-hoc Schiedsverfahren differenziert werden. Bei institutionellen Schiedsverfahren findet die Schiedsordnung einer mit der Durchführung des Verfahrens beauftragten Schiedsinstitution Anwendung.[1211] Bei einem ad-hoc Schiedsverfahren (oder auch Gelegenheitsschiedsgerichte) obliegt die gesamte Verfahrensgestaltung – jedenfalls im Rahmen der §§ 1025 ff. ZPO – den Parteien.[1212]

II. Erfordernis der Schiedsvereinbarung

Für die Durchführung eines Schiedsverfahrens ist gem. § 1029 Abs. 2 ZPO eine Schiedsvereinbarung notwendig. Diese kann in Form einer selbständigen Vereinbarung (Schiedsabrede) oder in Form einer Klausel in einem Vertrag (Schiedsklausel) geschlossen werden. Auch möglich ist eine einseitige Anordnung zur Errichtung eines Schiedsgerichts gem. § 1066 ZPO (beispielsweise in einem Testament).[1213] Der Gesetzgeber geht grundsätzlich von einer Gleichwertigkeit zwischen staatlichem Gerichtsverfahren und Schiedsgerichtsverfahren aus.[1214] Das Schiedsverfahren ist als AS-Verfahren zwischen einem Unternehmer und Verbraucher nicht schlechthin ausgeschlossen.[1215] Wie jedes AS-Verfahren fußt auch das Schiedsverfahren auf dem Grundsatz der Freiwilligkeit. Die Schiedsvereinbarung führt allerdings dazu, dass der Justizgewährungsanspruch eines Verbrauchers (vgl. § 1032 Abs. 1 ZPO) beschränkt wird, weshalb der Gesetzgeber den Verbraucher durch besondere Formerfordernisse warnen will.[1216] Schiedsvereinbarungen, an denen ein Verbraucher beteiligt ist, müssen somit gem. § 1031 Abs. 5 ZPO in einer von den Parteien eigenhändig unterzeichneten Urkunde enthalten sein. Es muss sich um eine gesonderte oder

---

1210 Etwa zur Aufhebung des Schiedsspruchs bei Verstößen gegen Minimalstandards (§ 1059 Abs. 2 ZPO) (MüKoZPO/*ders.*, ZPO, vor § 1025 Rn. 2).

1211 Die gesetzlichen Vorschriften gem. § 1025 ff. ZPO werden sodann ergänzt durch internationale (International Chamber of Comerce (ICC)) oder nationale (Deutsche Institution für Schiedsgerichtsbarkeit (DIS)) Schiedsgerichtsordnungen, auf die sich die Parteien meist verständigen (MüKoZPO/*ders.*, ZPO, vor § 1025 Rn. 18).

1212 *Haaß*, § 7, in: Haft/Schlieffen, Handbuch Mediation, Rn. 41; MüKoZPO/*Münch*, ZPO, vor § 1025 Rn. 17.

1213 MüKoZPO/*Münch*, ZPO, vor § 1025 Rn. 2.

1214 BT-Drs. 13/5274, 34.

1215 *Haas/Hauptmann*, SchiedsVZ 2004, 175, 187 sprechen in diesem Zusammenhang von "Ungleichgewichtslagen".

1216 Musielak/Voit/*Voit*, ZPO, § 1031 Rn. 1.

zumindest räumlich getrennte Vereinbarung handeln, die nicht in einem Klauselwerk versteckt wird.[1217] Orientiert wird sich hierbei am Verbraucherbegriff aus § 13 BGB, wonach der Verbraucher bei dem Geschäft, das Gegenstand der Streitigkeit ist, zu einem Zwecke gehandelt haben muss, die überwiegend weder seiner gewerblichen noch seiner selbstständigen beruflichen Tätigkeit zugerechnet werden kann. Elementar zur Bestimmung des Verbrauchers ist damit die rechtsgeschäftliche Beziehung.[1218] Bei Ansprüchen aus gesetzlichen Schuldverhältnissen müsste sowieso eine gesonderte Schiedsvereinbarung getroffen werden und es besteht weniger die Gefahr, dass sich diese in einem komplizierten vertraglichen Klauselwerk versteckt. Es ist unerheblich, dass der Musterfeststellungsklage mit § 29c Abs. 2 ZPO ein autonomer prozessualer Verbraucherbegriff zugrunde liegt, der die rechtsgeschäftliche Beziehung gerade nicht in den Mittelpunkt stellt.[1219]

III. Eignung für die Leistungsphase

Es könnte angedacht werden mit den potentiellen Klägern im Anschluss an ein rechtskräftiges Musterfeststellungsurteil eine gesonderte Schiedsabrede zu treffen. In einem Entscheidungsverfahren könnte ein durch die Parteien bestimmter und fachkundiger Richter die nach einem Musterfeststellungsurteil offen gebliebenen Punkte verbindlich entscheiden und so schnell für Rechtssicherheit sorgen. Wegen der Vielzahl der an dem Verfahren beteiligten Parteien und dem Erfordernis der Schiedsvereinbarung, ist das Verfahren für die Leistungsphase allerdings kaum geeignet. Die Beklagte müsste mit jedem Verbraucher eine gesonderte Vereinbarung über Durchführung eines Schiedsverfahrens treffen. Vor allem aus Sicht der Verbraucher sind keine Gründe ersichtlich, warum sie einem derartigen Verfahren – dessen Finanzierung offen ist – zustimmen sollten. Die Vielzahl der an dem Verfahren Beteiligten erschwert den Weg in ein Schiedsverfahren erheblich. Die Aufklärung der Verbraucher über den Verfahrensablauf, die Darstellung eventueller Vorzüge des Verfahrens (Bsp.: Kein Instanzenzug) sowie die Logistik zum Abschluss der Vereinbarung wäre schlichtweg zu aufwendig. Zudem müsste eine hohe Anzahl der Verbraucher zustimmen, damit sich das Verfahren hinsichtlich des Erledigungsumfangs für die Beklagte lohnen würde. Dabei handelt es sich nicht nur um ein Transaktionsproblem, wegen des (zum Teil auch aus dem Transaktionsproblem resultierenden) möglicherweise

1217 Musielak/Voit/*ders.*, ZPO, § 1031 Rn. 11.
1218 Musielak/Voit/*ders.*, ZPO, § 1031 Rn. 8.
1219 BT-Drs. 19/2439, 21.

geringen Erledigungsumfanges entspräche es auch nicht den Interessen der Unternehmen.[1220]

D. Hybridverfahren

Der Duden versteht unter „hybrid" eine Mischung, bzw. etwas, dass aus verschiedenartigen Komponenten zusammengesetzt ist.[1221] Im Alltag begegnet man dem Wort „hybrid" zumeist als Etikett für Produkte, die als technologisch besonders fortschrittlich dargestellt werden sollen, wie etwa Hybridpflanzen oder Hybridfahrzeuge. Im Rahmen der Alternativen Streitbeilegung besteht ebenfalls die Möglichkeit ein individuelles Verfahrensdesign vorzunehmen, um so die jeweiligen Vorteile der Verfahren miteinander zu kombinieren. Dabei können einzelne Verfahrensformen hinter- oder nebeneinander durchgeführt werden.[1222] Letztlich sind, dem Grundsatz der freien, privatautonomen Gestaltbarkeit folgend, viele Verfahrenskombinationen möglich und es eröffnet sich den Parteien ein großer Gestaltungsspielraum.[1223] Die ADR-Richtlinie stellt ausdrücklich klar, dass auch eine Kombination verschiedener Verfahrensarten möglich ist und bekennt sich damit zu einer methodischen Offenheit.[1224] In der Praxis werden Hybridverfahren vor allem bei Verfahren mit zahlreichen Ansprüchen und Gegenansprüchen eingesetzt, etwa bei größeren Infrastruktur und Bauprojekten oder bei umfangreichen Lieferbeziehungen.[1225] Im Folgenden werden in Form des Ombudsmann-Verfahrens sowie der Mediation-Arbitration („Med-Arb") zwei gängige Hybridansätze diskutiert.

1220 Siehe hierzu 1. Kapitel:§ 4 A.III.

1221 „Hybrid" auf Duden online: https://www.duden.de/node/69151/revision/69187 (abgerufen am 25. November 2020).

1222 *Jänicke*, § 78 Alternative Streitbeilegung und Mediation, in: Derleder/Knops/Bamberger, Deutsches und europäisches Bank- und Kapitalmarktrecht, 1435, 1440.

1223 *Klowait/Gläßer*, in: Klowait/Gläßer/Berlin, Mediationsgesetz, 2018, Einleitung Rn. 42.

1224 In Erwägungsgrund 21 der Richtlinie heißt es: „Innerhalb der Union und auch innerhalb der Mitgliedstaaten gibt es ebenso sehr unterschiedliche AS-Verfahren. Dies können Verfahren sein, mit denen eine AS-Stelle die Parteien mit dem Ziel zusammenbringt, sie zu einer gütlichen Einigung zu veranlassen, oder Verfahren, mit denen eine AS-Stelle eine Lösung vorschlägt, oder Verfahren, mit denen eine AS-Stelle eine Lösung auferlegt. Es kann sich auch um eine Kombination von zwei oder mehr derartigen Verfahren handeln. Diese Richtlinie sollte die Gestalt der AS-Verfahren in den Mitgliedstaaten unberührt lassen".

1225 *Pörnbacher*, ZKM 2017, 154, 155 f.

I. Ombudsverfahren

1. Entstehung und Ursprung

Der altertümlich anmutende Begriff „Ombudsmann“ stammt aus Skandinavien und hat seinen Ursprung im Öffentlichen-Recht. Der Ombudsmann[1226] war im Schweden des 19. Jahrhunderts eine öffentlich-rechtliche Institution und sollte dem Untertan bei vermeintlichen Ungerechtigkeiten gegenüber der Obrigkeit zu seinem Recht verhelfen. Bis in die 1970er Jahre hinein gehörte es zu den wesentliche Aufgaben von Ombudsleuten die Rechtmäßigkeit, Transparenz und Bürgerfreundlichkeit der öffentlichen Verwaltung zu kontrollieren.[1227] Daraufhin setzte der Gedanke ein, dass das Verfahren auch auf das Zivilrecht übertragbar sein könnte, da es dort ebenfalls zu ungleichen Machtverhältnissen und einer strukturellen Asymmetrie kommen kann. Das Ombudsmann-Verfahren kann daher als verfahrensrechtliches Instrument zur Verwirklichung des Verbraucherschutzes angesehen werden.[1228] Heute wird der Ombudsmann als jemand verstanden, der Streitigkeiten, sei es privat- oder öffentlich-rechtlicher Natur, außergerichtlich beilegt.[1229] In Deutschland taucht der Begriff im Rahmen der Alternativen Streitbeilegung in zwei unterschiedlichen Ausgestaltungen auf:

1. Zum einen bei der Beilegung von Kundenbeschwerden durch dauerhaft eingerichtete Streitbeilegungsstellen. Diese existieren vor allem für Streitigkeiten mit Geschäftsbanken und Versicherungen.[1230] Im Jahr 1992 rief die Bankwirtschaft in Form des „Ombudsmann für private Banken“ eine private AS-Stelle ins Leben. Die Bankinstitute bemerkten, dass sich negative Gerichtsentscheidungen schlecht auf die Geschäftsbeziehungen zu den Kunden auswirkten und wollten dementsprechend gegensteuern.[1231] Seitdem wurden immer mehr private und öffentliche Ombudsstellen installiert, etwa der „Versicherungsombudsmann“, die „Ombudsstelle für Investmentfonds“ oder der „Ombudsmann für Private Kranken- und Pflegeversicherungen“.

1226 Als Ombudsmann kann natürlich auch eine Frau berufen werden (Ombudsfrau). Zur besseren Lesbarkeit und wegen der Historie des Begriffs wird nachfolgend allein die Bezeichnung Ombudsmann verwendet.

1227 *Hirsch*, ZKM 2013, 15.

1228 *Hirsch*, ZKM 2013, 15; *Hirsch*, NJW 2013, 2088.

1229 *Römer*, NJW 2005, 1251, 1252.

1230 MüKoZPO/*Münch*, ZPO, vor § 1025 Rn. 39.

1231 *Labes*, DZWir 1998, 353, 358.

Der typische Verfahrensablauf der Streitbeilegungsstellen wird im Folgenden anhand des Versicherungsombudsmann dargestellt (hierzu 2).

2. Zum anderen erfolgt die Einrichtung auch bei einmaligen Ereignissen. Während der Ablauf der Ombudsstelle in den Diesel-Verfahren bereits in Kapitel 2 geschildet wurde,[1232] so wurden Ombudsstellen in der Vergangenheit auch bei Großunfallereignissen eingesetzt. Hier fungiert der „Ombudsmann“ als Schnittstelle zwischen Schädiger und Geschädigten. Er wird als Ansprechpartner für die Opfer berufen. Seine Aufgaben in dieser Funktion sollen am Beispiel des ICE-Unglücks von Eschede dargestellt werden (hierzu 3.).

2. *Mechanismus und Verfahrensablauf am Beispiel des Versicherungsombudsmannes*

Die Gründung des Versicherungsombudsmanns e.V. erfolgte im Jahr 2001 durch den Gesamtverband der deutschen Versicherungswirtschaft (GDV) und im Wesentlichen auf Initiative der deutschen Versicherungswirtschaft, die auch die Kosten der Streitbeilegungsstelle trägt.[1233] Mit ihrem Beitritt erkennen die Versicherungen gem. § 5 Abs. 1 der Satzung des Vereins die jeweils gültige Verfahrensordnung des Versicherungsombudsmanns an.[1234] Weiterhin verfügt der Verein über einen Beirat, der sich aus Vertretern der Wissenschaft, Verbraucherorganisationen, der Versicherungsaufsicht, der Vereinsmitglieder und des öffentlichen Lebens zusammensetzt.[1235] Dieser ist als Organ zur Wahrung der Neutralität in § 12 mit satzungsmäßigen Rechten ausgestattet und wirkt unter anderem an der Bestellung des Ombudsmannes durch Beschluss mit.[1236]

Das Ombudsmann-Verfahren beginnt mit der Einlegung einer Beschwerde durch den Kunden der Versicherung. Die Eingangsstelle prüft zunächst die Zulässigkeit der Beschwerde und fordert die entsprechend notwendigen Unterlagen von dem Beschwerdeführer an. Die Zulässigkeit bestimmt sich nach § 2 der Verfahrensordnung des Versicherungsombudsmanns (VomVO).[1237] Es wird u.a. überprüft, ob der Beschwerdeführer Verbraucher ist, der Anspruch bereits beim Beschwerdegegner geltend gemacht wurde, die Beschwerde den Schwellenwert

1232 Siehe zum Ablauf der Ombudsstelle in den VW Fällen 2. Kapitel:§ 2 C.

1233 *Versicherungsombudsmann e.V.*, Wir über uns, 2020.

1234 *Ders.*, Satzung des Vereins Versicherungsombudsmann e.V., 2016.

1235 *Ders.*, Mitglieder des Beirats, 2020.

1236 *Ders.*, Satzung des Vereins Versicherungsombudsmann e.V., 2016.

1237 *Ders.*, Verfahrensordnung für Beschwerden gegen Versicherungsunternehmen (VomVO), 2016.

von EUR 100.000,00 übersteigt oder, ob es sich um einen Anspruch gegen eine private Kranken- oder Pflegeversicherung handelt, für die eine spezielle AS-Stelle zur Verfügung steht.[1238] Der Beschwerdeführer wird gem. § 3 Abs. 4 VomVO bei der Stellung eines sachdienlichen Antrags durch die AS-Stelle unterstützt. Der Ombudsmann übt über die Mitarbeiter der Eingangsstelle, vornehmlich Versicherungskaufleute, die fachliche Aufsicht aus und verfügt über ein entsprechendes Weisungsrecht.[1239] Im Falle der Unzulässigkeit der Beschwerde wird dies dem Beschwerdeführer mitgeteilt und dieser erhält eine begründete negative Mitteilung. Sollte die Beschwerde zulässig sein und alle Unterlagen vorliegen, erhält der Beschwerdeführer eine Eingangsbestätigung und das Hauptverfahren beginnt.[1240] Das Versicherungsunternehmen wird zunächst aufgefordert, innerhalb von drei Wochen eine Stellungnahme abzugeben. Der Ombudsmann ermittelt den Sachverhalt nach § 6 Abs. 2 VomVO – anders als im Zivilverfahren – von Amts wegen. Die Beweisaufnahme durch den Ombudsmann hat allerdings Grenzen. Die Vernehmung eines Zeugen bleibt ihm verwehrt, da er – anders als Gerichte –, Zeugen nicht unter Strafandrohung auf die Wahrheit ihrer Aussagen verpflichten kann. Einzig Urkunden kann er gem. § 6 Abs. 3 VomVO als Beweismittel würdigen.[1241] Ist ein Sachverhalt nicht aufklärbar und es müsste eine Entscheidung nach Beweislast ergehen, führt der Ombudsmann den Parteien dies vor Augen und teilt mit, dass er den Sachverhalt – im Gegensatz zu einem staatlichen Gericht – nicht näher aufklären kann.[1242] Auch trifft der Ombudsmann keine Entscheidung in Fällen, die höchstrichterlich noch nicht entschieden sind. Da der Ombudsmann in Versicherungssachen nicht als „kleiner BGH" auftreten soll und kann, verbleiben Rechtsfragen von grundsätzlicher Bedeutung der Klärung durch ordentliche Gerichte.[1243] Scheitert ein Schlichtungsversuch oder ist ein solcher erfolglos, kann der Ombudsmann gem. § 10 Abs. 3 VomVO basierend auf Recht und Gesetz bei einem Beschwerdewert von bis zu EUR 10.000,00 (einseitig zu Lasten der Versicherung) eine Entscheidung treffen. Bei einem Beschwerdewert zwischen EUR 10.000,00 und EUR 100.000,00 schlägt er lediglich eine Lösung vor. Unabhängig vom Ausgang der Entscheidung, erfolgt die Bekanntgabe an die Parteien gem. § 10 Abs. 4 VomVO schriftlich und begründet.

1238 *Ders.*, Das Schlichtungsverfahren, 2020.
1239 *Römer*, NJW 2005, 1251, 1253.
1240 *Ders.*, NJW 2005, 1251, 1254.
1241 *Ders.*, NJW 2005, 1251, 1254.
1242 *Hirsch*, VuR 2010, 298, 300.
1243 *Römer*, NJW 2005, 1251, 1254.

Es findet eine Kombination aus Entscheidungs- und Vorschlagsverfahren statt. Daran zeigt sich der hybride Charakter des Ombudsmann-Verfahrens.[1244] Mitunter wird der Begriff Ombudsverfahren auch als Synonym für Schlichtungsverfahren verwendet.[1245] Der wesentliche Unterschieds zum einfachen Schlichtungsverfahren liegt in der Möglichkeit, auch verbindliche Entscheidungen treffen zu können. Sein Wirken ist nicht auf einen Schlichtungsvorschlag begrenzt. Das Ombudsmann-Verfahren wird daher vorliegend als Hybridverfahren eingeordnet.

3. *Der Ombudsmann beim ICE-Unglück von Eschede*

Am 3. Juni 1998 ereignete sich eines der schlimmsten Unglücke der deutschen Bahngeschichte. Der ICE 884 verunglückte in Eschede bei Celle in Niedersachsen. Dabei verstarben 101 Personen und 108 wurden teilweise schwer verletzt.[1246] Noch im selben Monat ernannte die Deutsche Bahn AG mit Prof. Dr. Otto-Ernst Krasney, den Vizepräsidenten des Bundessozialgerichts a.D. zum Ombudsmann.[1247] Er sollte im Wesentlichen zwei Aufgaben erfüllen: Zum einen diente er als Ansprechpartner für die Opfer und Hinterbliebenen und sollte in diesem Zusammenhang den Aufbau einer akuten und langfristigen psychologischen und psychologisch-sozialen Betreuung der Opfer (Verletzte und Hinterbliebene) organisieren. Zum anderen sollte er bei den Verhandlungen um finanzielle Entschädigungen als Mittelsmann agieren.[1248] Die Betreuung fand unter dem Dach der durch die Deutsche Bahn AG einberufenen Geschäftsstelle „Eschede-Hilfe“ statt.[1249] Dieser fiel zusammen mit dem Ombudsmann auch die Aufgabe zu, die Verletzten und Hinterbliebenen durch persönliche Hilfe

---

1244 Auch *Fritz*, in: Fritz/Pielsticker, Handbuch zum Mediationsgesetz, 2020, Teil 6 - A. Rn. 45 ordnet das Ombudsmann-Verfahren als hybrides Verfahren ein.

1245 *Hirsch*, NJW 2013, 2088 ff.

1246 *DB AG: Geschäftsstelle "Eschede Hilfe"*, Organisation der psychologischen und sozialen Betreuung der Deutschen Bahn AG, in: Hüls/Oestern, Die ICE-Katastrophe von Eschede, 131.

1247 *Dies.*, Organisation der psychologischen und sozialen Betreuung der Deutschen Bahn AG, in: Hüls/Oestern, Die ICE-Katastrophe von Eschede, 131, 133.

1248 *Krasney*, Aufgaben eines Ombudsmannes für die Opfer von Massenunfällen - Möglichkeiten und Grenzen, in: Koch/Koch-Willingmann, Modernes Schadensmanagement bei Großschäden, 67 f.

1249 *DB AG: Geschäftsstelle "Eschede Hilfe"*, Organisation der psychologischen und sozialen Betreuung der Deutschen Bahn AG, in: Hüls/Oestern, Die ICE-Katastrophe von Eschede, 131, 135.

zu unterstützen. So wurden die genauen Namen und Anschriften der tödlich verunglückten und Verletzten ermittelt, aber es wurden auch besondere Hilfen geleistet, wie die Unterstützung eines Angehörigen bei der Auflösung der Wohnung eines Verstorbenen. Auch hatte der Ombudsmann stets ein offenes Ohr und gab den Opfern und Hinterbliebenen die Möglichkeit, ihrem Schmerz und Kummer Ausdruck zu verleihen.[1250] Zudem sollte er die Geschädigten darüber unterrichten, dass sie sich auf Kosten der Deutschen Bahn AG jederzeit von einem unabhängigen Rechtsanwalt beraten lassen können.[1251] Zum anderen wirkte der Ombudsmann bei den Verhandlungen über die Grundsätze der Entschädigung mit. Dabei agierte er als Mittler zwischen den Interessengemeinschaften der Geschädigten und der Deutschen Bahn AG als Schädigerin. Bei Entschädigungszahlungen im Einzelfall hatte er kein Mitspracherecht.[1252] Die Geschäftsstelle „Eschede Hilfe" verfügte über Experten, die sich im Anschluss um die unbürokratische Bearbeitung der Haftpflichtangelegenheiten im Einzelfall kümmerten.[1253]

Auch hierbei handelte es sich um ein hybrides Verfahren. Der Ombudsmann vermittelte nicht nur, sondern konnte auch aktiv Vermittlungsvorschläge

---

1250 *Krasney,* Aufgaben eines Ombudsmannes für die Opfer von Massenunfällen - Möglichkeiten und Grenzen, in: Koch/Koch-Willingmann, Modernes Schadensmanagement bei Großschäden, 67, 69.

1251 *Ders.,* Aufgaben eines Ombudsmannes für die Opfer von Massenunfällen - Möglichkeiten und Grenzen, in: Koch/Koch-Willingmann, Modernes Schadensmanagement bei Großschäden, 67, 70.

1252 So forderten die Interessengemeinschaften der Hinterbliebenen beispielsweise ein Schmerzensgeld i. H. v. DM 550.000 pro Todesfall von der Deutschen Bahn AG sowie die lebenslage Nutzung einer 1. Klasse DB-Jahresnetzkarte mit einer Begleitperson. Der Ombudsmann ordnete die Forderungen entsprechend ein und man einigte sich schließlich auf ein einheitliches Schmerzensgeld pro Todesfall und bei Verletzten anhand der Schmerzensgeldtabelle. Auch Angehörige erhielten trotz der hohen Anforderungen der Rechtsprechung ein Schmerzensgeld. Weiterhin bestimmte man die Entschädigungen nach der Verschuldenshaftung und die Haftungsgrenze aus § 9 HaftPflG fand keine Anwendung (*ders.,* Aufgaben eines Ombudsmannes für die Opfer von Massenunfällen - Möglichkeiten und Grenzen, in: Koch/Koch-Willingmann, Modernes Schadensmanagement bei Großschäden, 67, 72 ff.).

1253 *DB AG: Geschäftsstelle "Eschede Hilfe",* Organisation der psychologischen und sozialen Betreuung der Deutschen Bahn AG, in: Hüls/Oestern, Die ICE-Katastrophe von Eschede, 131, 135.

unterbreiten.[1254] Insgesamt erinnert das Wirken von *Otto-Ernst Krasney* sehr an die Arbeit eines special masters[1255], mit dem Unterschied, dass der special master für gewöhnlich durch ein Gericht eingesetzt wird.[1256]

II. Med-Arb

Ein „mediation-arbitration“-Verfahren (Med-Arb) beginnt mit einer Mediation, die durch einen neutralen Dritten geleitet wird.[1257] Sollten sich die Parteien im Rahmen des Einigungsverfahrens nur auf einzelne Verfahrenspunkte einigen können, wechselt der Mediator die Funktion und wird zum Schiedsrichter. Dieser fällt nun zu den verbleibenden offenen Punkten eine endgültige und bindende Entscheidung.[1258] Da im Anschluss an eine gescheiterte Mediation der entsprechende Abschluss einer Schiedsvereinbarung wenig wahrscheinlich erscheint, können die Parteien bereits vor Beginn des Verfahrens eine aufschiebend bedingte Schiedsvereinbarung abschließen.[1259] Das Verfahren ist auch als „Arb-Med“ und damit in umgekehrte Reihenfolge vorstellbar. Hier teilt der Dritte zunächst seine Rechtsauffassung mit und anschließend wird mit Hilfe des Dritten ein Mediationsverfahren durchgeführt.[1260] Auch kann es so durchgeführt werden, dass der Schiedsrichter zunächst beide Parteien anhört und sich mit den wichtigsten Aspekten des Verfahrens vertraut macht. Danach schlägt er den Parteien die Durchführung eines Mediationsverfahrens vor, dass er mit Zustimmung der Parteien selbst leitet.[1261] Das Mediationsverfahren kann während eines laufenden Schiedsverfahrens durchgeführt werden („mediation window“).[1262] Bis zum Eintritt der Bedingung gelten die Anforderungen des

1254 *Krasney*, Aufgaben eines Ombudsmannes für die Opfer von Massenunfällen - Möglichkeiten und Grenzen, in: Koch/Koch-Willingmann, Modernes Schadensmanagement bei Großschäden, 67, 68.

1255 Siehe ausführlich zum special master 3. Kapitel:§ 2 A.II.2 e).

1256 Wenngleich in dem Fall des blow-out der Öl-Plattform Deepwater Horizon der Ölkonzern BP (als Schädiger) direkt *Kenneth Feinberg* einsetzte, damit dieser schnell und unbürokratisch die Entschädigungen koordiniert; siehe zum Sachverhalt Fn. 648.

1257 *Onyema*, 12 ARIA 411, 419 (2001).

1258 *Fritz*, in: Fritz/Pielsticker, Handbuch zum Mediationsgesetz, 2020, Teil 6 - A. Rn. 38.

1259 *Ders.*, in: Fritz/Pielsticker, Handbuch zum Mediationsgesetz, 2020, Teil 6 - A. Rn. 38.

1260 *Mähler/Mähler*, § 48, in: Heussen/Hamm, Beck'sches Rechtsanwalts-Handbuch, Rn. 48.

1261 *Horvath*, SchiedsVZ 2005, 292, 299.

1262 *Kreindler/Schäfer/Wolff*, Schiedsgerichtsbarkeit, 2006, Rn. 61 f.

Mediationsgesetzes, danach das Recht des schiedsrichterlichen Verfahrens gem. §§ 1025 ff. ZPO.[1263] Kritik wird vor allem an der Personengleichheit von Mediator und Schlichter geübt:[1264] Die Parteien würden sich frühzeitig auf die Option des Schlichtungsspruchs konzentrieren und sich zu wenig um eine unmittelbare Einigung bemühen. Weil so eine offene Kommunikation unterbleibe und der Mediator in Einzelsitzungen erworbenes Sonderwissen bei seinem Schlichterspruch nicht berücksichtigen dürfe, werde der Mediationserfolg von Anfang an gefährdet. Auch werden dem neutralen Dritten im Laufe des Mediationsverfahrens teilweise sensible Informationen anvertraut, die sie in einem Entscheidungs- und Vorschlagsverfahren niemals preisgegeben hätten. Die Parteien hätten keine Gewissheit darüber, ob der Dritte diese später gegen diese verwenden könnte.[1265] Der Vermittler und derjenige, der einen Konflikt in irgendeiner Form bewertet sollten daher zwei verschiedene Personen sein.[1266] Diese Bedenken gelten weniger für das Arb-Med-Verfahren, da der Streitmittler in diesem Fall seine Rechtsauffassung frühzeitig mitteilt und die Parteien in der Folge nicht Gefahr laufen, Informationen zu unterbreiten, die bei einer Entscheidung durch den Streitmittler zu ihren Lasten gehen würden.[1267]

III. Eignung für die Leistungsphase

Es wurde klar, dass AS-Verfahren auf verschiedenste Art und Weise miteinander kombiniert werden können. In Kapitel 1 und 2 wurde deutlich, dass die außergerichtliche Abwicklung von Massenschadensfällen stets zweistufig abläuft: Zunächst werden grobe Richtlinien im Rahmen eines Eckpunktevergleichs oder einer Rahmenvereinbarung ausgehandelt. Auf dieser Stufe gilt es, eine Einigung zu erzielen. Es müssen Verhandlungen zwischen Vertretern der Geschädigten und dem Schädiger stattfinden. Die Parteien können sich hierbei durch einen Dritten in Form eines Mediationsverfahren unterstützen lassen.[1268]

1263 *Greger*, in: Greger/Unberath/Steffek, Recht der alternativen Konfliktlösung, 2016, § 1 MediationsG Rn. 49.

1264 *Risse,* § 35 - Mediation im Wirtschaftsrecht, in: Haft/Schlieffen, Handbuch Mediation, Rn. 93; *Mähler/Mähler,* § 48, in: Heussen/Hamm, Beck'sches Rechtsanwalts-Handbuch, Rn. 9.

1265 *Horvath*, SchiedsVZ 2005, 292, 299.

1266 *Haaß*, § 7, in: Haft/Schlieffen, Handbuch Mediation, Rn. 49.

1267 *Mähler/Mähler,* § 48, in: Heussen/Hamm, Beck'sches Rechtsanwalts-Handbuch, Rn. 9.

1268 Siehe zur Eignung der Einigungsverfahren unter Einschaltung eines Dritten 3. Kapitel:§ 2 A.II.3.

Den Erfolg eines derartigen Vorgehens verdeutlichte etwa das erfolgreiche Wirken des Ombudsmanns in den Verhandlungen rund um das ICE-Unglück von Eschede oder die erfolgreiche Güteverhandlung vor dem OLG Braunschweig in den Diesel-Verfahren. Nach erfolgreicher Aushandlung wichtiger Eckpunkte müssen die Einzelfälle dahingehend geprüft werden, ob sie die Voraussetzungen der ausgehandelten (rechtlichen) Bedingungen erfüllen. Auf dieser Ebene findet eine Einzelfallprüfung statt, die sehr technischer Natur sein kann oder juristisches Fachwissen benötigt. Hierfür erscheinen – wie bereits festgestellt[1269] – die etablierten Schlichtungs- oder Ombudsstellen gut geeignet. Wie bei dem Versicherungsombudsmann kann hier das Schlichtungsverfahren bis zu einer gewissen Streitwertgrenze auch durch eine Entscheidungsverfahren ergänzt oder gar ersetzt werden. Aufgrund der im Rahmen des Med-Arb-Verfahren dargestellten Bedenken hinsichtlich der Unparteilichkeit und Unvoreingenommenheit bei der Kombination von Einigungs- und Vorschlags-/Entscheidungsverfahren wäre ein Verfahren nur dann besonders geeignet, wenn der Mediator und Schlichtungs-/Ombudsstelle voneinander getrennt agieren. Auch in dem Bereich der Alternativen Streitbeilegung können Hybridverfahren einen gewissen Fortschritt symbolisieren und zeugen von einer Flexibilität, die das Gerichtsverfahren wegen seiner starren Regeln nicht aufweisen kann.

E. Zwischenergebnis zur Verfahrensauswahl

Es wurde deutlich, dass es nicht „das" am besten geeignete Verfahren für die Phase nach einem positiven rechtskräftigen Musterfeststellungsurteil gibt. Es gilt je nach Einzelfall zu differenzieren: Wenn in dem Musterfeststellungsverfahren bereits viele Anspruchsvoraussetzungen verbindlich festgestellt werden konnten und es nur noch um die Bestimmung der Höhe des Schadens sowie die Erbringung der entsprechenden (einfachen beizubringenden) Nachweise geht, wäre ein direktes Schlichtungs- oder Ombudsmannverfahren im Anschluss am geeignetsten. Dieser Fall dürfte indessen mit Blick auf die eingeschränkte Musterverfahrensfähigkeit selten der Fall sein.[1270] Wenn nur wenige Anspruchsvoraussetzungen geklärt werden konnten, wäre die Kombination aus einem Mediationsverfahren auf erster Stufe und einem Schlichtungs-/Ombudsmannverfahren auf zweiter Stufe am vielversprechendsten.

1269 Siehe zur Eignung des Schlichtungsverfahrens 3. Kapitel:§ 2 B.IV.
1270 Siehe zur Musterverfahrensfähigkeit 1. Kapitel:§ 2 B.III.1.

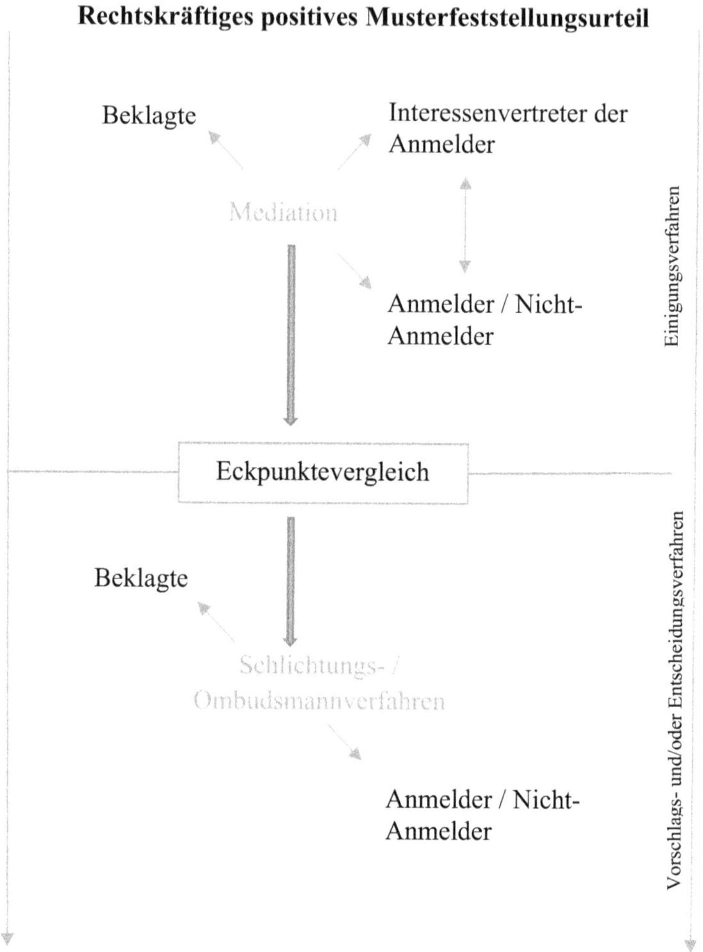

Abbildung 7: Möglicher Ablauf bei einer Kombination aus Mediations- und Schlichtungs-/ Ombudsmannverfahren

Es wurde deutlich, dass das Mediationsverfahren besonders geeignet ist, wenn zunächst ein Eckpunktevergleich geschlossen werden soll. Gerade bei sehr großen Massenschadensfällen ist es vorteilhaft auf erster Stufe ein grobes Entschädigungsregime unter Mitwirkung eines Mediators auszuhandeln. Die hohe Anzahl an Beteiligten bei einem Massenschadensfall erlaubt ohne Zwischenschaltung eines Dritten lediglich eine kompetitive Verhandlung zwischen den Beteiligten, während das Mediationsverfahrens aktiv zum Abbau kognitiver Einigungshindernisse beitragen kann. Auch könnte ein Mediationsverfahren durch Einbezug der Interessen der Beteiligten den Verhandlungsgegenstand erweitern und Lösungsmöglichkeiten hervorbringen, die die Beteiligten zuvor nicht kannten. Auf dieser Ebene erscheint es wichtig, die Anzahl der Verhandlungspartner zu reduzieren. Der Eckpunktevergleich sollte zwischen dem Unternehmen und einem ausgewählten Verhandlungspartner auf Seiten der Geschädigten ausgehandelt und geschlossen werden.[1271] Der Vertreter der Geschädigten sollte vor der Aushandlung des Eckpunktevergleichs genauestens die Interessen der geschädigten Verbraucher analyisieren, um so ggf. verschiedene Optionen in dem Vertragswerk zu etablieren.

Zur Bestimmung der individuellen Schadenshöhen ist das Schlichtungs- oder Ombudsmannverfahren am besten geeignet. Vor allem das Ombudsmannverfahren als Kombination von Entscheidungs- und Vorschlagsverfahren nach vorher festgelegten Kriterien wäre bei der Abwicklung der Fälle besonders effizient. Allerdings wurden auch mehrere Probleme aufgezeigt, die ein Schlichtungs-/Ombudsmannverfahren beeinträchtigten könnten. So erfahren diese starke Konkurrenz durch Legal Tech-Plattformen, die vor allem durch ihre ausgeprägte Internetpräsenz, ihre Unabhängigkeit und dem Versprechen der vollen Rechtsdurchsetzung sehr erfolgreich agieren. Die diskutierte Entscheidung des BGH zu dem Portal *wenigermiete.de* dürfte den Legal Tech-Anbietern vorerst weiteren Aufwind verleihen und eventuell auch einige Verbraucher nach einem positiven Musterfeststellungsurteil zur Durchsetzung ihrer Ansprüche gegen Zahlung einer Erfolgsprovision animieren. Ob das Legal Tech-Gesetz die Legal Tech-Plattformen bremst, muss abgewartet werden. Der Vorteil des hier vorgeschlagenen Verfahrens liegt darin, dass die Verbraucher ab dem Zeitpunkt des Eckpunktevergleichs genau wissen, was sie bekommen. Legal Tech-Plattformen versprechen eine volle Rechtsdurchsetzung; nur ob das auch gelingt, bleibt ungewiss.

Das Erfordernis der freiwilligen Teilnahme der Unternehmen ist ein weiteres Problem, das die Durchführung eines AS-Verfahrens beeinträchtigten könnte. Es ist fraglich, ob die Unternehmen sich im Anschluss an ein positives Musterfeststellungsurteil zur Durchführung eines AS-Verfahrens bereit erklären. An diesem Punkt scheitert auch die Durchführung des Verbraucherschiedsverfahren als reines Entscheidungsverfahren. Allerdings stellt sich hier das Problem eher auf Seiten der Verbraucher: Es ist nicht zu erwarten, dass die Verbraucher ohne

1271 Siehe zur Auswahl des Verhandlungspartners 4. Kapitel:§ 2 A.

Grund ihren Justizgewährungsanspruch zugunsten eines privaten Gerichtsverfahrens freiwillig einschränken. Lässt man diese Kritikpunkte außer Acht, wäre eine Kombination aus einem Mediationsverfahren auf erster Stufe und einem Schlichtungs-/Ombudsmannverfahren auf zweiter Stufe grundsätzlich methodisch am besten geeignet. Wichtig erscheint, dass die Person des Mediators von der Streitbeilegungsstelle auf zweiter Stufe getrennt agiert, da die Personengleichheit die Kommunikation im Mediationsverfahren beeinträchtigen könnte.

4. Kapitel: Die Ausgestaltung des AS-Verfahrens nach Musterfeststellungsurteil

In Kapitel 3 wurde je nach Grad der festgestellten Anspruchsvoraussetzungen entweder die Durchführung eines Schlichtungs- oder Ombudsmannverfahrens oder eine Kombination aus Mediation und Schlichtungs- oder Ombudsmannverfahren als methodisch besonders geeignet zur Beilegung eines Massenschadensfalls nach rechtskräftigen positiven Musterfeststellungsurteil identifiziert. In diesem Kapitel wird sich mit der konkreten Ausgestaltung des Verfahrensablaufs auseinandergesetzt. Hierbei sollen vor allem die Besonderheiten von (deliktischen) Massenschäden miteinbezogen und konkrete Verfahrensgrundsätze dargestellt werden, die es bei der Verfahrensausgestaltung zu beachten gilt. In diesem Zusammenhang muss auch der Frage nachgegangen werden, wie sich die Rechtsgrundlagen für AS-Verfahren zu Mechanismen des kollektiven Rechtsschutzes verhalten. Hier rückt vor allem die VSBG Änderung 2019[1272] in das Blickfeld (hierzu § 1).

Als wesentliche Probleme bei der Durchführung eines AS-Verfahrens wurde die Konkurrenz zu den Legal Tech-Plattformen und die ablehnende Haltung der Unternehmen gegenüber Schlichtungsverfahren identifiziert. Um sich der Lösung der Problematik anzunähern, soll untersucht werden, wie man die Feststellungsphase (de lege ferenda) besser mit der Leistungsphase verknüpfen könnte, um sowohl für Verbraucher als auch für Unternehmen Anreize zur Teilnahme an einem AS-Verfahren zu schaffen (hierzu § 2).

Anhand der in dieser Untersuchung gewonnenen Erkenntnisse wird schließlich ein konkreter Vorschlag für die Ausgestaltung eines AS-Verfahren im Anschluss an ein Musterfeststellungsurteil dargestellt, der neben der geeigneten Methodik sowohl die bestehenden rechtlichen Voraussetzungen (de lege lata) als auch solche aus noch zu schaffendem Recht (de lege ferenda) mit einbezieht (hierzu § 3).

1272 Gesetz zur Änderung von Vorschriften über die außergerichtliche Streitbeilegung in Verbrauchersachen und zur Änderung weiterer Gesetze vom 30. November 2019, siehe Fn. 15.

§ 1 Gesetzliche Mindestanforderungen (de lege lata)

A. Anwendbarkeit der Quellen von Verfahrensgrundsätzen

Die auf AS-Verfahren anwendbaren Rechtsgrundlagen schränken die Privatautonomie ein und setzen der Durchführung eines Verfahrens vor einer Verbraucherschlichtungsstelle[1273] oder der Mediation im Anschluss an ein Musterfeststellungsurteil Grenzen. Auch wenn AS-Verfahren von den Parteien freiwillig durchgeführt werden und jederzeit die Möglichkeit des gerichtlichen Rechtsschutzes besteht, so trägt der Gesetzgeber nach *Hess* eine Gewährleistungsverantwortung, die ihn verpflichtet für jede Form der Streitbeilegung unter Beteiligung eines Dritten gewisse verfahrensrechtliche Mindeststandards zu schaffen.[1274]

Die Alternative Streitbeilegung rückte in den letzten Jahren immer mehr in den Fokus von Politik und Praxis. Dies zeigt sich auch an dem Umfang der Regelungen zu diesem Gebiet. Für die Mediation sind vor allem das MediationsG (Jahr: 2012) und die zugrundeliegende MedRL (2008) besonders relevant. Verfahrensoffenere Regelungen trifft das VSBG (2016), welches Qualitätsstandards definiert, die den Mindestvorgaben der ADR-Richtlinie (2013) entsprechen sollen und teilweise über diese hinausgehen. Diese Mindeststandards gelten branchenunabhängig und für alle Wirtschaftsbereiche, in denen Verbraucher und Unternehmer Verträge schließen.[1275] Die Verbraucherschlichtung ist geprägt von dem Gedanken, dass ein Vertrag geschlossen wird, über den sich im Anschluss Verbraucher und Unternehmen streiten. Massenschäden stützen sich allerdings meist auf deliktische und nicht auf vertragliche Anspruchsgrundlagen.[1276] Es gilt daher zu untersuchen, welche Auswirkungen dies auf die Anwendbarkeit der Rechtsgrundlagen hat. Die besondere Relevanz dieser Untersuchung zeigt sich vor allem daran, dass die Musterfeststellungsklage als Kollektivrechtsbehelf auch für außervertragliche Ansprüche aus Umwelt-, Produkt-, Produzenten-, Arzneimittelhaftung oder – wie meist im Rahmen der Diesel-Verfahren – für Ansprüche aus § 826 BGB in Frage kommt.[1277] Es erscheint wegen der vielen

---

1273 Zur Differenzierung zwischen AS-Stellen und Verbraucherschlichtungsstellen siehe Fn. 1020. Das VSBG ist kein allgemeines Streitbeilegungsgesetz. Es lässt auch die Streitbeilegung von AS-Stellen zu, die nicht durch das VSBG eingerichtet und anerkannt wurde (BR-Drs. 258/15, 58).

1274 *Hess*, JZ 70 (2015), 548 ff.

1275 BT-Drs. 18/5089, 39.

1276 Siehe zu Massenschäden Einleitung § 4 B.I.

1277 Saenger-ZPO/*Rathmann*, § 606 Rn. 2.

Anwendungsbereiche auch konsequent, kollektive Rechtsbehelfe nicht auf das Verbraucherrecht zu beschränken,[1278] weshalb es sich hier um eine generelle Problematik der Verknüpfung von Kollektivrechtsbehelfen mit AS-Verfahren handelt. Es soll untersucht werden, wie sich die für AS-Verfahren relevanten Rechtsgrundlagen zu Mechanismen des kollektiven Rechtsschutzes verhalten.

I. ADR-Richtlinie

Die ADR-Richtlinie gilt gem. Art. 2 Abs. 1 nur für Verfahren zur alternativen Beilegung über vertragliche Verpflichtungen aus Kauf- oder Dienstleistungsverträgen zwischen einem Unternehmer und einem Verbraucher. Dabei werden nur Beschwerden von Verbraucher gegen Unternehmen (C2B) erfasst und die Richtlinie greift nicht bei deliktischen Streitigkeiten.[1279] Nach Eg. 16 der Richtlinie können die Mitgliedstaaten darüber hinausgehende und weitergehende Regelungen unter Einbezug von B2C-Streitigkeiten oder deliktischen Ansprüchen treffen.[1280] Die ADR-Richtlinie wählt als Rahmenrichtlinie den Ansatz der Mindestharmonisierung, wodurch die Mitgliedstaaten stets Regelungen treffen können, „um ein höheres Maß an Verbraucherschutz zu gewährleisten" (Art. 2 Abs. 3 S. 2).[1281] Sie enthält nach Eg. 37 sog. „Qualitätsgrundsätze", die für alle AS-Verfahren gelten, die von einer der Kommission gemeldeten AS-Stelle durchgeführt werden. Im Kern müssen die Mitgliedstaaten sicherstellen, dass Verbraucherkonflikte nur einer AS-Stelle vorgelegt werden, die den Mindestanforderungen der Richtlinie genügen.[1282] Die Richtlinie zeigt sich dabei bewusst verfahrensoffen und bezieht sich sowohl auf Einigungs-, Vorschlags- als auch auf Entscheidungsverfahren (vgl. Art. 2 Abs. 1).[1283]

Die Richtlinie liefert außer Absichtserklärungen keine konkreten Antworten auf die Frage wie sich Mechanismen des kollektiven Rechtsschutzes zu AS-Verfahren verhalten sollen.[1284] Auch wenn die Richtlinie in Eg. 37 vorgibt, dass „ein effektives System des kollektiven Rechtsschutzes und der leichte Zugang zu AS [...] einander ergänzende und nicht sich gegenseitig ausschließende Verfahren sein (sollen)", so fokussiert sie sich dennoch auf individuelle AS-Verfahren.

1278 So *Meller-Hannich*, DRiZ 2018, 298.
1279 *Hirsch*, NJW 2013, 2088, 2089.
1280 *Ders.*, NJW 2013, 2088, 2089.
1281 *Berlin,* § 24a, in: Tamm/Tonner/Brönneke, Verbraucherrecht, Rn. 20.
1282 *Ders.*, § 24a, in: Tamm/Tonner/Brönneke, Verbraucherrecht, Rn. 22.
1283 *Ders.*, in: Klowait/Gläßer/Berlin, Mediationsgesetz, 2018, VSBG Rn. 59.
1284 *Frank/Henke/Singbartl*, VuR 2016, 333, 335.

Die Möglichkeit der kollektiven Antragsstellung wird durch die Richtlinie nicht geregelt, obwohl die kollektive Durchführung eines AS-Verfahrens in einigen Mitgliedstaaten praktiziert wird.[1285]

II. Verbraucherstreitbeilegungsgesetz (VSBG)

Die Schaffung des VSBG diente der Umsetzung der Vorgaben aus der ADR-Richtlinie.[1286] Das VSBG gilt „unabhängig von dem angewendeten Konfliktbeilegungsverfahren" (§ 1 Abs. 1 S. 1 VSBG). Auf den ersten Blick zeigt sich das Gesetz somit ähnlich verfahrensoffen wie die ADR-Richtlinie. Ausdrücklich erfasst sind nach § 18 VSBG auch Mediationsverfahren. Bei diesen finden die Vorschriften des MediationsG ergänzend Anwendung. Allerdings sind nach § 5 Abs. 2 für Verbraucher verbindliche Entscheidungsverfahren (Schiedsgerichtsverfahren) explizit von dem Anwendungsbereich ausgeschlossen.[1287]

Die Behandlung von deliktischen und bereicherungsrechtlichen Ansprüchen ist durch das VSBG nicht ausgeschlossen. Nach § 2 Abs. 1 Hs. 1 VSBG führen Verbraucherschlichtungsstellen auf Antrag eines Verbrauchers Verfahren zur außergerichtlichen Beilegung von Streitigkeiten aus einem Verbrauchervertrag nach § 310 Abs. 3 BGB durch. Der Anwendungsbereich geht dabei über die in Art. 2 Abs. 1 der ADR-Richtlinie verlangten Kauf- und Dienstleistungsverträge hinaus.[1288] Die Verbraucherschlichtungsstelle kann ihre Tätigkeiten gem. § 4 Abs. 3 VSBG auch auf die Beilegung sonstiger zivilrechtlicher Streitigkeiten – mit Ausnahme arbeitsvertraglicher Streitigkeiten – erweitern. Sofern die Verbraucherschlichtungsstelle ihren Zuständigkeitsbereich erweitert, muss die Beilegung von Verbraucherstreitigkeiten weiterhin ihre Haupttätigkeit darstellen, damit sie sich als „Verbraucherschlichtungsstelle" i. S. d. VSBG bezeichnen darf.[1289] Die Öffnung des Zuständigkeitsbereichs auf sonstige zivilrechtliche Streitigkeiten sollte aber zumindest zu den vorgehaltenen Kompetenzen und den Fällen passen, die die Schlichtungsstelle üblicherweise behandelt.[1290] Erfasst

---

1285 Näheres bei *Meller-Hannich*, Grundlagen der europäischen ADR-Richtlinie, in: Althammer, Verbraucherstreitbeilegung, 19, 29.

1286 BT-Drs. 18/5089, 2.

1287 BR-Drs. 258/15, 47.

1288 *Röthemeyer*, in: Roder/Röthemeyer/Braun, Verbraucherstreitbeilegungsgesetz, 2017, § 1 Rn. 50.

1289 *Steike*, in: Borowski/Röthemeyer/Steike, VSBG, 2016, § 1 Rn. 4.

1290 *Braun*, in: Roder/Röthemeyer/Braun, Verbraucherstreitbeilegungsgesetz, 2017, § 2 Rn. 65.

sein können dabei beispielsweise auch Streitigkeiten mit Dritten, die in die Vertragsabwicklung eingeschaltet sind ohne selbst Vertragspartner zu sein.[1291]

Die VSBG Änderung 2019 stellte die Zuständigkeit für außervertragliche Ansprüche klar und schuf eine besondere Verknüpfung zur Musterfeststellungsklage. Um der Verpflichtung der Richtlinie zur Schaffung eines lückenlosen Netzes von Schlichtungsstellen aus Art. 5 Abs. 1 der ADR-Richtlinie nachzukommen, schuf der Gesetzgeber die Universalschlichtungsstelle.[1292] Das VSBG sieht vor, dass sich die Verbraucherschlichtungsstellen vorwiegend in privater Trägerschaft befinden, während die behördlichen Schlichtungsstellen dazu dienen, die Lücken zu schließen, damit der Staat seiner Gewährleistungspflicht aus der ADR-Richtlinie nachkommt.[1293] Bei der Universalschlichtungsstelle handelt sich um eine behördliche Schlichtungsstelle, die nur subsidiär zuständig sein soll. Die Verbraucherschlichtung soll weiterhin zuvorderst von privaten und branchenspezifischen Verbraucherschlichtungsstellen wahrgenommen werden.[1294] Derzeit ist die Allgemeine Verbraucherschlichtungsstelle des Zentrums für Schlichtung e.V. in Kehl vorerst für eine Dauer von vier Jahren seit 1. Januar 2020 mit der Tätigkeit als Universalschlichtungsstelle beliehen.[1295] Die neugeschaffene behördliche Universalschlichtungsstelle soll nur das Schlichtungsverfahren durchführen können.[1296] Obwohl der Gesetzgeber den Schlichtungsbegriff selbst relativ beliebig verwendet,[1297] so ist vorliegend davon auszugehen, dass hier Schlichtungsverfahren im engeren Sinne, welche am Ende zu einem Schlichtungsvorschlag gem. § 19 VSBG führen, gemeint sind. Diese Beschränkung gilt nicht, wenn sich im Nachgang an ein Musterfeststellungsurteil eine andere AS-Stelle der Verfahren annimmt.

Der Gesetzgeber geht von einer Zunahme von AS-Verfahren aus, sobald die ersten Musterfeststellungsklagen rechtskräftig abgeschlossen wurden.[1298]

1291 BT-Dr. 18/5089, 54.

1292 BT-Drs. 19/10348, 17; ein weiterer Grund war zudem die Gefahr einer Zersplitterung der Schlichtungszuständigkeit, da die Förderung des Bundes der Allgemeinen Verbraucherschlichtungsstelle in Kehl zum Ende des Jahres 2019 auslief und somit die Länder jeweils zur Schaffung von ergänzenden Verbraucherschlichtungsstellen zuständig gewesen wären (*Thole*, ZKM 2020, 4).

1293 *Eidenmüller/Engel*, ZZP 128 (2015), 149, 150.

1294 BT-Drs. 19/10348, 22.

1295 *Thole*, ZKM 2020, 4, 8.

1296 BT-Drs. 19/10348, 23.

1297 Siehe zum Schlichtungsbegriff 3. Kapitel:§ 2 B.I.

1298 BT-Drs. 19/10348, 20.

Die Universalschlichtungsstelle ist nicht nur für Verbraucherstreitigkeiten nach § 4 Abs. 1 VSBG, sondern für alle Streitigkeiten im Nachgang zu einer Musterfeststellungsklage sachlich zuständig.[1299] Auch deliktische oder bereicherungsrechtliche Ansprüche können Gegenstand des Verfahrens vor der neu eingeführten AS-Stelle sein, sofern diese Gegenstand des Musterfeststellungsverfahrens waren.[1300] Sie führt gem. § 30 Abs. 1 Nr. 2 VSBG auf Antrag eines Verbrauchers AS-Verfahren auch bei Streitigkeiten durch, zu welchem in einem rechtskräftigen Urteil über eine Musterfeststellungsklage nach § 613 Abs. 1 S. 1 ZPO oder einem Vergleich nach § 611 Abs. 1 ZPO bindende Feststellungen getroffen wurden. Auch die Anhebung der Streitwertobergrenze in § 30 Abs. 2 Nr. 4 VSBG auf beachtliche EUR 50.000,00 unterstreicht die Anwendung auf Massenschadensfälle im Nachgang an ein Musterfeststellungsverfahren.[1301] *Schmidt-Kessel* schlägt vor, den Anwendungsbereich des VSBG in § 4 Abs. 1 VSBG – entsprechend der Formulierung aus § 4 Abs. 3 VSBG – auf alle zivilrechtlichen Streitigkeiten zu erweitern.[1302] Konsequenterweise fordert er auch die Erweiterung des personalen Anwendungsbereich auf Nicht-Anmelder, da nach einem Musterfeststellungsurteil auch Streitbeilegungspotential außerhalb der Bindungswirkung des Musterentscheids bestehe.[1303]

Die AS-Verfahren und die Musterfeststellungsklage sollen nicht parallel, sondern nacheinander zum Einsatz kommen. Nach § 14 Abs. 1 Nr. 3 VSBG soll die Durchführung eines AS-Verfahrens ausgeschlossen sein, wenn der Verbraucher seinen Anspruch zum Klageregister nach § 608 Abs. 1 ZPO angemeldet hat und die Musterfeststellungsklage noch rechtshängig ist. Damit wird der Verbraucher, der streitige Ansprüche gegen das Unternehmen geltend machen will, zunächst gezwungen, sich (neben der individuellen gerichtlichen Durchsetzung) zwischen der Alternativen Streitbeilegung und der Musterfeststellungsklage als Möglichkeit zur Durchsetzung seines Anspruchs zu entscheiden. Erst nach dem rechtskräftigen Musterfeststellungsurteil kann der Verbraucher wieder ein

---

1299 BT-Drs. 19/10348, 22.

1300 BT-Drs. 19/10348, 36.

1301 Der Gesetzgeber begründet die Anhebung mit der Zuständigkeit im Nachgang zu einem Musterfeststellungsverfahren (BT-Drs. 19/10348, 33).

1302 *Schmidt-Kessel*, Stellungnahme zum Entwurf eines Gesetzes zur Änderung von Vorschriften über die außergerichtliche Streitbeilegung in Verbrauchersachen und zur Änderung weiterer Gesetze, 2019, S. 4.

1303 *Ders.*, Stellungnahme zum Entwurf eines Gesetzes zur Änderung von Vorschriften über die außergerichtliche Streitbeilegung in Verbrauchersachen und zur Änderung weiterer Gesetze, 2019, S. 8.

AS-Verfahren anstreben. *Greger* äußert Bedenken, dass das Verfahren vor den AS-Stellen so zunächst faktisch außer Funktion und später zweckentfremdet werden könnte, um die Unmöglichkeit der Durchsetzung bei der Musterfeststellungsklage zu kompensieren.[1304] Er hat damit recht, dass Verbraucher bei reinen außervertraglichen Ansprüche faktisch gezwungen wären, zunächst den Weg der Musterfeststellungsklage zu beschreiten, um dann später ein AS-Verfahren einzuleiten. Ihm ist entgegenzuhalten, dass sich wahrscheinlich kein Unternehmen auf die außergerichtliche Streitbeilegung von Einzelfällen vor einer AS-Stelle einlässt, wenn parallel eine Kollektivklage in Form der Musterfeststellungsklage gegen das Unternehmen anhängig ist. Parallele vergleichsweise Einigungen in Einzelfällen könnten in dem Kollektivverfahren wie ein Schuldeingeständnis gewertet werden.

Insgesamt lässt sich festhalten, dass der deutsche Gesetzgeber durch die VSBG Änderung 2019 erstmals ein kollektives Rechtsschutzinstrument mit der Alternativen Streitbeilegung verzahnt und dadurch den Anwendungsbereich des VSBG auch aktiv auf Massenschäden erweitert, die meist deliktischer Natur sind. Vor allem die Anhebung der Streitwertobergrenze auf EUR 50.000,00 verdeutlicht die Relevanz der Verknüpfung für Massenschadensfälle. Es erscheint daher – wie von Schmidt-Kessel gefordert – nur konsequent, den sachlichen Anwendungsbereich des VSBG grundsätzlich nach § 4 Abs. 3 VSBG zu definieren. Es muss in diesem Zusammenhang auch betont werden, dass es sich bei dem VSBG nicht um ein allgemeines Streitbeilegungsgesetz handelt.[1305]

Es bleibt den Parteien unbenommen, ad hoc eine AS-Stelle zu gründen, die sich der Streitigkeiten im Nachgang an ein Musterfeststellungsurteil annimmt. Diese dürfte sich nur nicht als „Verbraucherschlichtungsstelle“ nennen. Gegen die Gründung einer ad hoc AS-Stelle sprechen vor allem praktische Bedenken: Es ist fraglich, ob Verbraucher diesem Angebot mit Blick auf die bereits bestehende Landschaft an Verbraucherschlichtungsstellen vertrauen würden. Auch ist fraglich, ob der Massenschadensfall ein derartiges Ausmaß einnimmt, dass sich die Einrichtung einer eigenen AS-Stellen finanziell lohnen würde, obwohl man auf eine bestehende Landschaft an Schlichtungsstellen zurückgreifen könnte. Es bestünden mithin Zweifel an der Unabhängigkeit der eigens

---

1304 *Greger*, Stellungnahme zum Entwurf eines Gesetzes zur Änderung von Vorschriften über die außergerichtliche Streitbeilegung in Verbrauchersachen und zur Änderung weiterer Gesetze (BT-Drucksache 19/10348), 2019, S. 4.

1305 BR-Drs. 258/15, 58.

geschaffenen AS-Stelle, da diese ausgestattet und finanziert werden müsste.[1306] All diese Bedenken im Hinblick auf eigens geschaffene ad-hoc Schlichtungsstellen könnten das Geschäftsmodell der in Kapitel 3 angesprochenen Legal Tech-Plattformen[1307] befeuern. Die Diesel-Verfahren haben gezeigt, dass bei besonders großen Massenschadensfällen auch eine ad hoc gegründete Ombudsstelle von den Beteiligten und den Verbrauchern akzeptiert wird.[1308]

III. Mediationsrichtlinie (MedRL)

Die MedRL ist etwas älter als die ADR-Richtlinie und gilt nach Art. 1 Abs. 2, Art. 2 MedRL ausdrücklich nur für die Mediation bei grenzüberschreitenden Streitigkeiten. Den Mitgliedstaaten soll es jedoch freistehen, die Bestimmungen auch auf interne (nationale) Mediationsverfahren anzuwenden (Eg. 8). Sie gilt für Streitigkeiten auf dem Gebiet der Zivil- und Handelssachen (Art. 1 Abs. 2) und ist in diesem Punkt weiter als die ADR-Richtlinie. Sie gilt auch für Mediationsverfahren, bei denen sich die Parteien über außervertragliche Ansprüche streiten. Die MedRL gilt auch für (Mediations-)Verfahren, bei denen zwei oder mehr Parteien eine gütliche Einigung erzielen wollen. Sie nimmt zwar nicht unmittelbar Bezug auf den kollektiven Rechtsschutz, käme aber auch für eine Massenmediation in Frage. Die MedRL regelt nur das Mediationsverfahren und schließt die Anwendung auf andere AS-Verfahren aus (Eg. 11). Sie ist – wie sich schon aus dem Titel der Richtlinie ergibt – nicht so verfahrensoffen wie die ADR-Richtlinie, die in Art. 3 Abs. 2 klarstellt, dass die MedRL durch die eigenen Regelungen „nicht berührt“ wird. Die Regelungen der beiden Richtlinien gelten grundsätzlich nebeneinander, während im Konfliktfall die MedRL als lex specialis vorgeht.[1309]

IV. Mediationsgesetz (MediationsG)

Das Artikelgesetz zur Umsetzung der MedRL lautet „Gesetz zur Förderung der Mediation und anderer Verfahren der außergerichtlichen Streitbeilegung“. Während Art. 1 des Gesetzes das MediationsG selbst zum Inhalt hatte, sah der

---

1306 Siehe zu den Anforderungen an Unabhängigkeit und Unparteilichkeit 4. Kapitel:§ 1 B.I.

1307 Siehe zur Forderungseinziehung durch Inkassodienstleister 3. Kapitel:§ 1 D.

1308 Siehe genauer zum Ablauf des Verfahrens unter 2. Kapitel:§ 2 C.

1309 *Kleinschmidt*, ZZP 2015, 215, 223.

Gesetzgeber von einer Ausgestaltung und Bestimmung der „anderen Verfahren" ab.[1310] Anders als der Titel suggeriert wurde bei der Umsetzung der MedRL nur das Mediationsverfahren in Form des MediationsG geregelt. Das VSBG räumt dem MediationsG in § 18 VSBG hinsichtlich der Methodik der Mediation grundsätzlich Vorrang ein.[1311] Das MediationsG ist in seinem sachlichen Anwendungsbereich weiter als die MedRL: Es gilt – anders als die MedRL – nicht nur für grenzüberschreitende, sondern auch für bundesdeutsche Mediationen und es findet keine Beschränkung auf Zivil- und Handelssachen statt.[1312]

Das MediationsG nimmt genauso wenig wie die MedRL Bezug auf Verfahren des kollektiven Rechtsschutzes. Es beschränkt sich auf die vage Andeutung in § 2 Abs. 2 MediationsG, wonach auch „Parteien" und damit auch zwei oder mehr Personen an dem Mediationsverfahren teilnehmen können.[1313]

V. Zwischenergebnis

Die ADR-Richtlinie beschränkt sich in ihrem sachlichen Anwendungsbereich auf Kauf- und Dienstleistungsverträge. Sie findet zudem auf Einigungs-, Vorschlags- als auch Entscheidungsverfahren Anwendung und enthält keine konkreten Vorgaben zur Verzahnung von AS-Verfahren mit Verfahren des kollektiven Rechtsschutzes. Durch ihre Eigenschaft als Rahmenrichtlinie handelt es sich nur um Mindestvorgaben, die die Mitgliedstaaten umsetzen müssen, während sie selbst darüberhinausgehende Regelungen treffen können.

Durch die VSBG Änderung 2019 verzahnte der Gesetzgeber die Musterfeststellungsklage mit der neu geschaffenen Universalschlichtungsstelle und schlägt eine konkrete Brücke zwischen AS-Verfahren und Kollektivverfahren. Auch in seinem sachlichen Anwendungsbereich ist das VSBG weiter als die ADR-Richtlinie. Nicht nur § 4 Abs. 3 VSBG sorgt für die Möglichkeit, dass Verbraucherschlichtungsstellen ihre Tätigkeit auf sonstige zivilrechtlichen Streitigkeiten erweitern können, sondern vor allem die VSBG Änderung 2019 stellt klar, dass auch deliktische und bereicherungsrechtliche Ansprüche im Nachgang an ein Musterfeststellungsurteil erfasst sein können. Das VSBG stellt die wesentliche

1310 *Greger*, in: Greger/Unberath/Steffek, Recht der alternativen Konfliktlösung, 2016, D. Rn. 1.

1311 *Röthemeyer*, in: Borowski/Röthemeyer/Steike, VSBG, 2016, § 18 Rn. 12.

1312 *Klowait/Gläßer*, in: Klowait/Gläßer/Berlin, Mediationsgesetz, 2018, Einleitung Rn. 22.

1313 BT-Drs. 17/5335, 13.

Rechtsquelle für sämtliche AS-Verfahren dar, sofern es sich nicht um beidseitig verbindliche Entscheidungsverfahren handelt.

Wird ein Mediationsverfahren durchgeführt, gilt bei Abweichungen gem. § 18 VSBG vorrangig das MediationsG, welches in seinem Anwendungsbereich hinsichtlich der zugrundeliegenden Streitigkeiten nicht beschränkt ist. Die MedRL gilt hingegen nur bei grenzüberschreitenden Streitigkeiten auf dem Gebiet der Handels- und Zivilsachen. Weder das MediationsG noch die MedRL nehmen konkret Bezug auf die Mechanismen des kollektiven Rechtsschutzes.

B. Verfahrensgrundsätze

Ausgehend von den anwendbaren Rechtsgrundlagen werden die für das vorgeschlagene AS-Verfahren besonders relevanten Verfahrensgrundsätze dargestellt. Forschungserkenntnisse zeigen, dass der Erfolg eines AS-Verfahrens nicht nur von dem Ergebnis des Verfahrens, sondern auch von einem guten Verfahrensablauf abhängt: Die unterlegene Partei ist bei einem fairen Ablauf eher in der Lage ein für sie negatives Ergebnis zu akzeptieren.[1314] Sowohl die ADR-Richtlinie als auch das VSBG beschreiben eine Vielzahl von Qualitätskriterien als Mindestanforderungen an AS-Stellen.[1315] Diese sollen nicht vollumfänglich dargestellt werden, vielmehr soll sich auf die Kriterien fokussiert werden, die für die Ausgestaltung des in Kapitel 3 als am geeignetsten dargestellten Verfahren, besonders relevant sind. Da der Ablauf dieses Verfahrens auf erster Stufe ein Mediationsverfahren vorsieht, wird folglich auf Abweichungen in Bezug auf das Mediationsverfahren im MediationsG eingegangen.

I. Unabhängigkeit und Unparteilichkeit

Die Unabhängigkeit und Unparteilichkeit des Streitmittlers wird in § 7 VSBG geregelt, welche die Vorgaben aus Art. 6 der ADR-Richtlinie umsetzen soll.[1316]

1314 *Berlin*, Alternative Streitbeilegung in Verbraucherkonflikten, 2014, S. 100 verweist hier auf Untersuchungen zur *procedural justice* in den USA; das Erfordernis eines qualitativ hochwertigen Verfahrensablaufs behandelte auch *Luhmann* in seiner Schrift "Legitimation durch Verfahren" (*Luhmann*, Legitimation durch Verfahren, 2019).

1315 Beispielhaft die Qualitätskriterien der ADR-Richtlinie: Zugang zu AS-Stellen und AS-Verfahren (Art. 5); Fachwissen, Unabhängigkeit und Unparteilichkeit (Art. 6); Transparenz (Art. 7); Effektivität (Art. 8); Fairness (Art. 9); Handlungsfreiheit (Art. 10); Rechtmäßigkeit (Art. 11).

1316 BR-Drs. 258/15, 67.

Nach § 7 Abs. 1 VSBG ist der Streitmittler unabhängig und an Weisungen nicht gebunden. Zudem muss er Gewähr für eine unparteiische Streitbeilegung bieten. Die Unabhängigkeit bezieht sich dabei auf das Verhältnis zwischen dem Streitmittler und dem Träger der AS-Stelle, während die Unparteilichkeit den konkreten Fall in den Blick nimmt und dem Streitmittler untersagt, eine Partei zu bevorzugen.[1317] Nach § 4 Abs. 1a Nr. 3 VSBG darf die AS-Stelle ihre Zuständigkeit zwar auf bestimmte (einzelne) Unternehmen beschränken, aber der Streitmittler darf gem. § 7 Abs. 2 VSBG nicht von einem (einzelnen) Unternehmen vergütet oder beschäftigt werden. Damit die AS-Stellen dieser Verpflichtung nachkommen, darf der Träger der Verbraucherschlichtungsstelle nach § 3 S. 1 VSBG nur ein eingetragener Verein sein, der einen von der AS-Stelle getrennten, zweckgebundenen und ausreichenden Haushalt aufweist.[1318] Da der Streitmittler nur einen Vorschlag unterbreitet und einen Fall nicht letztverbindlich entscheidet, müssen bei der Unabhängigkeit nicht die gleichen Maßstäbe angelegt werden, wie bei der richterlichen Unabhängigkeit aus Art. 97 Abs. 1 GG.[1319] Nach § 7 Abs. 3 VSBG ist der Streitmittler verpflichtet, Umstände, die seine Unabhängigkeit oder Unparteilichkeit beeinträchtigen können, dem Träger der Verbraucherschlichtungsstelle unverzüglich offenzulegen. Hierbei kann sich grundsätzlich an den Beispielen zur Befangenheit von Richtern in § 41 ZPO orientiert werden.[1320] Nach § 7 Abs. 4 S. 1 VSBG hat der Streitmittler den Parteien alle Umstände offenzulegen, die seine Unabhängigkeit oder Unparteilichkeit beeinträchtigen können. Unter Parallelziehung zu der Lage bei Richtern müsste ein Streitmittler bekannt geben, wenn er eine besondere Nähe zu dem Massenschadensfall auf Seiten des beklagten Unternehmens oder der Verbraucher aufweist. Dies wäre beispielsweise der Fall, wenn ein Familienmitglied ebenfalls Kläger oder Anmelder zum Musterfeststellungsverfahren in dem Massenschadensfall ist/war.[1321] Ein Streitmittler dürfte in einem solchen Fall

---

1317 *Röthemeyer*, in: Borowski/Röthemeyer/Steike, VSBG, 2016, § 7 Rn. 9.

1318 BT-Drs. 19/10348, 23; der Träger der AS-Stelle kann gem. § 3 S. 2 Nr. 2 lit. c VSBG auch nur ein Unternehmen sein.

1319 Die Formulierung in Art. 97 Abs. 1 GG ("Die Richter sind unabhängig und nur dem Gesetze unterworfen") geht deshalb auch über die in§ 7 VSBG hinaus (*Röthemeyer*, in: Borowski/Röthemeyer/Steike, VSBG, 2016, § 7 Rn. 7).

1320 *Stadler*, ZZP 128 (2015), 165, 176.

1321 In einem Verfahren vor dem LG Stuttgart gegen die Daimler AG wurde ein Richter u.a. deshalb für befangen erklärt, weil seine Ehefrau eine Klage gegen die VW AG wegen vorsätzlicher sittenwidriger Schädigung führte (OLG Stuttgart, Beschl. v. 01.07.2020 – 16a W 3/20).

gem. § 7 Abs. 4 S. 2 VSBG nur tätig werden, wenn die Parteien seiner Tätigkeit als Streitmittler ausdrücklich zustimmen.

Auch in der Mediation spielt die Unabhängigkeit und Neutralität des Mediators eine besondere Rolle. Nach § 1 Abs. 2 MediationsG wird der Mediator u.a. als „eine unabhängige und neutrale Person" definiert. Die Neutralität stellt eine wesentliche Quelle für die Autorität des Mediators im Laufe des Verfahrens dar.[1322] Abgesichert und näher ausgestaltet wird die Unabhängigkeit und Neutralität des Mediators durch die Vorschriften in § 3 MediationsG.[1323] Nach Absatz 1 treffen den Mediator die gleichen Offenbarungspflichten wie in § 7 Abs. 3 VSBG. Er hat nach § 3 Abs. 1 S. 1 MediationsG alle Umstände offenzulegen, die seine Unabhängigkeit und Neutralität beeinträchtigen können. Es entspringt dem Grundsatz der Verfahrensautonomie, dass er nach Satz 2 bei Vorliegen solcher Umstände trotzdem tätig sein darf, wenn die Parteien dem ausdrücklich zustimmen.[1324] Das MediationsG schränkt diesen Grundsatz im Gegensatz zum VSBG ein, indem es in Absatz 2 eine nicht abdingbare Tätigkeitsbeschränkung definiert. Demnach darf als Mediator nicht tätig werden, wer vor der Mediation in derselben Sache für eine Partei tätig gewesen ist. Der Mediator darf auch nicht während oder nach der Mediation für eine Partei in derselben Sache tätig werden. Von diesem Tätigkeitsverbot kann der Mediator nicht entbunden werden.[1325] Absatz 3 definiert eine Tätigkeitsbeschränkung bei Berufsausübungs- oder Bürogemeinschaften. Demnach darf eine Person nicht als Mediator tätig werden, wenn eine mit ihr in derselben Berufsausübungs- oder Bürogemeinschaft verbundene andere Person vor der Mediation in derselben Sache für eine Partei tätig gewesen ist. Eine solche andere Person darf auch nicht während oder nach der Mediation für eine Partei in derselben Sache tätig werden. Diese Beschränkungen sind im Gegensatz zu der in Absatz 2 nicht absolut. Die Parteien können sich nach Absatz 4 im Einzelfall nach umfassender Information und wenn Belange der Rechtspflege nicht entgegenstehen, mit seiner Tätigkeit einverstanden erklären. Auch ist der Mediator nach Absatz 5 verpflichtet, die Parteien auf deren Verlangen über seinen fachlichen Hintergrund, seine Ausbildung und seine Erfahrung auf dem Gebiet der Mediation zu informieren.

1322 BT-Drs. 17/5335, 14.

1323 BT-Drs. 17/5335, 16.

1324 *Greger*, in: Greger/Unberath/Steffek, Recht der alternativen Konfliktlösung, 2016, D. Rn. 184.

1325 *Pielsticker*, in: Fritz/Pielsticker, Handbuch zum Mediationsgesetz, 2020, § 3 MediationsG Rn. 56.

Es zeigt sich, dass das MediationsG den Grundsatz der Verfahrensautonomie deutlicher einschränkt als das VSBG. Auch definiert es klarer Anforderungen an die Unabhängigkeit und Neutralität des Mediators. Bei der Auswahl des Mediators ist somit in besonderer Weise darauf zu achten, dass dieser weder im Vorfeld noch im Anschluss mit der Streitigkeit in Berührung gekommen ist oder kommt. Dies gilt vor allem bei einem Richter oder Rechtsanwalt als Mediator, der ggf. mit einem Individualverfahren des Massenschadensfalls vorbefasst gewesen sein könnte.

II. Verschwiegenheit

Nach § 22 S. 1 VSBG sind der Streitmittler und die weiteren in die Durchführung des Streitbeilegungsverfahrens eingebundenen Personen zur Verschwiegenheit verpflichtet, soweit durch Rechtsvorschrift nichts anderes geregelt ist. Nach Satz 2 bezieht sich die Pflicht auf alles, was ihnen in Ausübung ihrer Tätigkeit bekannt geworden ist. Da AS-Verfahren von der Disposition der Parteien abhängen, können diese den Streitmittler auch von der Verschwiegenheitspflicht entbinden.[1326] Die Regelung entspricht der in § 4 MediationsG. Dementsprechend wird auch hinsichtlich der Ausnahmen von der Veschwiegenheitspflicht gem. § 22 VSBG auf § 4 Abs. 3 MediationsG verwiesen. Hinsichtlich der Tatsachen, die dem Streitmittler oder Mediator in dem Verfahren anvertraut wurden, steht ihnen gem. § 383 Abs. 1 Nr. 6 ZPO im Zivilprozess ein Zeugnisverweigerungsrecht zu.[1327] Die Vertraulichkeit ist insbesondere in einem Mediationsverfahren von besonderer Bedeutung für den Erfolg des Verfahrens, da die Parteien ihre wahren Interessen nur offenbaren werden, wenn die Äußerungen in einem späteren Verfahren nicht gegen sie verwendet werden können.[1328] Das MediationsG regelt keine umfassende Verschwiegenheitspflicht, sondern überlässt es den Parteien, diese durch vertragliche Abreden zu präzisieren.[1329] Bei den weiteren in die Durchführung des Mediationsverfahren eingebundenen Personen wird eine restriktive Auslegung vorgenommen. Es sind nur diejenigen Personen umfasst, die der Mediator als seine Hilfspersonen zur Unterstützung einsetzt (z. B. Bürokräfte).[1330] Da die Verschwiegenheitspflicht lediglich den Mediator, aber

1326 BR-Drs. 258/15, 78.

1327 *Röthemeyer*, in: Borowski/Röthemeyer/Steike, VSBG, 2016, § 22 Rn. 16.

1328 *Wagner*, ZKM 2012, 110, 111.

1329 *Fritz*, in: Fritz/Pielsticker, Handbuch zum Mediationsgesetz, 2020, § 4 MediationsG Rn. 3.

1330 BT-Drs. 17/5335, 17.

eben nicht die Parteien oder Dritte, die an dem Verfahren beteiligt sind (wie beispielsweise Rechtsanwälte oder Sachverständige) bindet, erscheint für den Erfolg des AS-Verfahrens, und insbesondere der Mediation – trotz der Regelung in § 4 MediationsG – eine Verschwiegenheitsabrede mit entsprechenden Vortrags- und Beweismittelverboten sachgerecht.[1331] Sollte das AS-Verfahren – ob Schlichtung oder Mediation – nicht zur gewünschten Konfliktbeilegung führen, könnten entsprechende Äußerungen ohne eine Verschwiegenheitsabrede in einem späteren Gerichtsverfahren verwendet werden.[1332] Die Schweigepflicht gilt unabhängig von dem Herkunftsberuf des Mediators.[1333] Sollte ein Anwaltsmediator eingeschaltet werden, ist darüber hinaus die berufsrechtliche Schweigepflicht gem. § 43a Abs. 2 BRAO zu beachten.[1334]

Bei einer Mediation, die im Anschluss an ein Musterfeststellungsurteil durchgeführt wird, stellt die Verschwiegenheit bei der Ausgestaltung der Mediationsabrede einen wichtigen Punkt dar. Bei einem Massenschadensfall mit zahlreichen beteiligten Personen, kann niemals garantiert werden, dass Informationen aus den Verhandlungen an die Öffentlichkeit gelangen. Das MediationsG selbst bindet nur den Mediator und seine Hilfspersonen. Bei der anschließenden Abwicklung der Einzelfälle in einem Schlichtungs- oder Ombudsmannverfahren stellt sich die Frage weniger, da die Offenbarung der Interessen der Beteiligten bei der Aushandlung der Konditionen für den Eckpunktevergleich und gerade nicht bei der Ausübung des Verhandlungsergebnisses erfolgen dürfte.

III. Rolle des Rechts

1. Die Rechtsorientierung der Schlichtung und Mediation

Bei AS-Verfahren wie der Schlichtung oder der Mediation wird das Ziel der gütlichen Einigung und nicht das der Rechtsdurchsetzung verfolgt.[1335] Im Gegensatz zu einem Richter trifft weder der Schlichter noch der Mediator eine verbindliche Entscheidung. Das MediationsG schreibt keine ausdrückliche Rechtsorientierung vor. Das Agieren des Mediators ist lediglich verfahrensorientiert. Ziel ist es, die Parteien bei der eigenen Entscheidungsfindung zu unterstützen ohne

---

1331 *Wagner*, ZKM 2011, 164, 166.

1332 *Röthemeyer*, in: Borowski/Röthemeyer/Steike, VSBG, 2016, § 22 Rn. 20.

1333 *Fritz*, in: Fritz/Pielsticker, Handbuch zum Mediationsgesetz, 2020, § 4 MediationsG Rn. 2.

1334 *Greger*, in: Greger/Unberath/Steffek, Recht der alternativen Konfliktlösung, 2016, D. Rn. 76.

1335 *Basedow*, JZ 2018, 1, 11.

selbst eine inhaltliche Bewertung vorzunehmen.[1336] Der Mediator darf sich zwar grundsätzlich zur Sach- und Rechtslage äußern, wenn die Parteien dies erwarten, beraten darf er die Parteien nicht. Er hat die Parteien vielmehr auf externe Beratung zu verweisen.[1337]

Bei der Schlichtung ist die Rechtsorientierung ausgeprägter als bei der Mediation. Der Schlichter unterbreitet Vorschläge, über deren Annahme die Parteien frei entscheiden können.[1338] Die Schlichtung ist ergebnisorientierter als die Mediation. Das Prinzip der Rechtmäßigkeit aus Art. 11 der ADR-Richtlinie gilt sogar nur für verbindliche Entscheidungen, weshalb im Umkehrschluss das zwingende Verbraucherrecht in Verfahren, die lediglich eine Lösung vorschlagen, nicht strikt beachtet werden muss.[1339] Das VSBG und die Verfahrensordnungen vieler AS-Stellen gehen über die ADR-Richtlinie hinaus und schreiben bei einem Schlichtungsverfahren ein gewisses Maß an Rechtsorientierung vor. Nach § 19 Abs. 1 S. 2 VSBG soll der Schlichtungsvorschlag am geltenden Recht ausgerichtet sein und insbesondere die zwingenden Verbraucherschutzgesetze beachten. Die Verfahrensordnung der Universalschlichtungsstelle formuliert die Bindung an Recht und Gesetz identisch wie das VSBG.[1340] Es gibt aber auch Schlichtungsstellen, die in ihren Verfahrensordnungen teilweise über das VSBG hinausgehen und die Rechtsorientierung zwingender formulieren: Die Verfahrensordnung der söp sieht beispielsweise vor, dass die Schlichtung „im Rahmen von Recht und Gesetz" erfolgt.[1341] Für den Versicherungsombudsmann sind Recht und Gesetz gar die Entscheidungsgrundlage.[1342] Die Tatsache, dass einige AS-Stellen von ehemaligen Präsidenten von obersten Bundes- oder Landesgerichten geleitet werden, zeigt ebenfalls das hohe Maß der Rechtsorientierung.[1343]

1336 Siehe zu den Einzelheiten des Mediationsverfahrens 3. Kapitel:§ 2 A.II.2.

1337 *Greger*, in: Greger/Unberath/Steffek, Recht der alternativen Konfliktlösung, 2016, § 1 MediationsG Rn. 42.

1338 BT-Drs. 18/5089, 63.

1339 *Hess*, JZ 70 (2015), 548, 551.

1340 § 8 Abs. 1 S. 3 (*Zentrum für Schlichtung e.V.*, Verfahrensordnung der Allgemeinen Verbraucherschlichtungsstelle, 2016). Die UnivSchlichtV äußert sich nicht zur Rechtsorientierung, weshalb ergänzend die Verfahrensordnung der aktuell beliehenen Streitbeilegungsstelle herangezogen werden kann.

1341 § 6 Abs. 1 (*Schlichtungsstelle für den öffentlichen Personenverkehr e.V.* (söp), Verfahrensordnung, 2018).

1342 § 6 Abs. 4 (Vefahrensordnung des Versicherungsombudsmanns vom 23. November 2016).

1343 *Röthemeyer*, 5.14 Verbraucherangelegenheiten, in: Trenczek/Berning/Lenz, Mediation und Konfliktmanagement, Rn. 3.

2. *Der Eckpunktevergleich als Entscheidungsmaßstab?*

Bei dem in Kapitel 3 als besonders geeignet dargestellten Verfahren wird auf erster Stufe ein Eckpunktevergleich zwischen den Parteien vereinbart, anhand dessen auf zweiter Stufe durch ein Schlichtungs- oder Ombudsmannverfahren die Einzelfall-Streitigkeiten beigelegt werden sollen. Für die Streitmittler auf zweiter Stufe würde in der Folge mit dem Eckpunktevergleich ein neuer Entscheidungsmaßstab hinzutreten, welcher der Rechtslage als Kompromisslösung ggf. nur in Teilen entspräche. Es stellt sich die Frage, ob die AS-Stellen bei derartigen Abweichungen von der Rechtslage den Ansprüchen an die Rechtsorientierung aus § 19 Abs. 1 S. 2 VSBG gerecht werden können.

Im Ergebnis spricht viel dafür, dass eine Vorbestimmung der Maßstäbe durch die Parteien den Anforderungen des VSBG entspricht. Es handelt sich in § 19 Abs. 1 S. 2 VSBG lediglich um eine weiche Formulierung („soll"), wodurch zum Ausdruck gebracht werden soll, dass das Recht nur ein Orientierungsmaßstab unter vielen darstellt.[1344] Die AS-Stellen dienen nicht der Rechtsfortbildung, weshalb deren Entscheidungen und Vorschläge nicht öffentlich zugänglich sein müssen. Die Klärung von Rechtsunsicherheiten obliegt schlichtweg den staatlichen Gerichten, nicht den AS-Stellen.[1345] Die Rechtsprechung der Gerichte bezieht sich auf einen feststehenden Sachverhalt, der durch Beweiserhebung festgestellt wurde. AS-Stellen sollen gerade bei einer ungeklärten Sach- und Rechtslage ohne Möglichkeiten der Beweiserhebung eine Einigung herbeiführen.[1346] Zur Förderung der Akzeptanz einer Kompromisslösung können sie auch nicht-rechtliche Aspekte miteinbeziehen.[1347]

Für ein geringeres Maß an Rechtsorientierung sprechen die Anforderungen an den Streitmittler. Der Streitmittler muss nach § 6 Abs. 2 S. 2 VSBG nicht zwingend die Befähigung zum Richteramt besitzen. Es reichen nach Satz 1 bloße Rechtskenntnisse, insbesondere im Verbraucherrecht. Es ist nicht die Aufgabe eines Streitmittlers grundsätzliche Rechtsfragen zu klären, sondern den Konflikt beizulegen.[1348] Die Anforderungen an die Qualifikation des Streitmittlers und das Maß der Rechtsorientierung des Schlichtungsvorschlags ist eine der umstrittensten Fragen in der Literatur zum VSBG.[1349]

1344 *Isermann*, VuR 2018, 283.

1345 *Röthemeyer*, in: Borowski/Röthemeyer/Steike, VSBG, 2016, Einführung Rn. 46.

1346 *Isermann*, VuR 2018, 283, 286.

1347 *Ders.*, VuR 2018, 283, 286.

1348 *Hirsch*, ZRP 2012, 189, 190.

1349 Zum Stand der Diskussion *Röthemeyer*, in: Borowski/Röthemeyer/Steike, VSBG, 2016, Einführung Rn. 92.

Da der Streitmittler keine Sachverhaltsaufklärung betreibt, können die Parteien selbst bestimmen, wie mit streitigen Tatsachen umzugehen ist und sie können folglich den durch den Streitmittler anzulegenden Bewertungsmaßstab ändern.[1350] Die Orientierung an den Kriterien eines vorher durch die Parteien definierten Eckpunktevergleichs fördert letztendlich die Streitbeilegung. Das dies vom Gesetzgeber genauso gewollt sein muss, zeigt auch die Zuständigkeit der neu geschaffenen Universalschlichtungsstelle: Diese soll gem. § 30 Abs. 1 Nr. 2 VSBG auch nach Abschluss eines Vergleichs nach § 611 Abs. 1 ZPO zuständig sein. Sie kann auch nach einer Kompromissfindung (etwa nach einer Einigung auf Kriterien zur Entschädigung) tätig werden. Einem zu hohen Maß an Rechtsorientierung könnten die AS-Stellen schließlich auch aufgrund der personellen Ausstattung und den geringen gesetzlichen Anforderungen an die Streitmittler nicht gerecht werden. Hier ist *Engel* in dem Satz zu folgen: „Die Robe der Justiz steht der Verbraucherschlichtung schlichtweg nicht".[1351]

IV. Verjährungsneutralität und -hemmung

Die Hemmung der Verjährung ist für die Teilnahmebereitschaft der Verbraucher und für die Funktionsfähigkeit des Gesamtverfahrens ein elementarer Punkt. Da die Verjährung schon während des Musterfeststellungsverfahren einen für die Verbraucher gefährlichen Punkt darstellte,[1352] gilt es zu untersuchen welche verjährungsrechtlichen Folgen die Durchführung eines anschließenden AS-Verfahrens hätte. Für die geschädigten Verbraucher sollte im Falle des Scheiterns des AS-Verfahrens noch die Möglichkeit der gerichtlichen Durchsetzung ihrer Ansprüche bestehen. Das AS-Verfahren darf von den beklagten Unternehmen nicht dazu eingesetzt werden, die nicht-anwaltlich vertretenen Verbraucher in eine „Verjährungsfalle" laufen zu lassen. Das AS-Verfahren muss daher so vorbereitet und durchgeführt werden, dass die Verjährung währenddessen gehemmt ist. Streng genommen handelt es sich um einen Verfahrensgrundsatz, der bereits vor Einleitung des AS-Verfahrens eine Rolle spielt.

1350 *Greger*, in: Greger/Unberath/Steffek, Recht der alternativen Konfliktlösung, 2016, D. Rn. 200.

1351 *Engel*, NJW 2015, 1633, 1637.

1352 Siehe zu den Anforderungen an die Beschreibung von Gegenstand und Grund 2. Kapitel:§ 3 A.I.

1. *Schlichtungs- und Ombudsmannverfahren*

Nach Art. 12 Abs. 1 der ADR-Richtlinie müssen die Mitgliedstaaten sicherstellen, dass die Parteien, die zur Beilegung einer Streitigkeit AS-Verfahren in Anspruch nehmen, deren Ergebnis nicht verbindlich sind, im Anschluss daran nicht durch den Ablauf der Verjährungsfristen während des AS-Verfahrens daran gehindert werden, in Bezug auf dieselbe Streitigkeit ein Gerichtsverfahren einzuleiten.[1353] Um diese Vorgabe zu erfüllen, dürfen AS-Verfahren nach Eg. 45 der ADR-Richtlinie nicht so gestaltet sein, dass sie gerichtliche Verfahren ersetzen oder Verbrauchern dieses Recht nehmen. Zur Erreichung dieses Ziels entschloss sich der deutsche Gesetzgeber im Zuge des Gesetzes zur Umsetzung der Richtlinie über alternative Streitbeilegung in Verbraucherangelegenheiten auch zur Neugestaltung des § 204 Abs. 1 Nr. 4 BGB.[1354] Demnach wird die Verjährung durch die Veranlassung der Bekanntgabe eines Antrags, mit dem der Anspruch geltend gemacht wird, bei einer staatlich oder staatlich anerkannten Streitbeilegungsstelle oder einer anderen Streitbeilegungsstelle, wenn das Verfahren im Einvernehmen mit dem Antragsgegner betrieben wird, gehemmt. Die Hemmung der Verjährung tritt nach § 204 Abs. 1 Nr. 4 Hs. 2 BGB schon durch den Eingang des Antrags bei der Streitbeilegungsstelle ein, wenn der Antrag demnächst bekannt gegeben wird. Durch diesen frühen Zeitpunkt des Beginns der Verjährungshemmung will man dem Schuldner das Risiko der zögerlichen Bearbeitung durch die AS-Stelle nehmen.[1355] Die Verjährung endet gem. § 204 Abs. 2 S. 1 BGB sechs Monate nach der rechtskräftigen Entscheidung oder anderweitigen Beendigung des eingeleiteten Verfahrens. Zu den staatlichen Stellen zählt beispielsweise die gem. § 29 Abs. 1 VSBG neu geschaffene Universalschlichtungsstelle und zu dem staatlich anerkannten AS-Stellen, die Verbraucherstreitbeilegungsstellen nach dem VSBG.[1356] Bei sonstigen AS-Stellen erfolgt nur eine Hemmung der Verjährung, wenn die Parteien im gegenseitigen Einvernehmen einen Einigungsversuch unternehmen.[1357] Wendet sich der Verbraucher an eine

1353 Der Grund für diese Regelung ist Art. 47 der Charta der Grundrechte der Europäischen Union (GRCh), der vorschreibt, dass jede Person das Recht haben muss, bei einem Gericht einen wirksamen Rechtsbehelf einzulegen (vgl. Eg. 45 der ADR-Richtlinie).

1354 BT-Drs. 18/5089, 80.

1355 MüKoBGB/*Grothe*, BGB § 204 Rn. 36.

1356 Staudinger/*Peters/Jacoby*, BGB § 204 Rn. 59.

1357 Staudinger/*dies.*, BGB § 204 Rn. 59; OLG Hamm, Urteil v. 12.03.2012 – I-31 U 167/06 = BeckRS 2012, 211011.

Verbraucherschlichtungsstelle, eine branchengebundene andere Gütestelle oder ein andere Gütestelle der Industrie- und Handelskammer, der Handwerkskammer oder der Innung, wird das Einvernehmen i. S. d. § 15a Abs. 3 S. 2 EGZPO unwiderleglich vermutet.[1358] Stellen die Geschädigten als Anspruchsteller einen Antrag bei einer sonstigen AS-Stelle (außerhalb des § 15a Abs. 3 S. 2 EGZPO) oder ziehen sie einen freien Mediator hinzu, so hätte ein einseitiger Antrag ohne Hinzuziehung des Antragsgegners keine verjährungshemmende Wirkung.[1359]

Es ist nicht nur entscheidend vor welchen Stellen eine Verjährungshemmung möglich ist, sondern auch welche Ansprüche durch die Verjährung gehemmt werden sollen. Der Rechtsprechung definiert die Voraussetzungen zur Individualisierung des Anspruchs ohne die eine Hemmung der Verjährung nicht eintritt wie folgt:

Der Güteantrag muss zunächst die formalen Anforderungen der Verfahrensordnung der AS-Stelle erfüllen, bei der der Antrag gestellt wird.[1360] Bei der Universalschlichtungsstelle hat der Antragsteller beispielsweise „neben Name und Anschrift der Parteien eine präzise Sachverhaltsschilderung anzugeben und klar zum Ausdruck zu bringen, was sein Begehr ist".[1361] Beim bereits dargestellten Versicherungsombudsmann[1362] soll „der Beschwerdeführer […] einen klaren und eindeutigen Antrag stellen und alle zur Beurteilung des Falles geeigneten und erforderlichen Tatsachen mitteilen sowie die erforderlichen Unterlagen beifügen".[1363] Bei der Bestimmung des Antrags sind laut BGH weiterhin nicht so strikte Voraussetzungen wie im Mahn- oder Klageverfahren anzulegen, allerdings muss der Antragsgegner in der Lage sein, die Erfolgsaussichten einer Verteidigung gegen den Anspruch prüfen zu können. Im Sinne des AS-Verfahrens sollte der Anspruch zumindest so hinreichend bezeichnet sein, dass ein Vergleichsvorschlag unterbreitet werden kann.[1364] Eine genaue Bezifferung der Forderung ist nicht notwendig.[1365]

1358 MüKoBGB/*Grothe*, BGB § 204 Rn. 35.

1359 *Riehm*, NJW 2017, 113, 115.

1360 BGH, Urteil v. 20.8.2015 – III ZR 373/14 = NJW 2015, 3297, 3298.

1361 § 5 Abs. 2 (*Zentrum für Schlichtung e.V.*, Verfahrensordnung der Allgemeinen Verbraucherschlichtungsstelle, 2016); neben der UniSchlichtV gilt die Verfahrensordnung der derzeit beliehenen Allgemeinen Verbraucherschlichtungsstelle des Zentrums für Schlichtung e.V.

1362 Siehe zum Ablauf des Verfahrens beim Versicherungsombudsmann 3. Kapitel: § 2 D.I.2.

1363 § 3 Abs. 4 VomVO.

1364 BGH, Urteil v. 20.8.2015 – III ZR 373/14 = NJW 2015, 3297, 3298.

1365 BGH, Urteil v. 20.8.2015 – III ZR 373/14 = NJW 2015, 3297, 3298 m. w. N.

Es zeigt sich, dass die Anforderungen an die Bestimmtheit eines verjährungshemmenden Antrags an eine AS-Stelle relativ unklar sind und dementsprechend Rechtsunsicherheit herrscht.[1366] Dies offenbart ein Dilemma: Einerseits erfordert die Verjährungshemmung einen klaren Antrag, um überhaupt die gehemmten Ansprüche bestimmen zu können. Andererseits sollen bei AS-Verfahren im Optimalfall gerade nicht die Positionen, sondern die dahinterstehenden Interessen im Vordergrund stehen.[1367] AS-Verfahren würden durch zu hohe Anforderungen an die Bestimmtheit ihrer Attraktivität beraubt, da sie eigentlich gerade ohne anwaltliche Beratung und Rechtskenntnis in Anspruch genommen werden können sollen. Aus diesem Grund fordert etwa *Riehm* die Absenkung der Anforderungen an die Bestimmtheit eines Güteantrags nach § 204 Abs. 1 Nr. 4 BGB.[1368] Dies erscheint mit Blick auf den Sinn und Zweck von AS-Verfahren konsequent. Die Umsetzbarkeit und die Definition von (eindeutigeren) Anforderung bleibt schwierig. Die Anforderungen des BGH mögen zwar nicht sehr präzise sein, demonstrieren aber die Schwierigkeit den verschiedenen Interessen der Akteure eines AS-Verfahrens gerecht zu werden. Der Antragsgegner muss sich mit Blick auf das Rechtsstaatsprinzip einem so hinreichend bestimmten Antrag gegenübersehen, dass er entscheiden kann, ob er diesen zurückweist oder sich außergerichtlich einigt. Bei zu niedrigen Voraussetzungen würde man die Handlungsmöglichkeiten des Antragsgegners zu stark einschränken und damit auf gleiche Weise den Sinn und Zweck der Alternativen Streitbeilegung konterkarieren.

Die Hemmung der Verjährung während Verhandlungen nach § 203 BGB tritt bei Schlichtungs- und Ombudsmannverfahren ergänzend neben § 204 Abs. 1 Nr. 4 BGB. Bei Verfahren vor AS-Stellen, die das Schlichtungs- oder Ombudsmannverfahren anbieten, dürfte die Rolle des § 203 BGB sehr begrenzt sein.

2. *Mediation*

Nach Art. 8 Abs. 1 der MedRL müssen die Mitgliedstaaten sicherstellen, dass die Parteien, die eine Streitigkeit im Wege der Mediation beizulegen versuchen, im Anschluss daran nicht durch das Ablaufen der Verjährungsfristen während der Mediation gehindert werden, ein Gerichts- oder Schiedsverfahren hinsichtlich derselben Streitigkeit einzuleiten. Nach Eg. 24 sollen dadurch nicht die

1366 So *Fries*, JZ 2016, 723, 725.
1367 *Riehm*, NJW 2017, 113, 116.
1368 *Ders.*, NJW 2017, 113, 118.

nationalen Regeln über Verjährungsfristen harmonisiert werden. Der deutsche Gesetzgeber schuf im Anschluss keine speziellen Regelungen zur Verjährungshemmung bei Mediationsverfahren, sondern verwies auf die bestehende Vorschrift zu Verhandlungen aus § 203 S. 1 BGB.[1369] Aus deren Wortlaut ergibt sich zwar nicht, dass es sich bei einer Mediation um eine Verhandlung i. S. d. § 203 BGB handelt, allerdings ist das Mediationsverfahren als drittunterstützte Verhandlung unstreitig von den Vorschrift erfasst.[1370] Die Parteien führen Verhandlungen, wenn es zu einem Meinungsaustausch kommt, bei dem der Gläubiger davon ausgehen kann, dass sein Begehren von dem Schuldner noch nicht endgültig abgelehnt wird.[1371] Es muss auf beiden Seiten Gesprächsbereitschaft bekundet werden, unabhängig davon, ob diese tatsächlich besteht. Eine klare Ablehnung durch den Schuldner leitet keine Verhandlung ein.[1372] Die bloße Bitte oder Aufforderung zur Durchführung eines Mediationsverfahrens reicht grundsätzlich nicht für den Eintritt der Verjährungshemmung. Die andere Seite muss sich tatsächlich darauf einlassen.[1373] Der Schuldner kann den Eintritt der Verjährungshemmung dadurch verhindern, dass er den Anspruch pauschal ablehnt und inhaltlich nicht auf diesen eingeht.[1374] Dies könnte man nur anders beurteilen, wenn eine vertragliche Verhandlungs- oder Mediationspflicht besteht. In diesem Fall wird zumindest die Ansicht vertreten, dass die bloße Aufforderung ausreiche.[1375] Die Verjährung tritt gem. § 203 S. 2 BGB frühestens drei Monate nach Ende der Verhandlungen ein.

Welche Ansprüche durch die Verhandlungen gehemmt werden, bestimmt sich nach dem Gegenstand der Verhandlungen, der durch Auslegung ermittelt werden kann. Im Zweifel erstreckt sich der Gegenstand auf alle Ansprüche, die jener Lebenssachverhalt hervorbringt.[1376] In persönlicher Hinsicht tritt die Hemmung der Verjährung nur gegenüber der Partei ein, mit der verhandelt

---

1369 BT-Drs. 17/5335, 11.

1370 BeckOK BGB/*Spindler*, BGB § 203 Rn. 4 m. w. N.

1371 BGH, Urteil v. 11.5.1989 – III ZR 88/87 = NJW 1990, 245, 247; BGH, Urteil v. 28.11.1984 – VIII ZR 240/83 = NJW 1985, 798, 799.

1372 Staudinger/*Peters/Jacoby*, BGB § 203 Rn. 7.

1373 *Gläßer*, in: Klowait/Gläßer/Berlin, Mediationsgesetz, 2018, § 2 MediationsG Rn. 76.

1374 *Riehm*, NJW 2017, 113, 118.

1375 MüKoBGB/*Grothe*, BGB § 203 Rn. 5; a. A. *Boemke/Dorr*, NJOZ 2017, 1578, 1581 f.; Staudinger/*Peters/Jacoby*, BGB § 203 Rn. 9.

1376 OLG Karlsruhe, Beschl. v. 31.7.2014 – 16 UF 129/13 = BeckRS 2014, 19181; OLG Stuttgart, Urteil v. 26.3.2013 – 10 U 146/12 = BeckRS 2013, 9968; MüKoBGB/*Grothe*, BGB § 203 Rn. 7.

wird. Dies folgt aus dem Wortlaut des § 203 Abs. 1 BGB, wonach die Verjährung gehemmt ist, wenn zwischen dem Schuldner und Gläubiger Verhandlungen über den Anspruch schweben.[1377] Besteht die Möglichkeit, dass eine Partei oder ein Dritter für mehrere Parteien verhandelt, bestimmt sich gegenüber welchen Personen die Verjährung gehemmt wird – genauso wie bei der Ermittlung des Verhandlungsgegenstands – nach dem Lebenssachverhalt.[1378] Werden die Verhandlung durch einen Dritten geführt, muss dieser über eine Verhandlungsvollmacht verfügen.[1379] Diese kann entweder ausdrücklich erteilt werden, sich aus Duldungs- oder Anscheinsvollmacht oder aus dem Gesetz (Bspl.: § 1357 BGB) ergeben.[1380] Letztendlich bleibt die Partei, die sich auf die Hemmung der Verjährung beruft, darlegungs- und beweisbelastet.[1381]

3. *Verjährungshemmung bei Durchführung eines AS-Verfahren nach Musterfeststellungsurteil*

a) *Die Individualisierbarkeit der Ansprüche bei einem Schlichtungs- und Ombudsmannverfahren*

Das erste Problem stellt sich bei Schlichtungs- und Ombudsmannverfahren, sobald sich die Anmelder innerhalb der sechsmonatigen Hemmung der Verjährung nach §§ 204 Abs. 1 Nr. 1a, Abs. 2 S. 1, 209 BGB direkt an eine AS-Stelle wenden und für den Eintritt der Verjährungshemmung einen Antrag stellen müssen, der den Ansprüchen an die Individualisierbarkeit des Anspruchs genügt. Den Verbrauchern droht bei der gerichtlichen Geltendmachung ihres Anspruchs nach Ablauf der sechs Monate dasselbe Risiko der Verjährung, welches bereits bei den Anforderungen an die Anmeldung der Ansprüche zur Musterfeststellungklage identifiziert und problematisiert wurde:[1382] Zwar würden auch bei einem Schlichtungs- oder Ombudsmannverfahren vor einer AS-Stellen niedrigere Anforderungen an die Individualisierbarkeit als bei einem

---

1377 BGH, Urteil v. 18.01.1994 – VI ZR 190/93 = NJW 1994, 1150, 1152; BeckOK BGB/*Spindler*, BGB § 203 Rn. 7.

1378 OLG Frankfurt, Urteil v. 6.2.2017 – 29 U 146/16 = NJW-RR 2017, 1338, 1341; BeckOK BGB/*ders.*, BGB § 203 Rn. 7.

1379 BGH, Urteil vom 01.07.2014 – VI ZR 391/13 = NJOZ 2016, 384, 386; OLG Koblenz, Beschl. v. 31.03.2016 – 5 U 191/16 = VersR 1453, 1454; Staudinger/*Peters/Jacoby*, BGB § 203 Rn. 9.

1380 Staudinger/*dies.*, BGB § 203 Rn. 9.

1381 MüKoBGB/*Grothe*, BGB § 203 Rn. 1.

1382 Siehe zur Diskussion um die Anforderungen an die Individualisierung des Anspruchs bei der Anmeldung zum Musterfeststellungsverfahren 2. Kapitel:§ 3 A.I.

Klage- oder Mahnverfahren gelten, aber, ob diese Ansprüche letztendlich erfüllt werden, würde der nicht-anwaltlich beratene Verbraucher erst bei der gerichtlichen Geltendmachung seines Anspruchs erfahren.

Die Gerichte müsste in einem anschließenden Individualverfahren zweierlei prüfen: Zum einen, ob die Anmeldung zum Musterverfahren und zum anderen, ob der Antrag vor der AS-Stelle für die Hemmung der Verjährung ausreichend war. Wie bereits im Rahmen der Diskussion zur Anmeldung im Musterfeststellungsverfahren gezeigt wurde, ist nicht davon auszugehen, dass die Gerichte über unbestimmte Angaben großzügig hinwegsehen werden, sondern es ist vielmehr davon auszugehen, dass sie auch hier den Eintritt der Verjährungshemmung genau prüfen. Dies ist mit Blick auf die Interessen der Beklagten auch nachvollziehbar und notwendig. Die Vorgaben aus Art. 12 Abs. 1 der ADR-Richtlinie wären auch erfüllt, wenn einige Verbraucher im Anschluss an das Gesamtverfahren ihre Ansprüche wegen Eintritts der Verjährung verlieren. Der deutsche Gesetzgeber musste nur die Voraussetzung schaffen unter denen eine Verjährungshemmung eintreten kann. Dies hat er mit § 204 Abs. 1 Nr. 4 BGB getan. Das Risiko, dass die nicht-anwaltlich vertretenen Verbraucher diese (im Vergleich zur Klage niedrigeren) Voraussetzungen nicht erfüllen, liegt bei diesen. Die nötige Individualisierung kann nach Ablauf der Verjährungsfrist auch nicht mehr verjährungshemmend nachgeholt werden.[1383] Durch unpräzise Anträge wird schließlich die Durchführung eines AS-Verfahrens erschwert. Die Beklagte weiß schlichtweg nicht, gegen was sie sich verteidigen und über was sie sich einigen soll.

b) *Verjährungshemmung gegenüber den Anmeldern im Mediationsverfahren*

Das zweite Problem stellt sich, wenn man – wie in dieser Arbeit vorgeschlagen – ein Mediationsverfahren mit dem Ziel eines Eckpunktevergleichs zwischenschaltet. Hier würde eine Hemmung der Verjährung nach § 203 BGB in persönlicher Hinsicht streng genommen nur eintreten, wenn die Beklagte als Schuldnerin mit jedem einzelnen Geschädigten als Gläubiger verhandelt. Übergeordnete Verhandlungen würden nur dann eine Hemmung der Verjährung für alle Parteien ergeben, wenn der Verhandlungspartner über eine vertragliche oder gesetzliche Verhandlungsvollmacht verfügt.[1384] Möglich wäre nur eine

1383 BGH, Urteil v. 21.10.2008 – XI ZR 466/07 = NJW 2009, 56, 57; BGH, Urteil v. 10.10.2013 – VII ZR 155/11 = NJW 2013, 3509, 3510 m. w. N.

1384 Siehe Fn. 1379.

privatschriftlichen Verjährungsverzichtserklärung durch das beklagte Unternehmen. Ansonsten gilt nach einem rechtskräftigen Musterfeststellungsurteil die sechsmonatige Verjährungshemmung nach §§ 204 Abs. 1 Nr. 1a, Abs. 2 S.1, 209 BGB. Etwas anderes würde etwa dann gelten, wenn der Verband auch über das Musterfeststellungsverfahren hinaus befugt wäre, die Anmelder in Verhandlungen zu vertreten.[1385] Ohne eine derartige Regelung laufen die Anmelder bei dem hier vorgeschlagenen Verfahrensablauf Gefahr, in eine „Verjährungsfalle" zu laufen.

V. Freiwilligkeit

Die Alternative Streitbeilegung lebt von dem Willen zur einvernehmlichen Konfliktlösung, weshalb die Freiwilligkeit zum Wesen dieser Form der Streitbeilegung gehört.[1386] Die Freiwilligkeit ist eine der herausragenden Eigenschaften von AS-Verfahren und damit Stärke und Schwäche des Verfahrens zugleich.[1387] In der Folge sieht die ADR-Richtlinie weder für Unternehmen noch für Verbraucher eine Verpflichtung vor, sich an einem AS-Verfahren zu beteiligen.[1388] Im VSBG kommt der Grundsatz der Freiwilligkeit besonders in § 15 zum Ausdruck.[1389] Nach § 15 Abs. 1 VSBG endet das Streitbeilegungsverfahren, wenn der Antragsteller seinen Antrag zurücknimmt oder der weiteren Durchführung des Verfahrens widerspricht. Erklärt der Antragsgegner, an dem Streitbeilegungsverfahren nicht teilnehmen oder es nicht fortsetzen zu wollen, so hat der Streitmittler nach Absatz 2 das Verfahren zu beenden, es sei denn, Rechtsvorschriften, Satzungen oder vertragliche Abreden bestimmen etwas anderes.

Auch bei der Mediation zählt die Freiwilligkeit des Verfahrens zu einem wesentlichen Element.[1390] Nach § 2 Abs. 2 MediationsG hat sich der Mediator zu vergewissern, dass die Parteien freiwillig an der Mediation teilnehmen. Freiwilligkeit bedeutet, dass sich keine der Parteien gezwungen fühlen darf an der Mediation teilzunehmen.[1391] Das Freiwilligkeitsprinzip bezieht sich nicht nur auf

---

1385 Siehe zur möglichen Erteilung eines Verhandlungsmandats (de lege ferenda) 4. Kapitel:§ 2 A.

1386 *Eidenmüller/Engel*, ZZP 128 (2015), 149, 152 f.

1387 *Labes*, DZWir 1998, 353.

1388 *Röthemeyer*, in: Borowski/Röthemeyer/Steike, VSBG, 2016, Einführung Rn. 54.

1389 *Wiese/Hörnig*, ZKM 2016, 56, 58 f.

1390 *Hopt/Steffek*, Mediation - Rechtsvergleich, Regelungsmodelle, Grundsatzprobleme, in: dies., Mediation, 12.

1391 *Pielsticker*, in: Fritz/Pielsticker, Handbuch zum Mediationsgesetz, 2020, § 2 MediationsG Rn. 57.

den Beginn oder die Beendigung des Verfahrens. Auch bei der Sachverhaltsaufklärung im Rahmen der Mediation können die Parteien nicht zur Beibringung von Dokumenten oder Informationen gezwungen werden. Auch Dritte können ohne Einverständnis der Parteien nicht hinzugezogen werden.[1392]

VI. Zwischenergebnis

Die Verfahrensgrundsätze der Unabhängigkeit und Unparteilichkeit sowie der Verschwiegenheit sind für das Mediationsverfahren auf erster Stufe von besonderer Bedeutung, während die Rolle des Rechts vor allem bei einem Schlichtungs- und Ombudsmannverfahren relevant wird. Die Problematik der Verjährungshemmung stellt sich nicht nur im Rahmen der Musterfeststellungsklage, sondern auch bei der Durchführung eines anschließenden AS-Verfahrens. Es wurde gezeigt, dass sich de lege lata übergeordnete Verhandlungen über einen Eckpunktevergleich mit Blick auf die Verjährung als problematisch erweisen. Ohne eine Regelung der Verjährung ist nicht davon auszugehen, dass sich die Verbraucher auf das AS-Verfahren einlassen werden. Der Grundsatz der Freiwilligkeit erschwert den Weg zur Durchführung eines AS-Verfahrens und führt dazu, dass die Parteien nur durch eine gelungene Ausgestaltung des Verfahrens von einer Teilnahme überzeugt werden können.

§ 2 Steuerungskompetenzen des Musterfeststellungsgerichts (de lege ferenda)

In Kapitel 3 wurden zwei verschiedene Verfahrensabläufe als geeignet identifiziert und in § 1 dieses Kapitels wurde dargestellt, dass der Gesetzgeber durch die VSBG Änderung 2019 bereits eine direkte Brücke zwischen dem Musterfeststellungsverfahren und dem Schlichtungsverfahren geschlagen hat. Für den Fall, dass das Musterfeststellungsurteil nicht viele Anspruchsvoraussetzungen feststellen konnte, empfiehlt sich – wie festgestellt – ein zweistufiges Verfahren mit Vorschaltung eines Mediationsverfahrens zur Aushandlung eines Eckpunktevergleichs. Fraglich ist allerdings wie unter den aktuellen gesetzlichen Voraussetzungen dieser Eckpunktevergleich im Anschluss an ein Musterfeststellungsurteil überhaupt zustande kommen soll: Für eine Verhandlung werden Verhandlungspartner benötigt. Der klagende Verband verfügt nach einem

1392 *Hopt/Steffek*, Mediation - Rechtsvergleich, Regelungsmodelle, Grundsatzprobleme, in: dies., Mediation, 50 f.

Musterfeststellungsurteil beispielsweise über kein Verhandlungsmandat.[1393] Mithin sind die Verfahren der Alternativen Streitbeilegung von Freiwilligkeit geprägt, weshalb es sehr an den beklagten Unternehmen liegt, ob sie sich an der Durchführung des Verfahrens beteiligen würden.[1394] Auch wurde festgestellt, dass die Vorschrift zum Vergleich aus § 611 ZPO nach einem Musterfeststellungsurteil nicht anwendbar ist und der Vergleich nicht gerichtlich genehmigt werden kann.[1395]

Röthemeyer brachte zur Förderung eines Vergleichs bereits den Gedanken ins Spiel, dem Musterfeststellungsgericht gewisse Steuerungskompetenzen für die Leistungsphase zu übertragen. Das Musterfeststellungsgericht kenne den Fall und die Prozessstrategien der Parteien bereits. Es läge daher nahe, dass es auch die Weichen für die Leistungsphase stellen könne.[1396] Da die aktive Steuerung eines Verfahrens durch das Gericht gegebenenfalls mit der Dispositionsmaxime in Widerspruch stehen könnte und auch nicht zu den tradierten Aufgaben eines Gerichts gehöre, schlägt er vor, die Steuerung durch das Gericht mit einem Antragsrecht der Klägerin zu verbinden.[1397]

Diesen Vorschlägen folgend, wird sich im Folgenden mit Möglichkeiten auseinandergesetzt, welche Steuerungskompetenzen dem Musterfeststellungsgericht zukommen könnten, um das Verfahren in der anschließenden Leistungsphase aktiv zu fördern. Möglich wäre, dem Musterfeststellungsgericht die Kompetenz zu übertragen einen „Musterverhandlungspartner" für die nachgelagerten Vergleichsverhandlungen zu bestimmen (hierzu A.). Auch könnte dem Musterfeststellungsgericht die Kompetenz eingeräumt werden, einen zwischen den Verhandlungsparteien ausgehandelten (Eckpunkte)Vergleich nachträglich genehmigen zu können, um die Wirkung des § 611 Abs. 1 ZPO auch nach Abschluss eines Musterfeststellungsverfahrens herzustellen (hierzu B.). In geeigneten Fallkonstellationen könnte das Gericht sogar ein verpflichtendes Schlichtungsverfahren anordnen (hierzu C.).

1393 Siehe zum fehlenden Repräsentationsrecht 1. Kapitel:§ 2 B.III.2.

1394 Siehe zum Grundsatz der Freiwilligkeit 4. Kapitel:§ 1 B.V.

1395 Siehe zur gerichtlichen Genehmigung nach Musterfeststellungsurteil 1. Kapitel:§ 2 B.III.0.

1396 *Röthemeyer*, MDR 2019, 1421, 1425.

1397 *Ders.*, MDR 2019, 1421, 1425.

A. Erteilung eines Verhandlungsmandats

Aus der Konzeption des Musterfeststellungsverfahrens als zweistufige Rechtsdurchsetzung kann gefolgert werden, dass ein Kollektivvergleich maximal bis zum Abschluss des Musterverfahrens gewünscht sei. Dies ist allerdings gerade nicht der Fall. Nach Ansicht des Gesetzgebers ist „aufgrund der verbindlichen Klärung der Feststellungsziele [...] davon auszugehen, dass sich in den meisten Fällen die anmeldeten Verbraucher und der Beklagte außergerichtlich einigen (werden)".[1398] Nach der gesetzgeberischen Konzeption soll jeder Verbraucher seinen Anspruch individuell durchsetzen und sich gegebenenfalls mit der Beklagten jeweils gesondert einigen. Die durch die Möglichkeit des gerichtlichen Kollektivvergleichs gem. § 611 ZPO beabsichtigen Effizienzgewinne würden somit nicht mehr bestehen. Hätte man sich in den Diesel-Verfahren[1399] nicht geeinigt, hätten der Beklagten nach einem positiven Musterfeststellungsurteil etwa 400.000 individuelle Klagen oder Schlichtungsverfahren gedroht. Im schlimmsten Fall hätte dies dazu geführt, dass die Beklagte mit jedem Kläger einen gesonderten Vergleich zu unterschiedlichen Konditionen aushandeln hätte müssen.

Wie insbesondere in Kapitel 2 festgestellt, ist es in einigen Fällen effizienter zunächst einen Eckpunktevergleich auszuhandeln, bevor sich mit den Geschädigten im Einzelnen geeinigt werden kann. Konsequenterweise merkt *Stadler* an, dass es dazu nur kommen könne, wenn der klagende Verband auch die Befugnis hätte, im Namen aller Geschädigten zu verhandeln und einen Vergleich zu schließen.[1400] Oft sei es bereits mühsam, die Interessen von zwei Streitparteien in einem Vergleich zu vereinen. Noch schwieriger werde dies bei mehreren Parteien, die jeweils unterschiedliche Interessen verfolgen und bislang kaum in das Verfahren eingebunden wurden.[1401] Die Verhandlungsforschung hat gezeigt, dass durch die Reduzierung der Zahl, der an der Verhandlung beteiligten Personen, die Kommunikation erheblich verbessert wird. Wichtige Durchbrüche in Verhandlungen wurden meist erzielt, wenn nur zwei Personen im Raum waren.[1402] Zur Reduzierung der Verhandlungspartner auf Seiten der Verbraucher wären im Wesentlichen zwei Optionen denkbar:

1398 BT-Drs. 19/2439, 17.

1399 Siehe zum Sachverhalt 2. Kapitel:§ 2 C.I.

1400 *Stadler*, VuR 2018, 83, 87.

1401 Siehe zu den Interessen der Anmelder 1. Kapitel:§ 4 B.II.3.

1402 *Fisher/Ury/Patton*, Das Harvard-Konzept, 2019, S. 70 f.

I. Option 1: Auswahl des Verhandlungspartners durch die Beklagte

Die Beklagte könnte zur Lösung des Problems auf Seiten der Kläger selbst nach einem allgemeinen Ansprechpartner suchen, der im Namen aller Geschädigten einen Eckpunktevergleich aushandelt. Dieser Vereinbarung könnten sich die früheren Anmelder und solche die sich von Anfang an für eine Individualklage entschieden haben, anschließen. In Frage käme dafür beispielsweise eine Rechtsanwaltskanzlei, die eine Vielzahl an Einzelklagen betreut, die Prozessbevollmächtigten des Verbands im Musterverfahren, aber theoretisch auch eine Rechtsanwaltskanzlei, die für die ehemaligen Anmelder den schnellsten und für die Beklagte den vorteilhaftesten Vergleichsschluss verspricht.

Ein Blick in die Niederlande und die USA zeigt, dass die Auswahl durch die Beklagten durchaus geläufig ist. Die freie Auswahl eines Verhandlungspartners entspräche der Systematik des bereits vorgestellten niederländischen WCAM.[1403] Qualifizierte Einrichtungen können in dem System des WCAM ohne ausdrückliches Mandat durch das Gericht für alle Geschädigten einen Vergleich aushandeln. Im Zuge der Genehmigung des Vergleichs beurteilt der ausschließlich zuständige Amsterdam Court of Appeal schließlich, ob die Stiftung oder Vereinigung, die den Vergleich mit der Beklagten erzielte, hinreichend qualifiziert war, um eine Parteistellung im Verfahren einzunehmen.[1404] Auch in den USA gibt es vor allem im Vorfeld zu settlement class actions eine ähnliche Situation. Hier sucht die (potentielle) Beklagte nach einem „would-be class counsel", der anstelle der Geschädigten verhandelt.[1405] *Coffee* nennt die Suche nach dem Klägeranwalt, der der Beklagten am ehesten entgegenkommt eine „reverse auction".[1406] Solange der Anwalt nicht als class counsel vom Gericht ernannt wurde,

1403 Siehe zum niederländischen WCAM 2. Kapitel:§ 1 C.I.

1404 *Stadler*, VuR 2018, 83, 88; *Eggers*, Gerichtliche Kontrolle von Vergleichen im kollektiven Rechtsschutz, 2019, S. 30.

1405 *Erichson* bezeichnet einen Rechtsanwalt als "would-be class counsel", der im Vorfeld einer class action im Namen der Geschädigten mit dem beklagten Unternehmen einen Vergleich aushandelt, um diesen später durch das Gericht im Rahmen einer settlement class action genehmigen zu lassen. Bei einer settlement class action wird nicht zum Zwecke der Prozessführung eine Gruppe geformt, sondern ausschließlich mit dem Ziel einen Vergleich zu schließen (*Erichson*, 82 Geo. Wash. U. L. Rev. 951, 952 (2014)); näheres zum Verfahrensablauf bei einer settlement class action, vgl. *Eggers*, Gerichtliche Kontrolle von Vergleichen im kollektiven Rechtsschutz, 2019, S. 22.

1406 *John C. Coffee Jr.*, 80 Cornell L. Rev. 851, 853 (1995).

läge in diesem Fall ein Monopson vor, das zu kollusivem Handeln einlade.[1407] Es stünden auf der Klägerseite zahlreiche Kanzleien bereit, die mit der Beklagten gerne einen Vergleich aushandeln würden. Dadurch entstehe eine Wettbewerbssituation, die denjenigen begünstige, der zuerst im Namen der Gruppe einen Vergleich abschließen würde. Die Klägeranwälte würden sich demnach gegenseitig unterbieten.[1408]

Diese Option dürfte in der Phase nach einem Musterfeststellungsurteil aus mehreren Gründen keine Rolle spielen. Die Ausgangssituation in den Niederlanden und den USA ist nicht mit der nach einem Musterfeststellungsurteil vergleichbar. Es kann keine Konkurrenzsituation geben, da erst eine Musterfeststellungsklage erhoben werden müsste, um überhaupt einen Vergleich genehmigen zu lassen. Bei der Musterfeststellungsklage können gem. § 261 Abs. 3 Nr. 1 ZPO nicht mehrere Streitsachen gleichzeitig anhängig gemacht werden. Auch mehrere Musterfeststellungsklagen mit demselben Streitgegenstand sind wegen des Prioritätsprinzips aus § 610 Abs. 1 S. 1 ZPO kaum denkbar. Macht ein Verband eine Musterfeststellungsklage anhängig, kann dies kein weiterer mit demselben Streitgegenstand machen. Auch handelt sich bei der class action und dem WCAM nicht um eine Verbandsklage, sondern um ein Instrument der rein privaten Rechtsdurchsetzung. Das Nachfragemonopol entsteht in den USA aufgrund der Möglichkeit der Genehmigung eines privat ausgehandelten Vergleichs durch das Gericht und der daraus resultierenden Bindungswirkung. Bei der Musterfeststellungsklage kann der Vergleich gem. § 611 ZPO nach Abschluss des Musterfeststellungsverfahrens de lege lata nicht genehmigt werden und würde dementsprechend auch keine Bindungswirkung entfalten.[1409] Auch das niederländische WCAM ermöglicht – im Gegensatz zu der Leistungsphase nach Musterfeststellungsurteil – eine Genehmigung des Vergleichs.

II. Option 2: Bestimmung des Verhandlungspartners durch das Musterfeststellungsgericht

Dem Musterfeststellungsgericht könnte die Möglichkeit eingeräumt werden entweder dem Verband als Kläger des Ausgangsverfahrens oder einem sonstigen

1407 *Erichson*, 82 Geo. Wash. U. L. Rev. 951, 959 (2014) f.

1408 *Erichson*, 82 Geo. Wash. U. L. Rev. 951, 960 (2014); *Coffee Jr.*, 100 Colum. L. Rev. 370, 392 (2000); die Darstellung zur Eindämmung der "reverse auction": *Eggers*, Gerichtliche Kontrolle von Vergleichen im kollektiven Rechtsschutz, 2019, S. 143.

1409 Siehe zur gerichtlichen Genehmigung nach Musterfeststellungsurteil 1. Kapitel:§ 2 B.III.3.

Beteiligten anhand von Eignungsaspekten ein Verhandlungsmandat für die Zeit nach einem Musterfeststellungsurteil zu übertragen.

1. Bestimmung des Verhandlungspartners nach Eignungsaspekten

Eine weitere Möglichkeit wäre die Bestimmung eines Verhandlungspartners nach Eignungsaspekten. Dies muss nicht zwangsläufig der klagende Verband des Musterfeststellungsverfahrens sein, sondern kann auch eine Rechtsanwaltskanzlei sein, die besonders viele Kläger vertritt oder den Verband bereits im Musterfeststellungsverfahren vertreten hat. Das Gericht der Musterfeststellungsklage könnte – angelehnt an die Auswahl des Musterklägers nach § 9 Abs. 2 KapMuG oder eines geeigneten Verfahrens im Musterverfahren nach § 93a VwGO – ein allgemeines Auswahlrecht zur Bestimmung eines „Musterverhandlungspartner" für die Phase nach einem Musterfeststellungsurteil erhalten. Bei § 9 Abs. 2 S. 2 KapMuG werden drei Auswahlkriterien genannt: Die Eignung des Klägers das Musterverfahren angemessen zu führen (Nr. 1), eine Einigung mehrerer Kläger auf einen Musterkläger (Nr. 2) und die Höhe des Anspruchs (Nr. 3). Besonders der Blick auf Kriterium Nr. 2 und Nr. 3 zeigt, dass im Grunde von mehreren (individuellen) Klagen ausgegangen wird. Das Musterfeststellungsverfahren ist als Verbandsklage konzipiert, weshalb es diese Auswahl an potentiellen Klägern schon nicht geben kann. Man müsste für die Auswahl des Verhandlungspartners gewiss neue Kriterien schaffen. Im KapMuG-Verfahren klagt gerade kein Verband, sondern ein Musterkläger, der durch das Gericht bestimmt wird. Eine Auswahl zwischen verschiedenen Akteuren anhand festgelegter Kriterien würde zu Folgekonflikten führen. Auch die Verknüpfung mit einem Antragsrecht gestaltet sich bei der Auswahl eines Dritten, der nicht unmittelbar am Verfahren beteiligt ist, schwierig.

2. Bestimmung des Verbands

Naheliegend wäre schließlich die Ernennung des Verbands, der wiederum selbst eine Kanzlei mit der Aushandlung des Eckpunktevergleichs beauftragen könnte. Die Ausstattung des Verbands mit einem Verhandlungsmandat, das über das Musterfeststellungsurteil hinausgeht, fordern auch einige Vertreter der Literatur.[1410] Da eine allgemeine gesetzliche Bestimmung, die den Verband zur Vertretung der Verbraucher ermächtigt, wegen der Mannigfaltigkeit der Fallkonstellationen schwierig erscheint, könnte der Verband das Verhandlungsmandat

---

1410 *Röthemeyer*, MDR 2019, 1421, 1425; *Weinland*, Die neue Musterfeststellungsklage: Einführung, 2019, Rn. 164.

auf Antrag durch das Gericht zugesprochen bekommen. Das Antragserfordernis erscheint nicht nur wegen der Dispositionsmaxime im Zivilprozess notwendig, auch praktisch würde es keinen Sinn machen, dem Verband ein Verhandlungsmandat zu übertragen an dem er eigentlich kein Interesse hat.

Gegen die Ernennung des Verbands spräche, dass dieser schon während des Musterfeststellungsverfahrens über keine rechtsgeschäftliche Vollmacht oder eine sonstige Ermächtigung zur Verhandlungsführung verfügt. Man könnte annehmen, dass eine Bestimmung des Verbands für die Phase nach Musterfeststellungsurteil nicht konsistent wäre. Es könne nicht ohne weiteres unterstellt werden, dass die Verbraucher den Verband durch ihre Anmeldung im Klageregister dazu ermächtigen, in ihrem Namen einen Vergleich auszuhandeln. Zumal der Vergleich in der Feststellungsphase i. S. d. § 611 Abs. 2 Nr. 1 ZPO bestenfalls Leistungen regeln soll, welche über den eigentlichen Verfahrensgegenstand hinausgehen.[1411]

Praktisch gibt es einige Gründe, die dafürsprechen, dem Verband eine entsprechende Befugnis zu übertragen. Die Verbraucherverbände wären nach § 79 Abs. 2 S. 2 Nr. 3 sowieso befugt, Forderungen von Verbrauchern im Rahmen ihres Aufgabenbereichs einzuziehen.[1412] Der Gesetzgeber hat ihm also bereits eine ähnliche Funktion zugedacht. Weiterhin hätte der Verband der Musterfeststellungsklage wegen des Auskunftsanspruchs aus § 609 Abs. 6 ZPO Zugriff auf die persönlichen Daten der Anmelder und die Angaben zu Gegenstand und Grund, sowie zur Höhe der Forderungen. Es würde sich daher anbieten, dass eben dieser Verband starre Parameter für einen Eckpunktevergleich aushandelt. Zudem kennt der Verband als Kläger aus dem Musterfeststellungsverfahren die Knackpunkte des Falls und die eventuell vorhandenen Hindernisse an denen Vergleichsverhandlungen bislang scheiterten. Ein genereller Vorteil bei der Ernennung des Verbands zum Verhandlungsführer für die Zeit nach einem Musterfeststellungsurteil liegt auch bei der Verjährungshemmung. Bei einer Verhandlung über einen Eckpunktevergleich im Anschluss an ein Musterfeststellungsurteil, kommt es – sobald ein Dritter für die Anmelder verhandelt – grundsätzlich zu Problemen bei der Hemmung der Verjährung.[1413] Sofern das Gericht einen festen Verhandlungspartner für die Anmelder anordnen würde,

---

1411 So auch *Eggers*, Gerichtliche Kontrolle von Vergleichen im kollektiven Rechtsschutz, 2019, S. 55.

1412 Siehe zur Einziehungsklage 3. Kapitel:§ 1 C.

1413 Siehe zur Verjährungshemmung gegenüber Anmeldern im Mediationsverfahren 4. Kapitel:§ 1 B.IV.3.b).

entspräche dies der geforderten Verhandlungsvollmacht und es bestünde die Möglichkeit, dass die Verhandlungen die Verjährung für alle Anmelder hemmen. Die Erteilung eines Verhandlungsmandats würde die Möglichkeiten zur Aushandlung eines Eckpunktevergleichs im Anschluss an das Musterfeststellungsurteil deutlich erweitern.

B. Gesetzlicher Genehmigungsvorbehalt

Wenn in einem Vergleich Regelungen zu Lasten der Anmelder getroffen werden, wäre eine gerichtliche Genehmigung mit der Folge der Wirkung des § 611 Abs. 1 ZPO nach Abschluss des Musterfeststellungsverfahren notwendig.[1414] Für einen Eckpunktevergleich im Anschluss an das Musterfeststellungsverfahren gilt dies nicht zwingend, da die Verbraucher erst in einem zweiten Schritt einen individuellen Einzelvergleich schließen oder einen Schlichtungsvorschlag annehmen können. Sollte der Verband als Verhandlungspartner durch das Gericht bestimmt werden, erscheint es konsequent, dass das Gericht auch die ausgehandelten Grundkonditionen genehmigen kann.

Der gesetzliche Genehmigungsvorbehalt oder zumindest ein gerichtliches Kontrollverfahren ist in den Verfahren des kollektiven Rechtsschutzes internationaler Standard.[1415] Ein gesetzlicher Genehmigungsvorbehalt würde nicht nur den Vorgaben der EU-Verbandsklagerichtlinie entsprechen, sondern auch der Praxis in vielen anderen Ländern. So sieht etwa die französische Gruppenklage („action de groupe"), die mit Gesetz vom 17. März 2014 im Code de la Consommation eingeführt wurde, eine gerichtliche Genehmigung des Vergleichs vor (Art. L623-23). Demnach muss jede im Namen der Gruppe ausgehandelte Vereinbarung durch den Richter genehmigt werden. Sofern der Vergleich den Interessen derjenigen entspricht, für die er gelten soll, kann ihn das Gericht für verbindlich erklären.[1416] Das niederländische WCAM[1417] ist so konzipiert, dass die Verhandlungspartner einen Vergleich aushandeln, der daraufhin von dem ausschließlich zuständigen Gericht, dem Amsterdam Court of Appeals genehmigt werden kann. Der Vergleich entfaltet anschließend für die Gruppenmitglieder Bindungswirkung und es liegt ein Opt-Out-Mechanismus vor. Die Betroffenen haben somit nachträglich die Möglichkeit, aus dem Vergleich auszutreten und

---

1414 Siehe zum Vertrag zu Lasten Dritter 1. Kapitel:§ 2 B.II.1.

1415 *Stadler*, GPR 2013, 281, 288 m. w. N.

1416 *Scholl*, ZfPW 2019, 317, 325; siehe zur allgemeinen Funktionsweise der französischen Gruppenklage: *Zwickel/Kampmann*, Online Publikation 2017, 9 ff.

1417 Siehe zum niederländischen WCAM 2. Kapitel:§ 1 C.I.

individuell ihr Recht geltend machen.[1418] Weitere Genehmigungserfordernisse finden sich etwa in Belgien, Dänemark, Norwegen, Slowenien und Schweden.[1419] Ein gesetzliche Genehmigungsvorbehalt würde auch der Richtlinie über Verbandsklagen zum Schutz der Kollektivinteressen der Verbraucher entsprechen. Nach Erwägungsgrund 30 sollen „alle außergerichtlichen Vergleiche, die durch eine Verbandsklage oder auf der Grundlage eines rechtskräftigen Feststellungsbeschlusses erzielt werden, […] vom zuständigen Gericht oder von der zuständigen Verwaltungsbehörde genehmigt werden, um ihre Rechtmäßigkeit und Fairness unter Berücksichtigung der Interessen und Rechte aller Beteiligten zu gewährleisten.“ [1420] Die Mitgliedstaaten sollen nach Art. 8 Abs. 3 der Richtlinie sicherstellen, „dass das Gericht oder die Verwaltungsbehörde, das bzw. die den rechtskräftigen Feststellungsbeschluss […] erlassen hat, befugt ist, die Parteien der Verbandsklage aufzufordern, innerhalb einer angemessenen Frist einen Vergleich über Abhilfemaßnahmen zu erzielen […].“ Interessant ist dabei insbesondere, dass die gerichtliche Genehmigung des außergerichtlichen Vergleichs auch nach einem rechtskräftigen Feststellungsbeschluss möglich sein muss. Die Musterfeststellungsklage sieht nur im Rahmen des gerichtlichen Vergleichs nach § 611 Abs. 3 S. 1 ZPO einen gerichtlichen Genehmigungsvorbehalt vor. Dieser gilt de lege lata nicht mehr für den Zeitraum nach Musterfeststellungsurteil und würde damit Art. 8 Abs. 3 der Verbandsklage-Richtlinie widersprechen. Auch in den USA bedarf ein Vergleich nach rule 23 (e) FRCP mit einer bereits geformten Geschädigtengruppe („certified class“), aber auch mit einer die noch zu bilden ist („a class proposed to be certified for purposes of settlement“) der gerichtlichen Genehmigung. Die Möglichkeit der Genehmigung des Vergleichs trägt der Tatsache Rechnung, dass eine Vielzahl der class actions durch Vergleich beendet und Vergleichsverhandlungen meist vor der Prüfung der Zulässigkeit der class action („certification“) geführt und abgeschlossen werden.[1421] Sofern die Rechte Dritter betroffen sind, bedarf die Beendigung eines Rechtsstreits durch Vergleich in dem Rechtskreis des common law grundsätzlich der Zustimmung des Gerichts.[1422]

1418 *Weber/van Boom*, VuR 2017, 290, 293.

1419 Siehe Fn. 10 bei *Stadler*, VuR 2020, 163, 164 m. w. N.

1420 Dies entspricht auch dem Ergebnis einer im Auftrag des Europäischen Parlaments durchgeführten Studie zum kollektiven Rechtsschutz in Europa (*Amaro/Azar Baud/Corneloup u.a.*, Collective Redress in the Member States of the European Union, 2018, S. 91).

1421 *Scholl*, ZfPW 2019, 317, 324.

1422 *Marcus/Smith*, Manual for Complex Litigation, Fourth, 2004, § 14.13.

Es ist davon auszugehen, dass eine gerichtliche Genehmigung die Akzeptanz und das Vertrauen der Verbraucher in den Inhalt des (Eckpunkte-)Vergleichs stärken würde. Er würde das Konzept aus Feststellungs- und Leistungsphase zu einem stimmigen Gesamtkonzept gestalten. In der Gesetzesbegründung wird immer wieder auf die hohe Einigungswahrscheinlichkeit im Anschluss an ein Musterfeststellungsurteil eingegangen. Die entsprechenden Voraussetzungen für eine einvernehmliche Einigung schuf der Gesetzgeber allerdings nicht, er gestaltete mit § 611 ZPO nur einen (gerichtlichen) Vergleichsmechanismus für die Zeit während des Musterfeststellungsverfahrens. Durch die Möglichkeit der gerichtlichen Genehmigung wird die Gefahr des Abschlusses eines unzulässigen Vertrages zu Lasten Dritter gebannt. Eine gerichtliche Überprüfung könnte grundsätzlich auch Interessenkonflikte in den Blick nehmen.[1423] Sollte der Vergleich in der Leistungsphase durch den Verband oder seine Prozessbevollmächtigten ausgehandelt werden, besteht auch über das Musterfeststellungsurteil hinaus ein Prinzipal-Agenten-Problem.[1424] Bei der Ausgestaltung eines gesetzlichen Genehmigungsvorbehalts müsste ein abstrakter Maßstab bestimmt werden, anhand dessen geprüft werden kann, ob ein Vergleich angemessen und damit genehmigungsfähig ist. Orientiert werden kann sich dabei an den Vorgaben in § 611 Abs. 2 ZPO oder der offenen Regelung in § 611 Abs. 3 S. 2 ZPO, wonach der Vergleich durch das Gericht genehmigt wird, wenn es ihn unter Berücksichtigung des bisherigen Sach- und Streitstandes als angemessene gütliche Beilegung des Streits oder der Ungewissheit über die angemeldeten Ansprüche oder Rechtsverhältnisse erachtet.

C. Anordnung eines Schlichtungszwangs oder Schaffung von Anreizen zur Teilnahme?

Bei AS-Verfahren gilt – wie bereits dargestellt – der Grundsatz der Freiwilligkeit.[1425] Stellen die Verbraucher nach einem positiven rechtskräftigen Musterfeststellungsurteil einen Antrag bei einer Verbraucherschlichtungsstelle, obliegt es den Unternehmen sich freiwillig an diesem Verfahren zu beteiligen. Das Gesamtkonzept des Gesetzgebers bestehend aus Musterfeststellungsverfahren auf erster Stufe und AS-Verfahren auf zweiter Stufe könnte an einer einfachen Weigerung durch die Unternehmen scheitern.[1426] Der Erfolg einer anschließenden

1423 *Van den Bergh/Keske,* Rechtsökonomische Aspekte der Sammelklage, in: Casper/Janssen/Pohlmann u.a., Auf dem Weg zu einer europäischen Sammelklage?, 17, 33.

1424 Siehe zum Prinzipal-Agenten-Problem 1. Kapitel:§ 4 B.II.

1425 Siehe zum Grundsatz der Freiwilligkeit 4. Kapitel:§ 1 B.V.

1426 *Hirsch*, ZKM 2019, 67, 68.

Schlichtung hängt im Wesentlichen von der Teilnahmebereitschaft auf Unternehmensseite ab.[1427] Die Schlichtungsbereitschaft scheint ausweislich des Verbraucherschlichtungsberichts aus dem Jahr 2018 noch relativ gering zu sein. Die Teilnahmebereitschaft bei der Allgemeinen Verbraucherschlichtungsstelle belief sich im Jahr 2017 beispielsweise auf lediglich 29 %.[1428] Für die Wahrung des Grundsatzes der Freiwilligkeit ist entscheidend, dass die Parteien das Verfahren freiwillig beenden können.[1429] Dementsprechend können die Mitgliedstaaten nach der ADR-Richtlinie die Teilnahme an einem AS-Verfahren auch verpflichtend ausgestalten. Nach Art. 1 S. 2 der ADR-Richtlinie werden nationale Rechtsvorschriften, die die Teilnahme an AS-Verfahren vorschreiben, nicht berührt, solange der Zugang zum Gerichtssystem nicht behindert wird. Nach Eg. 49 der ADR-Richtlinie sollen die Unternehmen „so weit wie möglich ermutigt werden, an AS-Verfahren teilzunehmen".

Im Folgenden soll geklärt werden wie die die europäische Forderung zur „Ermutigung" der Unternehmen aktuell in Deutschland umgesetzt wird und, ob die bestehenden ökonomische oder immaterielle Anreize zur Teilnahme für Unternehmen ausreichend sind (hierzu 1.). Zudem soll sich mit Möglichkeiten auseinandergesetzt werden, wie man beklagte Unternehmen darüber hinaus zu einer Teilnahme an einem AS-Verfahren bewegen könnte (hierzu 2.). In diesem Zusammenhang wird die Möglichkeit einer gesetzlichen Pflichtteilnahme für Unternehmen nach einem rechtskräftigen Musterfeststellungsurteil und die einer diskretionäre Entscheidung durch das Gericht diskutiert (hierzu 3.).

1. Aktuelle Anreize für die Durchführung eines AS-Verfahrens

Die Richtlinie fordert die Mitgliedsstaaten auf, Unternehmen zu einer Teilnahme „zu ermutigen", lässt ihnen bei der Umsetzung aber weitgehend freie Hand.[1430] Der deutsche Gesetzgeber ging in der Folge offenbar davon aus, dass die Unternehmen die Vorteile der AS-Verfahren selbst erkennen werden und belässt es in der Gesetzesbegründung dabei, die Vorteile für Unternehmen als

---

1427 *Röthemeyer*, VuR 2019, 87, 90.

1428 *Bundesamt für Justiz*, Verbraucherschlichtungsbericht 2018, 2018, S. 68; da die Teilnahme an einem Schlichtungsverfahren vor der Allgemeinen Verbraucherschlichtungsstelle grundsätzlich freiwillig ist, verliefen die restlichen Verfahren gem. § 15 Abs. 2 VSBG ergebnislos.

1429 *Greger*, in: Greger/Unberath/Steffek, Recht der alternativen Konfliktlösung, 2016, D. 69.

1430 *Röthemeyer*, in: Roder/Röthemeyer/Braun, Verbraucherstreitbeilegungsgesetz, 2017, § 1 Rn. 23.

Anreize aufzuzählen.[1431] Der deutsche Gesetzgeber stellt klar, dass die Vorteile von AS-Verfahren nur dann zum Tragen kommen können, wenn die Parteien freiwillig an dem Verfahren teilnehmen und ernsthaft an einer Einigung interessiert sind.[1432]

Erst im Zuge der VSBG Änderung 2019 unternahm der Gesetzgeber konkrete Schritte zur Umsetzung der europäischen Aufforderung, die Unternehmen entsprechend zu ermutigen und etablierte bei der Einführung der Universalschlichtungsstelle eine neue Gebührenregelung zugunsten der Unternehmen. Nach § 31 VSBG erhebt die Universalschlichtungsstelle für die Durchführung des AS-Verfahrens vom Unternehmer, der zur Teilnahme bereit oder verpflichtet ist, eine Gebühr. Die Höhe der Gebühr richtet sich nach dem zugrundeliegenden Streitwert. Um die Teilnahme für Unternehmen noch attraktiver zu gestalten, wurde in § 6 UnivSchlichtV eine neue Staffelung der Gebührenhöhe eingeführt, die im Vergleich zur vorherigen Ausgestaltung die Gebühren gerade bei niedrigen Streitwerten, deutlich senkte.[1433] Der Bundesrat verwies im Gesetzgebungsverfahren auf den Sachbericht zum Online-Schlichter aus dem Jahr 2017: Der Online-Schlichter erhebt keine Gebühren und es zeigte sich, dass weniger als 15 % der Unternehmen nicht an dem Verfahren teilnahmen. Die Bereitschaft der Unternehmen zur Teilnahme bei einem kostenfreien Schlichtungsverfahren sei damit allgemein deutlich größer.[1434] *Gössl* verwies als Sachverständige im Gesetzgebungsverfahren darauf, dass viele Unternehmen die zwingende Kostentragung als unfair empfänden und daher nicht bereit seien an den Verfahren teilzunehmen. Mit Verweis auf die im Vergleich zur Allgemeinen Verbraucherschlichtungsstelle deutlich besser angenommene (und kostenlose) österreichische Verbraucherschlichtung, befürwortete sie im Gesetzgebungsverfahren eine Kostenprivilegierung der Unternehmen.[1435] Es bleibt abzuwarten, wie sich dieser

---

1431 BR-Drs. 258/15, 43.

1432 BR-Drs. 258/15, 46.

1433 *Thole*, ZKM 2020, 4, 5.

1434 BT-Drs. 19/10991, 2.

1435 *Gössl*, Stellungnahme für die öffentliche Anhörung am Mittwoch, 26. Juni 2019 (2019), S. 2 ff.; so auch *Greger*, Stellungnahme zum Entwurf eines Gesetzes zur Änderung von Vorschriften über die außergerichtliche Streitbeilegung in Verbrauchersachen und zur Änderung weiterer Gesetze (BT-Drucksache 19/10348), 2019, S. 7, der unter anderem vorschlägt, dass Unternehmen nur dann zu Kosten herangezogen werden sollten, wenn ein Schlichtungsvorschlag zugunsten des Verbrauchers ergehe; *Harriehausen* merkt zwar an, dass die flexiblere Gebührenordnung einen Anreiz für Unternehmen darstellen könnte, es allerdings problematisch erscheine, die Unternehmen im Fall des Obsiegens von Gebühren freizustellen. Das Denken in

durch den Gesetzgeber geschaffene Anreiz auf die Akzeptanz der Schlichtungspraxis vor der Universalschlichtungsstelle auswirken wird.

2. *Die Pflichtteilnahme an einem AS-Verfahren nach Musterfeststellungsurteil*

a) *Schlichtungsverfahren*

Die Frage, ob die Teilnahme für Unternehmen an AS-Verfahren freiwillig oder verpflichtend sein soll, war nicht nur im europäischen Gesetzgebungsverfahren zur ADR-Richtlinie,[1436] sondern auch im Rahmen der VSBG Änderung 2019 umstritten. Die verpflichtende Teilnahme von Unternehmen nach einem positiven Musterfeststellungsurteil war eine häufige Forderung. So sprach sich etwa der Bundesrat für eine Teilnahmepflicht von Unternehmen im Anschluss an ein Musterfeststellungsurteil aus. Er sah bei einer freiwilligen Teilnahme insbesondere die Gefahr der Verfahrensverlängerung für den Verbraucher.[1437] Der im Gesetzgebungsverfahren angehörte Sachverständige *Hirsch* sprach sich ebenfalls für eine Teilnahmepflicht der Unternehmen aus. Die Teilnahmepflicht sei eine systemgerechte Ergänzung des Musterfeststellungsverfahrens hin zu einem stimmigen Gesamtkonzept.[1438] Er verwies dabei auf die bereits bestehende Möglichkeit zur Bestimmung einer Teilnahmepflicht aus § 15 Abs. 2 VSBG. Demnach beendet der Streitmittler das Verfahren, sobald der Antragsgegner erklärt, an dem Streitbeilegungsverfahren nicht teilnehmen oder es nicht fortsetzen zu wollen, „es sei denn, Rechtsvorschriften, Satzungen oder vertragliche Abreden bestimmen etwas anderes." Es bestehe damit grundsätzlich die Möglichkeit einer abweichenden Regelung.[1439]

Für eine Teilnahmepflicht spricht, dass es in Deutschland bereits gesetzliche Teilnahmepflichten in einigen Branchen gibt und, dass eine solche unter Einhaltung bestimmter Anforderungen nicht gegen europäisches Recht verstoßen

---

"Gewinner-Verlierer" sei bei einem konsensualen Verfahren problematisch (*Harriehausen*, Stellungnahme zum Entwurf eines Gesetzes zur Änderung von Vorschriften über die außergerichtliche Streitbeilegung in Verbrauchersachen und zur Änderung weiterer Gesetze, Drucksache 19/10348, 2019, S. 3).

1436 *Berlin*, ZKM 2013, 108.

1437 BT-Drs. 19/10991, 1.

1438 *Hirsch*, Anhörung Deutscher Bundestag, Ausschuss für Recht und Verbraucherschutz 26. Juni 2019, S. 7 f.

1439 *Ders.*, Anhörung Deutscher Bundestag, Ausschuss für Recht und Verbraucherschutz 26. Juni 2019, S. 7 f.

würde. Gesetzliche Teilnahmepflichten finden sich den den Bereichen Telekommunikation (§ 47a Abs. 1 TKG), Energie (§ 111b Abs. 1 S. 2 EnWG) oder Versicherungsvermittlung (§ 17 Abs. 4 VersVermV).[1440] In diesen Wirtschaftsbereichen wird eine Teilnahmeverpflichtung aufgrund der Besonderheiten der Branchen als sinnvoll angesehen.[1441] Auch im Bereich der Luftfahrt etablierte der Gesetzgeber aufgrund der geringen Teilnahme der Unternehmen eine faktische Pflichtteilnahme der Unternehmen[1442] und geht mit erzieherischem Duktus davon aus, dass „die an der behördlichen Schlichtung teilnehmenden Unternehmen erkennen [sollten], dass eine aktive Beteiligung am Verfahren auch für sie vorteilhaft ist."[1443] Auch bei typischerweise geringwertigen Streitigkeiten ging der deutsche Gesetzgeber einen ähnlichen Weg und entschied sich durch § 15a EGZPO in Verbindung mit den Ausführungsgesetzen der Länder für ein obligatorisches Güteverfahren als besondere Prozessvoraussetzung.[1444]

Auch das europäische Recht stünde einer Teilnahmepflicht nicht entgegen. In der Alassini-Entscheidung stellte der EuGH klar, dass ein gesetzlicher Schlichtungszwang dem Grundsatz des effektiven gerichtlichen Rechtsschutzes (vgl. Art. 6 Abs. 1, 13 EMRK, Art. 47 GRCh) nicht entgegensteht, sofern das Verfahrensergebnis nicht bindend ist, die Verjährung gehemmt ist, den Parteien keine oder nur geringfügige Kosten entstehen und die Verzögerung nicht länger als 30 Tage beträgt.[1445]

Eine weitere Sache spricht für die Einführung einer Schlichtungspflicht: Viele Parteien haben Hemmungen den Wunsch nach Vergleichsgesprächen aktiv zu äußern, weil dies als Schwäche ausgelegt werden könnte.[1446] Aus unternehmerischer Sicht wäre es in der Öffentlichkeit kein Zeichen von Schwäche, wenn es verpflichtend an einem AS-Verfahren nach einem Musterfeststellungsurteil teilnehmen würde.

1440 *Hirsch*, ZKM 2019, 67, 69; so auch *Gurkmann*, Anmerkungen zu Lücken im kollektiven Rechtsschutz und dem Gesetzentwurf des BMJV zur Einführung der MFK, in: Schäfer, Der Gesetzesentwurf zur "Musterfeststellungsklage", 46, 74; *Bund der Versicherten e.V.* 2018, 2.

1441 Vgl. BT-Drs. 18/5089, 40.

1442 *Berlin*, Verfahrensspektrum und Praxisbeispiele von Verbraucher ADR, in: Althammer, Verbraucherstreitbeilegung, 43, 50.

1443 BT-Drs. 17/11210, 17; *Röthemeyer*, MDR 2019, 1421, 1424.

1444 *Eidenmüller/Engel*, ZZP 128 (2015), 149, 154.

1445 EuGH, Urteil v. 18.3.2010 – C 317/08 = EuZW 2010, 550.

1446 *Horvath*, SchiedsVZ 2005, 292, 296; *Bucher*, Bulletin de l'Association suisse de l'arbitrage (ASA) 1995, 568, 574 der sich mit dem Schiedsverfahren befasst.

Es gibt auch Gründe, die gegen eine verpflichtende Teilnahme sprechen. Die Bundesregierung sieht in einer Teilnahmepflicht für Unternehmen einen ungerechtfertigten Eingriff in Art. 12 GG. Es gäbe keinen legitimen Zweck zur Schaffung einer verpflichtenden Teilnahme. Die Schaffung einer größeren Beteiligung bei den Verbraucherschlichtungsstellen scheide genauso wie die Förderung der Verbraucherstreitbeilegung im Allgemeinen als legitimes Ziel aus.[1447] *Gössl* weist auf den Unterschied zwischen Einlassungs- und Ergebnisfreiwilligkeit hin und merkt an, dass eine erzwungene Teilnahme nicht zur Annahme eines späteren Schlichtungsvorschlags führe. Eine derartige Verzögerung frustriere den Verbraucher am Ende nur.[1448] Erfahrungen mit dem KapMuG hätten zudem gezeigt, dass Unternehmen nach einem für sie negativen Musterfeststellungsurteil nicht automatisch einlenken und sich kompromissbereit zeigen werden, vielmehr werde sich in den Individualverfahren noch zeigen, wie sehr die Verbraucher individuell geschädigt wurden.[1449] Auch *Greger* sieht die Gefahr der weiteren Verzögerung und bringt eine Überlastung der zuständigen AS-Stelle ins Spiel. Gerade bei großen Massenverfahren könnten die AS-Stellen nach einem Musterfeststellungsurteil zeitgleich mit mehreren tausend Anträgen konfrontiert werden, die nicht in der 90-Tage-Frist nach § 20 Abs. 2 VSBG abgearbeitet werden könnten.[1450] Eine ähnliche Einschätzung wird aus der Gesetzesbegründung bei der Schaffung des VSBG ersichtlich, wonach „die Teilnahmeverpflichtung […] die Verbraucherschlichtungsstellen mit einer Vielzahl von Verfahren beschweren, die Kosten verursachen, ohne zu einer Einigung zu führen.“[1451]

Zu diesen speziellen Gründen im Zusammenspiel von Musterfeststellungsklage und Alternativer Streitbeilegung treten Gründe hinzu, die generell gegen eine einseitige und pauschale Schlichtungspflicht sprechen: Nach *Eidenmüller* könne ein Eingriff in die unternehmerische Selbstbestimmung gerade deshalb vorliege, weil Unternehmen ohne jede Rechtfertigung in ein Verfahren

---

1447 BT-Drs. 19/10991, 6.

1448 *Gössl*, Stellungnahme für die öffentliche Anhörung am Mittwoch, 26. Juni 2019 (2019), S. 2; auch *Schmidt-Kessel* sieht richterlich angeordnete Teilnahmepflichten als das falsche Mittel an (*Schmidt-Kessel*, Stellungnahme zum Entwurf eines Gesetzes zur Änderung von Vorschriften über die außergerichtliche Streitbeilegung in Verbrauchersachen und zur Änderung weiterer Gesetze, 2019, S. 7).

1449 *Beckmann/Waßmuth*, WM 2019, 89, 96.

1450 *Greger*, Stellungnahme zum Entwurf eines Gesetzes zur Änderung von Vorschriften über die außergerichtliche Streitbeilegung in Verbrauchersachen und zur Änderung weiterer Gesetze (BT-Drucksache 19/10348), 2019, S. 4.

1451 BT-Drs. 18/5089, 40.

gezwungen werden, das für sie mit erheblichem Aufwand und nennenswerten Kosten verbunden sei. Vor allem könnten Verbraucher auf diesem Weg durch unbegründete Anträge für die Unternehmen hohe Kosten auslösen.[1452] *Greger* spricht bei einer Übernutzung des kostenlosen Angebots durch die Verbraucher von „free-riding-Effekten", die es zu vermeiden gilt.[1453] Gegen eine Teilnahmepflicht spreche auch ein psycho-sozialer Aspekt. AS-Verfahren haben ein besseres Zusammenleben in der Gemeinschaft zum Ziel und es stehe der Erhalt der Beziehung zwischen den Streitenden im Vordergrund. Die Erhebung einer Klage werde oftmals als ein feindlicher Akt empfunden, während die Alternative Streitbeilegung vom Gütegedanken geprägt sei.[1454] Eine Teilnahmepflicht würde die konfrontative Grundhaltung aufrechterhalten und wäre in Anbetracht der Ziele der AS-Verfahren kontraproduktiv. Nur weil man jemanden zwinge, sich auf ein außergerichtliches Verfahren einzulassen, führe das nicht automatisch dazu, dass er auch einem streitbeendenden Vergleich zustimme.[1455]

Zwar ist den Gegner einer Teilnahmepflicht dahingehend beizupflichten, dass es sich bei AS-Verfahren grundsätzlich um freiwillige Verfahren handelt, zu welchen ein irgendwie gearteter Zwang systematisch nicht passt, allerdings gibt es auch ein Interesse, das Musterfeststellungsverfahren zu einem schlüssigen Gesamtkonzept zu gestalten. Es stellt sich die Frage, warum es nicht auch nach einem Musterfeststellungsurteil eine Teilnahmepflicht geben sollte, wenn eine solche in anderen Branchen sogar möglich ist, obwohl vor der Durchführung des Schlichtungsverfahrens keine Anspruchsvoraussetzungen verbindlich in einem Musterfeststellungsurteil festgestellt wurden. Es sollte klargestellt werden, dass die Diskussion rund um eine Teilnahmepflicht nach einem Musterfeststellungsurteil ausschließlich im Hinblick auf die Durchführung eines AS-Verfahrens vor einer AS-Stelle, die Schlichtungs- oder Ombudsmannverfahren durchführen, geführt wird. In Anbetracht der Eignungsprüfung in Kapitel 3 wäre diese Teilnahmepflicht damit nur relevant, wenn hinreichend viele Anspruchsvoraussetzungen im Musterfeststellungsverfahren verbindlich festgestellt werden konnten. Dies dürfte – wie festgestellt – bei Massenschäden selten der Fall sein.[1456]

1452 *Eidenmüller/Engel*, ZZP 128 (2015), 149, 156.

1453 *Greger*, MDR 2016, 365, 368.

1454 *Labes*, DZWir 1998, 353, 354.

1455 *Keydel*, ZKM 2011, 61, 62.

1456 Siehe zur Musterverfahrensfähigkeit 1. Kapitel:§ 2 B.III.1.

b) *Mediationsverfahren*

Die Anordnung eines verpflichtenden Mediationsverfahrens wäre zwar grundsätzlich mit höherrangigem Recht vereinbar, aber in der Praxis nicht zielführend. Obwohl es im Ausland teilweise ein angeordnetes Mediationsverfahren gibt, so kennt das deutsche Recht eine derartige Verpflichtung bislang nicht.[1457] Die Einführung eines verpflichtenden Mediationsverfahrens nach einem Musterfeststellungsurteil wäre auch mit der MedRL vereinbar. Nach Art. 5 Abs. 2 MedRL kann die Inanspruchnahme der Mediation vor oder nach Einleitung eines Gerichtsverfahrens verpflichtend sein, sofern das Recht der Parteien auf Zugang zum Gerichtssystem gewahrt bleibt. Die Mediation verliert ihren Charakter als Einigungsverfahren nicht dadurch, dass es durch gesetzliche Vorschrift oder ein Gericht angeordnet wurde.[1458] Es bleibt mit Blick auf § 2 Abs. 5 MediationsG, wonach die Parteien die Mediation jederzeit beenden können, ein freiwilliges Verfahren.[1459]

Dennoch erscheint die Anordnung eines Mediationsverfahrens nach einem Musterfeststellungsurteil nicht praxistauglich. Es wäre widersinnig ein Einigungsverfahren anzuordnen, wenn sich eine Partei von vornherein nicht einigen will. Ein Zwang zur Mediation widerspricht dem Sinn und Zweck des Verfahrens noch deutlicher als bei dem Schlichtungs- oder Ombudsmannverfahren, wo ein Dritter zumindest zu einem Verfahrensergebnis kommen soll. Die Mediation bleibt ohne aktive Mitwirkung und dem Willen der Parteien ergebnislos

3. *Teilnahme nach einzelfallbezogener gerichtlicher Anordnung oder gerichtlichen Vorschlag*

Röthemeyer spricht sich für eine einzelfallbezogene gerichtliche Anordnung zur Durchführung eines Schlichtungs- oder Ombudsmannverfahren aus. Die Musterfeststellungsklage sei ein Querschnittsinstrument und nicht auf bestimmte Branchen beschränkt. Eine allgemeine gesetzliche Anordnung würde der Mannigfaltigkeit der Fallgestaltungen somit nicht gerecht werden. Auch gäbe es gute Gründe für ein Unternehmen, nicht an einem AS-Verfahren teilzunehmen, etwa wenn das Musterfeststellungsurteil nur aus wenige Feststellungen zur Haftung

---

1457 *Greger* verweist beispielhaft auf die USA, Italien und die Schweiz (*Greger*, in: Greger/Unberath/Steffek, Recht der alternativen Konfliktlösung, 2016, § 1 MediationsG Rn. 36).

1458 Vgl. Art. 3 lit. a MedRL.

1459 *Greger*, in: Greger/Unberath/Steffek, Recht der alternativen Konfliktlösung, 2016, § 1 MediationsG Rn. 33.

bestehe und noch viele Voraussetzungen offen geblieben seien.[1460] *Eidenmüller* hält eine pauschale Schlichtungspflicht (unabhängig von der Musterfeststellungsklage) in Verbraucherstreitigkeiten für nicht zielführend und spricht sich daher ebenfalls für einen Schlichtungszwang im Rahmen einer diskretionäre Einzelfallentscheidung des Gerichts aus.[1461] Eine abstrakt-generelle Regelung zur Schlichtungspflicht könne nicht den Umständen des Einzelfalls Rechnung tragen und führe zu gerichtlichen Auseinandersetzungen über Nebenfragen („satellite litigation“).[1462] Dem Vorschlag der einzelfallbezogenen Herangehensweise wird hier gefolgt. Eine generelle Pflichtteilnahme wäre mit Blick auf die eingeschränkte Musterverfahrensfähigkeit und die Gefahr, dass nur wenige Anspruchsvoraussetzungen geklärt werden konnten, nicht praxisgerecht.

Hinsichtlich der Ausgestaltung könnte an eine ähnliche Verweisungsmöglichkeit wie in § 278 Abs. 5 Satz 1 ZPO gedacht werden.[1463] Demnach kann das Gericht die Parteien für die Güteverhandlung sowie für weitere Güteversuche vor einen hierfür bestimmten und nicht entscheidungsbefugten Richter (Güterichter) verweisen. Möglich wäre auch eine abgemilderte Form wie in § 278a Abs. 1 ZPO, wonach das Gericht den Parteien eine Mediation oder ein anderes Verfahren der außergerichtlichen Konfliktbeilegung vorschlagen kann. In eine ähnliche Richtung geht auch Art. 5 MedRL, wonach „ein Gericht, das mit einer Klage befasst wird, […] gegebenenfalls unter Berücksichtigung der Umstände des Falles die Parteien auffordern [kann], die Mediation zur Streitbeilegung in Anspruch zu nehmen. Das Gericht kann die Parteien auch auffordern, an einer Informationsveranstaltung über die Nutzung der Mediation teilzunehmen, wenn solche Veranstaltungen durchgeführt werden und leicht zugänglich sind.“ Die Ausgestaltung in § 278a ZPO, wonach das Gericht ein Verfahren vorschlagen kann, erscheint vorzugswürdig. Letztendlich handelt es sich bei den Verfahren der Alternativen Streitbeilegung um freiwillige Verfahren, zu denen eine konkrete Verweisung gerade mit Blick auf die Dispositionsmaxime systematisch nicht passt. Das Gericht könnte dabei nicht nur ein konkretes Verfahren, sondern in Anlehnung an § 278 Abs. 5 ZPO (oder § 54a Abs. 1 ArbGG) auch einen konkreten Mediator vorschlagen. Die Autonomie der Parteien wird jedenfalls nicht eingeschränkt, wenn die Initiative zur Auswahl eines Mediators von Dritten ausgeht und die Parteien einen Vorschlag

---

1460 *Röthemeyer*, MDR 2019, 1421, 1424.
1461 *Eidenmüller/Engel*, ZZP 128 (2015), 149, 156.
1462 *Eidenmüller*, JZ 70 (2015), 539, 545 f.
1463 *Ders.*, JZ 70 (2015), 539, 546.

annehmen.[1464] Bei Massenschäden ist die Möglichkeit des Vorschlags des Verfahrens praxistauglicher. Das Musterfeststellungsgericht könnte die Rolle eines Konfliktmanagers einnehmen und dadurch die Weichen für die Leistungsphase stellen. Das Gericht wird im Laufe des Verfahrens die Prozessstrategien der am Verfahren beteiligten Personen kennenlernen und am besten wissen, welchen rechtlichen und tatsächlichen Problemen die Parteien in einem individuellen gerichtlichen Verfahren gegenüberstehen könnten. Gerade in Abgrenzung zu den Legal Tech-Plattformen mit ihren hohen Erfolgsprovisionen wäre der Vorschlag eines Schlichtungs- oder Ombudsmannverfahrens (etwa vor der Universalschlichtungsstelle) ein vertrauensbildender Akt, der die AS-Verfahren weiter im Bewusstsein der Verbraucher verankern könnte.

D. Zwischenergebnis

Bei den Steuerungsmöglichkeiten des Musterfeststellungsgerichts de lege ferenda ist genauso wie bei der Eignungsprüfung in Kapitel 3 im Ergebnis zu differenzieren. Wenn viele Anspruchsvoraussetzungen im Laufe des Musterfeststellungsverfahrens geklärt werden konnten und es nur noch um die Höhe des Schadens sowie der Nachweiserbringung im Einzelfall geht, so könnte das Musterfeststellungsgericht ein Schlichtungs- oder Ombudsmannverfahren vorschlagen. Bleiben nach dem Musterfeststellungsurteil noch einige Anspruchsvoraussetzungen offen, bietet sich das zweistufige Verfahren bestehend aus Mediation, mit dem Ziel eines Eckpunktevergleichs, und Schlichtungs- und Ombudsmannverfahren zur Abhandlung der Einzelfälle an. Generell empfiehlt sich die Erteilung eines Verhandlungsmandats an den klagenden Verband über das Musterfeststellungsurteil hinaus. Geeignet wäre auch ein gerichtlicher Genehmigungsvorbehalt hinsichtlich eines auszuhandelnden Eckpunktevergleichs.

§ 3 Das zweistufige AS-Verfahren nach Musterfeststellungsurteil

Die zuvor gewonnenen Erkenntnisse sollen nun in einen konkreten Vorschlag für ein mögliches AS-Verfahren im Anschluss an positives rechtskräftiges Musterfeststellungsurteil münden. Zunächst wird der konkrete Ablauf des Verfahrens im Einzelnen skizzenhaft geschildert (hierzu I.) und anschließend werden konkrete Vorschläge für gesetzgeberische Maßnahmen zur Förderung eines AS-Verfahrens im Anschluss ein Musterfeststellungsverfahren gemacht (hierzu II.).

1464 Wieczorek/Schütze/*Ueberschär*, § 2 MediationsG Rn. 6.

I. Ausgestaltung des Verfahrens

Das zweistufige AS-Verfahrens empfiehlt sich vor allem, wenn durch das Musterfeststellungsverfahren nur wenige Anspruchsvoraussetzungen geklärt werden konnten. Konnte das Musterfeststellungsurteil viele Anspruchsvoraussetzungen verbindlich klären und im Anschluss daran letztendlich nur die Schadenshöhe sowie die Nachweise der einzelnen Ansprüche der Anmelder offenbleiben, kann aus dem zweistufigen, ein einstufiges Verfahren werden. Die Mediationsphase würde man in diesem Fall überspringen.

1. Mediationsphase

a) Der Weg in das Verfahren

Das Mediationsverfahren kann durch das Gericht vorgeschlagen werden. Der Vorschlag würde erfolgen, wenn eine Vielzahl von Anspruchsvoraussetzungen in dem Musterfeststellungsurteil offenbleibt und das Gericht ein Mediationsverfahren mit dem Ziel eines Eckpunktevergleichs für erfolgsversprechend hält. Zusätzlich kann es einen konkreten Mediator oder Streitmittler vorschlagen. Mithin besteht die Möglichkeit den Verband als Verhandlungspartner und damit als Partei im Mediationsverfahren zu bestimmen. Mit Blick auf die Dispositionsmaxime und der praktischen Durchführung würde eine Bestimmung des Verbands durch das Gericht nur Sinn ergeben, wenn sich dieser aktiv dazu bereit erklärt.

Unabhängig davon, ob das Gericht ein Mediationsverfahren vorschlägt, sollten die Parteien des Mediationsverfahrens mit dem Mediator oder Streitmittler einen Verhandlungsvertrag abschließen und einen formalen Verfahrensablauf festlegen. Hier sollten insbesondere Regelungen zu dem Einbezug der Anmelder / Nicht-Anmelder, der Möglichkeit von Einzelgesprächen und der Vergütung des Mediators / Streitmittlers getroffen werden. Sachgerecht wäre auch eine Verschwiegenheitsabrede mit entsprechenden Vortrags- und Beweismittelverboten.[1465] Auch die Finanzierung und Vergütung des Mediators sollte in der Mediationsabrede geklärt werden.

b) Auswahl und Qualifikation des Mediators

Der richtigen Auswahl des Mediators kommt eine besondere Bedeutung zu. Ein schlechter Mediator kann etwa durch die falsche Themenwahl oder eine unkoordinierte Gesprächsführung den Konflikt weiter verschärfen und so bestehende

---

1465 Siehe zur Bedeutung der Verschwiegenheit in der Mediation 4. Kapitel:§ 1 B.II.

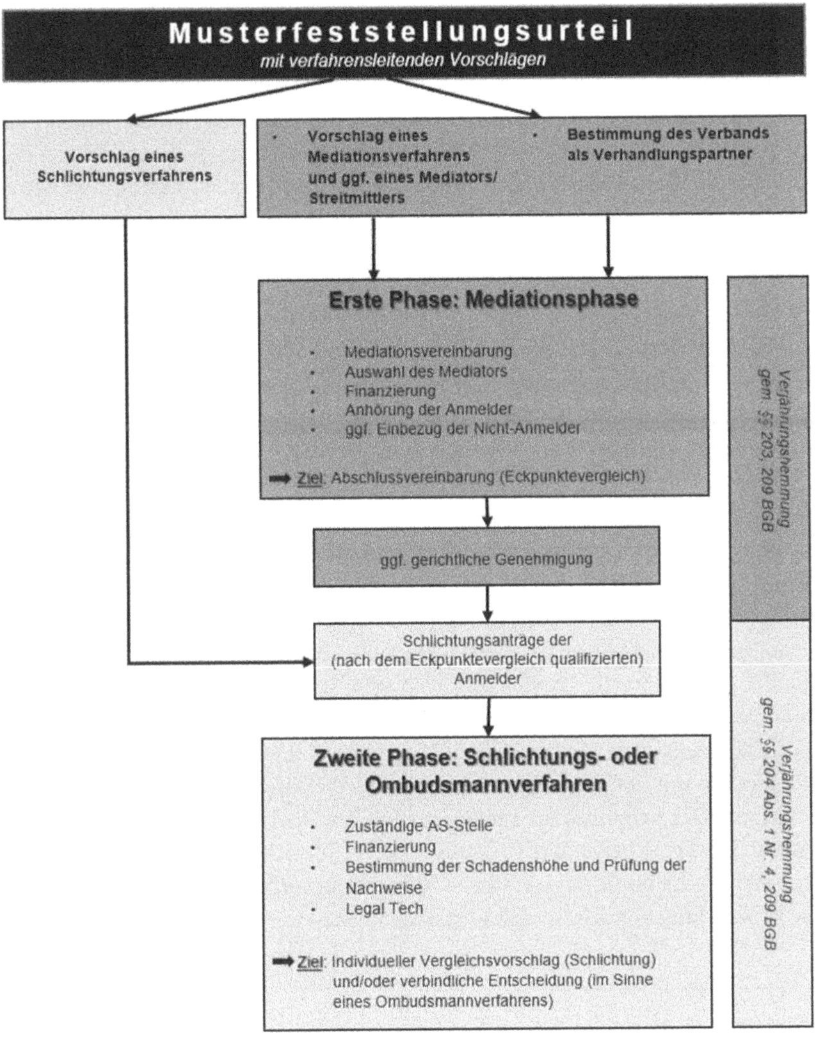

Abbildung 8: Zweistufiges AS-Verfahren nach positivem rechtskräftigem Musterfeststellungsurteil

Einigungshindernisse vertiefen und nicht – wie gewünscht – beseitigen.[1466] Nach § 2 Abs. 1 MediationsG wählen die Parteien den Mediator aus. Die Auswahl des Mediators verbleibt, unabhängig von einem Vorschlag des Gerichts, bei den Parteien. Der Vorschlag hat keine verbindliche, sondern unterstützende Funktion. Die Auswahl des Mediators könnte einvernehmlich durch die Beklagte und den Verband als Verhandlungspartner stattfinden. Grundsätzlich kann die Initiative zur Auswahl eines Mediators auch von Dritten ausgehen.[1467] Solange die finale Auswahl auf dem freien Willen der Parteien beruht, wird die Autonomie dieser auch durch den Vorschlag eines Dritten nicht eingeschränkt.[1468] Die Auswahl des Mediators ist umso schwerer, je mehr Parteien beteiligt sind.[1469]

Das MediationsG etablierte den Begriff des „zertifizierten Mediators". Das Bundesministerium der Justiz und für Verbraucherschutz wird in § 6 MediationsG ermächtigt durch Rechtsverordnung entsprechende Regelungen zur Aus- und Fortbildung von „zertifizierten Mediatoren" zu treffen. Durch die Zertifizierte-Mediatoren-Ausbildungsverordnung (ZMediatAusbV) wurde letztendlich ein umstrittenes Selbstzertifizierungssystem etabliert.[1470] Es dürfte allerdings eher ein wettbewerbsrechtliches Problem sein, ob sich die ausgewählte Person als „qualifizierter Mediator" oder als ein bloßer Streitmittler bezeichnet.[1471] Nach § 1 Abs. 1 MediationsG kann die Mediation auch durch „mehrere Mediatoren" ausgeübt werden. Es wäre somit auch eine sog. „Co-Mediation" möglich. Eine derartige Mediation wird von den Parteien für gewöhnlich bei einer Vielzahl von Beteiligten gewählt.[1472] Entscheidend ist letztlich, dass der oder die Mediatoren gewisse Qualifikationen erfüllen und Eigenschaften mitbringen, um mit den Parteien gemeinsam das Ziel eines Eckpunktevergleichs zu erreichen. Der persönlichen Integrität und der Unabhängigkeit des Mediators kommt dabei eine besondere Bedeutung zu.[1473] Je nach Fallkonstellation sollte er über technische und/oder juristische Kompetenz verfügen. Auch Erfahrung mit der Abwicklung von Massenschadensfällen wäre eine förderliche Qualifikation.

1466 *Unberath*, ZKM 2011, 4, 6.

1467 *Pielsticker*, in: Fritz/Pielsticker, Handbuch zum Mediationsgesetz, 2020, § 2 MediationsG Rn. 8.

1468 Wieczorek/Schütze/*Ueberschär*, § 2 MediationsG Rn. 6.

1469 *Kreindler/Schäfer/Wolff*, Schiedsgerichtsbarkeit, 2006, Rn. 469, die sich in ihren Ausführungen auf die Auswahl eines Schiedsrichters beziehen.

1470 Kritisch etwa *Klowait*, ZKM 2015, 194 ff.

1471 *Ahrens*, NJW 2012, 2465, 2467.

1472 *Hagel*, in: Klowait/Gläßer/Berlin, Mediationsgesetz, 2018, § 1 MediationsG Rn. 13.

1473 Siehe zur Unabhängigkeit und Unparteilichkeit 4. Kapitel:§ 1 B.I.

In den USA agierte beispielsweise bei nahezu jedem größeren Massenschadensfall der Rechtsanwalt *Kenneth Feinberg* als special master.[1474] Aber auch bei dem ICE-Unglück von Eschede[1475] erschien *Otto Ernst Krasney* deshalb besonders geeignet, weil er durch seine Tätigkeit als Richter 30 Jahre unabhängig auf dem Gebiet der gesetzlichen Unfallversicherung tätig war. Zudem befand er sich seit fünf Monaten im Ruhestand und konnte sich in Vollzeit dem Projekt des Ombudsmannes stellen.[1476]

c) Rolle des Mediators

Wie bereits gezeigt, steht bei der Mediation mehr als bei anderen AS-Verfahren die Autonomie der Beteiligten im Vordergrund. Die Parteien sind angehalten, die Lösung ihres Konflikts weitgehend selbstständig zu erarbeiten.[1477] Ziel eines Dritten in der Verhandlung sollte es sein, den Kuchen, den er verteilt, zu vergrößern. Eine der größten Fähigkeiten, die man als Mediator einbringen kann, ist es, den Parteien neue Optionen zu präsentieren und Wege aufzuzeigen, an die sich vorher nicht dachten.[1478] Der Vergleich wird vor allem dann von den Parteien akzeptiert, wenn er für beide Seiten pareto-effizient, also eine Win-Win-Lösung darstellt.[1479]

Der Mediator soll gem. § 2 Abs. 3 S. 2 MediationsG die Kommunikation der Parteien fördern. Wichtig ist, dass das Gespräch mit den unmittelbar vom Konflikt betroffenen Personen geführt wird. Das betrifft nicht nur diejenigen, die den Mediatorvertrag unterzeichnet haben.[1480] Da sich die Beteiligung der Anmelder im Musterfeststellungsverfahren sehr in Grenzen hält,[1481] kann der Mediator das Einzel- oder Gruppengespräch mit diesen suchen. So kann er sich nicht nur ein umfassendes Bild verschaffen, sondern auch deren Interessen und

---

1474 Etwa bei Agent Orange, Dalkon Shields, dem 9/11-Fund, Deepwater Horizon oder neuerdings bei den Glyphosat-Fällen der Bayer AG.

1475 Siehe zum Ombudsmann beim ICE-Unglück in Eschede 3. Kapitel:§ 2 D.I.3.

1476 *Krasney*, Aufgaben eines Ombudsmannes für die Opfer von Massenunfällen - Möglichkeiten und Grenzen, in: Koch/Koch-Willingmann, Modernes Schadensmanagement bei Großschäden, 67.

1477 *Greger*, in: Greger/Unberath/Steffek, Recht der alternativen Konfliktlösung, 2016, § 1 MediationsG Rn. 38.

1478 *Fisher/Ury/Patton*, Das Harvard-Konzept, 2019, S. 95 f.

1479 *Unberath*, ZKM 2011, 4, 5.

1480 *Greger*, in: Greger/Unberath/Steffek, Recht der alternativen Konfliktlösung, 2016, § 1 MediationsG Rn. 64.

1481 Siehe zur Beteiligung der Anmelder 1. Kapitel:§ 4 B.II.3.b).

Bedürfnisse in das Verfahren miteinbeziehen. Während des Musterfeststellungsverfahrens ist das Aushandeln eines Vergleichs vor allem deswegen so komplex, weil wenig Informationen zu den angemeldeten Verbrauchern zur Verfügung stehen.[1482] Da das Musterfeststellungsverfahren nur auf angemeldete Verbraucher beschränkt ist, würde es sich auch anbieten, den Erledigungsumfang eines Eckpunktevergleichs zu erweitern, indem auch geschädigte Nicht-Anmelder in das Verfahren miteinbezogen werden. Ein umfassender Erledigungsumfang dürfte typischerweise im Interesse der Beklagten sein.[1483] Bestehen verschiedene Interessen innerhalb der Gruppe der Anmelder, kann er auch versuchen, einen Ausgleich zwischen den verschiedenen Gruppeninteressen zu suchen.[1484] Er kann vor allem klassische Prinzipal-Agenten-Problemen identifizieren und versuchen auszulösen.[1485] Auf Beklagtenseite kann er auch als „Sündenbock" dienen, wenn die Vertreter des Unternehmens etwa dem Aufsichtsrat oder Vorstand ein für sie unangenehmes Ergebnis verkaufen müssen. Dies würde der Gesichtswahrung dienen.

Nach § 2 Abs. 3 S. 3 MediationsG kann er im allseitigen Einverständnis getrennte Gespräche mit den Parteien führen (sog. „caucusing"). Er spricht dabei einzeln mit den Parteien, um mehr über deren Interessen und Positionen zu erfahren.[1486] Bei den „Parteien" handelt es sich – wie bereits erläutert – nicht zwingend um die Personen, die den Mediationsvertrag unterzeichnet haben, sondern um die tatsächlich vom Konflikt betroffenen.[1487] Dies würde ebenso für die durch den Verband vertretenen Anmelder gelten. Wenn er mit Anmeldern oder Nicht-Anmelder in Kontakt kommt, kann er zwar grundsätzlich Aussagen zu Sach- und Rechtsfragen tätigen, bevor er allerdings die Grenze zur Beratung überschreitet, sollte er auf externe Rechtsanwälte verweisen.[1488] Er darf keine

---

1482 Musielak/Voit/*Stadler*, ZPO, § 611 Rn. 6.

1483 Siehe zum Interesse der Beklagten am Erledigungsumfang 1. Kapitel:§ 4 A.III.

1484 Siehe zur Heterogenität der Verbraucherinteressen im Musterfeststellungsverfahren 1. Kapitel:§ 4 B.II.3.a).

1485 *Sander/Goldberg*, 10 Negot. J. 49, 58 (1994).

1486 *Horvath*, SchiedsVZ 2005, 292, 298.

1487 *Greger*, in: Greger/Unberath/Steffek, Recht der alternativen Konfliktlösung, 2016, § 1 MediationsG Rn. 64.

1488 *Ders.*, in: Greger/Unberath/Steffek, Recht der alternativen Konfliktlösung, 2016, § 1 MediationsG Rn. 42.

Rechtsberatung leisten. Als Rechtsanwalt würde er gegen § 43a Abs. 4 BRAO verstoßen und als nichtanwaltlicher Mediator gegen das RDG.[1489]

d) Finanzierung

Es gibt keine Gebührenregelungen in Bezug auf Mediationsleistungen im MediationsG. Diese ist grundsätzlich zwischen den Parteien frei verhandelbar. Der Anwaltsmediator wäre gem. § 18 BORA i. V. m. § 34 Abs. 1 RVG verpflichtet, auf eine Gebührenvereinbarung hinzuwirken.[1490] Der Mediationsvertrag sollte eine Regelungen zur Vergütung des Mediators und der Kostenquote der Parteien enthalten. Sollte es nicht zu einer Einigung kommen – was wegen der hohen Bedeutung eines Massenschadensfalls unwahrscheinlich ist – wäre eine gesamtschuldnerische Haftung der Parteien und ein Anspruch des Mediators aus §§ 612, 670 BGB anzunehmen.[1491] In der Regel sollen die Parteien einer Mediation die Kosten gleichermaßen tragen, damit kein Schein der Parteilichkeit entsteht.[1492] Da das Unternehmen im Musterfeststellungsverfahren unterlag, würde es auch sachgerecht erscheinen, wenn es auch die Kosten für das Mediationsverfahren trägt. Die Anmelder könnten aber indirekt durch eine (geringfügige) Kürzung der auszuzahlenden Beträge beteiligt werden.

e) Abschlussvereinbarung als Eckpunktevergleich

Das Mediationsverfahren ist ein ergebnisoffenes Verfahren und muss im Vergleich zu anderen AS-Verfahren nicht zwingend mit einer Abschlussvereinbarung enden. Dies stellt der Wortlaut des § 2 Abs. 6 MediationsG durch die Formulierung „im Falle einer Einigung" klar.[1493] Die erzielte Einigung kann gem. § 2 Abs. 6 MediationsG in einer Abschlussvereinbarung dokumentiert werden. Die inhaltliche Ausgestaltung und Formulierung dieser Vereinbarung obliegt alleine den Parteien und deren rechtlichen Beratern.[1494] Dabei gibt es einige zweckmäßige Regelungen, die gerade bei Massenschäden Teil einer Abschlussvereinbarung sein sollten.[1495] Auch eine Einbeziehung von Nicht-Anmelder

---

1489 *Ders.*, in: Greger/Unberath/Steffek, Recht der alternativen Konfliktlösung, 2016, D. Rn. 193.

1490 Wieczorek/Schütze/*Hufschmidt*, MediationsG - Einleitung Rn. 61.

1491 Wieczorek/Schütze/*Ueberschär*, § 2 MediationsG Rn. 13.

1492 *Pielsticker*, in: Fritz/Pielsticker, Handbuch zum Mediationsgesetz, 2020, § 2 MediationsG Rn. 83.

1493 Wieczorek/Schütze/*Ueberschär*, § 2 MediationsG Rn. 37.

1494 Wieczorek/Schütze/*ders.*, § 2 MediationsG Rn. 41.

1495 Siehe zu den zweckmäßigen Vergleichsinhalten 2. Kapitel:§ 4 B.

wie Kleinunternehmern kann zweckmäßig sein. Die AS-Stelle könnte sich mit Blick auf § 4 Abs. 3 VSBG theoretisch auch für B2B-Streitigkeiten öffnen.[1496] Der ausgehandelte Eckpunktevergleich könnte unter einem gerichtlichen Genehmigungsvorbehalt gestellt werden.[1497] Dieser gilt allerdings nur für Vergleiche, die Regelungen für und gegen die vormals angemeldeten Verbraucher enthält. Die Genehmigung eines reinen Eckpunktevergleichs erscheint nicht zwingend erforderlich.

2. *Das Schlichtungs- und Ombudsmannverfahren*

Der Weg in das Schlichtungs- und Ombudsmannverfahren kann unterschiedlich sein. Einerseits ist es möglich, dass sich das Unternehmen von selbst direkt nach dem Musterfeststellungsurteil (ggf. auf Vorschlag des Gerichts) zur Durchführung bereit erklärt, andererseits kann die Durchführung des Schlichtungs- und Ombudsmannverfahren Teil des Eckpunktevergleichs im Mediationsverfahren sein.

a) Zuständige Schlichtungsstelle

Die neu geschaffene Universalschlichtungsstelle soll als behördliche Schlichtungsstelle grundsätzlich nur subsidiär zuständig sein und kein Konkurrenzangebot zu den privaten Verbraucherschlichtungsstellen darstellen.[1498] Sie unterscheidet sich von den weiteren AS-Stellen dadurch, dass sie über eine Spezialzuständigkeit für nicht-vertragliche Ansprüche im Nachgang zu einem Musterfeststellungsurteil verfügt. Sie ist nach § 30 Abs. 1 Nr. 2 VSBG explizit für Streitigkeiten im Nachgang zu einer Musterfeststellungsklage oder einem Vergleich nach § 611 Abs. 1 ZPO zuständig. Mit dem Argument eben dieser Zuständigkeit wurde auch die Streitwertobergrenze auf EUR 50.000,00 angehoben.[1499] Die anderen AS-Stellen werden dadurch nicht verdrängt. Nach § 4 Abs. 3 ZPO können sich auch andere Verbraucherschlichtungsstellen für Streitigkeiten mit deliktischen Anspruchsgrundlagen öffnen.[1500]

Natürlich ist es den Parteien unbenommen in dem Eckpunktevergleich eine neue AS-Stelle zu schaffen, die sich der Streitigkeit im Nachgang an ein Musterfeststellungsurteil ad hoc annimmt, oder eine andere bestehende

---

1496 *Röthemeyer*, MDR 2019, 1421, 1426.
1497 Siehe zum gesetzlichen Genehmigungsvorbehalt 4. Kapitel:§ 2 B.
1498 BT-Drs. 19/10348, 22.
1499 BT-Drs. 19/10348, 37.
1500 BT-Drs. 19/10348, 36.

Verbraucherschlichtungsstelle zu bestimmen (sofern sich diese bereit erklärt). Bei enorm voluminösen Verfahren wie den Diesel-Verfahren hält es *Schmidt-Kessel* gar für illusionär, die Kapazitäten einer bestehenden AS-Stelle zu nutzen. In derartigen Verfahren käme nur die Gründung einer ad hoc Schlichtungsstelle in Frage.[1501] Die Nutzung der Universalschlichtungsstelle hätte (bei kleinen und mittelgroßen Verfahren) den Vorteil, dass sie bereits über Personal, Erfahrung und Kapazitäten verfügt und nach der VSBG Änderung 2019 explizit für derartige Konstellationen geschaffen wurde. Es sollte klar sein, dass es bei einem großen Massenschadensfall – wie etwa bei den Diesel-Verfahren – eine große logistische Herausforderung für jede zuständige Schlichtungsstelle wäre.[1502]

b) Finanzierung

Nach Art. 8 lit. c der ADR-Richtlinie muss das AS-Verfahren für die Verbraucher entweder kostenlos oder gegen eine Schutzgebühr zugänglich sein. Nach § 23 Abs. 2 VSBG kann die Verbraucherschlichtungsstelle vom Unternehmer ein angemessenes Entgelt verlangen. Manche AS-Stellen berechnen Pauschalbeträge pro Schlichtungsfall, andere finanzieren sich durch Mitgliedsbeiträge.[1503] Durch die VSBG Änderung 2019 wurde für die Universalschlichtungsstelle eine neue Finanzierungspraxis eingeführt. Diese erhebt gem. § 6 Abs. 1 UnivSchlichtV für die Durchführung des AS-Verfahrens eine streitwertorientierte Gebühr von den Unternehmen. Von dem Verbraucher kann gem. § 6 Abs. 5 UnivSchlichtV nur im Falle einer missbräuchlichen Antragsstellung eine Gebühr i. H. v. EUR 30,00 erhoben werden. Diese Regelung entspricht auch der Vorgabe in § 23 Abs. 1 VSBG und weicht von der Regelung zur Kostentragung der ZPO in § 91 ZPO ab. Nach § 23 Abs. 1 VSBG kann von dem Verbraucher nur ein Entgelt erhoben werden, wenn der Antrag des Verbrauchers unter Berücksichtigung der gesamten Umstände als missbräuchlich anzusehen ist; in diesem Fall beträgt das Entgelt höchstens EUR 30. Sollte im Vorfeld ein Eckpunktevergleich geschlossen werden, kann die Parteien die Höhe der Gebühr und Finanzierung des Verfahrens in Abstimmung mit der Schlichtungsstelle auch je nach Fallkonstellation privatautonom bestimmen, solange (im Falle einer Verbraucherschlichtungsstelle gem. § 2 Abs. 1 VSBG) die Vorgaben aus § 23 VSBG eingehalten werden

---

1501 *Schmidt-Kessel*, Stellungnahme zum Entwurf eines Gesetzes zur Änderung von Vorschriften über die außergerichtliche Streitbeilegung in Verbrauchersachen und zur Änderung weiterer Gesetze, 2019, S. 7.

1502 *Greger*, MDR 2020, 65, 68 f.

1503 *Berlin*, § 24a, in: Tamm/Tonner/Brönneke, Verbraucherrecht, Rn. 144 f.

c) *Einsatz von Legal Tech*

Das Musterfeststellungsverfahren wird bei Massenschäden mit hoher Wahrscheinlichkeit nur wenige Anspruchsvoraussetzungen klären können.[1504] Die (gerichtlichen) Folgeverfahren stellen im Prinzip ein eigenständiges Massenverfahren mit einer Vielzahl von individuell Geschädigten dar.[1505] Das Schlichtungsverfahren wird mit hoher Wahrscheinlichkeit zu einem Zeitpunkt des Verfahrens zum Einsatz kommen, bei dem bereits eine Vielzahl von Anspruchsvoraussetzungen geklärt werden konnte oder ein Eckpunktevergleich zumindest gewisse inhaltlich Kriterien vorgegeben hat.

Bei dem hier vorgeschlagenen System kann Legal Tech einen Beitrag zur effizienten Bewältigung des Massenschadensfalls im Anschluss an einen Eckpunktevergleich oder unmittelbar nach einem Musterfeststellungsurteil leisten. Orientieren könnte man sich vor allem an dem Ablauf der sog. Online Dispute Resolution (ODR). Dies sind nichtstaatliche IT-gestützte Streitbeilegungsplattformen, bei denen eine automatisierte Verhandlung und Lösungsfindung stattfindet. Diese sind vor allem in Fällen interessant, wo die Kosten für einen staatlichen Rechtsschutz außer Verhältnis zum Nutzen stehen.[1506] Private Unternehmen wie Paypal, eBay oder Amazon stellen ihren Kunden bereits solche Plattforme zur Verfügung. Die Konfliktlösung auf diesen Plattformen verfolgt einfache Regeln, die mit dem Ziel einer hohen Kundenzufriedenheit um Billigkeitselemente ergänzt wird. Dabei besteht die Gefahr, dass vom geltenden Verbraucherrecht abgewichen wird.[1507]

Am 9. Januar 2016 trat die ODR-Verordnung[1508] in Kraft trat. Es ist allerdings nicht das Ziel der Verordnung, einen konkreten Verfahrensablauf festzulegen, vielmehr liegt der Schwerpunkt der Verordnung auf der Einrichtung einer interaktiven ODR-Plattform, welche als Lotse für AS-Stellen fungieren soll. Fakultativ kann die ODR-Plattform auch ein Fallbearbeitungsinstrument bereitstellen, welches die zuständigen AS-Stellen nicht benutzen müssen.[1509]

1504 Siehe zur Musterverfahrensfähigkeit 1. Kapitel:§ 2 B.III.1.

1505 Nordholtz/Mekat/*Schröder*, § 11 Rn. 61.

1506 *Wagner*, BB 2017, 898, 900.

1507 *Specht*, MMR 2019, 153, 155.

1508 Verordnung (EU) Nr. 524/2013 des Europäischen Parlaments und des Rates vom 21. Mai 2013 über die Online-Beilegung verbraucherrechtlicher Streitigkeiten und zur Änderung der Verordnung (EG) Nr. 2006/2004 und der Richtlinie 2009/22/EG.

1509 Eg. 18 der ODR-Verordnung.

Bevor sich mit dem Ablauf und den Möglichkeiten von Legal Tech im Einzelnen auseinandergesetzt wird (hierzu bb)), soll der weitläufige Begriff „Legal Tech“ kurz geklärt werden (hierzu aa)).

aa) Der Begriff „Legal Tech“

Eine allgemeingültige Definition des Begriffs Legal Tech ist schwierig. Nach allgemeiner Auffassung handelt es sich um den Einsatz von Technologie zur Vereinfachung juristischer Arbeitsprozesse und Abläufe.[1510] Zurückgehend auf einen Beitrag von *Goodenough* differenziert man zwischen drei Ausprägungen von Legal Tech: Legal Tech 1.0 umfasst die Nutzung einer computergestützten Büroorganisation, Kommunikation sowie entsprechende Fachdatenbanken zur Recherche. Bei Legal Tech 2.0 geht es um die Automatisierung von sich wiederholenden und standardisierenden Tätigkeiten durch die aktive Nutzung von Softwarelösungen. Bei der dritten Stufe sollen juristische Tätigkeiten durch künstliche Intelligenz aktiv unterstützt werden. Legal Tech 3.0 könnte schließlich zu einer automatischen Subsumtion unter eine Rechtsnorm führen.[1511]

bb) Der Ablauf des digitalisierten Schlichtungsverfahrens

Die Anwendung von Automatisierungsmöglichkeit im Schlichtungs- und Ombudsmannverfahren bei Massenschäden sind vielfältig, da das System freier gestaltbar ist als bei einem Gerichtsverfahren, welches einer umfangreichen Verfahrensordnung unterliegt. Die Möglichkeiten von Legal Tech könnte dazu einen entsprechenden Beitrag leisten. Insbesondere *Deichsel* setzte sich umfangreich mit den Möglichkeiten der Digitalisierung des Ablaufs von Verbraucherschlichtungsstellen auseinander.[1512] Sie sieht bei der Digitalisierung des Verfahrensablaufs drei Bereiche als mögliche Ansatzpunkte: Die Ermittlung des Sachverhalts (hierzu (1)), die Kommunikation zwischen dem Antragssteller und der Schlichtungsstelle (hierzu (2)) und die Lösungsfindung zur Beilegung des Streits (hierzu (3)).

(1) Die automatisierte Sachverhaltsabfrage

In einem Massenverfahren könnte eine automatisierte Sachverhaltsabfrage durch die AS-Stelle stattfinden. Schon jetzt ist bei der bereits angesprochenen *söp* eine Antragsstellung anhand einer interaktiven Eingabemaske möglich, wo

---

1510 *Breidenbach/Glatz* (Hrsg.), Rechtshandbuch Legal Tech, 2019, S. 1.

1511 *Goodenough,* Legal Technology 3.0, 2015.

1512 *Deichsel*, VuR 2020, 283 ff.

Informationen zum Sachverhalt durch eine Kombination von Auswahlmöglichkeiten, ankreuzbaren Feldern und freier Texteingabe erfasst werden. Schließlich können entsprechende Nachweise hochgeladen werden.[1513] Um das Ganze anwenderfreundlicher auszugestalten, kann bei Unklarheiten und Fragen ein Chatbot zur Verfügung stehen, der automatisiert häufig aufkommende Fragen beantwortet.[1514]

(2) Die Kommunikationsphase

Die anschließende Kommunikation zur weiteren Klärung des Sachverhalts könnte über eine App, ein Video-Tool oder ein Online-Portal statt per Post oder eMail stattfinden.[1515]

(3) Die automatisierte Entscheidungsfindung

Sofern alle relevanten Informationen vorliegen, könnte nachgelagert auch eine automatisierte Subsumtion anhand einer Entscheidungsbaumstruktur stattfinden.[1516] Bei der automatisierten Subsumtion gelangt man in den Bereich eines „Legal Robot", welcher in der Lage ist, zu einem Sachverhalt eine rechtliche Bewertung abzugeben.[1517] Die üblicherweise starke Ähnlichkeit von Streitigkeiten bei der Verbraucherstreitbeilegung begünstigt das Programmieren eines Algorithmus zur Entscheidungsfindung.[1518] Mit Blick auf die Funktionsweise der nichtstaatlichen ODR-Plattformen kann im Laufe des Eckpunktevergleichs auch beschlossen werden, das Verfahren um Billigkeitselemente zur ergänzen, damit die Teilnahme der Geschädigten an dem System attraktiver wird. Bei der vergleichsweisen Beilegung handelt es sich letztendlich um einen Kompromiss, der sich nicht zwingend am geltenden Verbraucherrecht orientieren muss. Der Schlichtungsvorschlag soll nach § 19 Abs. 1 VSBG am geltenden Recht ausgerichtet sein und insbesondere die zwingenden Verbraucherschutzgesetze beachten. Eine Pflicht besteht grundsätzlich nicht.[1519]

1513 *Dies.*, VuR 2020, 283, 286.
1514 *Dies.*, VuR 2020, 283, 287.
1515 *Dies.*, VuR 2020, 283, 287.
1516 *Netzer*, AnwBl 2018, 280, 281.
1517 *Wagner*, BB 2017, 898, 902.
1518 *Deichsel*, VuR 2020, 283, 288.
1519 Siehe zur Rolle des Rechts in der Schlichtung und Mediation 4. Kapitel:§ 1 B.III.1.

3. *Die Rolle der Anwaltschaft*

Bei dem Mediationsverfahren ist zunächst davon auszugehen, dass sich sowohl der Verband als auch das beklagte Unternehmen anwaltlich vertreten lassen. In einem interessenorientierten Mediationsverfahren sollten auch die geschädigten Verbraucher eingebunden werden. Hierbei können sich sie sich mit Blick auf § 3 Abs. 3 BRAO ebenfalls durch einen Rechtsanwalt ihrer Wahl beraten und vertreten lassen.

Die Verbraucherschlichtung ist ein originär nicht-anwaltliches Verfahren. Nach § 13 Abs. 2 VSBG dürfen Parteien jedenfalls nicht verpflichtet sein, sich im Streitbeilegungsverfahren vertreten zu lassen. Dies gilt selbst dann, wenn die Streitwertgrenze aus § 23 Nr. 1 GVG überschritten ist, wo im Zivilverfahren eine Vertretung durch einen Anwalt grundsätzlich zwingend wäre.[1520] Dennoch erscheint eine Beteiligung der Rechtsanwälte an dem Schlichtungsverfahren gerade bei hohen Streitwerten äußerst sinnvoll. Nach § 13 Abs. 1 VSBG können sich die Parteien im Streitbeilegungsverfahren durch einen Rechtsanwalt oder eine andere Person, soweit diese zur Erbringung außergerichtlicher Rechtsdienstleistungen befugt ist, vertreten lassen. Der Schlichter liefert keine parteiische Rechtsberatung, sondern nur eine unverbindliche Rechtseinschätzung. Aus diesem Grund wird die Tätigkeit von Schlichtungsstellen nach § 2 Abs. 3 Nr. 2 RDG auch nicht als Rechtsdienstleistung eingestuft.[1521] Bei einem unzureichenden Güteantrag droht – genauso wie bei der Anmeldung zum Musterfeststellungsverfahren – die Verjährung des Anspruchs.[1522] Hinzukommt, dass der Schlichtungsvorschlag nach § 19 Abs. 1 Satz 2 VSBG am geltenden Recht ausgerichtet sein soll.[1523] Der Schlichtungsvorschlag bedarf gerade bei Massenschäden einer rechtlichen Einordnung aus der Sicht des individuell betroffenen Verbrauchers. Der Verbraucher muss abwägen, ob er zum einen von dem unterbreiteten Schlichtungsvorschlag erfasst ist und, ob durch diesen seine Interessen und Rechtspositionen gewahrt wurden. In manchen Fällen erscheint die Beschreitung des individuellen Rechtswegs unter Ablehnung des Vorschlags sinnvoller. Diese Einschätzung kann nur verlässlich unter Hinzuziehung eines Rechtsanwalts getroffen werden.[1524] Die Erfahrung mit Massenschadensfällen

---

1520 *Engel*, NJW 2015, 1633, 1636.

1521 *Ders.*, NJW 2015, 1633, 1636.

1522 Siehe zur Verjährung bei der Durchführung eines AS-Verfahrens 4. Kapitel:§ 1 B.IV.

1523 Siehe zur Rolle des Rechts in der Schlichtung und Mediation 4. Kapitel:§ 1 B.III.1.

1524 *Bundesrechtsanwaltskammer*, Stellungnahme zum Referentenentwurf eines Gesetzes zur Änderung von Vorschriften über die außergerichtliche Streitbeilegung in Verbrauchersachen, 2019, S. 4.

hat gezeigt, dass Verbraucher, die einen Rechtsanwalt zu Rate ziehen, diesen auch bezahlt bekommen.[1525] Auch wird die Akzeptanz eines Vergleichs nur dann steigen, wenn die Verbraucher nicht das Gefühl vermittelt bekommen, nach einem Obsiegen im Musterfeststellungsverfahrens nun doch mit einem für das Unternehmen günstigen Kompromiss leben zu müssen.

II. *Erforderliche Änderungen der §§ 606 ff. ZPO*

Abschließend sollen noch konkrete gesetzliche Änderungen vorgeschlagen werden, welche die in dieser Arbeit gefundenen Ergebnisse umsetzen. Da die vorliegende Arbeit nach Lösungen suchte, um einen Massenschadensfall nach einem rechtskräftigen Musterfeststellungsurteil vergleichsweise mithilfe der Alternativen Streitbeilegung beizulegen, wird vorgeschlagen die Vorschriften zum Abschluss eines Vergleichs in § 611 ZPO entsprechend zu ergänzen, um so auch den Abschluss eines außergerichtlichen Vergleichs im Anschluss ein Musterfeststellungsurteil entsprechend zu fördern. Empfohlen wir die Einfügung eines Absatzes 7 und 8.

<u>§ 611 ZPO – Vergleich</u>

(7) [1]Die qualifizierte Einrichtung ist auf Antrag berechtigt, die zum Zeitpunkt des Musterfeststellungsurteils angemeldeten Verbraucher bei Verhandlungen über einen Vergleich auch über das Musterfeststellungsverfahren hinaus zu vertreten. [2] Das Gericht kann den Parteien eine Mediation oder ein anderes Verfahren der außergerichtlichen Streitbeilegung für den Zeitraum nach einem Musterfeststellungsurteil vorschlagen.

(8) [1]Schließen die qualifizierte Einrichtung und das Unternehmen nach einem rechtskräftigen Musterfeststellungsurteil einen Vergleich, der Regelungen für und gegen die vormals angemeldeten Verbraucher enthält, bedarf der Vergleich der Genehmigung des Gerichts. [2] Die Absätze 2 und 3 gelten entsprechend.

1525 Siehe zum Vergleichsinhalt in Bezug auf Anwaltskosten 2. Kapitel:§ 4 B.I.2.

Schluss

§ 1 Thesenartige Zusammenfassung

1. Die Durchsetzung der Ansprüche im Musterfeststellungsverfahren erfolgt zweistufig. Die Feststellungsphase endet mit einem rechtskräftigen Musterfeststellungsurteil. In der anschließenden Leistungsphase müssen die angemeldeten Verbraucher ihre Ansprüche individuell durchsetzen und das zur Entscheidung berufene Gericht ist an das Urteil gem. § 613 Abs. 1 S. 1 ZPO gebunden, soweit dessen Entscheidung die Feststellungsziele und den Lebenssachverhalt der Musterfeststellungsklage betrifft.
2. Die Musterfeststellungsklage ist sowohl bei Streu- und Bagatell- als auch bei Massenschäden anwendbar. Sie ist im Ergebnis besser für Massenschäden als für Streu- und Bagatellschäden geeignet, da es mit Blick auf die Zweistufigkeit des Verfahrens nur bei dieser Schadensart zu einer tatsächlichen Entlastung der Justiz kommen kann. Aufgrund der höheren Schadenssumme spielt die Überwindung des rationalen Desinteresses bei Massenschäden eine geringere Rolle.
3. Sowohl während eines Musterfeststellungsverfahrens als auch im Anschluss daran zeigen sich einige Einigungshindernisse, welche die Möglichkeiten einer konsensuale Beilegung des Konflikts einschränken. Diese können in strukturelle, kognitive und strategische Einigungshindernisse unterteilt werden.
4. Der Abschluss eines gerichtlichen Vergleichs nach § 611 ZPO ist nur während des Musterfeststellungsverfahrens möglich. Das Erfordernis der Genehmigung sowie der Zustellung des Vergleichs und das Erreichen des geforderten Quorums stellen bei Abschluss des gerichtlichen Vergleichs strukturelle Hürden dar. Selbst bei Überwindung dieser ersten prozessualen Hürden, zeigen sich weitere Folgeprobleme: Der Vergleich wäre für die Verbraucher nicht vollstreckbar, da er keinen Vollstreckungstitel i. S. d. § 794 Abs. 1 Nr. 1 ZPO darstellt. Nach herrschender Meinung handelt es sich um einen Prozessvertrag mit Doppelnatur gegen den die Vertragsparteien materiell-rechtliche Einwendungen geltend machen können. Es besteht die Gefahr, dass die ausgetretenen Verbraucher Klage gegen den Verband auf Fortführung des Verfahrens erheben.

5. Der Abschluss eines außergerichtlichen Vergleichs während des Musterfeststellungsverfahrens ist zulässig. Bei einem Vergleich, der die Verbraucher zu einer Gegenleistung verpflichtet, handelt es sich um einen unzulässigen Vertrag zu Lasten Dritter. Zwischen den Prozessparteien kann nur ein Eckpunktevergleich geschlossen werden. Es besteht die Gefahr, dass eine andere klagebefugte qualifizierte Einrichtung nach Abschluss eines außergerichtlichen Vergleichs erneut eine Musterfeststellungsklage erhebt.
6. Bei Abschluss eines außergerichtlichen Vergleichs nach einem positiven Musterfeststellungsurteil wirken sich vor allem drei Faktoren hinderlich aus:
   (1) Im Musterverfahren sind nur wenige Anspruchsvoraussetzungen feststellungsfähig. Bei deliktischen Ansprüche oftmals streitentscheidende Merkmale wie die Kausalität und die Höhe des Schadens sind grundsätzlich nicht feststellungsfähig.
   (2) Es besteht wie schon beim außergerichtlichen Vergleich während des Musterfeststellungsverfahrens die Gefahr eines unzulässigen Vertrages zu Lasten Dritter und es könnte nur ein Eckpunktevergleich geschlossen werden.
   (3) Um Verhandlungen zu dem Inhalt eines Eckpunktevergleichs führen zu können, fehlt der Beklagten nach einem Musterfeststellungsurteil der Verhandlungspartner. Insbesondere die qualifizierte Einrichtung verfügt über kein Repräsentationsrecht.
7. Sowohl während als auch nach einem Musterfeststellungsverfahren wirken vor allem auf Seiten der Verbraucher kognitive Einigungshindernisse: Die Verbraucher könnten die Erfolgsaussichten der Durchsetzung ihres Anspruchs zu positiv sehen (überoptimistischen Selbsteinschätzung) und Vergleichsangebote der Unternehmen reaktiv abwerten. Dies gilt vor allem für die Zeit nach einem positiven Musterfeststellungsurteil. Die Verbraucher sind kaum in das Verfahren eingebunden, weshalb die Kommunikation gestört sein dürfte. Es besteht nur die Möglichkeit einer kompetitiven Verhandlung unter Zugrundelegung einer begrenzten Verhandlungsmasse (sog. Nullsummenannahme).
8. Aus strategischer Sicht hat das beklagte Unternehmen nur dann einen Anreiz zum Abschluss eines Vergleichs im laufenden Musterfeststellungsverfahren, wenn großer öffentlicher Druck ausgeübt wird.
9. Für die qualifizierten Einrichtungen bieten sich außer der Verfolgung allgemeiner Verbraucherinteressen keine wesentlichen Anreize zur Erhebung einer Musterfeststellungsklage.
10. Hinderlich für einen Vergleichsschluss wirken sich die doppelte Vertretung der geschädigten Verbraucher und die Vielzahl von Interessen auf Seiten des

Klägers aus. Es drohen Interessenkollisionen zwischen den teils heterogenen Interessen der Anmelder als Geschädigte, dem Verband als Kläger und seinen Prozessbevollmächtigten (Doppeltes Prinzipal-Agenten-Problem).

11. Bei den Methoden zur Berechnung und Verteilung des Schadensersatzes bei Massenschäden stehen sich die Individual- und die Gesamtschadensbetrachtung gegenüber. Die Individualschadensbetrachtung entspricht der deutschen Rechtstradition am ehesten, während die Gesamtschadensbetrachtung vor allem bei Massenschadensfällen in den USA praktiziert wird.
12. Bei der Bestimmung der Höhe einer Ausgleichszahlung im Rahmen eines Vergleichs sind die Parteien grundsätzlich frei. Eine wesentliche Grenze stellt der unzulässige Vertrag zu Lasten Dritter dar.
13. Eine praktikable Kompromisslösung zur Bestimmung der Schadenshöhe ist die Schadenspauschalisierung. Anhaltspunkt zur Umsetzung bieten sowohl das „damage scheduling", welches in den Niederlanden im Rahmen des WCAM praktiziert wird, als auch das Forderungsmanagement im Insolvenzrecht.
14. Die Untersuchung der Vergleiche in den Diesel- und Dalkon Shields-Fällen zeigt, dass in der Praxis eine Kategorisierung und Pauschalisierung der Entschädigungszahlungen vorherrschend ist. Die Einteilung in Schadensgruppen vermittelt bei den Geschädigten das Gefühl der individuellen Würdigung und sorgt für Akzeptanz durch Transparenz.
15. Bei den Diesel-Verfahren, dem ersten großen Massenschadensfall der Musterfeststellungsklage, wurde ein außergerichtlicher Vergleich im laufenden Verfahren geschlossen. Eine Rahmenvereinbarung bestimmte alle wesentlichen Eckpunkte zur Höhe der Entschädigungszahlung und Abwicklung. Für Streitfälle wurde eine Ombudsstelle eingerichtet.
16. Bei den Contergan-Fällen wurde wegen ihrer gesamtgesellschaftlichen Relevanz ein Entschädigungssystem in Form des ContStifG gesetzlich und mit Unterstützung des Staates implementiert. Eine Akzeptanzquote lässt sich bei diesem Massenschadensfall nicht messen, aber es zeigt wie vielfältig der Umgang mit Massenschadensfällen sein kann.
17. Die schnelle und einfache Anmeldung der Ansprüche durch die Verbraucher birgt rechtliche Risiken bei der Verjährungshemmung und erschwert die Bestimmung eines möglichen Vergleichsgegenstands. Die angemeldeten Ansprüche bleiben gem. § 608 Abs. 2 S. 3 ZPO inhaltlich ungeprüft und eine Vielzahl der Ansprüche könnte nach Abschluss des Musterfeststellungsverfahrens verjährt sein, weil sie nicht den Anforderungen an die Verjährungshemmung genügen. Die Angaben zur Forderungshöhe sind gem. § 608 Abs. 2 S. 2 ZPO als Soll-Vorschrift ausgestaltet. Es droht

ein Missbrauch durch Trittbrettfahrer. Die Anzahl der tatsächlich wirksamen Anmeldung zeigt sich erst in den Individualprozessen nach einem Musterfeststellungsurteil.

18. Die Anforderungen an einen Vergleich während des Musterfeststellungsverfahrens ergeben sich aus § 611 Abs. 2 ZPO. Sie sind als Soll-Vorschriften ausgestaltet. Auf einen außergerichtlichen Vergleich im Anschluss an ein Musterfeststellungsurteil finden sie keine Anwendung. Inhaltlich sollten bei einem Vergleich in der Leistungsphase zweckmäßigerweise vor allem mögliche Rechtsanwaltskosten sowie im Sinne einer ganzheitlichen Erledigung des Schadensereignisses nicht-angemeldete, aber geschädigte Verbraucher sowie Unternehmer miteinbezogen werden. Regelungen zu einem administrativen Verteilungsmechanismus sind sinnvoll.
19. Die Verfahren der Alternativen Streitbeilegung stellen eine von mehreren Handlungsoptionen in der Leistungsphase dar. Der gerichtliche Individualprozess würde wegen der Vielzahl der einzelnen Verfahren zu hohen Transaktionskosten führen, das Mahnverfahren ist mangels Bezifferung der Forderung im Musterfeststellungsurteil eine rein theoretische Option und für die Erhebung einer Einziehungsklage bestehen für den Verband keine Anreize.

    Für die Anbieter von Legal Tech-Plattformen kann sich die Durchsetzung von Ansprüchen in der Leistungsphase durchaus lohnen. Die Forderungseinziehung durch einen Inkassodienstleister stellt eine ernstzunehmende Konkurrenz zu der Durchführung eines AS-Verfahrens dar.
20. Bei den untersuchten AS-Verfahren in der Leistungsphase wurde zwischen Einigungs-, Vorschlags-, Entscheidungs- und Hybridverfahren differenziert.
21. Für die einfache Verhandlung eines Vergleichs ohne Beteiligung eines Dritten fehlt de lege lata ein zentraler Ansprechpartner auf Seiten der Geschädigten. Ohne Beteiligung eines Dritten droht eine kompetetive und positionsorientierte Verhandlung, welche die Interessen der Beteiligten außer Acht lässt.
22. Die Rahmenvereinbarung in den Diesel-Verfahren kam während eines Güterichterverfahrens zustande. Dies verwundert nicht. Eine drittunterstützte Verhandlung eignet sich gut für Verfahren bei denen die Interessen der Beteiligten vielfältig sind. Auch in den USA ist es üblich, dass bei Massenschadensfällen „special settlement master" bei der Aushandlung und Abwicklung eines Vergleichs unterstützen.
23. Das Mediationsverfahren ermöglicht wegen seiner Strukturiertheit eine zielorientiertere Entscheidungsfindung als bei der bloßen Moderation. Die

Mediation kann einen wertvollen Beitrag zur Überwindung der in Kapitel 1 beschriebenen Einigungshindernisse leisten und die Parteien zu einer interessenorientierten Verhandlung mit dem Ziel eines Eckpunktevergleichs bewegen.

24. Die direkte Durchführung eines Schlichtungsverfahrens eignet sich in der Leistungsphase besonders dann, wenn im Musterfeststellungsverfahren bereits viele Anspruchsvoraussetzungen festgestellt werden konnten. Das Schlichtungsverfahren ist weniger kostenintensiv als die Durchführung zahlreicher Individualverfahren.
25. Es gibt aber auch Gründe, die gegen die Durchführung eines Schlichtungsverfahrens direkt nach einem Musterfeststellungsurteil sprechen:
    (1) Die Teilnahme steht den Unternehmen gem. § 15 Abs. 2 VSBG grundsätzlich frei. Es darf bezweifelt werden, dass Unternehmen ohne öffentlichen Druck freiwillig teilnehmen.
    (2) Verbraucher könnten bei der Durchführung des Schlichtungsverfahrens ohne individuellen Rechtsbeistand überfordert sein.
    (3) Vorschläge der Schlichtungsstellen können mangels Beweisaufnahme von einer Gerichtsentscheidung negativ zu Lasten der Verbraucher abweichen.
    (4) Viele Verbraucher könnten das Angebot der Legal Tech-Plattformen trotz teilweise hohe Erfolgsprovisionen aufgrund besserer Sichtbarkeit und Bequemlichkeit bevorzugen.
26. Die Durchführung eines Schiedsverfahrens ist wegen dem Erfordernis einer Schiedsabrede, die mit jedem Verbraucher gesondert abgeschlossen werden müssten, nicht geeignet für die Leistungsphase.
27. AS-Verfahren können auch miteinander kombiniert werden. Das Ombudsmannverfahren wird durch die Kombination von Vorschlags- und Entscheidungsverfahren als Hybridverfahren eingestuft.
28. Es gibt nicht „das" am besten geeignete AS-Verfahren zur Beilegung der Streitigkeit in der Leistungsphase.
29. Konnten im Musterfeststellungsverfahren nur wenige Anspruchsvoraussetzungen verbindlich festgestellt werden – was bei deliktischen Massenschäden aufgrund der eingeschränkten Musterverfahrensfähigkeit der Fall sein dürfte – wäre eine Kombination aus einem Mediationsverfahren mit dem Ziel eines Eckpunktevergleichs auf erster Stufe und einem Schlichtungs- und Ombudsmannverfahren zur Bestimmung der individuellen Anspruchshöhen auf zweiter Stufe methodisch am besten geeignet.
30. Im Rahmen der VSBG Änderung 2019 verzahnte der Gesetzgeber die Musterfeststellungsklage mit der neu geschaffenen Universalschlichtungsstelle

und begründet eine Zuständigkeit für die für Massenschäden besonders relevanten deliktischen Ansprüche, sofern diese zuvor Gegenstand eines Musterfeststellungsverfahrens waren.

31. Wesentliche Rechtsquellen für das zweistufige Verfahren nach einem Musterfeststellungsurteil sind das VSBG und das MediationsG. Auch die ADR-Richtlinie beschreibt eine Vielzahl von Qualitätskriterien.
32. Für das Mediationsverfahren sind vor allem die Unabhängigkeit und Unparteilichkeit sowie die Verschwiegenheit wesentliche Verfahrensgrundsätze. Das Prinzip der Freiwilligkeit gilt sowohl für das Mediations- als auch für das Schlichtungs- und Ombudsmannverfahren.
33. Ein vorher ausgehandelter Eckpunktevergleich kann ein zulässiger Entscheidungsmaßstab für den Streitmittler in einem Schlichtungs- oder Ombudsmannverfahren sein. Es liegt kein Verstoß gegen § 19 Abs. 2 Satz 2 vor, wonach ein Schlichtungsvorschlag am geltenden Recht ausgerichtet sein soll.
34. Nach Abschluss des Musterfeststellungsverfahrens sind Verhandlungen im Zuge der Mediation im Hinblick auf die Hemmung der Verjährung de lege lata problematisch, da § 203 BGB nicht einschlägig ist. Weder der Verband noch ein sonstiger Dritter verfügt über die notwendige (gesetzliche) Verhandlungsvollmacht.
    Beim Schlichtungs- oder Ombudsmannverfahren tritt eine Verjährungshemmung durch § 204 Abs. 1 Nr. 4 VSBG ein, wenn die Anforderungen des BGH an die Individualisierung des Anspruchs gewahrt wurden.
35. Dem Musterfeststellungsgericht sollten hinsichtlich der Leistungsphase vereinzelte Steuerungskompetenzen zu Teil werden:
    (1) Dem klagenden Verband sollte auf Antrag ein Verhandlungsmandat für die Leistungsphase erteilt werden.
    (2) Die Möglichkeit der gerichtlichen Genehmigung eines Vergleichs auch nach einem Musterfeststellungsurteil würde die Akzeptanz und das Vertrauen der Verbraucher in den ausgehandelten (Eckpunkte-)Vergleich stärken.
    (3) Das Gericht sollte – angelehnt an die Ausgestaltung in § 278a ZPO – die Durchführung eines AS-Verfahrens für die Leistungsphase vorschlagen können. Die Pflichtteilnahme des Unternehmens an einem Schlichtungsverfahren im Anschluss ein Musterfeststellungsurteil wäre nicht zielführend.
36. Legal Tech-Anwendungen können vor allem im Schlichtungs- und Ombudsmannverfahren zum Einsatz kommen. Ansatzpunkte sind die automatisierte Sachverhaltserfassung, die Phase der Kommunikation zwischen

Schlichter und Verbrauchern, aber auch eine automatisierte Entscheidungsfindung in Form eines Legal Robots erscheint möglich.

37. Die Durchführung des vorgeschlagenen Verfahrens ohne Beteiligung von Rechtsanwälten der geschädigten Verbraucher ist kaum vorstellbar. Die in Kapitel 2 dargestellten Praxisfälle haben gezeigt, dass bei der vergleichsweisen Beilegung von Massenschadensfällen auch auf Seiten der geschädigten Verbraucher Rechtsanwälte hinzugezogen werden und deren Vergütung im Rahmen des Vergleichs berücksichtigt wird.

§ 2 Ausblick

Die vorliegende Arbeit hat in Form des zweistufigen AS-Verfahrens einen konkreten Weg aufgezeigt, wie mit den individuellen Ansprüchen im Anschluss an ein positives Musterfeststellungsurteil umgegangen werden kann.

Ein AS-Verfahren im Anschluss an ein Musterfeststellungsurteil wurde bislang in der Praxis noch nicht angewendet. Es ist mit den Diesel-Verfahren gegen die VW AG überhaupt nur ein Fallkomplex bekannt, der Massenschäden zum Gegenstand hatte und bei dem eine Musterfeststellungsverfahren durchlaufen wurde.[1526] In dieser Sache wurde sich bereits im laufenden Verfahren verglichen. Legt man die Ergebnisse zu den dargestellten Vergleichs- und Einigungshindernissen (Kapitel 1) zugrunde, dürfte ein Vergleichsschluss in diesem Stadium in Zukunft die Ausnahme bleiben. Die Individualverfahren liefen bereits seit dem Jahr 2015 und die ständige Verfolgung durch die Presse übte sowohl auf den Verband als Klägerin als auch auf die Beklagte Druck aus, der schließlich in einem Vergleich während des Verfahrens mündete. Ob sich auch in Zukunft die an dem Verfahren beteiligten Parteien auf einen Vergleichsschluss während des Verfahrens einlassen, ist mit Blick auf die hier dargestellten Interessenlagen fraglich. Anders als bei den Diesel-Verfahren ist vielmehr davon auszugehen, dass sich bei zukünftigen Musterfeststellungsverfahren der Blick auf die Leistungsphase richten wird. Das Musterfeststellungsurteil kann keine Leistungen für den Verbraucher regeln und führt nicht zu einer Durchsetzung der Ansprüche. Die Musterfeststellungsklage kann nicht ohne die anschließende Leistungsphase gedacht werden. Entscheidend für einen Erfolg des Verfahrens ist ein funktionierendes Gesamtkonzept, bestehend aus gerichtlicher Feststellungsphase auf

1526 Die Voraussetzungen in dem Musterfeststellungsverfahren des vzbv gegen die Daimler AG werden aktuell noch durch das OLG Stuttgart geprüft. Es wurde noch nicht im Klageregister eingetragen.

erster und Leistungsphase auf zweiter Stufe. Derzeit existiert mit dem Musterfeststellungsverfahren des vzbv gegen die Daimler AG ein weiteres Verfahren, das Massenschaden zum Gegenstand hat. Es bleibt abzuwarten, ob die Parteien in diesem Verfahren das Musterfeststellungsurteil abwarten oder sich – wie im VW-Fall – im laufenden Verfahren vergleichen. Auch bleibt abzuwarten, ob die VSBG Änderung 2019 wirkt und die neu geschaffene Universalschlichtungsstelle zum Einsatz kommt.

Die vorliegende Arbeit hat einen Beitrag dazu geliefert, wie in der Theorie und Praxis mit den individuellen Ansprüchen im Anschluss an ein Urteil effizient umgegangen werden kann. Vorliegend wurde bewusst die Leistungsphase als Ansatzpunkt der Diskussion ausgewählt. Selbst mit Blick auf die in Kapitel 1 dargestellten Einigungshindernisse, ist nicht auszuschließen, dass das hier vorgeschlagene Verfahren in seinen Grundzügen auch während des laufenden Musterfeststellungsverfahrens angewendet wird. Der Unterschied bestünde de lege lata in der Möglichkeit des Abschlusses eines gerichtlichen Vergleichs und den damit verbundenen Chancen und Risiken.

Die vorliegende Arbeit hat auch einen Weg aufgezeigt, wie sich unabhängig von dem durchgeführten Kollektivverfahren bei einem Massenschadensfall verglichen werden kann. Deutschland weist mit der vergleichsweisen Beilegung von Massenschäden im Zusammenhang mit Kollektivklagen weniger Erfahrung auf als andere Länder. In den USA existiert eine umfassende Vergleichspraxis im Zusammenhang mit Massenschadensfällen[1527] und auch in den Niederlanden konnte mit dem WCAM[1528] ein vergleichsförderndes Instrument etabliert werden.

Es konnte eine Brücke zwischen der Alternativen Streitbeilegung und Kollektivklagen geschlagen werden. Die verschiedenen Instrumente der Alternativen Streitbeilegung sollten bei der Verknüpfung nicht isoliert, sondern als Teil eines Gesamtsystems betrachtet werden. Die Mediation kann die Schwächen der Schlichtung aufwiegen und umgekehrt. In Kombination kann ein Verfahrensablauf entstehen, der nicht nur zur Akzeptanz bei den geschädigten Verbrauchern und beklagten Unternehmen, sondern auch bis zu einem gewissen Grad zu Einzelfallgerechtigkeit führen kann.

1527 Siehe dazu die Massenschadensfälle bei denen ein special master zum Einsatz kam 3. Kapitel:§ 2 A.II.2 e) und exemplarisch den Dalkon Shields-Fall 2. Kapitel:§ 2 A.

1528 Siehe zum niederländischen WCAM 2. Kapitel:§ 1 C.I.

Das herausgearbeitete zweistufige Verfahren im Anschluss an ein Musterfeststellungsurteil liefert einen Beitrag zu der Diskussion, ob die Musterfeststellungsklage im Zuge der Umsetzung der Verbandsklage-Richtlinie modifiziert oder gar ersetzt werden soll. Die Veröffentlichung der Verbandsklage-Richtlinie hat die Diskussion um geeignete Mittel zur kollektiven Rechtsdurchsetzung weiter befeuert. Die Erwähnung der Musterfeststellungsklage im Koalitionsvertrag der aktuellen Bundesregierung und die Tatsache, dass die Konferenz der Justizministerinnen und Justizminister die Einführung eines BGH-Vorabentscheidungsverfahrens erwägt, zeigt, dass die Musterfeststellungsklage als Instrument bereits auf dem Prüfstand steht. Die Musterfeststellungsklage ist nicht auf Leistung, sondern auf Feststellung gerichtet. Diese potentielle Schwäche kann durch das hier vorgeschlagene AS-Verfahren zwar nicht beseitigt werden, aber es wird aufgezeigt, wie mit diesem Defizit zielorientiert und interessengerecht umgegangen werden kann.

Literaturverzeichnis

92. *Konferenz der Justizministerinnen und Justizminister,* Beschluss - Top I.10 – Höchstrichterliche Klärung grundsätzlicher Rechtsfragen beschleunigen – Einführung eines Vorabentscheidungsverfahrens bei dem Bundesgerichtshof 16. Juni 2021.

Ahrens, Martin, Mediationsgesetz und Güterichter – Neue gesetzliche Regelungen der gerichtlichen und außergerichtlichen Mediation, NJW 2012, S. 2465–2471.

Alexander, Christian, Kollektiver Rechtsschutz im Zivilrecht und Zivilprozessrecht, JuS 2009, S. 590–594.

Ali, Shahla F., Mass-claims mediation in china, 10 J. Comp. L. 142 (2015).

Hefendehl, Roland/Hohmann, Olaf (Hrsg.), Münchener Kommentar zum Strafgesetzbuch, 3. Aufl., München 2019 (zit. MüKoStGB/*Bearbeiter*).

Amaro, Rafael/Azar Baud, Maria José/Corneloup, Sabine/Fauvarque-Cosson, Bénédicte/Jault-Seseke, Fabienne, Collective Redress in the Member States of the European Union 2018.

Anders, Monika/Gehle, Burkhard (Hrsg.), Zivilprozessordnung, 22. Aufl. 2022 (zit. Anders/Gehle/*Bearbeiter*).

Appel, Holger, Toyota stoppt Zahlungen an Umwelthilfe, Frankfurter Allgemeine Zeitung (FAZ) 04.12.2018.

Aspen, Marvin E., Special masters as mediators: Intensive ad hoc mediation, in: Fine, Erika S./Plapinger, Elizabeth S. (Hrsg.), ADR and the courts – A manual for judges and lawyers, Burlington 2014, S. 225–232.

Balke, Michaela/Liebscher, Thomas/Steinbrück, Ben, Der Gesetzentwurf zur Einführung einer Musterfeststellungsklage - Ein zivilprozessualer Irrweg, ZIP 2018, S. 1321–1332.

Balmer, Rudolf, Knifflige Haftungsfrage: Wer soll für fehlerhafte Brustimplantate bezahlen?, Neue Zürcher Zeitung (NZZ) 11.10.2018.

Bamberger, Heinz Georg/Roth, Herbert/Hau, Wolfgang/Poseck, Roman (Hrsg.), Beck'scher Online-Kommentar, 57. Aufl. 2021 (zit. BeckOK BGB/*Bearbeiter*).

Bar, Christian von, Empfehlen sich gesetzgeberische Maßnahmen zur rechtlichen Bewältigung der Haftung für Massenschäden? – Gutachten A für den 62. Juristentag, in: Deutscher Juristentag e.V. (Hrsg.), Verhandlungen des 62. Deutschen Juristentages Bremen - Band I - Gutachten, München 1998.

Basedow, Jürgen, Rechtsdurchsetzung und Streitbeilegung, JZ 2018, S. 1–12.

Basseler, Ulrich/Utecht, Burkhard/Heinrich, Jürgen, Grundlagen und Probleme der Volkswirtschaft, 19. Aufl., Stuttgart Germany 2013.

Bazerman, Max H., Negotiator judgment – A critical look at the rationality assumption, Am. Beh. Sci. 27 (1983), S. 211–228.

Bazerman, Max H./Neale, Margaret A., Heuristics in negotiation: Limitations to effective dispute resolution, in: Bazerman, Max H./Lewicki, Roy J. (Hrsg.), Negotiating in organizations, Beverly Hills 1983, S. 51–63.

Beckmann, Martin/Waßmuth, Guido, Die Musterfeststellungsklage - Teil I, WM 2019, S. 45–51.

—, Die Musterfeststellungsklage - Teil II, WM 2019, S. 89–96.

Berlin, Christof, Verbraucher ADR: Freiwilligkeit der Teilnahme und Verbindlichkeit des Ergebnisses im Lichte der AS-Richtlinie, ZKM 2013, S. 108–111.

—, Alternative Streitbeilegung in Verbraucherkonflikten – Qualitätskriterien, Interessen, Best Practice, Baden-Baden 2014.

—, Verfahrensspektrum und Praxisbeispiele von Verbraucher ADR, in: Althammer, Christoph (Hrsg.), Verbraucherstreitbeilegung – Aktuelle Perspektiven für die Umsetzung der ADR-Richtlinie, Frankfurt am Main 2015, S. 43–53.

—, § 24a – Schlichtung und sonstige alternative Streitbeilegung, in: Tamm, Marina/Tonner, Klaus/Brönneke, Tobias (Hrsg.), Verbraucherrecht, 3. Aufl., Baden-Baden 2020.

Berlin, Christof/Braun, Felix, Impulse für Verbraucher ADR aus der Praxis, ZKM 2014, S. 149–152.

Berlin, Christof/Isermann, Edgar, Konfliktmanagement im Business-to-Consumer-Kontext am Beispiel der Schlichtungsstelle für den öffentlichen Personenverkehr (söp), in: Gläßer, Ulla/Kirchhoff, Lars/Wendenburg, Felix (Hrsg.), Konfliktmanagement in der Wirtschaft – Ansätze, Modelle, Systeme, Baden-Baden 2014, S. 243–263.

Berman, Harvey, The agent orange veteran payment program, 53 L & Contemp Probs 49–60 (1990).

Bernuth, Wolf von/*Kremer, René,* Das neue KapMuG: Wesentliche Änderungen aus Sicht der Praxis, NZG 2012, S. 890–895.

Beyer, Christian, Grenzen der Arzneimittelhaftung – Dargestellt am Beispiel des Contergan-Falles, München 1989.

Boemke, Burkhard/Dorr, Christina, Verjährungshemmung durch Verhandlung, NJOZ 2017, S. 1578–1586.

Borowski, Sascha/Röthemeyer, Peter/Steike, Jörn (Hrsg.), VSBG – Verbraucherstreitbeilegungsgesetz: Einführung, Kommentierung, Muster: Handkommentar, Baden-Baden 2016.

Bradt, Andrew D./Rave, D. Theodore, The information-forcing role of the judge in multidistrict litigation, 105 Calif. L. Rev. 1259–1308 (2017).

Breidenbach, Stephan, Mediation – Struktur, Chancen und Risiken von Vermittlung im Konflikt, Köln 1995.

Breidenbach, Stephan/Gläßer, Ulla, Selbstbestimmung und Selbstverantwortung im Spektrum der Mediationsziele, KON:SENS 1999, S. 207–212.

Brenner, Jeffrey S., Alternatives to litigation: Toxic torts and alternate dispute resolution-A proposed solution to the mass tort case, Rutgers L.J. 20 (1988), S. 779–821.

Brinkmann, Moritz, Mass tort telated insolvency proceedings: Choice of jurisdiction, treatment and discharge of tort claims, in: van Boom, Willem H./ Wagner, Gerhard (Hrsg.), Mass torts in europe – Cases and reflections, Berlin 2014, S. 245–262.

Bruns, Alexander, Instrumentalisierung des Zivilprozesses im Kollektivinteresse durch Gruppenklagen, NJW 2018, S. 2753–2757.

Bruns, Jan, Dieselskandal und Nutzungsentschädigung, NJW 2020, S. 508–512.

Bucher, Eugen, Die Rolle des Schiedsrichters bei vergleichsweiser Beilegung des Streites, Bulletin de l'Association suisse de l'arbitrage (ASA) 1995, S. 568–589.

Buchner, Jenny, Kollektiver Rechtsschutz für Verbraucher in Europa – Die grenzüberschreitende Durchsetzung des europäischen Verbraucherrechts bei Bagatellschäden, Göttingen 2015.

Bund der Versicherten e.V., Stellungnahme des Bund der Versicherten e. V. (BdV) zum „Entwurf eines Gesetzes zur Einführung einer zivilprozessualen Musterfeststellungsklage" 2018.

Bundesamt für Justiz, Ausfüllanleitung zum Formular für die Anmeldung von Ansprüchen oder Rechtsverhältnissen eines Verbrauchers zu einer im Klageregister des Bundesamts für Justiz öffentlich bekannt gemachten Musterfeststellungsklage gemäß § 608 ZPO, https://www.bundesjustizamt.de/DE/Themen/Buergerdienste/Klageregister/Ausfuellanleitung/Ausfuellanleitung_node.html (geprüft am 13.08.2021).

—, Verbraucherschlichtungsbericht 2018, 2018, https://www.bmjv.de/SharedDocs/Artikel/DE/2018/070918_Verbraucherschlichtung.html (geprüft am 13.08.2021).

—, Liste qualifizierter Einrichtungen gem. § 4 Absatz 2 UKlaG, 2021, https://www.bundesjustizamt.de/DE/SharedDocs/Publikationen/Verbraucherschutz/Liste_qualifizierter_Einrichtungen.html (geprüft am 13.08.2021).

Bundesrechtsanwaltskammer, Stellungnahme zum Referentenentwurf eines Gesetzes zur Änderung von Vorschriften über die außergerichtliche Streitbeilegung in Verbrauchersachen 2019.

Calavros, Constantin, Urteilswirkungen zu Lasten Dritter, Bielefeld 1978.

Canaris, Claus-Wilhelm, Verstöße gegen das verfassungsrechtliche Übermaßverbot im Recht der Geschäftsfähigkeit und im Schadensersatzrecht, JZ 1987, S. 993–1004.

Carl, Eberhard, Qualitätssicherung im Referentenentwurf zum Mediationsgesetz, ZKM 2010, S. 177–179.

Chmielewski, Marc, VW-Vergleich, jetzt wirklich: Klägervertreter werden bezahlt wie Freshfields-Partner, JUVE 29.02.2020.

Christlich demokratische Union Deutschlands (CDU)/*Christlich-soziale Union in Bayern e.V.* (CSU)/*Sozialdemokratische Partei Deutschlands* (SPD), Koalitionsvertrag zwischen CDU, CSU und SPD - 19. Legislaturperiode, 2018.

Coffee Jr., John C., Understanding the plaintiff's attorney: The implications of economic theory for private enforcement of law through class and derivative actions, 86 Colum. L. Rev. 669–727 (1986).

—, The regulation of entrepreneurial litigation: balancing fairness and efficiency in the large class action, 54 U. Chi. L. Rev. 877–937 (1987).

—, Class action accountability: Reconciling exit, voice, and loyalty in representative litigation, 100 Colum. L. Rev. 370 (2000).

Cohn, Lynn P., A model for the use of ADR to efficiently distribute a significant settlement fund in mass claims litigation without sacrificing an individualized assessment of claims, Cardozo J. Conflict Resol., S. 699–715.

Cox, James D./Thomas, Randall S., Does the plaintiff matter? An empirical analysis of lead plaintiffs in securities class actions, 106 Colum. L. Rev. 1587–1640 (2006).

Cruden, John C./O'Rourke, Steve/Himmelhoch, Sara D., The Deepwater Horizon oil spill litigation: Proof of concept for the manual for complex litigation and the 2015 amendments to the federal rules of civil procedure, 6 Mich. J. Envtl. & Admin. L. 65–149 (2016).

Dauner-Lieb, Barbara/Langen, Werner (Hrsg.), BGB - Schuldrecht – Band 2, 3. Aufl. 2016.

DB AG: Geschäftsstelle "Eschede Hilfe", Organisation der psychologischen und sozialen Betreuung der Deutschen Bahn AG, in: Hüls, Ewald/Oestern, Hans-Jörg (Hrsg.), Die ICE-Katastrophe von Eschede – Erfahrungen und Lehren - eine interdisziplinäre Analyse, Berlin u.a. 1999, S. 131–135.

Deichsel, Tamara, Verbraucherschlichtungsstellen – Ein Anwendungsfeld für Legal Tech?, VuR 2020, S. 283–289.

Deiß, Johannes/Graf, Johanna/Salger, Louisa, Rechtsmissbräuchliche Anmeldungen zum Klageregister einer Musterfeststellungsklage, BB 2019, S. 1674–1677.

Delatre, Jocelyn G., Beyond the white paper: Rethinking the commission's proposal on private antitrust litigation, 8 Comp. L. Rev. 29–58 (2011).

Deutscher Anwaltverein (DAV), Stellungnahme zum Gesetzentwurf der Bundesregierung für ein Gesetz zur Einführung einer Musterfeststellungsklage 2018.

Diez, Hannelore/Krabbe, Heiner/Thomsen, C. Sabine, Familien-Mediation und Kinder – Grundlagen, Methodik, Techniken, Köln 2002.

Duve, Christian/Eidenmüller, Horst/Hacke, Andreas, Mediation in der Wirtschaft – Wege zum professionellen Konfliktmanagement, 3. Aufl., Köln 2019.

Dietsche, Hans-Jörg, Die Musterfeststellungsklage nach den Entwürfen des Bundesjustizministeriums - Konstruktion, Funktionsweise und offene Fragen, in: Schäfer, Matthias (Hrsg.), Der Gesetzesentwurf zur "Musterfeststellungsklage", Berlin 2018, 76-91.

Dobbs, Dan B./Roberts, Caprice L., Law of remedies – Damages, equity, restitution, St. Paul 2018.

Duve, Christian, Mediation und Vergleich im Prozess – Eine Darstellung am Beispiel des Special Master in den USA, Köln 1999.

Eckardt, Diederich, Die Feststellung und Befriedigung des Insolvenzgläubigerrechts, in: Fuchs, Karlhans (Hrsg.), Kölner Schrift zur Insolvenzordnung – Das neue Insolvenzrecht in der Praxis, 2. Aufl., Herne/Berlin 2000.

Eggers, Alexander, Gerichtliche Kontrolle von Vergleichen im kollektiven Rechtsschutz – Eine Untersuchung zum US-amerikanischen, niederländischen und deutschen Recht, Tübingen 2019.

Eichholtz, Stephanie, Die US-amerikanische class action und ihre deutschen Funktionsäquivalente, Tübingen 2002.

Eidenmüller, Horst, Obligatorische außergerichtliche Streitbeilegung: Eine contradictio in adiecto?, JZ 70 (2015), S. 539–547.

Eidenmüller, Horst/Engel, Martin, Die Schlichtungsfalle: Verbraucherrechtsdurchsetzung nach der ADR-Richtlinie und der ODR-Verordnung der EU, ZIP 2013, S. 1704–1710.

—, Schlichtungszwang in Verbraucherstreitigkeiten, ZZP 128 (2015), S. 149–163.

Engel, Martin, Außergerichtliche Streitbeilegung in Verbraucherangelegenheiten – Mehr Zugang zu weniger Recht, NJW 2015, S. 1633–1637.

—, Collaborative Law – Konkurrenz für die Mediation?, ZKM 2013, S. 170.

—, Collaborative Law in der deutschen Anwaltspraxis, ZKM 2010, S. 112–115.

—, Collaborative Law – Mediation ohne Mediator, Tübingen 2010.

EPA - United States Environmental Protection Agency, Volkswagen Clean Air Act Civil Settlement, 2019, https://www.epa.gov/enforcement/volkswagen-clean-air-act-civil-settlement#mitigation (geprüft am 13.08.2021).

—, Glyphosate, 2020, https://www.epa.gov/ingredients-used-pesticide-products/glyphosate (geprüft am 13.08.2021).

Erichson, Howard M., The Problem of settlement class actions, 82 Geo. Wash. U. L. Rev. 951–989 (2014).

Falla, Élodie, The role of the Court in Collective Redress Litigation, Cork 2014.

Feinberg, Kenneth R., The dalkon shield claimants trust, 53 L & Contemp Probs 79–112 (1990).

—, Creative use of ADR: The court-appointed special settlement master, 59 Alb. L. Rev. 881–893 (1995).

—, Who gets what – Fair compensation after tragedy and financial upheaval, New York 2012.

Fiedler, Lilly, Class actions zur Durchsetzung des europäischen Kartellrechts – Nutzen und mögliche prozessuale Ausgestaltung von kollektiven Rechtsschutzverfahren im deutschen Recht zur privaten Durchsetzung des europäischen Kartellrechts, Tübingen 2010.

Financialright GmbH, Was kostet MyRight?, 2019, https://anlegerschutz.myright.de/abgasskandal/infos/was-kostet-myright/ (geprüft am 19.08.2019).

—, Unsere Sammelklage gegen den VW Konzern, 2021, https://www.myright.de/abgasskandal-dieselskandal/sammelklage-vw (geprüft am 13.08.2021).

Fisher, Roger/Ury, William/Patton, Bruce, Getting to yes – Negotiating agreement without giving in, Boston, Mass. 1981.

—, Das Harvard-Konzept – Die unschlagbare Methode für beste Verhandlungsergebnisse, 2. Aufl., München 2019.

Flightright GmbH, Die 4 spannendsten Flugfakten 2016, 06.12.2019 (geprüft am 14.08.2021).

Follett, Mary Parker, Constructive Conflict, in: Metcalf, Henry C./Urwick, Lyndall F. (Hrsg.), The early sociology of management and organizations – The collected papers of Mary Parker Follett, London 2004, S. 30–49.

Fölsch, Peter, Der Regierungsentwurf zur Einführung der Musterfeststellungsklage, DRiZ 2018, S. 214–217.

Fölsing, Philipp, Anwaltshonorar bei Musterfeststellungsvergleich – Fragen rund um Klageindustrie, Gebühreninteresse und Quersubventionierung, BB 2020, S. 1555–1559.

Frank, Tobias/Henke, Sebastian/Singbartl, Jan, Das Verbraucherstreitbeilegungsgesetz - Auswirkungen auf den kollektiven Rechtsschutz?, VuR 2016, S. 333–340.

Fridgen, Alexander/Geiwitz, Arndt/Göpfert, Burkard (Hrsg.), Beck'scher Online-Kommentar InsO, 22. Aufl. 2021 (zit. BeckOK InsO/*Bearbeiter*).

Friedman, Lawrence M., A history of american law, 2. Aufl., New York, NY 1985.

Friedrich, Christoph, Contergan - zur Geschichte einer Arzneimittelkatastrophe, in: Rauschmann, Michael/Zichner, Ludwig/Thomann, Klaus-Dieter (Hrsg.), Die Contergankatastrophe – Eine Bilanz nach 40 Jahren, Darmstadt 2005, S. 3–12.

Fries, Martin, Die Hemmung der Verjährung durch Güteanträge im System der §§ 203 und 204 BGB – Zugleich Besprechung von BGH, Urteil v. 28.10.2015 - IV ZR 526/14, JZ 2016, S. 723–728.

Fritz, Roland/Krabbe, Heiner, "Mit dem Mediationsgesetz unter dem Arm", ZKM 2016, S. 103–104.

Fritz, Roland/Pielsticker, Dietrich (Hrsg.), Handbuch zum Mediationsgesetz, 2. Aufl., Köln 2020.

Gavrilis, Panajotis, Diese Zahlungen bietet VW geschädigten Kunden jetzt an, Deutschlandfunk 17.02.2020.

Geiger, Caroline, Kollektiver Rechtsschutz im Zivilprozess – Die Gruppenklage zur Durchsetzung von Massenschäden und ihre Auswirkungen, Tübingen 2015.

Gerhardt, Walter/Meller-Hannich, Caroline/Henckel, Wolfram/Jaeger, Ernst/Windel, Peter A. (Hrsg.), Jäger Insolvenzordnung – Großkommentar; Band 6: §§ 174-216, Berlin/New York 2010.

Gesamtverband der Deutschen Versicherungswirtschaft e.V., Stellungnahme zum aktuellen Entwurf des Bundesministeriums der Justiz und für Verbraucherschutz für ein Gesetz zur Einführung einer Musterfeststellungsklage 16.03.2018.

Gibbons, Susan, Group litigation, class actions and Lord Woolf's three objectives—A critical analysis, C.J.Q. 27, S. 208–243.

Goodenough, Oliver R., Legal Technology 3.0, 2015, https://www.huffpost.com/entry/legal-technology-30_b_6603658 (geprüft am 14.08.2021).

Gössl, Susanne, Stellungnahme für die öffentliche Anhörung am Mittwoch, 26. Juni 2019 – zum Entwurf eines Gesetzes zur Änderung von Vorschriften über die außergerichtliche Streitbeilegung in Verbrauchersachen und zur Änderung weiterer Gesetze (BT-Drucksache 19/10348), 2019.

Greger, Reinhard, Unter falscher Flagge - Zum Fehlgebrauch des Mediationsbegriffs und seinen Folgen, ZKM 2015, S. 172–176.

—, Das neue Verbraucherstreitbeilegungsgesetz – Die Neuregelung und ihre Bedeutung für Verbraucher, Unternehmer, Rechtsanwälte, Schlichter und Richter, MDR 2016, S. 365–370.

—, Streiten - oder streiten lassen? Erfolg des "Rumdum-sorglos-Modells"? – Innovative Formen und rechtliche Grenzen der Konfliktdelegation, AnwBl 2017, S. 932–935.

—, Das "Rundum-sorglos-Modell": Innovative Rechtsdienstleistung oder Ausverkauf des Rechts?, MDR 2018, S. 897–901.

—, Stellungnahme zum Entwurf eines Gesetzes zur Änderung von Vorschriften über die außergerichtliche Streitbeilegung in Verbrauchersachen und zur Änderung weiterer Gesetze (BT-Drucksache 19/10348) 2019.

—, Gesetzliche Neuregelungen bei der der Verbraucherstreitbeilegung, MDR 2020, S. 65–69.

Greger, Reinhard/Münchhausen, Christine von, Verhandlungs- und Konfliktmanagement für Anwälte, München 2010.

Greger, Reinhard/Unberath, Hannes/Steffek, Felix (Hrsg.), Recht der alternativen Konfliktlösung – Mediationsgesetz, Verbraucherstreitbeilegungsgesetz: Kommentar, 2. Aufl., München 2016.

Gring, Pamela R., Special master's role as mediator: Experiences in the 50th state, 6 Ohio St. J. on Disp. Resol. 21–59 (1990).

Gsell, Beate, Kollektive Klagerechte und Ihre Bedeutung im Mietrecht, WuM 2018, S. 537–544.

Gsell, Beate/Krüger, Wolfgang/Lorenz, Stephan/Reymann, Christoph (Hrsg.), beck-online.Grosskommentar 2021 (zit. BeckOGK BGB/*Bearbeiter*).

Guckelberger, Annette, Einheitliches Mediationsgesetz auch für verwaltungsrechtliche Konflikte?, NVwZ 2011, S. 390–396.

Guggenberger, Nikolas/Guggenberger, Leonid, Die Musterfeststellungsklage – Staat oder privat – Ein verfehltes Gesetz und bessere Alternativen, MMR 2019, S. 8–14.

Gurkmann, Jutta, Anmerkungen zu Lücken im kollektiven Rechtsschutz und dem Gesetzentwurf des BMJV zur Einführung der MFK, in: Schäfer, Matthias (Hrsg.), Der Gesetzesentwurf zur "Musterfeststellungsklage", Berlin 2018, S. 46–75.

Gurkmann, Jutta/Jahn, Ronny, Außergerichtlicher Vergleich im Rahmen einer Musterfeststellungsklage – Am Beispiel des Vergleichs zwischen VW und dem vzbv, VuR 2020, 243.

Haas, Ulrich/Hauptmann, Markus, Schiedsvereinbarungen in "Ungleichgewichtslagen" - am Beispiel des Sports, SchiedsVZ 2004, S. 175–187.

Haaß, Stefanie, § 7, in: Haft, Fritjof/Schlieffen, Katharina von (Hrsg.), Handbuch Mediation, 3. Aufl., München 2016.

Habbe, Sophia/Gieseler, Konrad, Einführung einer Musterfeststellungsklage - Kompatibilität mit zivilprozessualen Grundlagen, BB 2017, S. 2188–2191.

Haft, Fritjof/Schlieffen, Katharina von (Hrsg.), Handbuch Mediation, 3. Aufl., München 2016.

Halfmeier, Axel, Auswahl und Funktion des Musterklägers im Kapitalanleger-Musterverfahren, ZIP 2016, S. 1705–1712.

Hänel, Robert, Gläubigerautonomie und das Insolvenzplanverfahren, Berlin 2000.

Harriehausen, Simon, Stellungnahme zum Entwurf eines Gesetzes zur Änderung von Vorschriften über die außergerichtliche Streitbeilegung in Verbrauchersachen und zur Änderung weiterer Gesetze, Drucksache 19/10348 2019.

Hartung, Markus, Inkasso, Prozessfinanzierung und das RDG, AnwBl 2019, 353-361.

Haß, Detlef, Die Gruppenklage – Wege zur prozessualen Bewältigung von Massenschäden, München 1996.

Heermann, Peter W./Schlingloff, Jochen (Hrsg.), Münchener Kommentar zum Lauterkeitsrecht, 2. Aufl., München 2014 (zit. MüKoUWG/*Bearbeiter*).

Heese, Michael, Die Musterfeststellungsklage und der Dieselskandal – Stationen auf dem langen deutschen Weg in die prozessuale Moderne, JZ 2019, S. 429–440.

Hehn, Marcus/Rüssel, Ulrike, Der Mediator - Kein Schlichter oder Schiedsrichter – Der Versuch einer begrifflichen Klarstellung im sprachlichen Wirrwarr der Mediationsliteratur, ZKM 2001, S. 62–66.

Henssler, Martin, Prozessfinanzierende Inkassodienstleister – Befreit von den Schranken des anwaltlichen Berufsrechts, NJW 2019, S. 545–550.

Hess, Burkhard, Verbrauchermediation, ZRP 2005, 427.

—, Prozessuale Mindestgarantien in der Verbraucherschlichtung, JZ 70 (2015), S. 548–554.

Hess, Burkhard/Kruis, Ferdinand/Reuschle, Fabian (Hrsg.), Kölner Kommentar zum KapMuG – Gesetz über Musterverfahren in kapitalmarktrechtlichen Streitigkeiten (Kapitalanleger-Musterverfahrensgesetz - KapMuG), 2. Aufl., Köln 2014.

Hettenbach, Dieter, Negative Musterfeststellungsklagen, WM 2019, S. 577–581.

Hirsch, Günter, Anhörung Deutscher Bundestag, Ausschuss für Recht und Verbraucherschutz 26. Juni 2019 – Entwurf eines Gesetzes zur Änderung von Vorschriften über die außergerichtliche Streitbeilegung in Verbrauchersachen und zur Änderung weiterer Gesetze (BT-Drs. 19/10348) - E-VSBÄndG,

—, Die „alternative Streitbeilegung“ hat Konjunktur – Nicht nur die Mediation kann befriedend wirken, ZRP 2012, S. 189–190.

—, Schlichtung – ADR Verfahren im Vergleich - Teil 5, ZKM 2013, S. 15–18.

—, Die Praxis des Versicherungsombudsmanns, VuR 2010, S. 298–302.

—, Außergerichtliche Beilegung von Verbraucherstreitigkeiten - ein alternativer Zugang zum Recht entsteht, NJW 2013, S. 2088–2094.

—, Verbrauchergerechte Sammelklagen? – Zur Schnittstelle von kollektivem Rechtsschutz und außergerichtlicher Streitbeilegung, ZKM 2019, S. 67–69.

—, Die Abwicklung des VW-Vergleichs im Ombudsverfahren, VuR 2020, S. 454–459.

Hodges, Christopher, Current discussions on consumer redress: collective redress and ADR, ERA Forum 2012, S. 11–33.

—, US Class Actions: Promise and Reality – EUI Working Paper LAW 2015/36 2015.

Hopt, Klaus J./Steffek, Felix, Mediation - Rechtsvergleich, Regelungsmodelle, Grundsatzprobleme, in: dies. (Hrsg.), Mediation – Rechtstatsachen, Rechtsvergleich, Regelungen, Tübingen 2008.

Hörl, Katharina/Weiser, Stefan, Mediation in der Verbraucherstreitbeilegung - Erfahrungen aus Österreich und Deutschland, ZKM 2019, S. 231–234.

Horvath, Günther, Schiedsgerichtsbarkeit und Mediation - Ein glückliches Paar, SchiedsVZ 2005, S. 292–302.

IARC - International Agency for Research on Cancer, Monograph on Glyphosate, 2020, https://www.iarc.fr/featured-news/media-centre-iarc-news-glyphosate/ (geprüft am 15.08.2021).

Immenga, Ulrich/Mestmäcker, Ernst-Joachim (Hrsg.), Wettbewerbsrecht, 6. Aufl., München 2020 (zit. Immenga/Mestmäcker/*Bearbeiter*).

In Deutschland drohen kaum Asbest-Klagen, Frankfurter Allgemeine Zeitung (FAZ) 25.9.2002.

Isermann, Edgar, Rechtsgrundsätzliches und Schlichtung, VuR 2018, S. 283–287.

Jänicke, Steffen P. J., § 78 Alternative Streitbeilegung und Mediation, in: Derleder, Peter/Knops, Kai-Oliver/Bamberger, Heinz Georg (Hrsg.), Deutsches und europäisches Bank- und Kapitalmarktrecht, Berlin, Heidelberg 2017, S. 1435–1466.

Janssen, André, Auf dem Weg zu einer europäischen Sammelklage?, in: Casper, Matthias/Janssen, André u.a. (Hrsg.), Auf dem Weg zu einer europäischen Sammelklage?, München 2009, S. 3–16.

Jauernig, Othmar, Materielles Recht und Prozeßrecht, JuS 1971, S. 329–334.

Jelsma, Karen/Cordewener, Manon, The settlement of mass claims: A hot topic in the Netherlands, Int. Law Q 13–20 (2011).

Jensen, Michael C./Meckling, William H., Theory of the firm: Managerial behavior, agency costs and ownership structure, 3 Journal of Financial Economics 305–360 (1976).

Jhering, Rudolf von, Der Kampf ums Recht – Unveränderter fotomechanischer Nachdruck der 4. Auflage von 1874 1872.

John C. Coffee Jr., Corruption of the class action: The new technology of collusion, 80 Cornell L. Rev. 851–857 (1995).

Kähler, Lorenz, Zur Angemessenheit eines Vergleichs in der Musterfeststellungsklage, ZIP 2020, S. 293–301.

Kahneman, D./Tversky, A., Judgement under uncertainity: Heuristics and biases 1974.

Kahneman, Daniel, Thinking, fast and slow, London 2012.

Kahneman, Daniel/Tversky, Amos, Prospect theory: An analysis of decision under Risk, 47 Econometrica 263–292 (1979).

—, Conflict resolution: A cognitive perspective, in: Arrow, Kenneth Joseph/ Mnookin, Robert H. u.a. (Hrsg.), Barriers to conflict resolution, New York 1995, S. 44–61.

Kaufman, Irving R., Masters in the federal courts: Rule 53, 58 Colum. L. Rev. 452 (1958).

Keller, Christoph/Kolling, Annabella, Das Gesetz zur Einführung von Kapitalanleger-Musterverfahren - Ein Überblick, BKR 2005, S. 399–403.

Kessen, Stefan/Troja, Markus, § 14 - Ablauf und Phasen der Mediation, in: Haft, Fritjof/Schlieffen, Katharina von (Hrsg.), Handbuch Mediation, 3. Aufl., München 2016.

Kessen, Stefan/Voskamp, Beate/Zillessen, Horst, § 20 - Mediation bei Großprojekten, in: Haft, Fritjof/Schlieffen, Katharina von (Hrsg.), Handbuch Mediation, 3. Aufl., München 2016.

Keydel, Birgit, Zum Prinzip der Freiwilligkeit der Mediation, ZKM 2011, S. 61–62.

Kirchgässner, Gebhard, Homo oeconomicus – Das ökonomische Modell individuellen Verhaltens und seine Anwendung in den Wirtschafts- und Sozialwissenschaften, 3. Aufl., Tübingen 2008.

Kleine, Andreas, Entscheidungstheoretische Aspekte der Principal-Agent-Theorie, Heidelberg 1996.

Kleinschmidt, Jens, Das Verhältnis der ADR-Richtlinie zu Mediation und Schiedsgerichtsverfahren, ZZP 2015, S. 215–248.

Klowait, Jürgen, "Zertifizierter Mediator" – Empfehlenswertes Selbstmarketing oder unzulässige Irreführung?, ZKM 2015, S. 194–196.

Klowait, Jürgen/Gläßer, Ulla/Berlin, Christof (Hrsg.), Mediationsgesetz – Handkommentar, 2. Aufl., Baden-Baden 2018.

Kluth, Winfried, Interessenkonflikte in Fällen neuer Modelle der Massenrechtsdienstleistung durch Inkassodienstleister, VuR 2018, S. 403–412.

Knop, Carsten, Deutsche Umwelthilfe bekommt Geld von Toyota, Frankfurter Allgemeine Zeitung (FAZ) 27.05.2016.

Koch, Harald, Prozessführung im öffentlichen Interesse – Rechtsvergleichende Entwicklungsbedingungen und Alternativen der objektiven Rechtsdurchsetzung, Frankfurt am Main 1983.

—, Mass damage in europe: Aggregation of claims, effective enforcement and adequate representation, in: van Boom, Willem H./Wagner, Gerhard (Hrsg.), Mass torts in europe – Cases and reflections, Berlin 2014, S. 157–171.

Koch, Raphael, Grund und Grenzen kollektiver Rechtsdurchsetzung, DZWir 2016, S. 351–360.

—, Die Musterfeststellungsklage – Überblick über die und Bewertung der neuen Regelungen, MDR 2018, S. 1409–1416.

Köhler, Sebastian/Müller, Michael, Alternative Streitbeilegung und Schiedsverfahren, in: Leible, Stefan/Terhechte, Jörg Philipp (Hrsg.), Europäisches Rechtsschutz- und Verfahrensrecht, Baden-Baden 2014.

Kowollik, Eva-Maria, Europäische Kollektivklage – Referenzrahmen für ein leistungsfähiges europäisches Justizsystem, Baden-Baden 2018.

Kramer, Xandra, Enforcing mass settlements in the European Judicial Area: EU policy and the strange case of Dutch collective settlements (WCAM), in: Hodges, Christopher J. S./Stadler, Astrid (Hrsg.), Resolving mass disputes – ADR and settlement of mass claims, Cheltenham 2013, S. 63–90.

Krans, Bart, The Dutch Act on Collective Settlement of Mass Damages, Global Business & Development Law Journal 27 (2014), S. 281–301.

Kranz, Dagmar, Der Diskussionsentwurf zur Muster-Feststellungsklage – ein stumpfes Schwert?, NZG 2017, S. 1099–1103.

Krasney, Otto-Ernst, Aufgaben eines Ombudsmannes für die Opfer von Massenunfällen - Möglichkeiten und Grenzen, in: Koch, Harald/Koch-Willingmann (Hrsg.), Modernes Schadensmanagement bei Großschäden, Baden-Baden 2002, S. 67–76.

Krausbeck, Elisabeth, Der Diskussionsentwurf eines Gesetzes zur Einführung einer Musterfeststellungsklage für Verbraucherstreitigkeiten, DAR 2017, S. 567.

Kreindler, Richard H./Schäfer, Jan K./Wolff, Reinmar, Schiedsgerichtsbarkeit – Kompendium für die Praxis, Frankfurt am Main 2006.

Krüger, Wolfgang (Hrsg.), Münchener Kommentar zum Bürgerlichen Gesetzbuch, 8. Aufl., München 2019 (zit. MüKoBGB/*Bearbeiter*).

Labes, Hubertus, Verfahrensoptionen der Alternativen Streitbeilegung, DZWir 1998, 353.

Langheid, Theo, Muster ohne Wert - Die Musterfeststellungsklage im Praxistest, VersR 2020, S. 789–795.

Leiss, Myrto, Zur Effizienz außergerichtlicher Verfahren im Wirtschaftsrecht – Eine empirische Untersuchung von Verhandlung und Mediation, München 2005.

Lichtenstein, Sarah/Fischhoff, Baruch/Phillips, Lawrence D., Calibration of probabilities: The state of the art to 1980, in: Kahneman, Daniel/Slovic, Paul/ Tversky, Amos (Hrsg.), Judgment under uncertainty – Heuristics and biases, Cambridge 1982, S. 306–334.

Liebscher, Thomas, Das KapMuG als klassisches Drama in fünf Akten, AG 2020, S. 35–45.

Limperg, Bettina, Verbraucherstreitbeilegungsgesetz - Wie viel Justiz braucht die Schlichtung, BRAK-Mitt. 2015, S. 225–228.

Lorenz, Pia, Einigung im Abgasskandal: Was die Hoheit VW kostet, 2020, https://www.lto.de/recht/hintergruende/h/abgasskandal-musterfeststellungsklage-olg-braunschweig-vw-vzbv-vergleich-vereinbarungen-anwaltskosten/ (geprüft am 15.08.2021).

—, Einigung in der Abgasskandal-Klage: Was VW sich die Abwicklungshoheit kosten lässt, Legal Tribune Online 28.02.2020.

Lüblinghoff, Joachim, Impulsreferat zum kollektiven Rechtsschutz aus richterlicher Praxis, in: Schäfer, Matthias (Hrsg.), Der Gesetzesentwurf zur "Musterfeststellungsklage", Berlin 2018, S. 33–45.

Luhmann, Niklas, Legitimation durch Verfahren, 11. Aufl., Frankfurt am Main 2019.

Lühmann, Tobias, Kollektiver Rechtsschutz – Ein aktueller Überblick, NJW 2020, S. 1706–1710.

Lutz, Gesa, Stellungnahme zum aktuellen Entwurf des Bundesministeriums der Justiz und für Verbraucherschutz für ein Gesetz zur Einführung einer Musterfeststellungsklage, 8.6.2018,

Magnus, Robert, Die Wirkungen des Vergleichs im Musterfeststellungsverfahren, NJW 2019, S. 3177–3182.

Mähler, Gisela/Mähler, Hans-Georg, § 48 – Außergerichtliche Streitbeilegung - Mediation, in: Heussen, Benno/Hamm, Christoph (Hrsg.), Beck'sches Rechtsanwalts-Handbuch, 11. Aufl., München 2016.

Mähler, Hans-Georg/Mähler, Gisela, Cooperative Praxis, ZKM 2009, S. 70–74.

Mansel, Heinz-Peter, Musterfeststellungsklage: Keine Verjährungshemmung bei Rechtmissbrauch, WM 2019, S. 1621–1625.

Marcus, Stanley/Smith, Fern. M., Manual for Complex Litigation, Fourth 2004.

May, Andreas/May, Senta/Goltermann, Nils, Schlichtung in der wirtschaftsrechtlichen Praxis, Frankfurt am Main 2018.

McGovern, Francis, The what and why of claims resolution facilities, 57 Stan. L. Rev. 1361–1389 (2005).

Meinhövel, Harald, Defizite der Principal-Agent-Theorie, Lohmar 1999.

Meller-Hannich, Caroline, Effektivität kollektiver Rechtsschutzinstrumente, in: Brömmelmeyer, Christoph (Hrsg.), Die EU-Sammelklage – Status und Perspektiven, Baden-Baden 2013, S. 33–56.

—, Grundlagen der europäischen ADR-Richtlinie, in: Althammer, Christoph (Hrsg.), Verbraucherstreitbeilegung – Aktuelle Perspektiven für die Umsetzung der ADR-Richtlinie, Frankfurt am Main 2015, S. 19–42.

—, Kollektiver Rechtsschutz - Neue Instrumente im Zivilprozess, DRiZ 2018, S. 298–301.

—, Sammelklagen, Gruppenklagen, Verbandsklagen - Bedarf es neuer Instrumente des kollektiven Rechtsschutzes im Zivilprozess? – Gutachten A zum 72. Deutschen Juristentag, in: Verhandlungen des 72. Deutschen Juristentages – Leipzig 2018, München 2018.

Meller-Hannich, Caroline/Höland, Armin/Krausbeck, Elisabeth, „ADR" und „ODR": Kreationen der europäischen Rechtspolitik. Eine kritische Würdigung, ZEuP 2014, S. 8–38.

Meller-Hannich, Caroline/Nöhre, Monika, Ein zeitgemäßer Rahmen für Zivilrechtsstreitigkeiten – Aktuelle Herausforderungen an die gerichtliche und außergerichtliche Rechtsdurchsetzung, NJW 2019, S. 2522–2527.

Mengden, Martin, David gegen Goliath im Kartellschadensersatzrecht – Lassen sich Musterfeststellungsklage bzw. EU-Verbandsklage als kollektive Folgeklage einsetzen?, NZKart 2018, S. 398–405.

Merkt, Hanno/Zimmermann, Jennifer, Die neue Musterfeststellungsklage: Eine erste Bewertung, VuR 2018, S. 363.

Micklitz, Hans-Wolfgang/Stadler, Astrid, Unrechtsgewinnabschöpfung – Möglichkeiten und Perspektiven eines kollektiven Schadenersatzanspruches im UWG, Baden-Baden 2003.

Mnookin, Robert H., Why negotiations fail: An exploration of barriers to the resolution of conflict, 8 Ohio St. J. on Disp. Resol. 235–249 (1993).

Mnookin, Robert H./Ross, Lee A., Introduction, in: Arrow, Kenneth Joseph/Mnookin, Robert H. u.a. (Hrsg.), Barriers to conflict resolution, New York 1995.

Mom, Andreas, Kollektiver Rechtsschutz in den Niederlanden, Tübingen 2011.

Mulheron, Rachael P., The modern cy-pres doctrine: Applications and implications, London 2006.

Müller, Gerda, Haftungsrechtliche Probleme des Massenschadens, VersR 1998, S. 1181–1189.

Murrill, Elizabeth Baker, Mass disaster mediation: Innovative, ADR, or a lion's den?, 7 Pepp. Disp. Resol. L. J. 401–424 (2007).

Musielak, Hans-Joachim/Voit, Wolfgang, Grundkurs ZPO, 15. Aufl., München 2020.

— (Hrsg.), Zivilprozessordnung, 18. Aufl. 2021 (zit. Musielak/Voit/*Bearbeiter*).

Nerlich, Jörg/Römermann, Volker (Hrsg.), Insolvenzordnung (InsO), 42. Aufl., München 2021 (zit. Nerlich/Römermann/*Bearbeiter*).

Netzer, Felix, Legal Tech und kollektive Rechtsverfolgung – Die geplante Musterfeststellungsklage - (k)ein Fall für den digitalen Zivilprozess, AnwBl 2018, S. 280–284.

Neuerer, Dietmar, Union legt gegen die Umwelthilfe nach, Handelsblatt 03.03.2019.

Niemic, Robert J./Stienstra, Donna/Ravitz, Randall E., Guide to Judicial Management of Cases in ADR 2001.

Nordholtz, Christian/Mekat, Martin, Die Flucht in die Musterfeststellungsklage – Prozesstaktische Überlegungen zu Individualklagen bei Musterfeststellungsverfahren, NJW 2019, S. 411–414.

— (Hrsg.), Musterfeststellungsklage - Einführung | Beratung | Gestaltung, Baden-Baden 2019 (zit. Nordholtz/Mekat/*Bearbeiter*).

Novey, Lawrence, Collective Judicial Management of Mass Toxic Tort Controversies: Lessons and Issues from the Agent Orange Litigation, 27 J Soc Sci & Med 1071 (1988).

o. V., VW-Abgasaffäre: EU-Staaten sehen Klimaziele in Gefahr, Der Spiegel 19.10.2015.

—, VW-Anwälte rechnen nicht mit baldigem Vergleich bei der Musterfeststellungsklage, 2019, https://www.handelsblatt.com/unternehmen/industrie/diesel-skandal-vw-anwaelte-rechnen-nicht-mit-baldigem-vergleich-bei-der-musterfeststellungsklage/25235428.html (geprüft am 14.08.2021).

Oechsler, Jürgen/Ricard, Alisha, Liquidierung von Kartellschäden auf der Endverbraucherstufe durch die Einziehungsklage nach § 79 Abs. 2 S. 2 Nr. 3 ZPO - beck-online, NZKart 2019, S. 308–313.

Onyema, Emilia, The use of Med-Arb in international commercial dispute resolution, 12 ARIA 411–423 (2001).

Pape, Gerhard/Voigt-Salus, Joachim/Uhlenbruck, Wilhelm (Hrsg.), Insolvenzrecht, 2. Aufl., München 2010.

Paulus, Christoph, Das Insolvenzmodell, in: Koch, Harald/Koch-Willingmann (Hrsg.), Modernes Schadensmanagement bei Großschäden, Baden-Baden 2002.

Peterson, Mark A./Selvin, Molly, Resolution of mass torts – Toward a framework for evaluation of aggregative procedures, Santa Monica, CA 1988.

Pissler, Knut B., Mediation in China, in: Hopt, Klaus J./Steffek, Felix (Hrsg.), Mediation – Rechtstatsachen, Rechtsvergleich, Regelungen, Tübingen 2008, 601-634.

Pohlmann, Petra, Zivilprozessrecht, 4. Aufl., München 2018.

Pörnbacher, Karl, Hybride Verfahren - Erfahrungen aus der Praxis, ZKM 2017, S. 154–156.

Pratt, John W./Zeckhauser, Richard J., Chapter 1: Principals and Agents: An Overview, in: dies. (Hrsg.), Principals and agents – The structure of business, Boston, Mass. 1985, S. 1–36.

Preker, Alexander, Verbraucherklage für Hunderttausende: Was der Riesenprozess gegen VW bedeutet, Der Spiegel 30.09.2019.

Prütting, Hanns, Richterliche Gestaltungsspielräume für alternative Streitbehandlung, AnwBl 2000, S. 273–278.

—, Güterichter, Mediator und Streitmittler, MDR 2016, S. 965–968.

—, Neue Entwicklungen im kollektiven Rechtsschutz, ZIP 2020, S. 197–203.

Prütting, Hanns/Gehrlein, Markus (Hrsg.), Zivilprozessordnung – Kommentar, 12. Aufl. 2020 (zit. Prütting/Gehrlein/*Bearbeiter*).

Rauscher, Thomas/Krüger, Wolfgang (Hrsg.), Münchener Kommentar zur Zivilprozessordnung – Mit Gerichtsverfassungsgesetz und Nebengesetzen, 6. Aufl., München 2020 (zit. MüKoZPO/*Bearbeiter*).

Reiter, Julius/Methner, Olaf/Schenkel, Benedict, Die neue Musterfeststellungklage: Ein Feld anwaltlicher Beratung? , DAR-Extra 2018, S. 733–736.

Riehm, Thomas, Alternative Streitbeilegung und Verjährungshemmung, NJW 2017, S. 113–118.

Risse, Jörg, Wirtschaftsmediation, 2. Aufl., München 2011.

—, § 35 - Mediation im Wirtschaftsrecht, in: Haft, Fritjof/Schlieffen, Katharina von (Hrsg.), Handbuch Mediation, 3. Aufl., München 2016.

Roder, Matthias/Röthemeyer, Peter/Braun, Felix (Hrsg.), Verbraucherstreitbeilegungsgesetz, München 2017.

Roland Rechtsschutz-Versicherungs-AG, Roland Rechtsreport 2020,

Römer, Wolfgang, Der Ombudsmann für private Versicherungen, NJW 2005, S. 1251–1255.

Römermann, Volker, BGH schafft prozessfinanzierte Verbandsklagen ab, AnwBl 2019, S. 86–90.

Römermann, Volker/Günther, Tim, Legal Tech als berufsrechtliche Herausforderung, NJW 2019, S. 551–556.

Rosenberg, Leo/Schwab, Karl Heinz/Gottwald, Peter, Zivilprozessrecht, 18. Aufl., München 2019.

Ross, Lee A., Reactive devaluation in negotiation and conflict resolution, in: Arrow, Kenneth Joseph/Mnookin, Robert H. u.a. (Hrsg.), Barriers to conflict resolution, New York 1995, S. 27–42.

Ross, Lee A./Stillinger, Constance, Barriers to conflict resolution, 7 Negot. J. 389–404 (1991).

Röß, Simon, Die Bindung der angemeldeten Verbraucher an einen Kollektivvergleich, NJW 2020, S. 2068–2073.

Roth, Herbert, Etabliert EU Verbraucherschutz zweiter Klasse?, DRiZ 2015, S. 24–27.

Röthemeyer, Peter, Befugnis zur Musterfeststellungsklage: Der Narrativ der Klageindustrie, seine Folgen und Überlegungen zur Überwindung, VuR 2020, S. 130–142.

—, Das rechtliche Gehör im Musterfeststellungsverfahren, MDR 2019, S. 6–11.

—, 5.14 Verbraucherangelegenheiten, in: Trenczek, Thomas/Berning, Detlev/Lenz, Cristina (Hrsg.), Mediation und Konfliktmanagement - Handbuch, 2. Aufl., Baden-Baden 2017.

—, Die Leistungsphase nach dem Musterfeststellungsurteil - Praktische Probleme und Lösungsvorschläge, MDR 2019, S. 1421–1427.

—, Musterfeststellungsklage und Individualanspruch - Zur Kritik und zu den Entwicklungsmöglichkeiten, VuR 2019, S. 87–93.

— (Hrsg.), Musterfeststellungsklage - Spezialkommentar zum 6. Buch ZPO, 2. Aufl., Baden-Baden 2020 (zit. HK-MfkG/*Bearbeiter*).

—, Die neue Verbandsklagen-Richtlinie, VuR 2021, S. 43–53.

Rott, Peter, Kollektive Klagen von Verbraucherorganisationen in Deutschland, in: Casper, Matthias/Janssen, André u.a. (Hrsg.), Auf dem Weg zu einer europäischen Sammelklage?, München 2009, S. 259–275.

Rotter, Klaus, 14 Jahre KapMuG – Ein etabliertes Instrument zur Bewältigung von Massenschäden am Kapitalmarkt, VuR 2019, S. 283–295.

Rüssel, Ulrike, Mediation in komplexen Verwaltungsverfahren, Baden-Baden 2004.

Saenger, Ingo/Bendtsen, Ralf (Hrsg.), Zivilprozessordnung – Familienverfahren, Gerichtsverfassung, Europäisches Verfahrensrecht: Handkommentar, 8. Aufl., Baden-Baden 2019 (zit. Saenger-ZPO/*Bearbeiter*).

Salz, Jürgen, Bayer & das Glyphosat-Drama: Schicksal hängt von US-Richter ab, Wirtschaftswoche 25.02.2021.

Sander, Frank E. A./Goldberg, Stephen B., Fitting the forum to the fuss: A user-friendly guide to selecting an ADR procedure, 10 Negot. J. 49–68 (1994).

Schaub, Renate, Streuschäden im deutschen und europäischen Recht, JZ 2011, S. 13–23.

Scheindlin, Shira, We need help: The increasing use of special masters in federal court, 58 DePaul L. Rev. 479 (2009).

Staudinger – Buch 1: Allgemeiner Teil: §§ 164-240, 18. Aufl. 2019 (zit. Staudinger/*Bearbeiter*).

Schlichtungsstelle für den öffentlichen Personenverkehr e.V. (söp), Jahresbericht 2015, 2016, https://soep-online.de/assets/files/sop_Jahresbericht_2015_vom_02.03.2016.pdf (geprüft am 15.08.2021).

—, Jahresbericht 2016, 2017, https://soep-online.de/assets/files/Marz_sop_Jahresbericht-2016.pdf (geprüft am 15.08.2021).

—, Verfahrensordnung, 2018, https://soep-online.de/assets/files/A1.2018_soep-Verfahrensordnung.pdf (geprüft am 15.08.2021).

—, Das Schlichtungsverfahren, 2020, https://soep-online.de/das-schlichtungsverfahren/ (geprüft am 26.10.2020).

Schlingmann, Matthias/Thiery, Claus, Musterfeststellungsklage: "Wilder Westen" oder alles halb so wild? , Der Betrieb 2018, S. 2550–2554.

Schmidt-Kessel, Martin, Stellungnahme zum Entwurf eines Gesetzes zur Einführung einer zivilprozessualen Musterfeststellungsklage zur Anhörung im Rechtsausschuß am 8.6.2018 2018.

—, Stellungnahme zum Entwurf eines Gesetzes zur Änderung von Vorschriften über die außergerichtliche Streitbeilegung in Verbrauchersachen und zur Änderung weiterer Gesetze 2019.

Schneider, Burkhard, Die zivilprozessuale Musterfeststellungsklage – Kollektivrechtsschutz durch Verbraucherschutzverbände statt class actions? , BB 2018, S. 1986–1998.

Schneider, Norbert, Kostenrechtliche Betrachtungen zur neuen Musterfeststellungsklage, DAR-Extra 2018, S. 741–743.

Schoen, T., Konfliktmanagementsysteme für Wirtschaftsunternehmen: aus deutscher und US-amerikanischer Sicht, Köln 2003.

Scholl, Bernd, Die Musterfeststellungsklage nach §§ 606 ff. ZPO Eine kritische Würdigung mit Bezügen zum französischen, niederländischen und US-amerikanischen Recht, ZfPW 2019, S. 317–355.

Schütze, Rolf A., Schiedsgericht und Schiedsverfahren, 6. Aufl., München 2016.

Schwartz, Hans-jörg, 2.8 Verhandeln, in: Trenczek, Thomas/Berning, Detlev/Lenz, Cristina (Hrsg.), Mediation und Konfliktmanagement – Handbuch, 2. Aufl., Baden-Baden 2017.

Schwartz, John, Accord reached settling lawsuit over BP oil spill, The New York Times 2.3.2012.

Shapiro, David L., Class actions: The class as party and client, Notre Dame L. Rev 73 (1998), S. 913–916.

Silberman, Linda J., Masters and Magistrates Part II: The American Analogue, 50 N.Y.U. L. Rev. 1297 (1975).

Slavik, Angelika, Dämpfer für die Kläger – VW-Musterklage, Süddeutsche Zeitung 30.09.2019.

Specht, Florian, Chancen und Risiken einer digitalen Justiz für den Zivilprozess – Vor- und Nachteile von außergerichtlichen Konfliktlösungsmöglichkeiten, MMR 2019, S. 153–157.

Stadler, Astrid, Referat, in: Deutscher Juristentag e.V. (Hrsg.), Verhandlungen des 62. Deutschen Juristentages Bremen - Band II/1 - Sitzungsberichte, München 1998.

—, Das neue Gesetz über Musterfeststellungsverfahren im deutschen Kapitalanlegerschutz, in: Bittner, Ludwig/Klicka, Thomas u.a. (Hrsg.), Festschrift für Walter H. Rechberger zum 60. Geburtstag, 2005, S. 663–678.

—, Class actions in den USA als Vorbild für Europa?, in: Brömmelmeyer, Christoph (Hrsg.), Die EU-Sammelklage – Status und Perspektiven, Baden-Baden 2013, S. 91–108.

—, Die Vorschläge der europäischen Kommission zum kollektiven Rechtsschutz in Europa - der Abschied von einem kohärenten europäischen Lösungsansatz?, GPR 2013, S. 281–292.

—, Unabhängigkeit und Unparteilichkeit der streitbeilegenden Person sowie Ausgestaltung des Schlichtungsverfahrens, ZZP 128 (2015), S. 165–187.

—, Musterfeststellungsklagen im deutschen Verbraucherrecht?, VuR 2018, S. 83–89.

—, Pyrrhussieg für den Verbraucherschutz – vzbv umgeht durch Vereinbarung mit VW gesetzliche Sicherungsmechanismen, VuR 2020, S. 163–166.

—, Verbraucherschutz durch die erneute Reform des Rechtsdienstleistungsgesetzes?, VuR 2021, S. 123–129.

Statistisches Bundesamt, Zivilgerichte - Fachserie 10 Reihe 2.1 2019.

Steffek, Felix, Das Verhältnis der Konfliktlösungsverfahren – 5 Jahre MediationsG, ZKM 2017, S. 183–187.

Stiftung Warentest, Handel - Amazon, Otto & Co haben null Bock auf Schlichtung, 2017, https://www.test.de/Handel-Amazon-Otto-Co-haben-null-Bock-auf-Schlichtung-5134680-0/ (geprüft am 15.08.2021).

Münchener Kommentar zur Insolvenzordnung, 4. Aufl., München 2019 (zit. MüKoInsO/*Bearbeiter*).

Stuttgarter Nachrichten, Klage gegen Mercedes-Bank wackelt – Streit um Kreditklauseln der Mercedes-Bank:, 2019, https://www.stuttgarter-nachrichten.de/inhalt.streit-um-kreditklauseln-der-mercedes-bank-klage-gegen-mercedes-bank-wackelt.346a1647-ff68-437e-85b5-22d430fde42e.html (geprüft am 15.08.2021).

Susskind, Lawrence/Cruikshank, Jeffrey, Breaking the impasse – Consensual approaches to resolving public disputes, New York 1987.

Susskind, Lawrence E., Court-Appointed Masters as Mediators, 1 Negot. J. 295 (1985).

Thiere, Karl Matthias, Die Wahrung überindividueller Interessen im Zivilprozeß, Bielefeld 1980.

Thole, Larissa, Die Neujustierung der Verbraucherschlichtungsarchitektur in Deutschland, ZKM 2020, S. 4–8.

Thompson, Leigh/Hrebec, Dennis, Lose–lose agreements in interdependent decision making, 120 Psychological Bulletin 396–409 (1996).

Tögel Rainer/Rohlff, Daniel, Die Umsetzung der EU-Mediations-Richtlinie – Erwartungen aus Sicht der Rechtsschutzversicherer, ZRP 2009, S. 209–212.

Traufetter, Gerald, Dieselskandal: Der Schmusekurs mit den Autobossen gefährdet Deutschlands Wohlstand, Der Spiegel 05.10.2018.

Trenczek, Thomas, 1.1 Außergerichtliches Konfliktmanagement (ADR) und Mediation - Verfahren, Prinzipien und Modelle, in: Trenczek, Thomas/Berning,

Detlev/Lenz, Cristina (Hrsg.), Mediation und Konfliktmanagement – Handbuch, 2. Aufl., Baden-Baden 2017.

—, 3.2. Ablauf und Phasen einer Mediation - Mediationsleitfaden, in: Trenczek, Thomas/Berning, Detlev/Lenz, Cristina (Hrsg.), Mediation und Konfliktmanagement – Handbuch, 2. Aufl., Baden-Baden 2017.

Trötschel, Roman/Gollwitzer, Peter, Verhandlungsführung - psychologische Grundlagen, in: Sommer, Gert/Fuchs, Albert (Hrsg.), Krieg und Frieden – Handbuch der Konflikt- und Friedenspsychologie, Weinheim, Basel 2004, S. 116–128.

Tversky, Amos/Kahneman, Daniel, Extensional versus intuitive reasoning: The conjunction fallacy in probability judgment, Psychological Review 90 (1983), S. 293–315.

Tzankova, Ianika/Hensler, Deborah, Collective settlements in the Netherlands: Some empirical observations, in: Hodges, Christopher J. S./Stadler, Astrid (Hrsg.), Resolving mass disputes – ADR and settlement of mass claims, Cheltenham 2013, S. 91–105.

Tzankova, Ianika/Kramer, Xandra, From injunction and settlement to action: Collective redress and funding in the netherlands, in: Uzelac, Alan/Voet, Stefaan (Hrsg.), Class actions in europe, Bd. 89, Cham 2021, S. 97–130.

Unberath, Hannes, Mediationsverfahren – Struktur, Gefahren, Pflichten, ZKM 2011, S. 4–8.

—, Mediation und Evaluation - Die Quadratur des Kreises, ZKM 2011, S. 44–48.

Vairo, Georgene M., The Dalkon Shield claimants trust: Paradigm lost (Or found)?, 61 Fordham L. Rev. 617–660 (1992).

—, Georgine, the Dalkon Shield claimants trust, and the rhetoric of mass tort claims resolution, 31 Loy. L.A. L. Rev. 79–166 (1997).

Valdini, Daniel, Klagen ohne Risiko – Prozessfinanzierung und Inkassodienstleistung aus einer Hand als zulässige Rechtsdienstleistung?, BB 2017, S. 1609.

van den Bergh, Roger/Keske, Sonja, Rechtsökonomische Aspekte der Sammelklage, in: Casper, Matthias/Janssen, André u.a. (Hrsg.), Auf dem Weg zu einer europäischen Sammelklage?, München 2009, S. 17–40.

Verbraucherzentrale Bundesverband, Fragen & Antworten (FAQ) zum Vergleich gegen VW, 2020, https://www.musterfeststellungsklagen.de/vw/faq-vergleich#Ombudsstelle (geprüft am 15.08.2021).

—, Rahmenvereinbarung zwischen der Verbraucherzentrale Bundesverband und der Volkswagen AG 2020.

—, VW Vergleich - Höhe der Einmalzahlungen, 2020, https://www.musterfeststellungsklagen.de/vw/einmalzahlungen (geprüft am 15.08.2021).

—, Musterfeststellungsklage gegen BEV, 20.05.2020, http://www.musterfeststellungsklagen.de/bev (geprüft am 26.05.2020).

Versicherungsombudsmann e.V., Satzung des Vereins Versicherungsombudsmann e.V., 2016, https://www.versicherungsombudsmann.de/wp-content/uploads/SATZUNG.pdf (geprüft am 15.08.2020).

—, Verfahrensordnung für Beschwerden gegen Versicherungsunternehmen (VomVO), 2016, https://www.versicherungsombudsmann.de/das-schlichtungsverfahren/verfahrensordnungen/vomvo/ (geprüft am 15.08.2021).

—, Das Schlichtungsverfahren, 2020, https://www.versicherungsombudsmann.de/das-schlichtungsverfahren/ (geprüft am 15.08.2021).

—, Mitglieder des Beirats, 2020, https://www.versicherungsombudsmann.de/wp-content/uploads/beiratsmitglieder.pdf (geprüft am 15.08.2021).

—, Wir über uns, 2020, https://www.versicherungsombudsmann.de/der-verein/ (geprüft am 15.08.2021).

Vorwerk, Volkert/Wolf, Christian (Hrsg.), Beck'scher Online-Kommentar ZPO, 35. Aufl. 2019 (zit. BeckOK ZPO 2019/*Bearbeiter*).

— (Hrsg.), Kapitalanleger-Musterverfahrensgesetz (KapMuG) – Kommentar, 2. Aufl., München 2020 (zit. Vorwerk/Wolf, KapMuG/*Bearbeiter*).

— (Hrsg.), Beck'scher Online Kommentar ZPO, 40. Aufl. 2021 (zit. BeckOK ZPO/*Bearbeiter*).

Votsmeier, Volker, Dieselskandal: VW & Verbraucherschützer verhandeln über Vergleich, Handelsblatt 20.02.2020.

Votsmeier, Volker/Keuchel, Jan, "Ich kann mir gut vorstellen, dass ein Fall wie VW wiederkommt", Handelsblatt 24.2.2020.

—, VW zahlt nach Diesel-Vergleichen oft nicht - weitere Klagen drohen, Handelsblatt 27.02.2020.

Votsmeier, Volker/Menzel, Stefan, VW und Verbraucherzentrale einigen sich nun doch auf Diesel-Vergleich, Handelsblatt 28.02.2020.

Votsmeier, Volker/Menzel, Stefan/Drost, Frank Matthias, Diesel-Vergleich ist gescheitert - VW bietet Kunden 830 Millionen Euro, Handelsblatt 14.02.2020.

Votsmeier, Volker/Ritters, Fabian, VW profitiert von langen Diesel-Rechtsstreits – Jeder Tag könnte rund 1,2 Millionen Euro bringen, Handelsblatt 21.08.2019.

Waclawik, Erich, Die Musterfeststellungsklage, NJW 2018, S. 2921–2926.

Wagner, Gerhard, Neue Perspektiven im Schadensersatzrecht – Gutachten zum 66. Deutschen Juristentag in Stuttgart,

—, Prozessverträge – Privatautonomie im Verfahrensrecht, Tübingen 1998.

—, Neue Perspektiven im Schadensersatzrecht – Kommerzialisierung, Strafschadensersatz, Kollektivschaden; Gutachten A für den 66. Deutschen Juristentag, München 2006.

—, Der Referentenentwurf eines Mediationsgesetzes, ZKM 2010, S. 172–176.

—, Vertraulichkeit der Mediation, ZKM 2011, S. 164–168.

—, Das Mediationsgesetz - Ende gut, alles gut?, ZKM 2012, S. 110–115.

Wagner, Jens, Legal Tech und Legal Robots in Unternehmen und den diese beratenden Kanzleien – Teil 1: Einsatzbereiche und praktische Folgen, BB 2017, S. 898–905.

Waßmuth, Guido/Asmus, Thomas, Der Diskussionsentwurf des BMJV zur Einführung einer Musterfeststellungsklage, ZIP 2018, S. 657–667.

Webb, Stu/Ousky, Ron, History and development of collaborative practice, 49 Family Court Review 213–220 (2011).

Weber, Franziska/van Boom, Willem, Neue Entwicklungen in puncto Sammelklagen – in Deutschland, in den Niederlanden und an der Grenze, VuR 2017, S. 290–297.

Weimann, Martin, Kollektiver Rechtsschutz – Ein Memorandum der Praxis, Berlin/Boston 2018.

Weinland, Alexander, Die neue Musterfeststellungsklage: Einführung, München 2019.

Wieczorek, Bernhard/Schütze, Rolf (Hrsg.), Zivilprozessordnung und Nebengesetze – Großkommentar, Band 13, Teilband 1: §§ 1110-1117, KapMuG, MediationsG, EGZPO, GVG, EGGVG, 4. Aufl., Berlin/Boston 2017 (zit. Wieczorek/Schütze/*Bearbeiter*).

Wiese, Volker/Hörnig, Julia, Das neue VSBG - Ein Überblick, ZKM 2016, S. 56–61.

Williams, G. M./Kroes, R./Munro, I. C., Safety evaluation and risk assessment of the herbicide Roundup and its active ingredient, glyphosate, for humans, 31 Regulatory toxicology and pharmacology 117–165 (2000).

Winkelmeier-Becker, Elisabeth, Die Ausgestaltung einer Musterfeststellungsklage als Instrument zur Stärkung des kollektiven Rechtsschutzes für Verbraucher, in: Schäfer, Matthias (Hrsg.), Der Gesetzesentwurf zur "Musterfeststellungsklage", Berlin 2018, S. 92–111.

Wolf, Christian, Zivilprozess versus außergerichtliche Streitbeilegung – Wandel der Streitkultur in Zahlen, NJW 2015, S. 1656–1661.

Woopen, Herbert, Kollektiver Rechtsschutz - Ziele und Wege, NJW 2018, S. 133–138.

Zentrum für Schlichtung e. V., Verfahrensordnung der Allgemeinen Verbraucherschlichtungsstelle, 2016, https://www.verbraucher-schlichter.de/media/file/35.Verfahrensordnung.pdf (geprüft am 15.08.2021).

Zirngibl, Eva, Kollektiver Rechtsschutz im Zivilprozess in den USA und Deutschland, Augsburg 2006.

Zöller, Richard (Hrsg.), ZPO, 33. Aufl., Köln 2020 (zit. Zöller/*Bearbeiter*).

Zwickel, Martin/Kampmann, Anna, Zivil- und zivilprozessrechtliche Aspekte der großen Justizreform in Frankreich, Online Publikation 2017.

www.ingramcontent.com/pod-product-compliance
Ingram Content Group UK Ltd.
Pitfield, Milton Keynes, MK11 3LW, UK
UKHW021926290926
8980IPUK00016B/1473

9 783631 905302